A sociedade desigual

Mário Theodoro

A sociedade desigual

Racismo e branquitude na formação do Brasil

ZAHAR

Copyright © 2022 by Mário Theodoro

Grafia atualizada segundo o Acordo Ortográfico da Língua Portuguesa de 1990, que entrou em vigor no Brasil em 2009.

Capa
Alceu Chiesorin Nunes

Imagem de capa
Metaesquema (*Dois Brancos*), de Helio Oiticica, 1958, guache sobre papelão (45,7 × 55 cm). Reprodução: Bridgeman images/ Easypix Brasil

Preparação
Diogo Henriques

Checagem
Marcella Ramos

Revisão
Clara Diament
Carmen T. S. Costa
Julian F. Guimarães

Dados Internacionais de Catalogação na Publicação (CIP)
(Câmara Brasileira do Livro, SP, Brasil)

Theodoro, Mário
    A sociedade desigual : Racismo e branquitude na formação do Brasil / Mário Theodoro.— 1ª ed. — Rio de Janeiro : Zahar, 2022.

    Bibliografia.
    ISBN 978-65-5979-052-4

    1. Desigualdades sociais 2. Desigualdades socioespaciais 3. Mercado de trabalho – Brasil 4. Racismo – Aspectos sociais 5. Racismo – Brasil I. Título.

21-92317   CDD: 362.5

Índice para catálogo sistemático:
1. Desigualdades sociais : Problemas sociais   362.5

Eliete Marques da Silva – Bibliotecária – CRB-8/9380

[2022]
Todos os direitos desta edição reservados à
EDITORA SCHWARCZ S.A.
Praça Floriano, 19, sala 3001 — Cinelândia
20031-050 — Rio de Janeiro — RJ
Telefone: (21) 3993-7510
www.companhiadasletras.com.br
www.blogdacompanhia.com.br
facebook.com/editorazahar
instagram.com/editorazahar
twitter.com/editorazahar

Para d. Isaura… o começo.
Para Artur e Marina… recomeços.

Sumário

Prefácio, por Helio Santos   9

Introdução   15

1. O desafio de se estudar o racismo como elemento organizador da sociedade desigual: Aspectos teóricos e metodológicos   31

2. Mercado de trabalho, desigualdade e racismo   90

3. O papel da educação e da saúde na construção da desigualdade   171

4. Quilombos, favelas, alagados, mocambos, palafitas e a periferia: A ocupação do espaço na construção da desigualdade   233

5. Violência e ausência de justiça: A consolidação da sociedade desigual   277

6. Juntando as partes: As bases gerais da sociedade desigual   323

Epílogo: O papel do ativismo negro, um contraponto necessário   363

Agradecimentos   379
Notas   382
Bibliografia   414

Prefácio

HELIO SANTOS

ANALISTAS DE PERFIS DISTINTOS têm identificado o Brasil como um país medíocre — isso a partir das instituições que o formam e comandam. Porém, raros estudiosos conseguiram decifrar com precisão a fonte da mediocridade dessa nação prestes a comemorar dois séculos de independência. Mais ainda: poucos pesquisadores foram à raiz dessa incapacidade nacional com o detalhe cirúrgico do economista e professor Mário Theodoro.

A tarefa de prefaciar um livro fica um pouco facilitada quando se conhece bem quem o escreveu. Desse modo, é possível transcender a obra e trazer ao leitor dados que evidenciem o quanto o autor está, de fato, conectado com aquilo que escreve. Mário não só possui habilitações máximas no campo acadêmico, como é um "quadro" do movimento social negro — sua história lhe rende a legitimação de intelectual orgânico da luta antirracista.

Responsável por uma conhecida e reconhecida produção, fértil tanto no plano das ideias como no da análise, Theodoro esteve do "outro lado do balcão", exercendo uma das ocupações mais delicadas para um ativista de sua estatura: gestor público voltado para a igualdade racial num país racista como o nosso. Foi em seu período como secretário-executivo da Secretaria Especial de Políticas de Promoção da Igualdade Racial (Seppir), na gestão da ministra Luiza Bairros, que o país conquistou a política pública de maior impacto na redução das desigualdades, as cotas raciais nas universidades públicas federais, em 2012. O autor esteve ainda em cargo diretivo do Instituto de Pesquisa Econômica Aplicada (Ipea), de onde conseguiu novamente elevar a temática racial para uma posição de destaque. Isso posto, percebe-se que Mário Theodoro possui a capacidade pouco usual de mesclar teoria e prática com êxito.

Ler o texto em primeira mão foi especial privilégio para um ativista que durante décadas vem apontando a ausência de uma abordagem socioeconômica que dê conta de demonstrar, de maneira abrangente, o racismo sistêmico como uma variável estratégica para compreender o país.

A sociedade desigual apresenta um conteúdo importante e necessário para habilitar leitores e leitoras a compreender a sociedade brasileira a partir de uma perspectiva que as teorias que explicam a nação ainda não haviam feito. Portanto, este livro preenche uma lacuna necessária para se pensar o crescimento econômico excludente, como o que se produziu no Brasil. Ou talvez seja mais adequado afirmar que o autor evidencia, sob um novo prisma, o não desenvolvimento de um país que se autoatribuiu limites, possibilitando o acúmulo de riquezas para alguns e deixando deliberadamente amplas maiorias de fora, numa modernização excludente.

Ao identificar o racismo como "elemento organizador" da desigualdade no Brasil, Mário Theodoro buscou suportes teóricos adequados para esse entendimento. Ele vivencia um desafio ao abordar o posicionamento de diversos estudiosos da desigualdade, chegando à conclusão de que tais estudos pouco contribuem como matriz explicativa das desigualdades em um

Prefácio   11

país de maioria negra como o Brasil. Sua constatação é que os "cânones da teoria econômica", em suas múltiplas acepções, funcionam como autênticos "obstáculos epistemológicos", pois os pressupostos das principais correntes — a de base igualitária e a de cunho individualista — não proporcionam um modelo adequado à formulação central do livro, que aponta o racismo e seus desdobramentos como o combustível do motor das desigualdades no país.

Mário Theodoro trafega pacientemente entre renomados estudiosos do campo socioeconômico, como Myrdal, Atkinson, Stiglitz, Piketty, Kuznets, Lamont, Pierson e outros, incluindo também algumas referências nacionais no tema das relações raciais. Ele desenvolve o seu instrumental teórico estabelecendo inicialmente algumas premissas conexas: a anestesia moral ante o racismo, que a sociedade naturaliza; a inércia daí decorrente, que beneficia alguns grupos hegemônicos; e a consequente tensão vivenciada pela sociedade desigual. Para enfrentar o desafio que o escopo de seu estudo requer, Theodoro opta pela análise do racismo na sociedade brasileira a partir de dois vetores: o cotidiano, onde a vida flui entre discriminação e preconceitos; e, num patamar mais complexo, o macro, que considera também os conceitos de branquitude, biopoder e necropolítica.

A meu juízo, *A sociedade desigual* é uma obra com ampla possibilidade de se tornar um clássico: possui potencial de superar o seu tempo e apresenta ainda condições de induzir novos posicionamentos por parte dos estudiosos da sociedade brasileira.

Em vez de um arsenal de amplos dados reveladores das desigualdades raciais — já plenamente divulgados e conhecidos, alguns deles construídos, organizados e analisados pelo próprio em outras publicações sobre o tema —, Mário Theodoro foca no racismo como máquina que produz, realimenta e retroalimenta as desigualdades no país. Analisa essa construção sofisticada e complexa em linguagem direta, crua e compreensível para uma vasta parcela de leitoras e leitores, numa abordagem socioeconômica diferente da encontrada nos estudos do gênero, porque decifra a matriz dos privilégios e também explicita o efeito da manutenção deles. O autor demonstra que mesmo em momentos de crescimento econômico mantêm-se as desigualdades entre a população negra e os grupos hegemônicos.

A leitura corre lisa e encadeada por explicações, observações e detalhes que permitem saber por que o Brasil é o Brasil: injusto e precário. Um país que vive a contradição de constar tanto entre as dez maiores economias do mundo quanto entre as dez nações mais desiguais. O fator explicativo para essa assimetria é o fato de ser o Brasil o único de maioria negra dentre os dez mais ricos. Assim, a sociedade desigual é desvelada a partir do modo como funciona em seu cotidiano, sempre mantendo e reforçando as desigualdades.

Um dos aspectos mais impactantes do livro é a forma como o autor evidencia a violência operando como "avalista" da manutenção das desigualdades. Em realidade, são violências, no plural. O caráter mais estúpido delas tem a ver com o aparelho policial e judicial, mas se efetivam ainda nas condições de moradia, transporte público, sistema de saúde e de educação, na precarização do trabalho e também nos baixos níveis de renda. São violências que asseguram o statu quo; em cada uma delas o elemento racial é o fator explicativo.

Mário Theodoro é certeiro quando observa o papel coadjuvante, mas muito eficiente, das igrejas neopentecostais, que

Prefácio

favorecem em larga medida um "discurso fatalista" que rejeita a luta contra os efeitos deletérios do racismo, condenando as massas de crentes a considerarem uma cidadania de segunda classe como algo normal. À medida que se avança na leitura, é possível perceber que a sociedade desigual é o resultado de uma decisão política. Não se trata, portanto, de algo fortuito, pelo contrário. Theodoro mostra, ao longo do texto, que essa é uma decisão deliberada, decifrando com extrema sensibilidade o enigma da desigualdade brasileira — e ele o faz, vale enfatizar, de uma forma e numa perspectiva que os estudiosos das mais diferentes vertentes ainda não realizaram no país.

Como o autor reconhece, seu livro não aborda todas as questões que pautam as causas das desigualdades do Brasil. No entanto, ele adverte com veemência que é preciso assumir a centralidade da questão racial para pensar e gerir a nação. Sem isso, a desigualdade brasileira — principal óbice que enfrentamos para conquistar um efetivo desenvolvimento — permanecerá como algo natural e tóxico a impedir que alcancemos um patamar civilizatório condizente com o de um país que por décadas reiteradas esteve no ranking das dez maiores economias do mundo.

Este livro deve se tornar leitura obrigatória para quem buscar, de fato, compreender o Brasil em suas entranhas, que o tornam um país único. Trata-se de uma sociedade viciada em desigualdade, funcionando como uma espécie de droga que nutre sua perversão. Explicita-se o roteiro da sociedade desigual brasileira pelo racismo escravista, gerador original de estigmas, discriminações e preconceitos, como também pela branquitude, o biopoder e a necropolítica — estando cada uma dessas dimensões conectada às explicações das disfunções dessa sociedade.

Quem escreve um livro não o faz somente para si. Vejo como um ato de doação e generosidade dedicar parte de uma vida à produção de algo relevante, que pode impactar o mundo do conhecimento e a sociedade, como é o caso de *A sociedade desigual*. Mário Theodoro aponta ao Brasil uma senda para o alcance de um status civilizatório a que o país faz jus. Vivi, repito, uma satisfação especial ao ler o original e devo dizer a todas e todos: aproveitem a leitura, pois estamos diante de um livro que não apenas permite compreender o Brasil profundo, mas também tem a potência de nos proporcionar caminhos para uma modernização regeneradora, que passa irremediavelmente por uma drástica redução das desigualdades raciais. A rigor, Mário Theodoro não escreve sobre o racismo sistêmico brasileiro, como ele é comumente descrito. O que ele demonstra, de forma serena e competente, é a centralidade da questão racial como matriz explicativa do que somos como país.

Introdução

A POBREZA, a miséria e, principalmente, a desigualdade são fenômenos que remontam à própria criação do Brasil, e têm raízes na questão racial. Os quase quatro séculos de escravidão forjaram as condições para o aparecimento, o fortalecimento e o consequente protagonismo do racismo como fator de organização e estruturação das relações sociais no país. Desse modo, o racismo consolidou-se como a ideologia que diferencia e hierarquiza as pessoas em uma escala de valores que tem como polo positivo o biotipo branco caucasiano e como polo negativo o biotipo negro africano. É sob essa valoração que a sociedade brasileira se organiza e opera — e é nela que se baseia o reconhecimento social do indivíduo, historicamente construído e que explica a perpetuação da desigualdade.

Há no Brasil um grupo restrito de muito ricos. Os 5% mais ricos da população brasileira concentram quase metade da renda total do país; aqueles que estão entre o 1% mais rico ficam com cerca de um quarto; e o grupo do 0,15% mais rico, de apenas 700 mil pessoas, detinha 20% de toda a renda nacional em 2012.[1] Os estudos enfatizam a estabilidade dessa alta concentração de renda, a longo prazo, com um contingente um pouco maior tendo um padrão de vida que poderia ser considerado como de classe média e, finalmente, uma enorme parcela de pobres e miseráveis. Ainda olhando 2018, observa-se que a metade mais pobre da população detinha apenas 9,5% da renda total.[2]

O índice de Gini, que calcula a desigualdade relacionando as diferenças entre os rendimentos dos mais pobres e dos mais ricos, reafirma essa realidade de uma maneira mais exata e formal. Em seu momento de menor desigualdade, no ano de 2015, após mais de dez anos históricos em que cerca de 30 milhões de pessoas foram retiradas da pobreza, o Brasil ainda apresentava um índice de Gini no altíssimo patamar de 0,52. Desde então, o índice voltou a crescer,[3] indicando que a luta por um país mais igual será árdua e duradoura. Persiste o cenário de um Estado extremamente desigual; mais que isso, um Estado que abusa da desigualdade. O Brasil é campeão nesse quesito. O país mais rico da América Latina também detém os níveis mais exacerbados de pobreza e indigência. Esse é um estigma que a nação carrega há séculos e com o qual convive com espantosa resignação. Como se explica que o Brasil, apresentando taxas de crescimento das mais expressivas no século passado, e mesmo no século atual, e após uma década de redução da pobreza e da miséria, não consiga preservar essas conquistas? Como entender a renitência da pobreza em meio à abundância? Que processo histórico particular é esse que possibilita a convivência de extremos — muito ricos e muito pobres — que se complementam em uma ambiência até certo ponto pacífica?

Vários autores têm se debruçado sobre essas questões. Wanderley Guilherme dos Santos utiliza o conceito de cidadania regulada para explicar, de um prisma político e institucional, tal cenário. Milton Santos percebeu a existência de dois circuitos, um inferior, outro superior, conviventes no mesmo espaço econômico, como a característica mais im-

Introdução

portante da reprodução da desigualdade. Raymundo Faoro fornece as pistas históricas da formação de uma elite cuja concretude se apoia no patrimonialismo oligarca — o qual Sérgio Buarque de Holanda tão bem decifrou e que, segundo ele, vai forjar uma história de pactos e concertos internos a essa mesma elite, norteando nossa trajetória social. Celso Furtado, desvendando os limites do processo de modernização econômica, trouxe o tema da distribuição de renda para o âmago do debate, e com ele o tema da desigualdade. Nas últimas décadas, uma ampla literatura vem se dedicando ao estudo desse processo de continuidade da pobreza e da abundância, com algumas contribuições e ideias instigantes. Contudo, ainda é preciso avançar na reflexão e no esforço acadêmico visando a uma melhor compreensão de como a questão racial afeta a dinâmica da desigualdade brasileira. Este livro pretende contribuir nesse esforço.

Funcionando como o grande legado do sistema escravista que moldou a sociedade brasileira, a desigualdade é parte constitutiva da nossa história. E a clivagem racial se mantém em sua centralidade, em um Brasil que foi e continua sendo uma sociedade desigual. Neste livro, está se propondo o conceito de sociedade desigual, entendida como uma conformação social caracterizada por uma desigualdade extrema e persistente e cuja intensidade ultrapassa os limites da legalidade. Ou seja, trata-se de uma desigualdade que se sustenta não apenas na questão econômica e social, mas também no acesso diferenciado aos serviços públicos e principalmente à segurança e à justiça. Os movimentos sociais que se organizam em torno de agendas progressistas tendem a ser enfrentados com extrema violência por parte do aparato policial do Estado, o grande estabilizador dessa estrutura. E é sob o manto do racismo que o Estado e os interesses dos grupos dominantes engessam e naturalizam a desigualdade extrema.

Essa sociedade desigual terá uma significativa imutabilidade no que tange aos níveis de desigualdade, mesmo em momentos de crescimento econômico. Os mecanismos distributivos existentes em outras realidades sociais mostram-se aqui ou ausentes, ou inertes em face da naturalização da pobreza e da miséria que atingem as populações negras. Essa regularidade histórica e secular se alimenta do racismo e de suas vertentes nos níveis micro e macrossocial.

Quatro características podem ser associadas às sociedades desiguais. A primeira é que são sociedades que convivem com a situação de desigualdade extrema e persistente, em detrimento de um grupo racialmente discriminado, sem que esse quadro suscite seu enfrentamento efetivo por parte do Estado. Em segundo lugar, são sociedades que produzem assimetrias em áreas diversas e importantes da dinâmica social, como o mercado de trabalho, a educação, a saúde, a distribuição espacial da população, cada uma delas agindo como potencializadora das desigualdades; essas diferentes assimetrias se autorreforçam e são cumulativas, em desfavor do grupo discriminado. Em terceiro, essas sociedades estabelecem mecanismos jurídico-institucionais e repressivos que funcionam como elementos de estabilização social e de preservação do quadro de desigualdade. E, por fim, enfraquecem as forças contrárias ao statu quo, notadamente os movimentos sociais, que não conseguem acumular recursos políticos, simbólicos ou econômicos, descaracterizando-os em suas demandas políticas, criminalizando qualquer reivindicação ou bandeira que possa alterar o quadro de iniquidade.

A sociedade desigual não é um bloco monolítico e harmonioso. Como toda conformação social, tem seus embates, suas contradições e seus temas de discórdia. A questão é que, no que tange à temática racial, essa correlação de forças é ainda mais desigual. O racismo enquanto ideologia atinge a sociedade como um todo, fazendo com que mesmo segmentos tidos como progressistas se alinhem aos conservadores na crença na chamada "democracia racial". O resultado tem sido a histórica solidão do ativismo negro na denúncia e no combate ao racismo. Os atuais segmentos das classes médias, em grande parte oriundos das comunidades imigrantes que chegaram aqui largamente em condição de pobreza, lograram em pouco tempo ascender social e economicamente, o que não ocorreu com a população negra. Esse descolamento, sob o manto do racismo, fez com que a população branca forjasse uma classe média urbana que reforçou os laços de branquitude com as elites, relegando a população negra a um papel secundário e, do ponto de vista da produção, economicamente desvalorizado. Já na década de 1940 nomes de famílias imigrantes começam a despontar no cenário político e econômico e mesmo no meio artístico, consolidando uma trajetória de mobilidade social positiva. Hoje, grande parte da representação política e do empresariado tem origem na imigração do final do século XIX. Essa ascensão não se estendeu à população negra. Aos negros restaram os piores postos de trabalho, o subemprego, os mais insalubres locais de moradia nas áreas periféricas e a falta de serviços públicos. Sua organização foi construída pela resistência, com destaque inicial para a Frente Negra, nos anos 1930, sendo mais tarde associada a iniciativas de valorização da identidade, da cultura e da arte negras nos anos 1940 a 1970.

Nesse contexto, há que se ressaltar a importância do componente ideológico na conformação da sociedade desigual. No Brasil, o racismo — como ideologia que unifica, implícita ou explicitamente, a crença na superioridade branca e justifica e naturaliza a desigualdade — se desenvolve em dois cenários. No cenário micro, do cotidiano do cidadão e das relações interpessoais, o racismo se transveste em discriminação e em preconceito racial. A discriminação é definida como o racismo em ato: xingamento, ação violenta ou de cerceamento, produzida por um ou mais indivíduos contra outro indivíduo ou grupo composto por pessoas negras. Já o preconceito se refere a uma representação social que gera ações veladas e insidiosas por parte de um autor não identificado, e cujo prisma mais visível é o seu resultado, em geral negativo para o negro. A associação a imagens e valores negativos se projeta e se materializa em oportunidades desatendidas, portas que se fecham sem que se saiba exatamente quem tomou essa decisão e sob que bases e motivações objetivas. Na verdade, o principal impulso é o racismo, que alimenta o preconceito e a discriminação que se fazem evidentes no cotidiano do negro no Brasil.

Mas há que se considerar também o plano macro, no qual o racismo se dissimula em pelo menos três elementos importantes: na branquitude, no biopoder e na necropolítica. A branquitude é a transformação da estética, da percepção de mundo e da cultura brancas em padrão social, e faz com que tudo que não esteja associado ao arquétipo ariano e aos seus desdobramentos seja considerado negativo, contraproducente, inferior ou perigoso. Ela é perversa porque sufoca a alteridade, nega a diversidade e funciona como uma espécie de ditadura da unicidade da beleza e dos valores morais associados a esse arquétipo de alvura. Ao mesmo tempo que se investe de um valor absoluto — o valor vigente para o todo, embora se refira a uma parte (no caso, a parte branca) —, a branquitude destitui a sua contraparte de qualquer virtude ou qualidade. Esse é o processo que leva ao privilégio da brancura. O biopoder e a necropolítica têm a ver mais diretamente com a ação do Estado e das instituições e influem decisivamente na vida e na morte dos afrodescendentes. O racismo transita, assim, entre os universos macro e micro, em um processo de autoalimentação que sedimenta a desigualdade sob a clivagem racial. Situações cotidianas de discriminação e preconceito se fazem possíveis pela vigência da branquitude, do biopoder e da necropolítica. Derivações do racismo, essas categorias se reforçam e dão materialidade à sociedade desigual.

Para compreendê-las melhor, voltemos um pouco no tempo. Quando escreveu O genocídio do negro brasileiro, em 1977, Abdias do Nascimento já chamava a atenção para os malefícios da sociedade racista.[4] A perspectiva do genocídio, de forma premonitória, tinha em Abdias um sentido mais amplo e não menos verdadeiro. Em tempos de crença generalizada na ideia da democracia racial, o autor apresentou um conjunto de artigos denunciando as várias facetas do racismo no Brasil. O genocídio dos negros fazia alusão ao cotidiano de violência a que estavam sujeitas aquelas populações, mas também ao ataque à sua cultura, seus valores e suas crenças. A realidade transcrita em sua obra há mais de quarenta anos não parece ter arrefecido. Ao contrário, negras e negros se mantêm majoritariamente em condições precárias, em um inaceitável, porém naturalizado, aviltamento associado à falta de oportunidades, à pobreza e à miséria. Além da perpetuação desse cenário social, houve uma forte recrudescência da violência, em especial contra os jovens negros, agravada no final do século XX e nas primeiras décadas do século XXI.

Assim, se no microcosmo situações de discriminação e de preconceito atingem de forma deliberada e explícita a população negra, no macrocosmo tais atos se respaldam e se naturalizam com a vigência da branquitude, o privilégio de ser branco e sua contraparte mais visível: a desvantagem de ser negro e, portanto, sujeito a ações discricionárias, realizadas inclusive pelo Estado. E aqui entram em jogo a necropolítica e o biopoder.

A necropolítica é a política de perseguição e morte impetrada pelo Estado, realidade cada vez mais presente em todo o país, e se baseia em uma prática de seleção social que penaliza a população negra, preservando e beneficiando os brancos. Os dados de mortes violentas de jovens, se analisados por cor, deixam clara tal dinâmica. A mesma lógica pode ser identificada no conjunto das políticas públicas. A crônica omissão do poder público no fornecimento de serviços básicos significa perdas em termos de qualidade de vida, quando não da própria vida, como apontam os índices de mortalidade materna e infantil, superiores entre a população negra. Já o biopoder, expresso na possibilidade da ação do Estado e, portanto, na opção do Estado por mitigar ou não os efeitos nocivos de doenças, epidemias e endemias, advindas sobretudo da ausência de saneamento e de políticas de saúde, tem sido um exercício contínuo de tergiversação do poder público brasileiro. O Estado que decide a vida e a morte dos cidadãos — e que muitas vezes coloca como prioridade não a preservação da vida do contribuinte, mas metas abstratas ou imprecisas associadas a uma alusiva boa gestão das contas públicas — assume um papel central na perpetuação do racismo e da sociedade desigual, e na própria disseminação da morte e da violência.

Mas segmentos da luta antirracismo têm desempenhado um papel cada vez mais relevante como contraponto ao statu quo. De fato, desde os anos 1980, e com o fim da ditadura, o movimento negro vem se fortalecendo, acumulando musculatura, organizando-se por todo o Brasil. Ampliou-se a criação de entidades negras ligadas à cultura, os blocos afro, os clubes, organizações não governamentais, grupos de intelectuais e pesquisadores, organizações quilombolas, todos ombreados na luta antirracista — uma intensa mobilização e um grande clamor da população negra para a retomada da temática racial e sua problematização como questão política. A Marcha Zumbi contra o Racismo, pela Cidadania e a Vida, realizada em 20 de novembro de 1995, em Brasília, reuniu lideranças de todo o país e mostrou a força e organização do movimento. Seus líderes foram recebidos pelo então presidente da República, Fernando Henrique Cardoso, que acolheu o documento da marcha e, em resposta, criou o Grupo de Trabalho Interministerial (GTI) para implementar políticas antirracistas na máquina estatal.[5]

Ainda que os resultados do GTI não tenham sido dos mais expressivos, pela primeira vez a temática racial adentrava a Esplanada dos Ministérios de uma forma outra que não pela vertente da cultura. O precedente aberto com FHC foi sucedido pela criação, em 2003, no primeiro governo Lula, da Secretaria Especial de Políticas de Promoção da Igualdade Racial (Seppir), equivalente a um ministério da questão racial. Grandemente inspirada pela III Conferência Mundial contra o Racismo, a Discriminação Racial, a Xenofobia e Formas Correlatas de Intolerância — promovida pela ONU em 2001, em Durban, na África do Sul —, a Seppir deveria dialogar com outras instâncias de mesmo calibre para que fosse incorporada, em todas as áreas do Estado, a temática racial para a promoção da igualdade.

Entretanto, a secretaria teve dificuldade em estabelecer um diálogo mais direto com os demais ministérios e a questão não entrou na agenda governamental, ao menos não como o presidente Luiz Inácio Lula da Silva preconizara no discurso de posse da ministra Matilde Ribeiro. A resistência da Esplanada foi grande, e a Seppir não logrou reverter esse cenário. Os motivos foram diversos e passaram por falta de pessoal, inércia da burocracia, racismo institucional e mesmo ausência de um maior apoio da Presidência da República, onde a secretaria estava lotada. O fato é que a questão racial não foi plenamente incorporada ao ideário de transformações sociais. A própria construção da lei de cotas no acesso à universidade pública e às escolas técnicas, talvez o grande legado da Seppir, teve que ser negociada junto ao Ministério da Educação e à bancada do partido, que exigiram que as cotas também incorporassem o aspecto social. Isso desvirtuou o escopo da proposição, inicialmente pensada para os negros como forma de combate ao racismo.

Ao final da década de 2000, a população negra já era maioria no país. O contingente de pretos e pardos hoje chega a 56% dos brasileiros — um crescimento bem maior do que se poderia esperar a partir da trajetória demográfica. Esse incremento, identificado pela PNAD/IBGE, assim como por estudiosos da temática, foi a grande novidade do comportamento populacional a partir da virada do século atual.[6] Tal fenômeno merece ser mais bem estudado. Suas implicações em termos da incidência sobre as faixas de renda ou faixas etárias, ou mesmo regiões, ainda não foram bem delineadas.

Introdução

Assim, após mais de cem anos, o Brasil voltou a ser majoritariamente negro. O vaticínio dos eugenistas de uma sociedade livre do sangue negro não vingou. A população negra resistiu a todo tipo de adversidade. Resistiu habitando em mocambos, em favelas, nas áreas rurais mais insalubres. Resistiu sem acesso a serviços mínimos de saúde, sem educação de qualidade, sujeita à violência policial, ao brutal encarceramento e ao extermínio sistemático, com os assassinatos que, a cada 23 minutos, tiram a vida de um jovem negro brasileiro. Resistiu também às condições piores de trabalho, perpetuando-se como mais passível ao desemprego, ao subemprego e à informalidade. Nesse cenário, a condição da população negra no Brasil não poderia ser outra senão a de pobreza que historicamente a aflige.

De todo modo o país se complexificou. Novos atores surgiram na cena política, trazendo outras demandas sociais e introduzindo temas e embates que vão dar o tom do cenário no novo século. A forte ascensão dos movimentos sociais expressa a pluralidade das questões tensionadas pelo alto nível de desigualdade. Assim, além de organizações como o Movimento dos Trabalhadores Rurais Sem Terra (MST), estruturado em torno da luta fundiária, também outros segmentos se destacam, como os trabalhadores sem teto, os povos da floresta, os indígenas, as comunidades de bairros, as populações atingidas por barragens etc. A retomada da organização do movimento negro e sua luta em torno da questão racial terão um papel central nesse processo de fortalecimento da pauta de enfrentamento à desigualdade. Desde o final do século passado os militantes negros brasileiros vêm ganhando protagonismo nacional, e, a partir da Conferência de Durban, ganharam também protagonismo internacional. Assim, contribuem para adensar um importante conjunto de demandas que irá formatar o campo de intervenção governamental no âmbito da questão racial.[7]

Houve, dessa forma, experiências históricas relevantes, como o período de crescimento econômico e de redução da pobreza entre 2004 e 2014, com incomum ascensão social para parcelas da população pobre e melhora nos índices sociais. Naquele momento, assistiu-se ao aparecimento do que alguns autores, como Pochmann e Neri, chamaram de uma nova classe média ascendente.[8] Houve também trabalhos mais críticos e menos otimistas que viram esse fenômeno como marcadamente circunstancial e que associaram a situação brasileira ao comportamento de suas elites.[9]

No Brasil, os estudos sobre a desigualdade racial em geral se embasam em números sobre o padrão de vida das pessoas e famílias, comparando-se a condição do negro e do branco. Isso tem sido sobejamente feito, sobretudo após o IBGE e o Ipea passarem a se debruçar mais diretamente sobre as informações de raça/cor, um tanto esquecidas até o final dos anos 1990. Mas a temática racial voltou à cena e ganhou uma outra roupagem, agora com novos enfoques, com destaque para obras como as de Silvio Almeida, que trouxe o debate para a questão do racismo estrutural, e de outros autores negros, como Sueli Carneiro, Cida Bento, Marcelo Paixão e Djamila Ribeiro — que, além de ressaltarem a centralidade do racismo, deram uma nova trajetória às pesquisas sobre o tema.[10]

Juntando-se a esses esforços, ao enfrentar o desafio de compreender a sociedade desigual, este livro utilizará instrumentos metodológicos de várias ordens. De início, é importante frisar que o trabalho lançará mão de forma privilegiada da análise histórica, que, nesse quesito, está desmembrada por eixos explicativos da desigualdade. Há na formatação da sociedade desigual componentes históricos importantes, como, no caso brasileiro, a própria formação da economia escravista. Mas a sociedade desigual desenvolve algumas correias de transmissão da desigualdade, motores que a alimentam e realimentam, em um processo contínuo. Decerto existem muitos elementos de relevo na reprodução da sociedade desigual, e o leitor talvez se lembre de alguns; enfocarei e analisarei historicamente aqueles considerados seus principais potencializadores: o mercado de trabalho, os sistemas de saúde e de educação, a distribuição espacial da população e, ainda, a ação da Justiça e as políticas de segurança pública. Nesse sentido, é importante assinalar que o objetivo central deste trabalho não é descrever dados de desigualdade racial, em muito já conhecidos, pois difundidos por vários e qualificados estudos. O objetivo aqui é apresentar e analisar as complexas dinâmicas de produção e reprodução dessas desigualdades no sentido de formatar e consolidar a sociedade desigual assentada no racismo. De todo modo, alguns dados irão ajudar na execução dessa tarefa.

A busca do referencial teórico e metodológico que embasa o livro é tema do capítulo 1. Como se verá, as contribuições da teoria econômica, os modelos neoclássicos, a perspectiva marxista e também as ciências sociais são bastante limitados para a apreciação do fenômeno do racismo. Dessa forma, serão privilegiados autores que, de algum modo, direcionaram suas preocupações para questões afetas à desigualdade e à temática racial e, com eles, conceitos como os de racismo, preconceito, discriminação, branquitude, biopoder e necropolítica.

O capítulo 2 tem por objeto de análise o mercado de trabalho brasileiro, oferecendo um histórico desde o período escravista e enfatizando os diferentes cenários de produção. Esse mercado apresenta limitada capacidade de proporcionar empregos protegidos e bem remunerados, em sua maioria ocupado por trabalhadores brancos, e tem na informalidade e no subemprego o repositório maior da força de trabalho negra. O resultado é que se realimentam desigualdades importantes a partir do exercício do trabalho.

O capítulo 3 analisa dois outros segmentos primordiais e que interferem diretamente na qualidade de vida dos brasileiros: o sistema educacional e o sistema de saúde. A opção de tratá-los simultaneamente advém da confluência de fatores comuns à formação dessas duas áreas da política pública. Nos dois casos, a partir do último quartel do século xix a ação do Estado foi inspirada na ideia de eugenia e na teoria da melhoria das raças. Atualmente, a privatização, tanto da saúde quanto da educação, compartimentalizou os serviços, fazendo com que o acesso a atendimento de qualidade se dê privilegiadamente para as classes mais abastadas, o que no caso brasileiro vem a significar segmentos majoritariamente brancos.

No capítulo 4 discute-se a ocupação dos espaços urbanos e rurais na sociedade desigual. As atuais cidades brasileiras espelham uma realidade de semiapartação. Bairros de classe média e condomínios fechados compõem a cidade oficial, tendo a seu lado favelas, mocambos e periferias que abrigam sobretudo a população negra. No campo, o desenvolvimento da produção agroindustrial representou a expulsão do trabalhador, criando hordas dos chamados sem-terra. A cidade e o campo, em grande medida separados e segmentados, espelham a sociedade desigual, consequência de um fenômeno de espacialização iniciado na virada do século xix, quando a urbanização se intensificou e as populações negras foram expulsas dos espaços centrais das cidades e também das áreas rurais.

Já o capítulo 5 trata do elemento aglutinador da desigualdade, aquele que parece funcionar como a amálgama, o fator de sustentação e de coesão da sociedade desigual: a violência como prática de Estado, e que acaba por extrapolar para a ação de segmentos não estatais. Uma violência que, efetivamente, assume formas diversas contra a população negra — desde a falta de emprego formal e de condições mínimas de habitabilidade nas favelas e na periferia até precárias condições de acesso à educação, à saúde e aos serviços públicos em geral —, mas que se consolida principalmente como a violência do cotidiano de mortes, decorrentes de disputas do tráfico, das milícias e de uma polícia que se faz presente não para a garantia da segurança e da vida, mas para a repressão, quando não o extermínio. E aqui tem peso fundamental, como veremos, o fato de que o racismo também atravessa o sistema judiciário e seus operadores.

A sociedade desigual, hierarquizada e violenta, é finalmente abordada no capítulo 6, a partir da remontagem de suas partes, descritas nos capítulos anteriores. Além do aprofundamento analítico sobre as características da sociedade desigual, tenta-se desvendar o porquê de sua perenidade, investigando certas regularidades e as consequências delas advindas. Destaca-se, assim, a centralidade do racismo e de seus desdobramentos, junto a características como a deformação do perfil produtivo de bens e serviços e do mercado de trabalho, e uma reestruturação perversa e parcialista do arcabouço jurídico-institucional, privilegiando os grupos dominantes. Além disso, observa-se a extrema dificuldade de se montar uma agenda de consenso em face do alto grau de desigualdade e da própria cultura da violência como substrato. Tudo isso faz da sociedade desigual uma sociedade medíocre, elitista, violenta e autoritária. Um cenário ao qual o ativismo negro tem se contraposto, numa trajetória que será objeto da parte final deste livro.

Uma última observação. É possível que a sociedade desigual que se constituiu no Brasil seja o protótipo do que a Europa está por viver na segunda metade deste século. A inevitável pressão migratória convergindo para as regiões mais ricas do globo traz consigo a formação de uma sociedade multiétnica, e, pouco habituados a essa pluralidade, os países do Velho Continente têm tido muita dificuldade na absorção das crescentes hordas de imigrantes, sobretudo africanos. Nos anos 1950, a construção de uma Europa calcada na ideia de bem-estar social se deu com base no reconhecimento da necessidade de fornecer serviços basilares para todos, no espectro da admissão da igualdade como valor primordial. A chegada massiva dos negros, dos árabes, dos asiáticos (com a reabertura da rota chinesa) coloca um novo desafio para a sociedade europeia. Nestas últimas décadas, o Velho Continente vem convivendo mais de perto com o recrudescimento do racismo e com a consequente incapacidade de reverter o quadro social através dos mecanismos clássicos da política. O racismo crescente passa a exigir a adoção de novos instrumentos, agora associados a seu necessário combate. Desse modo, a Europa, assim como os Estados Unidos em face da imigração latina, se aproxima do caso brasileiro. Aprender a conviver com a diversidade, sem hierarquias raciais, mantidos os objetivos da equidade e assegurada a cidadania, não é tarefa fácil. As dificuldades enfrentadas pelo Brasil no último século e meio podem ainda ajudar a entender o futuro do Primeiro Mundo. Serão esses os novos tempos?

1. O desafio de se estudar o racismo como elemento organizador da sociedade desigual: Aspectos teóricos e metodológicos

DE MODO GERAL, o mundo hoje está mais desigual. Quase irreconhecível aos olhos daqueles que vivenciaram os anos de prosperidade, de crescimento e de redistribuição da renda do pós-guerra. O mundo saído do maior embate bélico da história foi dividido em dois polos. O polo comunista, liderado pela União Soviética, preconizava a ideia de um forte avanço social nos termos de uma sociedade igualitária. O gigante euroasiático inspirou novas revoluções, sendo a mais retumbante a chinesa. A experiência socialista e sobretudo o medo de sua expansão incentivaram o alargamento das políticas de atenção aos mais pobres e o combate à desigualdade no âmbito dos países capitalistas.

A ampliação do Estado social europeu — ou Estado de bem-estar social, o *Welfare State*, cujos primórdios remontam ao século XIX, na forte mobilização dos trabalhadores — se deu no pós-guerra em diferentes matizes,[1] e contribuiu sobremodo para a melhoria das condições daquelas sociedades, então completamente abaladas pelos horrores de uma contenda que matou cerca de 55 milhões de pessoas. Assim, passou-se a crer que a redução da desigualdade, ainda que em moldes mais modestos do que ocorria no lado comunista, era parte do esforço de um novo capitalismo, o capitalismo do pós-guerra, fundamentado no aumento da produção de bens de consumo, consentâneo com a criação de uma classe trabalhadora e de uma classe média consumidoras, em um modelo estável politicamente e pujante economicamente. Eram os chamados *Trente Glorieuses*,[2] ou Trinta Gloriosos, as três virtuosas décadas que se seguiram ao fim da guerra.

Esse quadro começa a se desestruturar nos anos 1970, com a crise do modelo fordista, o aumento dos juros internacionais, a alta nos preços dos combustíveis, a recessão, o desemprego e a crise fiscal. Já os países do bloco comunista, cujo déficit era menos de igualdade e mais de dinâmica econômica e de liberdade política, punham em questão o custo dos avanços sociais. Rebeliões como as da Hungria em 1956, da Tchecoslováquia em 1968 e da Polônia em 1981 antecipavam o colapso do bloco, que ocorreria no início da década de 1990.

As décadas finais do século xx já esboçavam esse quadro de reversão social e econômica. As políticas neoliberais ressurgiram com força, inicialmente nos Estados Unidos e na Inglaterra. A consolidação da União Europeia se deu também em bases fiscais rígidas, cerne do receituário neoliberal. É difícil saber o que de fato gerou o quê, quais processos foram causas e quais foram consequências nesse turbilhão que assolou o mundo desenvolvido e trouxe reflexos não menos importantes para as demais nações. Observaram-se o fim de algumas hegemonias e o aparecimento de outras, com destaque para a China, que se converteu em um dos principais *players* do atual cenário econômico.

A nova ordem mundial, que emergiu no bojo do fortalecimento da economia liberal, é palco de outros conflitos. Os embates distributivos potencializam questões ligadas a dinâmicas comunitárias e nacionalistas. O mundo se volta, assim, a velhos e conhecidos dilemas, uns externos, outros internos aos países. Entre eles, e que importa mais diretamente aqui, o aumento da desigualdade. A volta da pobreza nas nações mais ricas, a partir da década de 1980, é acompanhada por um importante crescimento da desigualdade e pela ampliação da riqueza extrema. Pessoas e empresas com fortunas incomensuráveis passam a fazer parte do cenário econômico e político e a influenciá-lo mais diretamente.

Economistas, historiadores e cientistas sociais têm descrito com acurácia o recrudescimento da desigualdade nas últimas décadas. Realidades até então não hegemônicas — como a financeirização da economia, uma incapacidade cada vez mais visível dos Estados nacionais em regular fenômenos que hoje ultrapassam suas fronteiras, o aumento das migrações e a emergência de novas demandas sociais — se associam de algum modo ao processo de desigualação, povoam a realidade atual e desafiam os estudiosos. A própria capacidade do arcabouço teórico vigente, em seus diversos matizes, é colocada em xeque. Os paradigmas, os pressupostos, os modelos explicativos têm sido revisitados e aprimorados na busca do melhor entendimento para um mundo em profunda transformação. Mais recentemente, a pandemia de covid-19, as revoltas antirracistas, os embates entre grupos políticos, alguns ultrarradicais, a paralisia ou a inação dos governantes, tudo isso em conjunto delineia uma realidade completamente nova. De fato, as diversas correntes de pensamento têm tido dificuldade em interpretar esses fenômenos e suas implicações no mundo globalizado.

Desigualdade e racismo na teoria econômica

Importantes questões vêm sendo mobilizadas por velhos e novos esforços cognitivos no tratamento da desigualdade pela teoria econômica. Eles contemplam o tipo de instrumental analítico utilizado e os pressupostos das diferentes linhas de pensamento. O enfoque marxista da desigualdade tem como pressuposto uma sociedade de homens e mulheres iguais no sentido formal, ou seja, sem qualquer atributo de diferenciação que não o da clivagem social por classes. Surge daí, segundo essa corrente, a grande contradição que se dá a partir do embate de interesses não entre indivíduos, mas entre classes sociais: o confronto entre as classes dos exploradores e dos explorados. O marxismo, como uma vertente humanista da ciência social, não trabalha com a ideia de uma diferenciação concernente aos indivíduos. Ao contrário, o cerne do marxismo é justamente a perspectiva de igualdade entre as pessoas, que se distribuem em classes, estas sim desiguais e antagônicas. É essa a lógica que sustenta a análise marxista na perspectiva da exploração do homem pelo homem. O capitalista e o operário são, desse ponto de vista, seres humanos, como categoria natural, só diferindo em termos de inserção de classe, como categoria histórica. Uns são indivíduos livres que detêm os meios de produção; os outros, também livres, possuem apenas sua força de trabalho como mercadoria a ser consumida pelo capital na produção.[3]

Já na abordagem econômica de cunho neoclássico, o indivíduo também é percebido como um ente em pleno exercício de sua liberdade, mas, nesse viés, constitui-se no elemento central do modelo explicativo do funcionamento econômico e da própria sociedade. Como ser racional, dotado de inclinações, interesses e capacidade de predição e de êxito, o indivíduo elaboraria suas escolhas de forma plausível em função do contexto, com coerência e atenção a seus próprios interesses, dentro de uma visão utilitarista.[4] O estudo da sub-humanidade embutida no pensamento racista também não encontra suporte nas teorias econômicas de cunho mais conservador do chamado *mainstream*. Essa inaptidão da ciência econômica, notadamente no estabelecimento da base de sua teoria do valor, foi percebida por Gunnar Myrdal, um dos grandes pensadores econômicos do século XX, ganhador do prêmio Nobel em 1974. Formado pela Universidade de Estocolmo, Myrdal logo cedo adquiriu um grande conhecimento dos clássicos, mostrando particular afeição ao pensamento de David Ricardo, James Mill, Thomas Hobbes e Samuel Bailey. Ao chegar aos Estados Unidos, no final dos anos 1930, para realizar um estudo patrocinado pela Carnegie Corporation sobre o negro norte-americano, o autor deparou-se com o seguinte dilema teórico: como utilizar um instrumental analítico baseado na igualdade para o estudo de uma comunidade vista como inferior e à qual se associava um conjunto de crenças, estereótipos e pressupostos negativos, e contrastante com o arcabouço valorativo associado ao grupo branco? Em outras palavras, como abordar e tratar igualmente grupos sociais, e mesmo indivíduos, que na prática são socialmente atrelados a diferentes valorações, como ocorre com negros e brancos na sociedade racista?

No Prefácio da edição inglesa de 1953 [...] refiro-me [a] como minha própria concepção do problema do valor mudou a partir de

1939. Naquela época eu ainda acreditava na existência de uma teoria econômica consistente e objetiva, independente do valor [...]. Hoje, depois de realizar outros estudos em vários campos — e especialmente após lidar com o problema do negro, dez anos depois —, vejo que isso é incorreto e que são necessárias premissas de valor já na tentativa de estabelecer fatos e relações causais entre os fatos.[5]

A obra de Myrdal, intitulada *An American Dilemma*, teve grande repercussão nos Estados Unidos, vendendo, à época de sua publicação, mais de 100 mil exemplares.[6] Mas o próprio desafio a que se propôs o autor trouxe a necessidade de uma revisão de sua concepção sobre o problema das representações sociais. Em seu estudo, Myrdal percebeu que as escalas e os sistemas de valores, tão importantes como esteio das ciências sociais, devem ser reconhecidos como intervenientes na dinâmica social — e mesmo econômica — e tratados com o devido rigor metodológico. Com efeito, estudando uma sociedade moderna e de grande diversidade étnica, como os Estados Unidos no século XX, o autor observou os valores que moldam a relação entre diferentes grupos sociais, oferecendo modelos de ação para atitudes que reproduzem posições sociais e padrões de desigualdade. Assim, não seria possível tomar os valores como algo universal ou ex ante, como de resto o faz deliberadamente a teoria econômica, seja pela vertente marxista, seja pela vertente utilitarista.

Na percepção de Myrdal, um construto de ideias, eivado certamente por preconceitos, acaba por definir uma valoração moral e se consolidar como paradigma na economia. Desse ponto de vista, os valores associados ao racismo nos Estados

Unidos são, eles próprios, parte do problema, não podendo a ciência estabelecê-los de forma subjetiva e marcadamente prognosticada. Assim, reforçando a perspectiva trazida pelo autor, entende-se aqui que, também no caso brasileiro, não se pode proceder ao estudo do racismo e de suas consequências tendo por base premissas de igualdade, uma vez que estas são falseadas pela realidade social. Em se tratando da questão racial, a sociedade se ancora em valores de desigualdade. E a desigualdade é respaldada pelo racismo, ideologia que importa julgamentos de valor, moldando a sociedade e naturalizando hierarquias raciais.

Nessa perspectiva, a adoção de preceitos paradigmáticos universais pode não só paralisar o estudioso da questão racial como ainda levá-lo a um impasse tautológico em que seu próprio julgamento de valor surge como ponto de chegada, quando, na verdade, era seu ponto de partida. São recorrentes, nos trabalhos sobre raça, conclusões baseadas não no estudo em si, mas nos valores impostos. Assim, ao se chegar à constatação de que a pessoa negra recebe um salário menor em comparação a uma pessoa branca nas mesmas condições de formação e experiência, a conclusão é de que isso é errado. Uma conclusão que já era dada antes mesmo do início da pesquisa. Mais importante do que recorrer a uma escala de valoração preestabelecida é entender como se dá esse fenômeno do racismo e quais as suas implicações. Myrdal mostrou em seu trabalho que o racismo é parte da dinâmica econômica norte-americana, tendo forte impacto sobre a vida dos indivíduos — um impacto que pode ser positivo ou negativo em função da cor do indivíduo, e que ultrapassa o âmbito econômico, constituindo-se em um fenômeno de amplitude social.

Na segunda metade do século passado, contudo, a teoria neoclássica passou a se debruçar sobre o tema da discriminação, com destaque para a contribuição de três autores. O primeiro foi Gary Becker, ganhador do prêmio Nobel de Economia de 1992 e pioneiro na introdução da temática da discriminação racial no âmbito da teoria do capital humano, da qual também é um dos precursores. Sua obra *The Economics of Discrimination* é considerada um marco.[7] Além de Becker, merecem menção Kenneth Arrow[8] e Edmund Phelps.[9] Esses três autores trataram da questão racial a partir do olhar utilitarista e focando o mercado de trabalho. Em que pesem as especificidades de suas contribuições, eles acabam por reduzir a desigualdade racial ao resultado de um julgamento individual e racional do empregador derivado de imperfeições de informações. Desconsideram-se aqui toda a carga ideológica e a construção histórica e social que fazem do racismo, e de seus desdobramentos, um elemento central na consecução da sociedade desigual.[10]

Estudos mais recentes têm analisado a trajetória da desigualdade econômica e identificado seu crescimento como um novo momento, uma nova etapa do capitalismo. Essa é a constatação de um conjunto de trabalhos desenvolvidos por autores como Anthony Atkinson, Joseph Stiglitz e Thomas Piketty, entre outros. O diagnóstico é o de que, a partir dos anos 1980, houve um aumento das grandes fortunas, resultado da concentração de capitais e patrimônios, bem como das políticas de desoneração fiscal levadas a cabo no período da guinada conservadora de Ronald Reagan e Margaret Thatcher, o que desencadeou um processo de forte acúmulo de renda nas camadas dos chamados super-ricos. O resultado é uma concentração exacerbada da riqueza nas mãos de muito poucos.

Essa importante geração de autores é legítima herdeira da obra de Simon Kuznets, também ganhador do Nobel de Economia, em 1971, e pioneiro no estudo da redistribuição da renda e de sua relação com o crescimento econômico. Em seu famoso artigo "Economic Growth and Income Inequality", de 1955, o autor desenvolve a relação entre essas duas variáveis, e a partir dela constrói a chamada curva de Kuznets. A curva apresenta o comportamento de um U invertido, o que significa que, à medida que o crescimento econômico avança, há uma tendência inicial de concentração da renda. Isso seria principalmente resultado de um diferencial de produtividade inicial em prol dos setores econômicos mais dinâmicos, o que acarretaria, nas primeiras fases da industrialização, a elevação dos ganhos e dos salários nesses setores e, consequentemente, o aumento da desigualdade em prejuízo dos segmentos tradicionais. Em seguida, em uma fase mais madura do desenvolvimento econômico, os ganhos de produtividade passam a ser generalizados, contemplando todos os grupos e promovendo, assim, uma melhor distribuição da riqueza e a decorrente queda da desigualdade. Daí o comportamento da curva no formato de um U invertido.[11]

No final dos anos 1980, a curva de Kuznets sofreu uma adaptação pelo autor, de modo a associar o crescimento econômico com a degradação ambiental, mas apresentando um comportamento idêntico, ou seja, haveria uma etapa de inflexão, num estágio de desenvolvimento em que a devastação do meio ambiente tenderia a se reduzir, perfazendo o mesmo desenho do U invertido verificado no caso da curva original.

A contribuição de Kuznets para o debate da desigualdade foi grande. Entretanto, no momento da construção de sua teoria, a questão redistributiva não se traduzia em uma das maiores preocupações da ciência econômica. Estudiosos chamam a atenção para o fato de que, nos anos 1950 e 1960, houve, nos países desenvolvidos, crescimento econômico acompanhado por uma significativa redistribuição da renda.[12]

A retomada da temática da desigualdade se dará, com maior força, a partir dos anos 1980. O pioneiro foi o economista britânico Anthony Atkinson. Já com acesso a bases de dados mais consolidadas e robustas, ele avançou no estudo sobre a desigualdade, incluindo novas perspectivas e séries históricas para a comparação entre a evolução e distribuição da riqueza, medida em termos de renda e patrimônio, mas também em acesso a saúde e educação, entre outras variáveis sociais. Considerando a pobreza como tema afeto ao campo da desigualdade, Atkinson chama a atenção para o crescimento de novas formas de pobreza, relacionadas ao desemprego e sua maior duração, bem como à ampliação de condições precárias de trabalho. Para ele, a desigualdade crescente deve ser percebida a partir de sua relação não somente com as variáveis econômicas, mas também com os valores sociais subjacentes.[13]

O termo "desigualdade" — e o consequente enfrentamento desta — tem sido utilizado de forma variada, prossegue ele, sendo privilegiados diferentes aspectos, conforme a visão reinante. Os políticos e analistas adeptos do liberalismo econômico preferem falar de igualdade de oportunidades, ideia que pressupõe a existência de um mesmo ponto de partida para todos. Uma visão ex ante. Entretanto, ainda segundo Atkinson, mais importante do que a garantia da igualdade de oportunidades seria a igualdade de resultados, aquela que efetivamente leva à redução da iniquidade. Em uma crítica à visão liberal, que prevê como condição necessária e suficiente a equalização das oportunidades, Atkinson assevera que se trata de uma perspectiva equivocada e destaca a possível ocorrência de três tipos de eventos que reduziriam os efeitos da igualdade de oportunidade e afetariam o princípio de justiça no qual ela se baseia:

1. A ocorrência de casualidades tais como doenças ou eventualidades variadas, que podem prejudicar a trajetória do indivíduo, em que pese o esforço empenhado;
2. A existência de diferentes tipos de "premiação", cujo resultado pode promover exclusão e, em decorrência, comprometer a igualdade de oportunidades;
3. A permanência de resultados pretéritos que estabeleçam as desigualdades relativas atuais: "Os resultados ex post de hoje determinam as condições ex ante de amanhã: os beneficiários da desigualdade de resultados de hoje podem transmitir uma vantagem injusta aos seus filhos amanhã".[14]

Quanto maior o acúmulo de riquezas por um grupo restrito, maiores seriam as desigualdades sociais. Para Atkinson, deve-se privilegiar o foco nas desigualdades de resultados, que, se mitigadas, poriam fim às desigualdades de oportunidades para as gerações futuras.[15] O autor ainda admite alguns fatores específicos, que chama de horizontais, como fontes relevantes de desigualdade, ressaltando três deles: o fator gênero, o fator intergeracional e o fator global. Atkinson chega a citar a questão racial, não lhe dando, no entanto, maior atenção: "A diferença entre grupos étnicos é um tópico importante que não abordo aqui".[16]

A desconsideração do componente etnorracial como fator influente na obtenção de maior igualdade parece diminuir o alcance da obra de Atkinson, ao menos no caso de países como o Brasil, onde a questão da raça tem um peso central. Se enfocamos o aspecto dos rendimentos advindos do trabalho, uma das medidas de desigualdade que ele destaca, no Brasil a diferença salarial entre negros e brancos chega a mais de 50%. E, quando controladas as demais variáveis, ou seja, quando se comparam os rendimentos de negros e brancos com a mesma qualificação, mesmo nível educacional e mesmo grau de educação dos pais, ainda assim a diferença mantém-se gritante em favor do branco. A desproporção entre os dois grupos só pode ser explicada pelo diferencial da raça e da cor. A ausência de tal debate vai marcar não apenas a obra de Atkinson, mas também a de outros autores que vêm se dedicando, neste início de século, ao tema da desigualdade.

Joseph Stiglitz — outro agraciado com o Nobel de Economia, em 2001 —, crítico da visão mais ortodoxa, também tem se debruçado sobre a questão da desigualdade. Ele lembra que a teoria econômica vem focando a questão racial.[17] Sua teoria das informações imperfeitas associa a perenidade da discriminação à insuficiência de conhecimentos, por parte dos empresários, sobre as aptidões do candidato ao cargo, levando o mercado a se basear em prejulgamentos, acolhendo os preconceitos como uma realidade característica de cada mercado de trabalho específico. Stiglitz destaca ainda que a teoria dos jogos admite a perenidade da discriminação por meio de um conluio tácito do grupo dominante e de sanções e prejuízos para aqueles que ousem afrontar o statu quo.[18] Por fim, o autor lembra a chamada "discriminação implícita", atitude recorrente que reproduz comportamentos discriminatórios, mesmo por parte de pessoas que não são ou não se consideram racistas.[19] Para Stiglitz, a discriminação baseada na raça equivale a outras formas de discriminação, todas entendidas como desvios morais, seja de indivíduos, seja do sistema. Em sua análise, a economia de mercado privilegia o lucro, mesmo ao custo de alguns escrúpulos e valores. Nessa abordagem, a questão racial se revela como uma expressão das imperfeições do sistema econômico e de sua incapacidade em ultrapassar as mazelas do preconceito. Essa parece ser uma visão parcial e eminentemente economicista, em que a problemática racial é encarada apenas como um complicador para o modelo explicativo adotado.

Thomas Piketty aparece como um caso raro de unanimidade acadêmica e sucesso intelectual. Sua obra mais importante, *O capital no século XXI*, traz a questão da desigualdade para o centro do debate econômico. A constatação de que os países desenvolvidos começaram, a partir dos anos 1980, a sofrer um processo de reversão de sua trajetória distributiva, na contramão do que preconizava Kuznets, é o ponto de partida do estudo. Utilizando-se de um impressionante instrumental de dados — alguns construídos, é verdade, a partir de hipóteses um tanto heroicas, e cujas fontes remontam a séculos anteriores —, o estudo apresenta um quadro da evolução da distribuição da riqueza nos países centrais do sistema capitalista.

A tendência atual, identificada por Piketty, é de uma inédita concentração de renda e patrimônio nas mãos das camadas mais favorecidas, que passaram a constituir, a partir das últimas décadas, um estrato à parte, o dos super-ricos. Em outra publicação, *A economia da desigualdade*, ele detalha melhor alguns pontos de interesse. Após um diagnóstico mais geral sobre a evolução da desigualdade em diferentes países, Piketty busca entender as causas de seu aumento generalizado, ainda que em graus distintos. Os mecanismos de reprodução da desigualdade são analisados, com destaque para a desigualdade entre capital-trabalho e para as diferenças salariais, vistas como fundamentais no capitalismo.

É especificamente na análise da desigualdade salarial que Piketty destaca o processo de crescente heterogeneidade do mundo do trabalho e de ampliação das desigualdades de rendimento. Ele ordena os principais fatores que explicariam as diferenças salariais, dentro da ótica da teoria do capital humano, relacionando diretamente os investimentos do indivíduo em formação com os seus ganhos salariais. Assim, quanto mais anos de estudo e de formação profissional, maiores os salários que seriam auferidos pelo trabalhador. Há, no entanto, segundo Piketty, alguns fatores que interfeririam e potencializariam desigualdades, como a maior ou menor bagagem de conhecimento transmitida pelo ambiente familiar, a qualidade da escola — aqui incorporando também a qualidade dos alunos e dos professores —, os efeitos de programas de discriminação positiva que, no âmbito das políticas de ação afirmativa, podem trazer aumentos salariais para segmentos que normalmente aferiam rendimentos menores, e, por fim, aspectos ligados à discriminação no mercado de trabalho.

Abordando o caso específico da discriminação contra a população negra, Piketty afirma, contudo, que as considerações apresentadas poderiam servir para a análise de outros grupos, como as mulheres ou as castas baixas na Índia.[20] Assim, ao tratar da temática racial, o autor o faz a partir de um modelo analítico que não leva em conta suas especificidades, igualando grupos submetidos a processos específicos de subalternização e a distintos mecanismos de produção de desigualdades. Com efeito, o estudo de Piketty, na esteira do que ocorre com a abordagem de Atkinson e Stiglitz, não vê qualquer protagonismo ou centralidade na questão racial para a compreensão da dinâmica da desigualdade, mesmo em sociedades de passado escravista.

Ainda que venha a considerar o papel histórico preponderante do escravismo em um estudo posterior, sobretudo na conformação atual de países como Brasil, Estados Unidos, Haiti, Cuba e das chamadas Antilhas, Piketty ressalta que, no processo de abolição, as diferentes formas de extinção do trabalho cativo foram majoritariamente baseadas na indenização dos proprietários, que constituíram imensas fortunas.[21] O caso do Haiti tornou-se emblemático, pois a economia da ilha jamais conseguiu corresponder à exigência francesa, para reconhecimento da independência e indenização aos proprietários de imóveis e escravizados, de pagamento de uma grande soma, cujas parcelas, incluindo empréstimos e juros, se estenderam por mais de um século. Aquela que era chamada a "Pérola das Antilhas", a ilha mais próspera e rica do Caribe, tornou-se o país mais pobre das Américas.

Ao enfatizar aspectos econômicos relevantes, mas mitigar o papel do racismo e de seus desdobramentos, em suas diferentes dimensões, como elemento central no estudo da desigualdade, Piketty faz tábula rasa de um problema fulcral na sociedade contemporânea e que tem importância direta na proliferação e consolidação da desigualdade. O racismo que vigora no mercado de trabalho responde pela segregação de milhões de trabalhadores e, portanto, funciona como correia de transmissão do processo de desigualdade. O racismo que, fora do mercado de trabalho, cerceia, discrimina e mata, além de mutilar pretensões e trajetórias da grande maioria dos negros. A esse racismo, Piketty destina pouco mais de uma página de *A economia da desigualdade*, e a discriminação no emprego por interferência de uma atitude discriminatória do empregador é vista apenas como uma ineficiência do mercado.

Contudo, mais do que uma ineficiência, a deformidade social causada pelo racismo nas sociedades de histórico escravista se reatualiza por meio de diferentes mecanismos e alimenta, entre outras dimensões, a persistência das desigualdades salariais entre trabalhadores brancos e negros, e os obstáculos à ascensão profissional do negro em geral. Por ser fator determinante da conformação do mercado de trabalho, o racismo deveria ter um papel central na análise dos determinantes da desigualdade. De fato, a ciência econômica em suas diversas abordagens nunca se debruçou sobre a questão racial na proporção e na profundidade que o tema exige e, por isso mesmo, pouco desenvolveu em termos de instrumentais analíticos para seu entendimento no âmbito da questão econômica. Em geral, o avanço realizado pelos economistas nesse debate limita-se às métricas de iniquidade, que, a partir de bancos de dados progressivamente mais sofisticados, permitem identificar e mensurar as desigualdades entre indivíduos ou entre grupos raciais, sem contudo explicar suas variadas formas e causalidades diversas.

O pensamento econômico, em sua vertente majoritária, de base utilitarista, ainda acaba por reduzir o racismo a uma mera manifestação discriminatória que, em função dos mecanismos do mercado, tenderá a desaparecer. O raciocínio é fascinante, mas desprovido de sentido real. Assim, na hipótese de que um

O desafio de se estudar o racismo... 47

ou vários empregadores se neguem a contratar um trabalhador negro por pura discriminação, outros o farão, e pagando salário menor, por força da lei da oferta e da procura, e em decorrência do maior desemprego nesse grupo. Desse modo, o empregador que não discrimina terá ganhos maiores por conta da redução de custos com mão de obra, advinda da menor remuneração do trabalhador negro. Esse ganho adicional vai cessar assim que os demais empregadores entenderem que sua atitude discriminatória é economicamente prejudicial a eles próprios, o que os fará abandonar essa postura. No limite, o salário do trabalhador negro se igualará ao dos demais, e a discriminação não mais existirá. Para os economistas ortodoxos, portanto, a discriminação não resistiria às forças de mercado.

Dessa forma, e apesar da contribuição de Myrdal, os sistemas de valores sociais receberam pouco reconhecimento como fatores intervenientes na configuração das relações econômicas e dos mecanismos de produção e reprodução da desigualdade. Myrdal mostrou que o racismo, ao estabelecer e naturalizar injustiças, se transforma em motor específico de tratamento desigual e de produção de iniquidades na esfera econômica. A literatura pautada no tema da desigualdade, por sua vez, vem dando sua contribuição, seja revelando os patamares de iniquidade progressivamente alargados, seja enfatizando a relevância do debate sobre as igualdades de resultados, inclusive para garantir a igualdade de oportunidades. Contudo, a questão racial per se não passaria de um elemento secundário, elencado como mecanismo que potencializa desigualdades e promove ineficiências econômicas.

Por fim, uma não menos importante contribuição sobre a temática da desigualdade foi dada por Charles Mills, autor afro-americano, com a ideia de que vigora nas sociedades ocidentais um contrato racial, que molda instituições e reforça as desigualdades de raça.[22] Há no trabalho de Mills uma forte inspiração de *O contrato sexual*, obra de Carole Pateman, que adota uma posição no mesmo sentido, denunciando as estruturas e as instituições forjadas pela sociedade patriarcal e machista. E na percepção de que a sociedade política é um construto humano[23] o autor traz a possibilidade de que esse contrato atual, que privilegia o machismo e a branquitude, possa e deva ser alterado pela ação política dos grupos discriminados. Assim, mulheres e negros tendem a assumir um papel preponderante no redesenho do contrato vigente e na reorganização da sociedade em um patamar de maior igualdade e justiça. A contribuição de Mills tem pelo menos o condão de equiparar de algum modo a temática racial à questão feminista, o que não deixa de ser um avanço importante, sobejamente reforçado pela produção de um conjunto relevante de autoras negras — como Angela Davis, Patricia Hill Collins e bell hooks, entre outras.

Racismo e reprodução das desigualdades

A ampliação das desigualdades, observada em nível mundial desde a década de 1980, também mobilizou a produção nas ciências sociais. Robert Castel e Pierre Rosanvallon se destacaram nesse debate com sua contribuição sobre o que denominaram "a nova questão social", e incluindo em suas análises a temática racial. Charles Tilly, Michèle Lamont e Paul Pierson avançaram na discussão sobre os mecanismos de reprodução da desigualdade.[24] Busca-se resgatar aqui, a partir da contribuição desses autores, instrumentais analíticos da sociologia e da ciência política que colaborem para a análise do racismo como pauta central nos estudos sobre a desigualdade.

Robert Castel publicou em 1995 sua obra clássica, *As metamorfoses da questão social*, na qual trata dos desafios da preservação dos direitos sociais. Tais desafios, segundo ele, estariam diretamente ligados à perda de centralidade do trabalho assalariado estável, bem como à menor capacidade do Estado em garantir os direitos de proteção social a ele associados — e, em última análise, preservar a coesão social reconstruída no pós-guerra. O autor considera que a redução da desigualdade observada na Europa ao longo do século xx resultou do fortalecimento da seguridade social, que permitiu superar a leitura moral da pobreza e integrar os vulneráveis à sociedade assentada sobre o trabalho assalariado. Mas, desde as últimas décadas do século xx, a desigualdade revelou-se crescente, fruto da crise do emprego socialmente protegido. Assim, foram postos em xeque os avanços da própria seguridade social e suas conquistas, incluindo a mediação dos conflitos entre capital e trabalho e a estabilização e a integração sociais.

Na virada do século, com o crescimento do processo migratório, um novo fator de desequilíbrio para a coesão social francesa e europeia seria deflagrado. Em *A discriminação negativa*, Castel adverte que a questão racial e a questão social não são idênticas; seus efeitos nocivos se somam, e devem ser objeto da luta contra a discriminação e a desigualdade, ambas em crescimento na sociedade francesa.

A luta contra a discriminação é também, e igualmente, a redução das disparidades nas condições sociais que fazem com que os representantes das minorias étnicas estejam sobrerrepresentados entre todos aqueles em situação de precariedade, desemprego e insegurança social. A questão racial não substitui a questão social: elas combinam seus efeitos. Esse é particularmente o caso, como já foi apontado, dos jovens nas periferias. [...] Obviamente, a luta contra a discriminação deve passar ao menos pela redução dessas desvantagens, que colocam esses jovens na base da escada social.[25]

Outro autor francês importante no estudo das desigualdades é o historiador Pierre Rosanvallon. Em trabalhos anteriores,[26] ele vinha diagnosticando o processo de ampliação do desemprego e da exclusão social, bem como a crise do Estado de bem-estar social. Em *La Société des égaux*, o autor aprofunda o debate sobre o crescimento da desigualdade nas sociedades modernas, buscando identificar as suas origens. Para ele, a tendência ao aumento das desigualdades sociais observada desde o final do século xx representa uma ruptura histórica. Ao longo do século, as políticas de redistribuição se expandiram, com a instituição do imposto progressivo de renda, da seguridade social e das proteções trabalhistas. Com a crise dos modelos fordistas de produção e das relações de trabalho e políticas de proteção social a ele associadas, há um aumento das desigualdades, que não foi, contudo, enfrentado por um discurso de valorização da cidadania social. Ao contrário, o autor identifica uma crescente oposição entre o que denomina cidadania política e a cidadania social, no sentido do crescimento da primeira e da regressão da segunda. Em outras palavras, as demandas e as pressões de grupos minoritários aumentam enquanto os direitos sociais têm sido postos à prova.[27] O tema da desigualdade estaria sendo relegado pela sociedade como um todo, mais tolerante às iniquidades, em um processo que Rosanvallon chama o "paradoxo de Bossuet":[28] ao mesmo tempo que a desigualdade tem sido apropriada pelo discurso das minorias, em pautas mais ligadas ao comunitarismo, observam-se a relativização das desigualdades e a aceitação dos mecanismos que a produzem.[29] Haveria, portanto, nesse processo, uma crise da igualdade como um fato social total, no sentido que Marcel Mauss conferiu ao termo. A questão da igualdade deixa de ser uma pauta nacional, sendo destituída de suas dimensões intelectual e moral, restando simplesmente seus aspectos individuais ou comunitários. Essa deslegitimação da igualdade como valor em torno do qual se construiu a cidadania é, de acordo com Rosanvallon, o grande problema a ser enfrentado pelas sociedades modernas. Ele aponta para a consolidação de uma sociedade da "concorrência generalizada", na qual o princípio da igualdade de chances se afirmaria de forma perversa, radicalizando a ideia de autonomia dos indivíduos, naturalizando a concorrência e o risco e colocando a figura do consumidor como referência para o debate do que é de interesse geral.[30] Para Rosanvallon, é particularmente perversa a progressiva imposição de uma ideia de meritocracia que desqualifica a noção da igualdade.

O historiador francês atenta ainda para o fato de que a crise da igualdade restabelece a legitimidade de uma sociedade hierarquizada, na qual as distinções tinham origem em diferenças intrínsecas.[31] Para Rosanvallon, a questão racial ganha relevo nesse processo. Tratando dos Estados Unidos, ele destaca que a experiência de segregação racial não foi ali uma sobrevivência do escravagismo, mas uma criação que respondeu aos desafios da sociedade moderna, amortecendo os conflitos de classes em vez de enfrentá-los. Para o autor, a segregação representou uma visão "radicalmente não democrática da igualdade" ao fomentar o imaginário igualitário entre os brancos, mas apenas entre eles.

O recrudescimento do racismo e da segregação acabou por reforçar identidades de grupos, afastando, no entanto, a referência às normas de justiça entre os indivíduos na sociedade. Dá-se assim, segundo o autor, um novo significado ao ideal igualitário:

> A percepção das desigualdades que atravessavam a sociedade, incluindo as mais flagrantes, foi completamente alterada pela exacerbação do senso de similaridade em termos de cor da pele. Os brancos poderiam ter a sensação de se levantar em solidariedade ao desprezar em conjunto um grupo considerado inferior; grupo cujos contornos poderiam ser fisicamente apreendidos de imediato. O estabelecimento da "branquitude" (*whiteness*) como categoria central possibilitou tornar secundárias outras representações do mundo social.[32]

Citando Colette Guillaumin, Rosanvallon alude à questão do racismo como reação a um projeto igualitário:

> "O crescimento da ideologia racista", disse Colette Guillaumin com toda a razão, "depende muito de valores igualitários: é uma resposta à demanda de igualdade. [...] Tudo aconteceu como se a emancipação dos negros, com a demanda que ela trazia de igualdade de direitos civis e políticos, estivesse vindo minar a visão anterior de igualdade e de identidade do mundo branco".[33]

Rosanvallon ressalta que Tocqueville já havia identificado a branquitude nos Estados Unidos no século XVIII:

> Como a existência de uma população escravizada estabelece uma classe inferior, todos os brancos do Sul se veem como parte de uma classe privilegiada [...]; a cor branca é vista no Sul como sinal de verdadeira nobreza.[34]

E conclui: "É desse modo, e por múltiplas perspectivas, que a questão da igualdade tem sido associada à questão do racismo nos Estados Unidos. Lá, mais do que em outros lugares, a igualdade foi pensada na forma de uma homogeneidade excludente".[35] Assim, a associação entre racismo e desigualdade aparece com centralidade na obra do historiador francês. Espelhado no exemplo norte-americano, o autor toca em pontos comuns ao caso brasileiro.

Um outro aspecto que tem ganhado relevo no que tange ao debate racial mais recente tem a ver com a tensão entre o crescimento da pauta identitária como instrumento antirracista e a própria noção de igualdade. Um instigante livro de Asad Haider, autor norte-americano com raízes paquistanesas, traz à tona esse tema que mobiliza sobretudo os segmentos mais à esquerda do movimento negro.[36] Afinal, a adoção de uma identidade específica, seja ela associada a gênero, raça, etnia ou nacionalidade, pode enfraquecer o discurso da igualdade e do republicanismo. O tema é complexo e foge ao escopo deste livro, mas há de se reconhecer sua importância e centralidade na discussão sobre as estratégias e alternativas de luta envolvendo a questão racial.[37]

As trajetórias históricas que nascem de sociedades marcadas por séculos de escravidão opõem relevantes obstáculos ao avanço da igualdade. A afirmação de uma sociedade de indivíduos igualados pelo reconhecimento político e civil da cidadania, bem como pela redistribuição operada pelas políticas sociais, enfrenta resistências, seja na dinâmica das relações sociais, seja nas representações sociais. Ao mesmo tempo, com o enfraquecimento do debate redistributivo, reforça-se a crença na igualdade de chances, associada a uma suposta meritocracia que naturaliza as desigualdades raciais.

Mecanismos de reprodução da desigualdade

Constata-se então que o crescimento das desigualdades observado desde o final do século passado vem sendo tratado pela literatura especializada como um processo de inflexão. Ao longo desse século, foi contestada a interpretação liberal-conservadora de que as desigualdades social e econômica seriam funcionais e legítimas, pois decorrentes de desigualdades naturais — físicas, intelectuais ou morais. O fortalecimento da cidadania avançou a partir da ideia da igualdade e com a participação e a ação redistributiva das políticas sociais. No entanto, o aumento da desigualdade social estaria promovendo uma fratura nas sociedades modernas. Nesse debate sobre a questão social, a análise da desigualdade racial vem progressivamente ganhando densidade, junto ao reconhecimento da necessidade de mobilizar instrumentos distintos, mesmo que complementares, no enfrentamento dos dois fenômenos.

O adensamento da discussão sobre a desigualdade tem estimulado estudos sobre os tipos de desigualdade e os mecanismos de sua reprodução. Charles Tilly publicou em 1998 um trabalho sobre o que ele chamou de desigualdades persistentes, entendidas como aquelas que impactam de forma sistemática as possibilidades de vida de diferentes grupos sociais. Apesar de não creditar nenhuma especificidade às desigualdades raciais, trabalhando com a ideia de desigualdades categoriais, o autor considera que

> a desigualdade persistente entre as categorias surge porque as pessoas que controlam o acesso a recursos produtores de valor resolvem problemas organizacionais urgentes por meio de distinções categóricas. Inadvertidamente ou não, existem sistemas de fechamento, exclusão e controle social.[38]

Nessa perspectiva, as desigualdades persistentes não podem ser explicadas do ponto de vista individual. Tilly resgata a categoria de fronteiras sociais de Max Weber, ressaltando que tais desigualdades decorrem de mecanismos de fechamento social colocados em marcha para excluir grupos sociais dos benefícios de empreendimentos conjuntos.[39] Mecanismos institucionais e sociais determinam o acesso desigual à rede de recursos que circulam na sociedade, entre os quais o autor destaca a exploração e o acúmulo de oportunidades pelo grupo dominante. Em que pese a natureza parcial das fronteiras entre grupos, a força dos mecanismos promotores de desigualdade estaria diretamente relacionada, segundo Tilly, aos tipos de recursos controlados.

Essa formulação, no entanto, tem provocado reações. Cabe citar o artigo de Aldon Morris[40] censurando Tilly por não considerar que as crenças e o racismo podem ser fatores estruturais de geração de desigualdade, e não apenas de sua legitimação. Morris sublinha ainda a insuficiência da categoria de acumulação de oportunidades para explicar o processo de desigualdade racial.

Outros autores também enfatizam as identidades e os valores na construção das fronteiras sociais. Michèle Lamont,[41] em um trabalho no qual analisa os casos dos Estados Unidos e da França, observa como o racismo interpõe fronteiras materiais, mas também simbólicas, entre trabalhadores estáveis. As diferenças entre as fronteiras de raça e de classe percebidas pelos trabalhadores brancos e negros são interpretadas por ela como expressão dos conflitos sociais e trabalhistas. Mas também responderiam aos recursos culturais que podem ser mobilizados pelos grupos branco e negro nas diferentes sociedades.[42] Ou seja, mais próxima de Myrdal, Lamont reconhece que, além das condições sociais de vida e de trabalho, os valores e códigos morais que predominam na sociedade influenciariam na dinâmica com que as desigualdades são vivenciadas entre os dois grupos.

Aprofundando o debate sobre desigualdades persistentes, Lamont e Paul Pierson destacam que elas podem ganhar maior densidade quando as estruturas que promovem desvantagens para determinados grupos se autorreforçam e se tornam cumulativas.[43] Assim, os autores chamam a atenção para o fato de que as desigualdades são múltiplas, presentes em diversos ambientes, tais como escolas, empresas ou partidos políticos. Contudo, e é importante enfatizar, elas não atuam de forma independente. Ao contrário, se entrelaçam e fortalecem umas às outras. Dito de outro modo, as desigualdades setoriais geram desvantagens para um grupo social; mas, interagindo simultaneamente, reforçam-se e se condensam em desigualdades persistentes que subalternizam um grupo social.

Para Lamont e Pierson, as desigualdades persistentes podem ser identificadas como desvantagens em acesso a bem-estar e a oportunidades.[44] Arranjos e mecanismos que promovem desigualdades podem suspender ou até suplantar as políticas e os processos que atuam em prol da igualdade. Os autores também distinguem as fontes históricas e as fontes atuais de desigualdade persistente. Isto porque não se trata apenas de continuidade com relação a um fato histórico ou originário longínquo. A desigualdade apoia-se em mecanismos que permitem sua reprodução, continuidade ou transformação, inclusive para aprofundar-se ao longo do tempo. Há, assim, um forte sincronismo entre as ideias de Lamont e Pierson e a abordagem que proponho aqui sobre as várias dimensões em que o racismo se expressa na vida do negro no Brasil. Seja como discriminação ou preconceito, o racismo se espraia e se solidifica em múltiplos setores da vida social, potencializando-se e aprisionando negros e negras nas vicissitudes da sociedade desigual. Desse modo, o racismo presente no mercado de trabalho associa-se ao racismo na educação, na saúde, na distribuição espacial da população, sujeitando a população negra a um mosaico de iniquidades, perpetrado pelo amálgama de violência e uma justiça imperfeita e racista.

No Brasil, porém, esse aspecto tem sido pouco enfatizado. Aqui, os estudos sobre a desigualdade racial ganharam progressiva densidade, em especial com a mobilização de recursos estatísticos voltados à análise das diferenças entre o padrão de vida das pessoas e famílias, comparando os estratos negro e branco da população. Isso tem sido feito desde a década de 1980, quando se passou a dispor de dados mais confiáveis e detalhados, contando com o restabelecimento do quesito raça/

cor no censo de 1980,[45] com destaque para os trabalhos produzidos pelo IBGE e pelo Ipea. Tais estudos foram aprofundados no contexto da preparação para a Conferência de Durban, em 2001, e reforçaram o diagnóstico de um quadro dramático de desigualdades. Os negros estavam em uma situação muito pior que a dos brancos em todas as áreas: educação, saúde, mortalidade, renda, trabalho, habitação etc.

Mas a questão racial no país e as análises sobre a posição do negro na sociedade brasileira ganharam relevo nos estudos acadêmicos a partir de meados do século passado. Analisando a produção sobre o tema desde os anos 1940, Edward Telles e Rafael Osório identificam três gerações de estudos.[46] A primeira, nos anos 1940 e 1950, com o protagonismo de autores como Donald Pierson, Marvin Harris, Charles Wagley, Arthur Ramos e Thales de Azevedo, tem como pressuposto a existência de uma posição inicial desvantajosa para os negros, produto da escravidão e da adesão social a valores culturais tradicionais. Uma segunda geração, nos anos 1950 e 1960, mais heterogênea, desafia o mito da democracia racial e afirma o protagonismo do preconceito racial como obstáculo à ascensão social do negro. A perspectiva do branqueamento deixa de ser vista como a porta para a mobilidade. Os estudos de Myrdal influenciaram sobremodo essa geração de estudiosos que tinha em Florestan Fernandes, Oracy Nogueira e Octavio Ianni seus maiores protagonistas. A terceira geração de estudos se consolida a partir dos anos 1970, caracterizando-se pela utilização de dados estatísticos para o estudo da mobilidade social do negro. As contribuições de Carlos Hasenbalg e Nelson do Valle Silva consolidam a visão de que a questão racial seria algo perene e constitutiva da desigualdade no Brasil.

No início do século XXI, uma nova geração de autores trouxe contribuições relevantes ao debate sobre desigualdades raciais no Brasil. Antonio Sérgio Guimarães polemiza com parte das ciências sociais brasileiras que continuava a recusar a relevância da temática da raça e do racismo para compreender a dinâmica social do país.[47] O autor reafirma a categoria raça não como realidade biológica, mas como realidade social que estrutura a hierarquização dos indivíduos, constrange oportunidades e opera desigualdades. Nesse contexto, as dinâmicas conflituosas da sociedade brasileira ultrapassariam largamente os conflitos de classe. O racismo, assentado em mecanismos de violência física e simbólica, concretiza-se não apenas como ideologia, mas processando desigualdades entre negros e brancos, as quais contêm uma dimensão subjetiva, mas também uma dimensão estrutural. "Constrangimentos institucionais" funcionam como mecanismos de realimentação das desigualdades raciais, podendo mesmo prescindir da consciência dos atores.[48]

Outro expoente dessa nova geração, Edward Telles aponta a dupla dimensão do processo: subjetiva e valorativa, de um lado, e distributiva e econômica, de outro. O autor identifica três fatores explicativos para as desigualdades raciais no Brasil: "a hiperdesigualdade, as barreiras discriminatórias invisíveis e uma cultura racista".[49] Assim, considera que a grande distância entre as rendas de brancos e negros produz enormes diferenças de riqueza, capital social e status, e gera ainda uma sensação subjetiva de inferioridade. Trabalhando com um instrumental teórico que prioriza as relações raciais horizontais (miscigenação e sociabilidade) e verticais (materiais e econômica) como elementos explicativos do racismo à brasileira, Telles aponta como a discriminação racial amplia as desigualdades sociais do país.

Mas o papel da discriminação racial continua, ainda hoje, sendo um ponto fulcral nos estudos sobre desigualdade social no Brasil, que seguem privilegiando os fatores sociais iniciais que colocam o negro em posição de partida desvantajosa. Por outro lado, e em que pesem as contribuições aportadas, em especial por Hasenbalg, Guimarães e Telles, lacunas importantes ainda persistem no entendimento do impacto social e econômico das múltiplas desigualdades raciais e seu caráter estruturante na sociedade brasileira.

Desde os anos 2000, tais desafios vêm sendo enfrentados por uma profusão de estudos que beberam na fonte desses precursores. Historiadores, antropólogos e psicólogos, entre outros especialistas, têm se debruçado mais fortemente sobre a questão racial. Reafirmando a importância do racismo e avançando na crítica à suposta vigência de uma democracia racial, um conjunto de estudiosos e de intelectuais, em sua maioria negros, vem aprofundando a explicitação dos mecanismos de discriminação racial e seus impactos. Na contribuição dessas novas ramificações de estudiosos sobressai a busca pelo entendimento do racismo brasileiro, tendo como perspectiva sua centralidade nas relações sociais e sua funcionalidade na moldagem dessa sociedade basicamente desigual. Da nova geração — com uma perspectiva mais histórica, fortemente ancorada em aspectos estruturais e socioeconômicos, e que interessa mais de perto a este livro — destacam-se as contribuições de Marcelo Paixão e Silvio Almeida.

Marcelo Paixão, um inovador na produção de dados e indicadores sobre a situação da população negra brasileira, traz duas questões de relevo que merecem ser aqui resgatadas. A primeira se refere à persistente iniciativa, no Brasil, de estudos sobre o racismo que buscam um estereótipo homogeneizante, o mestiço ideal, na perspectiva de que a mestiçagem seria a saída e a solução para o que consideram ser o impasse do racismo. Trata-se, segundo o autor, de uma postura baseada na ideia da "democracia racial", ainda presente nos corações e mentes de muitos intelectuais. Ora, proclama Paixão, a busca por uma tipologia ideal nada mais significaria do que trocar um modelo por outro. A ode ao branco seria substituída pela crença nas qualidades inatas e revigorantes do mestiço, mantendo-se a armadilha do racismo tradicional: a busca de um referencial único, uma espécie de síntese de uma brasilidade idealizada e que, ao fim e ao cabo, não logrou se desvencilhar das amarras do pensamento racista. Paixão preconiza justamente uma posição contrária e crítica: o que se deveria buscar, em vez do tipo ideal, é a aceitação e a valorização da diferença, e não da homogeneização. O Brasil, país plural e diverso, deveria valorizar essas qualidades, e fazer da diversidade algo positivo e desejável — e não o álibi para a discriminação das pessoas sob a lente do racismo.[50]

Uma segunda questão trazida pelo autor é a tendência do pensamento social brasileiro à atenuação do papel do racismo. O projeto de nação gestado pelos ramos mais progressistas da intelectualidade nacional não contempla nem enfrenta a questão racial. As elites intelectuais e políticas não percebem ou não querem perceber a centralidade da questão racial e sua influência decisiva na conformação do Brasil. O autor adverte, contudo, que o desenvolvimento como objetivo pátrio, inscrito inclusive na Constituição Federal,[51] não pode prescindir da busca pela equalização de oportunidades e de acesso aos bens e serviços, o que suscita necessariamente a recolocação da questão racial e de seus desdobramentos no patamar das questões urgentes e incontornáveis na busca de uma nação socialmente justa e economicamente desenvolvida.

Silvio Almeida, por sua vez, avança na afirmação do racismo como elemento balizador da sociedade brasileira. Não por acaso, cunhou a expressão "racismo estrutural" como forma de enfatizar a centralidade desse fenômeno. Segundo o autor, trata-se, antes de tudo, de um processo político e histórico, mas também de "um processo de constituição de subjetividades, de indivíduos cuja consciência e afetos estão de algum modo conectados com as práticas sociais".[52]

Para Almeida, a perpetuação do racismo se dá quando o fenômeno adquire duas capacidades:

> 1. produzir um sistema de ideias que forneça uma explicação "racional" para a desigualdade racial; 2. construir sujeitos cujos sentimentos não sejam profundamente abalados diante da discriminação e da violência racial e que considerem "normal" e "natural" que no mundo haja "brancos" e "não brancos".[53]

E, por tratar-se de uma ideologia, enfatiza Almeida,

> a permanência do racismo exige, em primeiro lugar, a criação e a recriação de um imaginário social em que determinadas características biológicas ou práticas culturais sejam associadas à raça e, em segundo lugar, que a desigualdade social seja naturalmente atribuída à identidade racial dos indivíduos ou, de outro modo, que a sociedade se torne indiferente ao modo com que determinados grupos raciais detêm privilégios.[54]

Silvio Almeida e Marcelo Paixão, cada qual à sua maneira, resgatam a obra de importantes pensadores negros que, desde meados do século passado, vêm se debruçando sobre a temática racial com originalidade e, ao mesmo tempo, colocando-a como elemento central do processo de formação da sociedade brasileira. Trata-se de autores que não lograram o reconhecimento de seus pares da academia — como Abdias do Nascimento, Guerreiro Ramos e Manuel Querino, entre outros. São deles as primeiras abordagens que afirmam a centralidade da questão racial e a necessidade de se resgatar a figura do negro: Querino e sua luta pela valorização da cultura negra e do próprio negro como elemento ativo do processo econômico; Guerreiro Ramos e sua contribuição à sociologia crítica com a denúncia ao academicismo nacional colonizado;[55] Abdias com seu aporte calcado na valorização da arte e da cultura negra e de suas raízes, e com a perspectiva ao mesmo tempo resistente e revolucionária trazida pelo quilombismo. Talvez por estarem à frente de sua época, talvez mesmo pelo racismo incutido na própria academia, suas obras foram preteridas, mas vêm sendo resgatadas pelos autores e autoras negras das novas gerações.

Construindo o instrumental teórico

Ao se deparar com um objeto de estudo tão complexo e abrangente como é o caso da sociedade desigual, o primeiro passo é estabelecer a metodologia do trabalho, as premissas que o embasarão. A primeira delas é a de que a naturalização da desigualdade é algo funcional e, no caso brasileiro, deita raízes na perpetuação do racismo e em seus desdobramentos. O racismo assume, desse modo, papel central como elemento organizador da sociedade desigual. Uma segunda premissa é de que a existência e a perpetuação do racismo atendem a interesses de alguns grupos hegemônicos. De fato, como será visto adiante, processos de hegemonização de certos grupos assentam-se na perpetuação do racismo. A sociedade desigual constrói zonas de conforto para determinados grupos, os quais têm interesse na continuidade desse estado de coisas, e portanto há — e essa é a terceira premissa — uma tensão social não declarada em torno da desigualdade racial. Daí por que parece de fato ingênuo o discurso do fim do racismo como algo de interesse geral. Se assim fosse, o Brasil já teria extinguido essa chaga histórica. A preservação da sociedade desigual faz parte de certo projeto de nação. Um projeto discricionário, de uma sociedade hierarquizada e sem mobilidade social, cujas elites preferem a iniquidade, contanto que se resguardem seus interesses. Existe uma lógica de manutenção do racismo. Sua continuidade é resultado de uma correlação de forças, que até hoje tem pendido para um mesmo lado. Mas a tensão existe e é perene.

Em vista dessas premissas, pode-se estabelecer as principais categorias que contribuem para a existência da sociedade desigual. A primeira delas e a mais importante, dado que se constitui no tronco do qual as demais se ramificam, é o racismo. Como já enfatizado, o racismo é uma ideologia. Um conjunto de crenças e preceitos que traduz uma certa representação da realidade associada à ideia de superioridade de determinados grupos sobre outros, a partir da identificação de distinções raciais. O racismo justifica e corrobora, no nível das relações pessoais, a discriminação racial e o preconceito, entendidos aqui como a individualização do racismo, sua reprodução no dia a dia, por meio de atitudes, visões ou predisposições negativas em face dos indivíduos negros. Mas, em uma perspectiva mais ampla, o racismo se transfigura em outras categorias, como a branquitude e, no que tange mais diretamente à ação do Estado, o biopoder e a necropolítica.

Em outras palavras, como ideologia que diferencia e hierarquiza os indivíduos por sua aparência, o racismo molda uma sociedade que se assenta na naturalização da desigualdade e dela faz uma base de apoio e funcionamento. Sob a ideologia racista, o fenômeno da pobreza e da miséria — e, mais grave, sua persistência — não se impõe como um problema social. Ao contrário, apresenta-se normalizado, parte da paisagem social. Afinal, em uma sociedade de indivíduos intrinsecamente distintos, o racismo opera, legitima e engessa uma hierarquia social, em uma escala de valores a partir da qual se torna aceitável e mesmo justificável que os elementos tidos como superiores devam alçar posições privilegiadas, enquanto aos demais, reafirmados ou naturalizados em sua condição de inferioridade, restariam os lugares subalternos. É esse o pano de fundo que permite a instalação, no Brasil, de um cenário de extrema iniquidade, de forma perene e secular. A desigualdade que se naturaliza no seio da sociedade brasileira forja uma estrutura racialmente hierarquizada, e assim o racismo transforma diversidade em desigualdade. Estruturando-se ao longo dos séculos a partir da desigualdade, a sociedade brasileira construiu uma modernidade que se fundamenta, em grande parte, na presença de disparidades extremas, sociais e raciais, vivenciadas de forma comezinha no cotidiano nacional.

Como ideologia que hierarquiza, o racismo no Brasil ordena e valora os indivíduos em função de seu fenótipo, numa escala social que tem no biotipo negroide africano seu ponto mais negativo e no biotipo caucasiano branco o extremo positivo. O racismo como ideologia que privilegia o branco se consolida no Brasil a partir dos anos 1850, período em que o país inicia o debate sobre a abolição da escravatura. À época, a perspectiva do fim da clivagem legal que justificava o negro na posição inferior da sociedade escravocrata suscitou o incremento do racismo como fundamento da desigualdade.[56]

A análise dos processos que produzem desigualdades também requer atenção, considerando a diversidade e a complexidade das variáveis envolvidas. Em termos metodológicos, Lamont e Pierson propõem três níveis de análise possíveis:[57] o primeiro, o nível micro, considera como cenário as relações interpessoais; o segundo, o nível meso, refere-se a instituições e recursos mobilizados por organizações, atores coletivos e redes sociais; por último, o nível macro aborda os padrões estruturais de distribuição de recursos e atuação de instituições que abrangem toda a sociedade. Os autores alertam que a dinâmica da desigualdade requer uma abordagem que permita a interação entre esses níveis de análise.[58]

Para investigar as desigualdades raciais, centro da dinâmica da iniquidade brasileira, esse alerta metodológico parece relevante. De fato, a segregação territorial da população negra observada nas cidades brasileiras afeta as relações interpessoais, reforçando percepções sociais negativas sobre esse grupo. O acesso de pessoas negras a instituições de status privilegiado pode ser solapado por ações de constrangimento individual. Adaptando a perspectiva teórica de Lamont e Pierson, adoto aqui, de uma forma mais simplificada, a análise do racismo e de seus desdobramentos a partir de dois recortes, cuja interação será integral: o nível micro e o nível macro. No micro, importa a caracterização do racismo em seus desdobramentos em práticas de discriminação e preconceito racial. Já no macro, o racismo e seus efeitos serão estudados levando em consideração suas variantes mais importantes: a branquitude, o biopoder e a necropolítica.

O nível micro, aquele do cotidiano das relações pessoais ou mesmo de grupo, é onde o racismo se desdobra em duas vertentes de práticas sociais. A primeira delas é discriminação, o racismo em ato, por exemplo um xingamento, uma agressão física, um impedimento de circulação em ambientes tidos como privilegiados. Trata-se geralmente de um ato personalizado: um indivíduo ou um grupo submete outro indivíduo ou grupo a uma situação de constrangimento ou cerceamento. No Brasil, desde a década de 1950 a discriminação é tipificada como ilícito penal, primeiramente como contravenção, com a Lei Afonso Arinos, de 1951, e mais tarde como crime imprescritível e inafiançável, com a Constituição Federal de 1988 e a Lei Caó, de 1989. Ainda que fale em racismo e preconceito racial, a atual legislação está direcionada para as práticas de discriminação racial.

Com relação à Lei Caó, há uma situação particularmente intrigante envolvendo sua aplicação. A rigidez e a bem-vinda incomplacência da legislação, expressas, sobretudo, na elevação do racismo à categoria dos crimes imprescritíveis e inafiançáveis, parecem ter suscitado uma reação em cadeia da parte das instituições e dos poderes constituídos, notadamente no âmbito do Judiciário, que, cedo, forjou um subterfúgio legal para driblá-la, imputando preferencialmente a pena de injúria racial, ilícito penal previsto no artigo 140, parágrafo terceiro, do Código Penal. A injúria racial constitui crime afiançável e com prescrição em oito anos. Além disso, as penas associadas a esse crime são muito mais brandas: no máximo três anos de reclusão, em geral não cumpridos, por determinação judicial, e multa por vezes de baixo valor ou transformada em provimento de cestas básicas.

Cleber Lazaro Julião Costa analisou 97 decisões judiciais em todo o Brasil, entre 2005 e 2012, sobre a questão do racismo e os recursos utilizados pelos magistrados para fundamentar suas decisões. O autor chama atenção para a diferença de encaminhamento, da parte do Judiciário, dos processos abertos por negros e judeus:

> Também fica evidente que para a justiça brasileira racismo não é a regra e sim a exceção. A maioria das decisões ou foi processada como injúria ou foi rebaixada para esse tipo penal menor quando os crimes fossem contra negros. Quando a violência racial é direcionada contra judeus, estes têm a garantia de que o tipo penal racismo será preservado, pois todos os casos foram assim reconhecidos. Esta situação reflete o reconhecimento [de] que esse grupo pode sofrer um mal considerado crime contra a humanidade. Da mesma sorte não gozam pessoas negras quando são discriminadas, humilhadas, impedidas, entre outras formas de discriminação. Os(as) juízes de segundo grau ponderam que a injúria é o tipo penal mais adequado para essas pessoas.[59]

Trata-se, assim, do clássico exemplo de que a opção pela tipificação da discriminação como crime, seja de racismo ou de sua versão mitigada, na forma de injúria racial, expressa um fenômeno decisivo. A posição dos juízes, eivada de preconceito, tende a beneficiar os infratores quando o caso se refere a vítimas negras, reforçando as hierarquias presentes na sociedade brasileira.[60]

A prática da discriminação é contumaz no cotidiano das relações sociais no Brasil. Nas escolas, nos ambientes de trabalho, no convívio diário, há séculos negros e negras têm sido objeto de piadas racistas, chacotas e comentários jocosos que grande parte da sociedade branca insiste em classificar apenas como brincadeira, zoação ou pilhéria. Os algozes veem graça onde o atingido pela zombaria, de forma silenciosa e solitária, experimenta sofrimento. Há, no entanto, nessa conexão, um componente de perversidade suscitado por uma relação de poder posta em xeque. Muitas vezes a atitude discriminatória na forma de "brincadeira" esconde um incômodo da parte do agressor, decorrente da quebra da rotineira hierarquia racial. O negro ou a negra "em seu lugar", isto é, aquele definido pela sociedade racista, o lugar de subalternidade e de silêncio, não costuma ser alvo desse tipo de comentário. Em geral, é quando o negro ou negra sai desse lugar, quando recusa a posição de subalternidade, quando se humaniza e disputa protagonismos, ainda que de forma incipiente, que afloram as tais "brincadeiras". Daí a ocorrência desse tipo de discriminação tender a se intensificar, uma vez que a sociedade brasileira lentamente assiste a uma ascensão social de uma parcela da população negra. As cotas trouxeram um contingente de pessoas negras que agora disputam espaços no mercado de trabalho e nos lugares sociais não subalternos. Há um prenúncio de recrudescimento da discriminação, pela incapacidade da sociedade em lidar com a ascensão do negro.

O exemplo dos juízes, em sua recorrente postura de rebaixamento da tipificação do racismo para injúria racial, encontra eco na ação da polícia contra a população negra, na falta de cuidado com a criança negra nas escolas, no descaso com as gestantes em hospitais, só para citar alguns exemplos que serão retomados nos capítulos posteriores. São posicionamentos que reforçam a resistência da sociedade desigual à mudança e à convivência com o diverso. Nesse sentido, entra em cena a segunda vertente do racismo no âmbito micro: o preconceito racial. O preconceito é um fenômeno menos manifesto e mais implícito, que se associa à introjeção pelos indivíduos dos valores racistas que dão sentido a práticas e leituras cotidianas em torno das diferenças raciais. Do preconceito percebem-se mais diretamente os resultados: a não ascensão profissional do indivíduo negro a despeito de suas qualidades profissionais, a escolha recorrente de alunos brancos como representantes de sala etc. Por sua natureza indireta e subliminar, que se traduz em dissimulação e ocultamento, o preconceito atinge grandes dimensões.

Em um de seus livros mais recentes, *Pequeno manual antirracista*, Djamila Ribeiro trata do tema da falta de oportunidade e, mais, da deliberada negação de apoio à população negra:

> que, após séculos de escravização, viram imigrantes europeus receberem incentivos do Estado brasileiro, inclusive com terras, enquanto a negritude formalmente liberta pela Lei Áurea era deixada à margem. Os incentivos para imigrantes fizeram parte de uma política oficial de branqueamento da população do país, com base na crença do racismo biológico de que negros representariam o atraso.[61]

A ausência de negros em posições de comando nas grandes empresas, a inexistência de negros em postos de destaque no

Estado ou na Igreja são marcas indeléveis do preconceito em sua dimensão maior, também percebido como uma vertente do racismo institucional, o qual pode ser identificado como a forma mais sofisticada do preconceito, envolvendo o aparato jurídico-institucional. Atuando no plano macro, ele contribui para a reprodução ampliada da desigualdade no Brasil.[62]

Racismo, preconceito e discriminação engendram e realimentam no cotidiano, no microespaço das relações sociais, a desigualdade brasileira, que é assim naturalizada e customizada, relegando a população negra à pobreza e à situação de subcidadania. Uma desigualdade que chega a diferenciar negros e brancos mesmo entre os mais pobres. Nem todo pobre é negro, lógico, e os brancos que se encontram em situação similar à do negro, seja em termos de renda, habitação ou condição de trabalho, findam por partilhar as mesmas mazelas, ainda que não da mesma forma e com a mesma intensidade que os negros. Uma pesquisa da Oxfam revela que 81% dos brasileiros acham que a vida do negro pobre é mais difícil do que a vida do branco pobre.[63] E, de fato, ser negro no Brasil é sofrer pela falta de suporte e de políticas públicas e pela ação violenta e persecutória do Estado. É sofrer por falta de empatia, reconhecimento e respeito.

No espaço das macrorrelações, na dimensão mais abrangente do racismo, ganha relevo inicialmente a ideia de branquitude. Construto social, que adota como referência geral os valores da sociedade branca, a branquitude faz dos brancos, sua história, seus costumes, sua estética, sua beleza um amálgama para o padrão referencial da sociedade em geral. A tez branca é a ideal, a norma. O mundo branco é o paradigma. A branquitude é, portanto, a tomada de um estereótipo como modelo e referência moral. O todo é assim representado por uma de suas partes — tida como superior, mais bonita ou mais bem resolvida —, mesmo que seja majoritariamente diferente do ideal, como ocorre no Brasil, de maioria negra.

A realidade brasileira é retratada e idealizada a partir do referencial branco. Isso se expressa na mídia, em que os programas de TV, as novelas, os comerciais são geralmente protagonizados por brancos e sob a estética branca. Veja-se, por exemplo, a produção da novela *Avenida Brasil*, da Rede Globo, principal emissora do país, cuja história se passa em um lixão. Ora, no Brasil há uma população de cerca de 1,5 milhão de pessoas que vivem da coleta de detritos, muitas das quais vivem nesses repositórios. Em sua grande maioria, trata-se de pessoas negras. Mas, na novela, os personagens principais eram todos brancos. O protagonismo no ideário da branquitude é sempre branco, mesmo que isso agrida a realidade.

A TV brasileira é pródiga em esconder o negro. Em 1975, em preparação para gravar *Gabriela*, também uma novela da Globo, a atriz Sônia Braga teve a pele artificialmente escurecida para o papel da mulata-título. No final dos anos 1960, a mesma emissora já havia lançado a novela *A cabana do Pai Tomás*, tendo como protagonista um ator branco, Sérgio Cardoso, tisnado à base de fuligem de rolha para se passar por negro. No teatro não foi diferente, e essa estratégia já havia sido adotada para que o ator Orlando Guy, branco, pudesse representar o papel do negro Ismael, protagonista da peça *Anjo negro*, que estreou no Teatro Fênix em 1948. Um ator negro não poderia ser personagem principal na TV ou no teatro.

A branquitude revela-se como fator de diferenciação e, ao mesmo tempo, fonte de privilégio. Sob seu manto, o branco

O desafio de se estudar o racismo...   73

brasileiro herda ao nascer todo um conjunto de vantagens e regalias em uma sociedade racista na qual, por representar o lado positivo da equação, ele tem acesso a portas que, em tese, não lhe deveriam estar automaticamente franqueadas. A branquitude diferencia, e divide a sociedade brasileira entre os vencedores e os vencidos, já antes do pontapé inicial. Ela, e não o racismo, é o divisor. O racismo une na forma de pensar e de agregar crenças e valores, cria consenso. A loura branca de olhos azuis, padrão indiscutível da beleza socialmente valorizada, é um exemplo do consenso do racismo. A branquitude diferencia, dá vantagens e abre as portas, inclusive favorecendo a ascensão social. Na outra ponta, todo menino negro teme ser abordado pela polícia. Para os negros, a branquitude abre apenas algumas portas: da cadeia, do camburão, do cemitério.

A branquitude, portanto, positiva o racismo, fazendo das características associadas à raça branca o padrão social. Alimenta, desse modo, uma potente cadeia de disseminação e naturalização do racismo. A branquitude é confortável para a população branca. Oferece as benesses de um protagonismo calcado no racismo: as melhores escolas, os melhores serviços, os melhores empregos e oportunidades, a maior renda. Tudo isso se associa à banda branca da população. Ao outro lado restaria uma saída para a ascensão social: o branqueamento, seja simbólico, pela via do comportamento, da forma de se vestir para ser aceito como tal, seja efetivo, pelo casamento com pessoas brancas visando a embranquecer a família. Ninguém em sã consciência quer ser negro sob a branquitude. Nenhuma criança negra se identificará com seus heróis na TV ou nos livros, mocinhas e mocinhos todos brancos, falando para brancos e com a problemática específica dos brancos. Os problemas dos negros, quando considerados como problemas, são estereotipados, simplificados, infantilizados. No limite, pode-se inferir que a branquitude é a forma mais sofisticada de desumanização do negro.

Daí a necessidade de afrontar a branquitude, de combatê-la, de denunciá-la — o que a militância negra tem buscado transformar em prática política. Uma das principais estudiosas da branquitude no Brasil, Cida Bento, destaca o aspecto da exclusão moral do negro a partir da branquitude:

> [A] exclusão passa a ser entendida como descompromisso político com o sofrimento de outro. Nesse caso, é importante focalizar uma dimensão importante da exclusão: a moral, que ocorre quando indivíduos ou grupos são vistos e colocados fora do limite em que estão vigendo regras e valores morais [...]. O primeiro passo da exclusão moral é a desvalorização do outro como pessoa e, no limite, como ser humano. Os excluídos moralmente são considerados sem valor, indignos e, portanto, passíveis de serem prejudicados ou explorados.[64]

A branquitude funcionaria assim como o valor maior, como reserva moral e normativa. E o conjunto de crenças, culturas e fazeres que não esteja contemplado, ou seja, que esteja fora do raio de abrangência da branquitude, pode se transformar em alvo de preconceitos e discriminações. Tome-se o caso da crescente intolerância religiosa que se abate sobre as religiões de matriz africana.[65] Considerados pelas igrejas neopentecostais como cultuadores de ritos diabólicos, os centros de candomblé e umbanda têm sido ferozmente atacados, vítimas de um fanatismo religioso associado às visões mais radicais da branquitude.

Mas os embates de valores e imagens racializadas também se dão em outros domínios, como na questão do acesso à terra ou à saúde. Segmentos sociais que de algum modo ponham em questão pilares da sociedade desigual — mesmo que não compostos majoritariamente por negros — podem acabar por receber tratamentos idênticos aos normalmente dispensados à população negra. Os trabalhadores sem-terra, bem como os sem-teto urbanos, são personagens considerados perigosos, verdadeiras ameaças sociais. Como também destaca Cida Bento, a ideia dos contingentes perigosos habita o imaginário da população branca brasileira desde pelo menos o século XVIII, sempre em associação com a população negra. A política psiquiátrica vigente a partir do começo do século passado, de base eugenista, encarcerou muitos negros e negras, tidos como degenerados, insubordinados e perigosos.[66] Esse medo se estende até os dias de hoje, e se reflete na escalada exponencial da população carcerária brasileira, majoritariamente negra.

O medo branco deita raízes na incapacidade que a sociedade tem de conviver com a diferença. Mais do que isso, expressa estratégias de construção de distinções e vantagens. A branquitude serve de anteparo aos perigos da diversidade e da perda de hegemonia e privilégios. A diversidade vivenciada em sua plenitude pode vir a ser algo revolucionário, apontando para um mundo sem preconceitos e sem amarras. Quando se vê, como no início dos anos 2020, o recrudescimento do discurso conservador contra a chamada ideologia de gênero e de "racialização" do país é que se pode entender o medo da mudança e o perigo do novo. A sociedade brasileira, hierarquizada e autoritária, resiste estoica e virulentamente a qualquer movimento que busque a transformação social em prol da igualdade. E, desse ponto de vista, a temática racial pode vir a ser um forte instrumento de mudança. Mas, para isso, terá que enfrentar a branquitude e seu ordenamento, de base etnocêntrica. Sobre essa questão, Bento escreve:

[Adorno e outros] destacaram a projeção presente no etnocentrismo, ao desenvolver uma extensa série de estudos que desemboca na teoria de *A personalidade autoritária*. Essa teoria tem a psicologia profunda como base de estudos da ideologia. Um dos pontos de partida desse enfoque é o de que características humanas essenciais, como o medo, a rigidez, os ressentimentos, a desconfiança, a insegurança, são reprimidas e projetadas sobre o Outro, o desconhecido, o diferente. Sociedades muito repressoras, que punem ou censuram a expressão de aspectos humanos fundamentais considerados negativos, favorecem a proliferação de pessoas que podem negar partes de si próprias, projetá-las no Outro e dirigir sua agressividade contra o Outro.[67]

Essa negação etnocêntrica já fora identificada por Frantz Fanon, um dos pais do pensamento anticolonial, que inspirou os movimentos de libertação dos países africanos nos anos 1960 e 1970. Fanon, em seu livro *Os condenados da terra*,[68] chama a atenção para a forma como se dá a dominação europeia sobre as nações africanas. Uma dominação que não é apenas territorial, mas que busca também anular o indivíduo no que tange às suas raízes culturais, à sua dimensão simbólica e, no limite, à sua própria existência na condição de negro, africano. Os europeus na África inventaram o negro. Ele só existe aos olhos do branco, e essa negritude imputada, essa estigmatização imposta pelo dominador, vem acompanhada por um pacote de valores que levam à perda da subjetividade do indivíduo e, no limite, à sua desumanização.

Em seu outro livro seminal, *Pele negra, máscaras brancas*, Fanon apropria-se mais diretamente do debate da negação do indivíduo pelo racismo. O ser negro, afirma o autor, deve se despir desse estereótipo da negritude e de todo o rol de valores negativos a ele associados para ser de fato um homem ou mulher em sua plenitude, sem os liames sociais e psicológicos que lhes são impingidos pelo olhar do colonizador. Livre dos preconceitos e das amarras ideológicas do colonialismo, o indivíduo logrará constituir-se em sujeito de sua ação, íntegro em sua humanidade, despido das vicissitudes do mundo hierárquico. Ele terá diante de si um outro mundo, sem colonos nem colonizados. Um mundo onde as pessoas se verão como iguais:

> o único método de ruptura com esse círculo infernal que me reenvia a mim mesmo é restituir ao outro, através da mediação e do reconhecimento, sua realidade humana, diferente da realidade natural. Ora, o outro deve efetuar a mesma operação. "A operação unilateral seria inútil, porque o que deve acontecer só pode se efetivar pela ação dos dois [...]. Eles reconhecem a si próprios, como se reconhecem reciprocamente."[69]

A bibliografia produzida por autores e autoras negras, em geral inexplicavelmente pouco referenciada pela academia brasileira, traz grande contribuição para o entendimento e a crítica ao etnocentrismo. Isso tanto no âmbito científico como no literário. Autores como Léopold Sédar Senghor, Cheikh Anta Diop, Aimé Césaire, bell hooks, Patricia Hill Collins, James Baldwin, Patrick Chamoiseau, Toni Morrison e mesmo escritores mais antigos, como Richard Wright, entre outros, formam um conjunto de referências inspiradoras e imprescindíveis.[70] Outro tema significativo, uma das mais importantes contribuições ao estudo da questão racial — que pelas limitações do escopo deste livro não será aqui plenamente desenvolvido —, diz respeito à interseccionalidade. O conceito foi elaborado inicialmente por Kimberlé Crenshaw, em artigo de 1989 intitulado "Demarginalizing the Intersection of Race and Sex". Influenciado pela crítica feminista negra, o artigo aborda a forte ligação entre esses dois universos, que se complementam, tendo por principal argumento que a experiência de ser mulher negra não pode ser entendida em termos independentes — ser negra, ser mulher —, devendo incluir suas interações, que muitas vezes reforçam cada um desses componentes identitários. No Brasil, inspirados no trabalho de Lélia González, nomes como Carla Akotirene, Djamila Ribeiro, Renísia Filice e Joaze Bernardino têm se dedicado ao estudo da interseccionalidade, dando significativa contribuição ao debate racial.

Nesse contexto, a própria crítica à branquitude também se direciona à produção acadêmica tradicional, incapaz de perceber que o problema racial não é apenas o problema do negro, mas sim o de um país, de uma nação, de um povo que não consegue conviver com a diversidade, no bojo de um projeto secular de dominação. A cegueira epistemológica da academia no Brasil está totalmente associada à visão preconceituosa e racista. Voltando a Cida Bento:

> O que se pode observar é que, na problemática racial brasileira, não é coincidência o fato de que os estudos se refiram ao "problema do negro brasileiro", sendo, portanto, sempre unilaterais. [...].

Ou bem se nega a discriminação racial e se explicam as desigualdades em função de uma inferioridade negra, apoiada num imaginário no qual o "negro" aparece como feio, maléfico ou incompetente, ou se reconhecem as desigualdades raciais, explicadas como uma herança negra do período escravocrata. De qualquer forma, os estudos silenciam sobre o branco e não abordam a herança branca da escravidão, nem tampouco a interferência da branquitude como uma guardiã silenciosa de privilégios. [...] Assim, não é à toa que mesmo os pesquisadores mais progressistas não percebam o seu grupo racial, implicados num processo indiscutivelmente relacional. Não é por acaso a referência apenas a problemas do Outro, o negro, considerado diferente, específico, em contraposição ao humano universal, o branco. Esse daltonismo e cegueira caracterizam um estranho funcionamento de nossos cientistas e estudiosos, aqui incluídos psicólogos e psicanalistas, que conseguem investigar, problematizar e teorizar sobre questões referentes aos indivíduos de nossa sociedade de forma completamente alienada da história dessa sociedade, que já tem quatrocentos anos.[71]

De fato, seja na academia, seja na produção literária, na mídia, nos ambientes de emprego ou mesmo no âmbito maior das relações sociais, descendo até às relações pessoais e familiares, a branquitude funciona como um pan-elemento, um conjunto valorativo que determina o comportamento e justifica atitudes e mesmo experiências passadas de geração a geração. As historinhas de Monteiro Lobato, densamente carregadas de preconceito e racismo, livros didáticos e conteúdo escolar preconceituoso, a conversa do vovô racista no café da manhã, a desconstrução da imagem do negro no interior das famílias brancas, tudo isso constitui um legado que o brasileiro conserva. Já na tenra idade de seis ou sete anos as crianças brasileiras trazem o germe do racismo incutido em seu pensar. São valores que serão reproduzidos por toda a vida. Essa é a base do acordo tácito identificado por Hasenbalg na sociedade brasileira, o qual consistiria em não falar de racismo e ao mesmo tempo perceber as desigualdades raciais como um problema exclusivo dos negros.

Quando o Ipea compilou as primeiras informações sobre a questão racial, no início dos anos 2000, revelando um inegável quadro de desigualdade, chamou a atenção o silêncio da sociedade brasileira. Apenas os segmentos ligados ao movimento negro vieram a público para denunciar, com base nos dados apresentados, o projeto de sociedade racista que todo brasileiro, de algum modo, concorda existir, ainda que isso, no caso do branco, não lhe traga incômodo. Essa é a branquitude brasileira, a normatização da desigualdade que via de regra é perversa. Negros que ascendem socialmente são discriminados pelo simples fato de estarem fora de seu lugar "natural". O negro no Brasil dirigindo um carro de luxo muito provavelmente será parado pela polícia.

Em outro importante estudo, Cida Bento demonstra que, quanto mais ascende socialmente, mais o negro incomoda:

> Considerando os diferentes momentos de trajetória profissional do negro estudados [...], aqueles em que as práticas discriminatórias ocorreram com mais intensidade e mais frequência foram os ligados à promoção profissional e à ocupação de cargos de comando. Estudos recentes publicados pelo Inspir — Instituto Sindical Interamericano pela Igualdade Racial — são contunden-

tes em revelar que, quanto mais aumenta a escolaridade do negro, mais a discriminação se revela nos diferenciais de remuneração entre negros e brancos. Ou seja, são os momentos em que o negro vai ascender, ou "trocar de lugar" com o branco. O negro fora de lugar. Isso pode significar que esse negro fora de lugar, isto é, ocupando o lugar que o branco considera exclusivamente dele, foi escolhido como alvo preferencial de análises depreciativas nos estudos sobre branqueamento.[72]

O incômodo da sociedade racista com a presença de negros em posições socialmente ascendentes é real, factual. Com efeito, a ascensão social do negro no Brasil mereceria estudos específicos, de modo a desvelar como os meandros da branquitude funcionam como um potente obstáculo à mobilidade social positiva do negro. Autores, artistas e intelectuais negros sempre tiveram muita dificuldade para se afirmar no cenário nacional. E, quando o fizeram, frequentemente sentiram o peso do bastão da branquitude. Alguns não perceberam que essa ascensão, limitada que fosse, deveria ser mais comedida, sob pena de pender no cadafalso do racismo. Os exemplos são muitos. Wilson Simonal, artista em franca ascensão nos anos 1960, chegou a ser considerado o maior cantor do Brasil. Dois anos após se envolver em uma polêmica sobre sua idoneidade política e uma possível aproximação com os subterrâneos da ditadura militar, o que de resto nunca ficou comprovado, Simonal estava proscrito do cenário musical brasileiro. Para muitos, o real motivo dessa proscrição foi o incômodo ocasionado por sua escalada meteórica e seu imenso talento. Guerreiro Ramos, um dos maiores cientistas sociais do país, negro, tinha em sua ficha da polícia política o seguinte comentário: "Trata-se de um mulato metido a sociólogo". A ditadura mostrava que também ela compactuava com a branquitude. Grande Otelo, talvez o maior artista negro brasileiro do século XX, ao final da vida reclamava que, em seu momento de maior brilho como artista e comediante, nos anos 1950, em dupla com o também comediante Oscarito, este branco, todos os louros e loas se dirigiam ao companheiro. Benjamin de Oliveira, artista renomado do início do século XX que, na contramão da história, chegou a protagonizar personagens não negros, como o Peri de *O guarani*, entrou para a história como um simples palhaço.

De todo modo, a formação de uma incipiente classe média negra, ainda que residual, se deveu em grande parte à ação de anteparos institucionais aos efeitos nefastos da branquitude. Um deles, e que merece aqui menção, parece ser o "guarda-chuva" do serviço público. A partir dos anos 1930, com o crescimento do setor público em áreas como a indústria ferroviária, muitos negros foram contratados como funcionários das estradas de ferro e de outras empresas públicas. A estabilidade e a proteção social inerentes ao serviço público[73] possibilitaram uma inusitada estabilidade de renda para algumas famílias negras, nascendo aí uma trajetória de ascensão social.

A desvalorização da população negra é também de natureza política. Os problemas dos brancos são os problemas nacionais, os problemas dos negros não chegam a ser formulados como problemas, no máximo incômodos pontuais. A cada 23 minutos morre um jovem negro assassinado no Brasil, e a cada dois anos as mortes de jovens negros brasileiros equivalem às perdas americanas em mais de uma década na Guerra do Vietnã — número de mortos que trouxe indignação e cindiu a sociedade estadunidense, mas no Brasil o silêncio impera: é uma não questão. Veja-se também a prática recorrente por parte da polícia de adentrar sem aviso as casas em áreas de favela, habitadas majoritariamente por negros. Aqui, há de se destacar três problemas. A invasão de domicílio sem mandado de busca emitido por autoridade judicial é crime. Além disso, entrar atirando em residências é uma ação que não encontra amparo no protocolo de nenhuma polícia no mundo. Mas o terceiro e mais grave problema é o habitual silêncio da sociedade, das autoridades e da mídia, quebrado apenas pela militância negra, em sua luta diária contra o racismo. A sociedade desigual se cala sobre as questões que afetam a população negra.

Por fim, dois outros conceitos devem ser aqui resgatados para o melhor entendimento da sociedade racista e desigual: os já mencionados conceitos de biopoder, desenvolvido por Michel Foucault, e de necropolítica, de Achille Mbembe. Ambos se referem à ação do Estado, em sua estratégia direcionada à população negra. Foucault enfatiza que a passagem para o século XIX traz uma nova realidade para os países da Europa Ocidental. É nesse momento que o colonialismo se instala de forma plena, com a ampla ocupação da África. Essa nova realidade muda a percepção do Estado soberano sobre a população sob seu domínio. Antes, nos países colonizadores, havia uma população relativamente homogeneizada, circunscrita ao território da metrópole. Agora, há uma outra parcela, africana, negra, diferente, como diferente será o tratamento desse grupo pelo Estado. A heterogeneidade do tecido social, o crescimento populacional, a nova realidade de uma sociedade metropolitana e colonial complexa e em que a vida depende mais e mais de certas macropolíticas fazem com que o Estado ganhe o poder de fazer viver. Ações no campo do saneamento, da assistência e da seguridade social passam a constituir-se em condição básica para sobrevida das populações. Assim, o Estado passa necessariamente a exercer a biopolítica ou o biopoder, proporcionando ou não as condições de vida de acordo com os seus interesses e estratégias políticas.

> Ora, agora que o poder é cada vez menos o direito de fazer morrer e cada vez mais o direito de intervir para fazer viver, e na maneira de viver, e no "como" da vida, a partir do momento em que, portanto, o poder intervém sobretudo nesse nível para aumentar a vida, para controlar seus acidentes, suas eventualidades, suas deficiências, daí por diante a morte, como termo da vida, e evidentemente o termo, o limite, a extremidade do poder. Ela está do lado de fora, em relação ao poder: é o que cai fora de seu domínio, e sobre o que o poder só terá domínio de modo geral, global, estatístico. Isso sobre o que o poder tem domínio não é a morte, é a mortalidade.[74]

Sueli Carneiro, em sua tese de doutorado, ressalta a importância do conceito de biopoder na explicação do racismo no contexto brasileiro:

> Para Foucault, essa biopolítica que se converte em biopoder promove a emergência de três novos elementos desconhecidos até então tanto da teoria do direito como das técnicas disciplinares. São eles: a população (os corpos múltiplos); a busca do controle sobre os fenômenos coletivos e aleatórios; e em terceiro lugar o poder que consiste em fazer viver e em deixar morrer. E é nesse momento que Foucault inclui, em sua reflexão sobre as tecnologias de poder, o racismo.[75]

O biopoder está assim associado à capacidade do Estado de preservar ou não vidas, de acordo com interesses ou perspectivas ideológicas. A preservação de vidas diz respeito a um amplo espectro de políticas, incluindo aquelas que visam a garantir as condições sociais básicas para a saúde e, portanto, para a existência. Desse ponto de vista, a omissão do poder público — por exemplo, na adoção de políticas de saneamento básico de forma não generalizada, ou, dito de outro modo, seletiva — pode ser classificada no âmbito do exercício do biopoder. No Brasil, o acesso à água e ao saneamento básico é um privilégio das camadas mais ricas. A população mais pobre, de maioria negra, encontra-se em grande parte ainda privada desses serviços. As favelas e as periferias, sobretudo nas cidades das regiões mais pobres, não têm acesso pleno a esses serviços. Dados do Sistema Nacional de Informações sobre Saneamento, do Ministério do Desenvolvimento Regional, mostram que, em 2018, as regiões Norte e Nordeste tinham respectivamente 10,5% e 28% da população atendida por rede de esgoto.[76] São números que denotam a omissão ou a inação do Estado. A correlação dessa falta de serviços básicos com a maior taxa de mortalidade infantil e menor expectativa de vida apresentadas por esses segmentos é incontestável. A população menos assistida morre mais cedo. As crianças negras são mais acometidas de doenças evitáveis. Esse quadro também é extensível à área da saúde, em que enfermidades mais associadas à população negra não recebem da parte do Poder Público a atenção devida, e à área da educação, em que vige o descaso com a escola pública, que acolhe privilegiadamente a população jovem negra. Expressões concretas, para a população negra, do biopoder e da potência do Estado em fazer viver e deixar morrer.

Partindo da construção de Foucault, Achille Mbembe introduz questões que aprofundam e qualificam a ideia de biopoder:

> Mas sob quais condições práticas se exerce o direito de matar, deixar viver ou expor à morte? Quem é o sujeito dessa lei? O que a implementação de tal direito nos diz sobre a pessoa que é, portanto, condenada à morte e sobre a relação antagônica que coloca essa pessoa contra seu ou sua assassino/a? Essa noção de biopoder é suficiente para contabilizar as formas contemporâneas em que o político, por meio da guerra, da resistência ou da luta contra o terror, faz do assassinato do inimigo seu objetivo primeiro e absoluto? A guerra, afinal, é tanto um meio de alcançar a soberania como uma forma de exercer o direito de matar. Se consideramos a política uma forma de guerra, devemos perguntar: que lugar é dado à vida, à morte e ao corpo humano (em especial o corpo ferido ou morto)? Como eles estão inscritos na ordem de poder?[77]

A necropolítica surge como uma depuração, uma contextualização do biopoder e seu direcionamento no âmbito da política colonial genocida. O Estado se arroga o direito de matar e o faz deliberada e sistematicamente, seja pela ação direta, seja pela inação via omissão ou conivência. No caso brasileiro, a morte de milhares de jovens negros da periferia que ocorre anualmente é, em parte, causada pela polícia, e também pelo fato de que essa juventude está exposta à ação de grupos de milicianos ou de traficantes. A ação virulenta da polícia, que tem resultado no crescente número de jovens negros assassinados, se junta à omissão dos órgãos de segurança e da justiça em elucidar tais crimes, bem como à ausência de políticas públicas voltadas a assegurar oportunidades educacionais ou profissionais a esse segmento da população.

O exercício estatal tanto do biopoder quanto da necropolítica implica diretamente a negação de políticas públicas para a população negra. Essa perspectiva, que resume a atuação do Estado colonial europeu no continente africano, pode ser utilizada em parte para o caso da sociedade desigual, e de certo modo reproduz muitas das situações de tensão e de conflito vividas pelos pobres e negros no Brasil — com a ausência de políticas sociais, de um lado, e a virulência do Estado, de outro.

Uma sociedade anômala

Em resumo, o que se tem observado nos últimos anos é o crescimento geral da desigualdade, tanto nos países ricos como nos países pobres, embora através de processos distintos. Cada país, cada sociedade, é fruto de sua própria história, ainda que por vezes essas histórias se entrelacem. No Brasil, foco deste livro, a sociedade desigual caracteriza-se pela estabilidade em uma situação de desigualdade extrema, percebida como algo natural, constitutivo da realidade do país. As forças políticas necessárias para a mudança em prol de uma sociedade mais justa e igualitária não reúnem a capacidade para alterar as bases que dão estabilidade à desigualdade racial. Governos, instituições, arcabouço legal e mesmo a disputa política reforçam esse cenário, funcionando como verdadeiros anteparos aos projetos de mudança. Pode-se mesmo falar na presença de correias de transmissão da desigualdade que se constituem, ao fim e ao cabo, nos pilares da sociedade desigual.

O racismo no Brasil se molda como o elemento central, o combustível, a essência do processo; a ideologia que assenta e modela a sociedade desigual. O racismo aqui é ubíquo. Está presente na sentença do juiz, mais pesada para o negro; na recusa do emprego à mulher negra pelo gerente da loja; na atitude diferenciada da polícia; nas representações raciais das histórias contadas nas novelas; na ausência de lideranças políticas e administrativas de outras etnias que não a branca. Enfim, o racismo pede passagem e atua na microfísica das relações, em uma perspectiva foucaultiana. Desdobrando-se em preconceito, discriminação e na construção da branquitude, o racismo modela a sociedade desigual. O Brasil cresceu como poucos países no século xx,[78] e a desigualdade manteve-se inerte, em detrimento da população negra. Uma das mais importantes economias do mundo sustenta um dos países mais desiguais do globo. Meninos pretos morrem aos milhares, meninas pretas se prostituem. Inúmeras famílias negras vivendo em lixões a céu aberto. Definitivamente, a desigualdade brasileira tem uma forte clivagem racial.

De fato, todas as sociedades, sem exceção, apresentam algum grau de desigualdade. Essa é a essência mesma da natureza humana e de qualquer construto social. A igualdade plena, a sociedade de iguais, é uma utopia, um desiderato, um modelo que as abordagens de cunho mais humanistas perseguem desde o advento das ideias republicanas. Não se pode negar, no entanto, que a noção de igualdade tem seu papel e sua importância como valor estruturante. Ela inspira a moldagem das instituições e a própria organização do chamado Estado de direito. É, portanto, uma conquista civilizatória. Entretanto, nem todas as sociedades modernas têm na busca pela igualdade um marco efetivo de sua trajetória. Países com histórico de escravidão, ou longos períodos de autoritarismo e ausência de vida democrática estão mais propensos a se distanciar do ideário da igualdade e da instituição de marcos legais e âncoras institucionais para a garantia de direitos básicos de cidadania, equidade e dignidade humana. O Brasil vivenciou por extensos períodos a escravidão e a falta de democracia. Sua história de degredo, humilhação e violência contra as populações negras, em função do interesse econômico, não o deixa impune. Forjaram-se no território brasileiro todos os ingredientes necessários à formação da sociedade desigual: o racismo como ideologia dominante, o preconceito e a discriminação racial como práticas sociais corriqueiras, a branquitude e a valorização do branco e, no caso da ação do Estado, o biopoder que flagela e a necropolítica que mata.

A sociedade racista molda instituições racistas que contribuem para a naturalização do ambiente de desigualdade. Esse cenário geral se desenvolve no dia a dia do cidadão brasileiro e repercute diretamente em sua trajetória de vida. Negros e brancos são todos reféns dessa desigualdade, que forja uma sociedade anômala, como um campo de futebol inclinado, em que a bola tende sempre a descer para o gol de baixo. Esse é, na verdade, o resultado de uma história. A superação desse cenário extrapola, e muito, a simples adoção de políticas públicas. Na sociedade desigual há uma espécie de microfísica da desigualdade, para parafrasear Foucault. Ela se desenvolve em todos os segmentos da vida social brasileira, ao mesmo tempo que opera em um nível macro, no qual o racismo, a branquitude, o biopoder e a necropolítica definem as relações sociais e políticas e organizam a relação da população negra com o Estado.

2. Mercado de trabalho, desigualdade e racismo

A CENA É TÍPICA E COMUM aos centros urbanos de todo o país: calçadas abarrotadas de camelôs, vendedores de toda sorte de bugigangas, aparelhos eletrônicos *made in China*, brinquedos, carregadores e capas de celulares, roupas íntimas, sandálias, mas também alimentos, sucos, cafezinho na garrafa. Nos estacionamentos, guardadores de carro fazem a atividade de vigia e lavagem dos automóveis. Imperceptíveis aos olhos leigos, os territórios estão todos bem demarcados, e essa garantia da ordem se dá seja pela própria ação da polícia local, seja por acordos e/ou confrontos pessoais, seja por forças de segurança também informais que podem ser ligadas a milícias ou ao próprio tráfico de drogas. O formal, o informal e o ilegal muitas vezes se irmanam, como estratégia de organização e sobrevivência. Essa organização perpassa outros segmentos, como os prestadores de serviços de conserto e reforma (pedreiros, encanadores, pintores, marceneiros), estruturados em grupos restritos de profissionais, mas ainda assim dotados de grande mobilidade individual para lhes garantir clientela. Há também serviços pessoais diversos, muitos dos quais se realizam não nas ruas e avenidas, mas nas residências de quem contrata. O emprego doméstico e sua variante mais moderna, os serviços de diarista, são o exemplo mais expressivo desse tipo de atividade. O Brasil é o país com o maior contingente de trabalhadoras domésticas: essa atividade absorve cerca de 15% das mulheres com emprego no país. São cerca de 6 milhões, e, em 2018, somente 28% tinham carteira assinada.[1] A sociedade desigual molda um mercado de trabalho cuja conformação realimenta a desigualdade. Um mercado de trabalho que produz ótimos e péssimos postos de trabalho. Empregos regidos pelos mecanismos da legislação trabalhista e ocupações sem qualquer tipo de proteção. E mesmo nos empregos formais há um importante diferencial nos salários. O desemprego se disfarça em atividades informais e no subemprego.

O mercado de trabalho brasileiro é particularmente atípico se tomamos por base os manuais de referência da ciência econômica. Um percentual significativo, hoje em torno dos 40%, da força de trabalho ocupada está na informalidade, sendo que uma parcela desse grupo oscila entre o formal e o informal, a depender das condições da economia. Do mesmo modo, dos demais 60% de indivíduos dos segmentos formais, aí inclusos empregados, patrões, funcionários públicos e profissionais liberais, alguns também se envolvem em atividades informais. Muitos trabalhadores assalariados exercem uma segunda ocupação nas horas vagas. Trata-se de algo bastante comum entre os que são empregados por turno, que aproveitam as horas de descanso para a realização de biscates e dos chamados "bicos". Há também os casos de quem, mesmo no próprio ambiente de trabalho formal, acumula o exercício de outras atividades, como a venda de produtos de beleza ou de produtos importados do Paraguai.

A plasticidade do mercado de trabalho brasileiro impressiona. Um universo laboral de cerca de 100 milhões de indivíduos que, em 2017-8, apresentava uma taxa de desemprego da ordem de 13%, índice que historicamente tem oscilado em função do melhor ou pior desempenho econômico.

Mas essa taxa de desemprego tem sido em parte mitigada pela existência das próprias atividades informais. Muitos desempregados buscam sustento no exercício de bicos, pequenos serviços prestados na vizinhança ou atividades ligadas ao comércio de rua ou a outros serviços. De fato, o informal se constitui em um rico mosaico de atividades, que em 2018 acolhia 32,9 milhões de trabalhadores, de acordo com o IBGE.[2] Parte destes, como já enfatizado, vem do setor formal e quando tem chance para lá retorna. Mas um enorme contingente tem na informalidade seu lócus permanente de sustento. E aqui não se está falando apenas de trabalhadores sem qualificação, que vão desempenhar serviços mais simples como de guarda ou lavagem de automóveis. Há alguns grupos de profissionais qualificados cuja atividade laboral se dá basicamente na informalidade. É o caso dos já citados trabalhadores autônomos especializados em serviços de reparação da construção civil, encanadores, pintores, pedreiros, eletricistas, que em geral detêm expressiva clientela e auferem rendimentos superiores aos que obteriam no emprego formal.[3]

Desse modo, percebe-se que a assertiva comumente aceita de que o informal estaria sempre associado à pobreza e aos baixos rendimentos e o formal seria o repositório privilegiado do bom emprego — protegido pela legislação, com altos salários e ótimas condições de trabalho — no caso brasileiro não é necessariamente verdadeira. A maior parte dos salários dos empregados com carteira é de baixo valor. As condições de trabalho são reiteradamente precarizadas, com jornadas excessivas. O pobre favelado típico muitas vezes é trabalhador assalariado.

A proteção legal associada ao trabalho com carteira assinada não implica necessariamente a retirada do trabalhador e de sua família da condição de pobreza. O mercado de trabalho formal no Brasil, refém de uma estrutura social moldada na desigualdade, também é motor de sua amplificação. A distribuição salarial é disforme e iníqua. A diferença entre os salários do topo e da base é gigantesca. Estudo do Ipea realizado em 2006 aponta que os salários do topo no Brasil chegam a ser mais de 1700 vezes maiores do que o salário mínimo,[4] quando nos países desenvolvidos a diferença entre os maiores e menores salários gira em torno de vinte vezes, segundo dados da OCDE, a Organização para a Cooperação e Desenvolvimento Econômico.

Não é por outro motivo que o Brasil, apesar de habitualmente se encontrar entre as dez nações mais ricas do mundo, tem um salário médio muito abaixo daqueles praticados em países com PIB significativamente menor. Dados da OIT, a Organização Internacional do Trabalho, para o ano de 2012, período de grande afirmação econômica durante o qual o país se estabelecia como a sétima economia do mundo, situavam o salário médio do Brasil em 51º lugar no ranking dos países, com um valor que representava menos da metade da média mundial.[5] Em uma estrutura de salários tão desigual, o papel do informal ganha destaque. Por sua dimensão e sua capacidade de absorção de força de trabalho, a presença maciça do informal — repositório de uma parte importante dos trabalhadores a disputar ocupações formais — em grande medida tem relação direta com as disparidades salariais no Brasil.

Durante muito tempo, o informal também operou, em maior ou menor grau, como uma espécie de colchão de amortecimento dos efeitos da crise, servindo de abrigo para parte dos desempregados. Essa capacidade de absorção funcionou bem na crise dos anos 1980, garantindo patamares residuais de desemprego de até 3% a 4%, segundo os dados do IBGE. Note-se que, nesse período, o setor público também exercera um papel de empregador importante, compensando em parte a falta de emprego no setor privado.[6] Esse comportamento desaparece na década seguinte, à luz das políticas ortodoxas de redução dos gastos públicos. Assim, a partir dos anos 1990, o informal começa a dar sinais de que seu potencial de absorção atingira o limite, como reflexo do grande contingente de desempregados que aflorou no período pelo impacto da recessão, e as taxas de desemprego iniciam uma trajetória ascendente, atingindo patamares até então incomuns no Brasil, acima dos 10%.

Outra característica importante do mercado de trabalho brasileiro é a grande rotatividade da mão de obra. Fruto de uma legislação que, com o advento do Fundo de Garantia do Tempo de Serviço (FGTS), nos anos 1960, incentiva demissões, as taxas de rotatividade no Brasil são ainda influenciadas pela existência de um grande excedente de mão de obra que compete pela limitada oferta de postos de trabalho. A alta rotatividade se potencializa em períodos de crescimento econômico. Entre 2010 e 2014, auge da retomada após a crise internacional de 2008-9, as taxas de rotatividade atingiram seus maiores patamares, oscilando entre 63,5% e 64,5% entre celetistas. Em 2013, ano de crescimento de 3% do PIB, dados do Cadastro Geral de Empregados e Desempregados (Caged) do Ministério do Trabalho e Emprego mostram um acréscimo total de empregos da ordem de 1,117 milhão. Tal excedente, no entanto, é resultado de 26,5 milhões de admissões e 25,144 milhões de desligamentos. Esse impressionante número de admissões e desligamentos dá mostras da precariedade das condições de trabalho e de permanência no emprego para os trabalhadores formais, contribuindo também para o achatamento dos salários.[7] De fato, no mercado de trabalho brasileiro, o tempo médio de permanência no emprego é bastante restrito. No primeiro semestre de 2014, atingiu seu maior patamar em anos recentes, com 161,2 semanas, o que significa pouco mais de três anos no mesmo emprego.[8] Esses dados contrastam com o que ocorre em outros países nesse mesmo ano. Na Itália, o tempo médio é de 12,2 anos. Na França, 11,4 anos; na Alemanha, 10,7 anos; e no Reino Unido, 8,2 anos.[9] Os países que mais se aproximam do Brasil são a Coreia do Sul e os Estados Unidos, lugares em que a legislação trabalhista é bem mais flexível, mas onde a capacidade de geração de emprego é muito maior do que no caso brasileiro.[10]

Já com relação ao tempo de desemprego, uma pesquisa de âmbito nacional realizada em 2017 pela Confederação Nacional de Dirigentes Lojistas em parceria com o Serviço de Proteção ao Crédito mostra que o trabalhador brasileiro, em média, permanece catorze meses desempregado.[11] Isso significa dizer que, em momentos de crise, como o vivenciado pela economia brasileira no final da década de 2010, o trabalhador acumula períodos restritos de permanência no trabalho e tempo médio de desemprego da ordem de um ano e dois meses.[12] Em tais condições, para que se atinjam quarenta anos de contribuição e se obtenha direito ao valor integral do benefício previdenciário, conforme a legislação aprovada em 2019, será necessário um tempo total de mais de 53 anos no mercado de trabalho. Isso em se tratando dos trabalhadores formais. Ficam de fora do sistema as hordas de trabalhadores que exercem exclusivamente atividades informais, ou mesmo aqueles que por vezes e intermitentemente exercem atividades formais.

Por fim, há que se repisar a questão dos rendimentos. Trata-se de um item bastante diversificado, fruto, em última análise, das características já descritas, e cujas raízes históricas serão detalhadas na próxima seção. O destaque aqui é para a grande parcela da força de trabalho sem qualificação e que vive da oferta de serviços pessoais, característica maior das sociedades desiguais. O fenômeno dos empregados que têm seus próprios empregados domésticos, os "empregados-empregadores", é recorrente no Brasil. Os trabalhadores de renda mais alta possuem seus próprios empregados domésticos, reproduzindo hoje uma perniciosa relação de subordinação.[13] São, como já dito, cerca de 6 milhões de trabalhadores domésticos no país, lastreando uma relação de desigualdade capaz de fazer do assalariado o patrão, e esse patrão-assalariado reproduz o estereótipo do explorador de sua força de trabalho. O patrão ou a patroa declaram que o salário de sua empregada doméstica é muito alto, embora não chegue a totalizar um décimo do seu. Na matemática da sociedade desigual, uma pessoa com um salário mensal de 8 mil a 10 mil reais pode considerá-lo pequeno para o sustento e a manutenção de sua família, mas julgar que um ganho que por vezes nem chega a mil reais é muito alto para a família da empregada. Na sociedade desigual, uns naturalmente podem muito, outros podem pouco ou nada podem.

O mercado de trabalho reproduz e potencializa desigualdades, servindo como um dos principais motores desse processo que secularmente afeta o Brasil. Um mercado de trabalho cuja origem tem o gene da relação primeira entre escravizados e homens livres, antes mesmo de sua consolidação como núcleo do sistema produtivo. O Brasil escravista aboliu a escravidão formal, embora nunca tenha abolido a desigualdade herdada do escravismo. A história da formação do mercado de trabalho, como não poderia deixar de ser, está na raiz desse verdadeiro criatório de iniquidades.

As origens do mercado de trabalho desigual no Brasil

O Brasil foi o último país do continente a abolir a escravidão, já no final do século xix. Foi também a nação das Américas que recebeu o maior contingente de escravizados. As cifras são bastante imprecisas, mas as estimativas mais conservadoras apontam que aproximadamente 13 milhões de africanos em cativeiro embarcaram rumo ao continente americano, sendo que pelo menos 2 milhões pereceram no caminho e, dos cerca de 10 milhões desembarcados, 5 milhões, ou seja, metade, destinaram-se ao Brasil. A pujança da produção colonial — notadamente de açúcar (séculos xvii e xviii), mineração (séculos xviii e xix) e café (século xix) — demandava grande quantidade de mão de obra cativa.

A economia escravista brasileira desenvolveu-se diferentemente em cada região. No Nordeste, principal produtor de açúcar e, mais tarde, de algodão, o núcleo produtivo consolidou-se a partir das grandes fazendas e/ou engenhos. O contexto rural em que se dava a produção abrigava a maior parte dos escravizados, embora os sítios urbanos já começassem a se fazer presentes, sobretudo ao longo das rotas que levavam a produção ao porto marítimo. Destaca-se aqui como grande escoadouro da produção açucareira a cidade do Recife, que já nos anos 1600 se apresentava como importante centro comercial e de serviços.

No chamado Ciclo do Ouro, a atividade extrativa requeria a formação de núcleos de apoio logístico, o que deu margem à consolidação de uma rede de povoados e vilas, especialmente bem estruturada no interior de Minas Gerais. Na trilha do ouro, bem como na de produção de diamantes, surgiram sítios urbanos como Ouro Preto, Mariana, São João del-Rei e Diamantina. Nesse roteiro, o escoamento do minério se dava pelo porto do Rio de Janeiro. Já grande importadora de escravizados, que adentravam o país pelo cais do Valongo, a cidade ganha pujança econômica também com a exportação do ouro de Minas Gerais, e em 1763 torna-se a capital da colônia, e posteriormente do Império, a partir de 1808. A outra grande cidade, Salvador, desenvolveu-se sobretudo por seu papel administrativo, tendo sido a primeira capital da colônia, de 1549 a 1763, abrigando assim a maior parte da burocracia estatal e dos serviços necessários ao exercício de sua condição de centro administrativo colonial. Além disso, uma grande quantidade de escravizados urbanos moldou a economia soteropolitana de prestação de serviços com base no trabalho negro.[14]

Assim, Rio de Janeiro, Salvador e Recife eram, em meados do século XIX, as grandes áreas urbanas de um país eminentemente agrário e cuja força de trabalho era majoritariamente de escravizados, embora começassem a surgir atividades de produção e serviços ao redor dos núcleos dinâmicos. Essas atividades eram exercidas sobretudo pelo contingente de ex-escravizados, incorporados ao segmento dos chamados livres e libertos, que passa a ganhar dimensão já no início dos anos 1800. Nas áreas rurais, eram os serviços de apoio ao extrativismo, com a produção animal e de alimentos, e mesmo a cultura de subsistência de base familiar, que agregavam esses livres e libertos, em terras até então intocadas e abertas à ocupação, o que de certo modo estava garantido com base na Resolução de 17 de julho de 1822, na qual o governo central sinalizara a suspensão do antigo regime de sesmarias.[15]

Até 1850, quando foram promulgadas tanto a Lei de Terras quanto a Lei Eusébio de Queirós, era esse o cenário. O Brasil contava à época com uma população estimada em 8 milhões de habitantes, a maioria negros, já com uma crescente participação de livres e libertos, embora os escravizados constituíssem o núcleo central da força de trabalho. Nas áreas urbanas, começavam a aparecer os "negros de ganho", escravizados pertencentes a famílias urbanas que durante o dia vendiam seus serviços nas ruas e, ao final da jornada, entregavam seu ganho parcial ou total a seus senhores. Os negros de ganho eram profissionais artesãos de diversos domínios, prestadores de serviços, reparadores, vendedores de alimentos, chegando mesmo a haver negras de ganho cujo serviço era também a prostituição. Durante anos de trabalho esses indivíduos sustentavam seus patrões e, em função de acordo prévio, podiam ganhar sua liberdade após um determinado tempo de trabalho. Muitos trabalhadores conseguiram assim sua alforria e mesmo a de familiares e companheiros.

No que tange à evolução do trabalho e sobretudo da formação do que pode se considerar o embrião do mercado laboral no Brasil, o último quarto do século XVIII trouxe eventos particularmente relevantes. A Revolução Americana, em 1776, e a Revolução Francesa, em 1789, trouxeram o pensamento libertário jacobino às Américas, alimentando fortemente os ideários nacionalistas e republicanos no continente. Também significativos foram os acontecimentos que tiveram lugar na então Ilha de Hispaniola, que atualmente engloba o Haiti e a República Dominicana. A partir de 1791, inicia-se o processo de independência do Haiti, colônia francesa que na época era a mais lucrativa do mundo. Lá, a luta pela liberdade assumiu uma conotação diretamente racial: negros escravizados contra a população branca, proprietária das terras, responsável pelo comércio e pela burocracia estatal. Sob o comando do general negro Toussaint Louverture, os grupos rebeldes unificaram-se contra a população branca majoritariamente de colonos franceses. Toussaint, ele próprio um ex-escravizado, chegou a liderar um exército de cerca de 500 mil soldados. Preso pelas forças napoleônicas no esteio da reação da metrópole, morreu em uma prisão francesa em 1803 e não viu seu país formalmente independente. Mas a Revolução Haitiana vingou, ainda que a duras penas. Sob o comando de Jean-Jacques Dessalines, o Haiti proclamou sua independência em 1804. O saldo foi a eliminação de toda a população branca, o que representou uma afronta ao conjunto das nações ricas e escravocratas. Na verdade, o Haiti nunca foi perdoado por sua ousadia. O reconhecimento de sua independência pelos países europeus se deu à custa de muito dinheiro. A França exigiu uma compensação financeira astronômica, cujo montante só foi totalmente quitado em 1947. Há casos de ameaças de ataques e de pilhagens por parte de outras nações europeias. E mesmo entre os países do continente americano a aversão ao país foi grande. Partindo sobretudo dos Estados Unidos, boicotou-se a participação do Haiti no esforço de organização das instituições interamericanas, no rastro do nascente conceito de pan-americanismo.

O Haiti, que enviara brigadas militares em auxílio aos países latino-americanos nas suas lutas de independência, via-se agora excluído do convívio continental.[16] De fato, a Revolução Haitiana surgira como um perigoso precedente. O medo de que outras nações pudessem seguir o exemplo da "Pérola das Antilhas" era evidente. No Brasil, país com o maior contingente de população negra das Américas, algumas revoltas de escravizados suscitaram a preocupação da elite e dos governantes. A Revolta dos Alfaiates, também chamada de Inconfidência Baiana, em 1798; a rebelião de escravizados negros e pardos livres no Recife, em 1823, também conhecida como "Pedrosada"; além de outra importante revolta de escravizados e soldados em 1824, no mesmo Recife, liderada por Emiliano Mundurucu. No Rio de Janeiro, soldados negros ostentavam em seus uniformes o retrato do imperador haitiano Dessalines. Manifestações a favor da Revolução Haitiana aparecem em várias cidades do Brasil. Em Laranjeiras, Sergipe, em junho de 1824, cartazes incitando à morte dos brancos foram fixados nas ruas. Sem falar nas revoltas localizadas em fazendas e engenhos, como a do engenho Monjolinho, em São Carlos, no ano de 1819. Como em tantos outros exemplos, os governos das províncias se incumbiram de reprimir tais manifestações de repúdio ao sistema escravista.[17]

Mas a trajetória de luta do povo negro no Brasil tem início antes, no século XVI, poucos anos depois da chegada dos primeiros escravizados. O primeiro quilombo identificado no Brasil data de 1573. Fugindo das fazendas e organizando-se em comunidades quilombolas, os negros reproduziram no solo brasileiro espaços de liberdade. Os quilombos se espalharam por todo o país. No Nordeste, o mais famoso foi Palmares, cuja destruição exigiu a organização de várias expedições militares e a montagem de um grande exército financiado diretamente pela Coroa portuguesa. Em Minas também existiram muitos desses agrupamentos. Um dos mais proeminentes foi o quilombo Grande, contra o qual o governo das Minas Gerais montou uma expedição com mais de trezentos homens; foi destruído em 1759.[18]

De todo modo, mesmo que não tenha se constituído como marco inicial de rebeliões no Brasil, a Revolução Haitiana inaugura o medo estrutural por parte das elites. Medo de uma convulsão social, uma revolta de escravizados de grandes proporções, e que ampliou o sentimento de perigo representado pela população negra. Abre-se então o debate no Parlamento brasileiro sobre a chamada solução do retorno. Grande parte da elite nacional vê como solução para o "perigo haitiano" a imposição de sanções econômicas à população negra liberta, visando a forçar sua volta às terras africanas. Em 1835, a Revolta dos Malês, ocorrida nas ruas de Salvador, veio corroborar os temores da elite. Considerada uma das mais importantes sedições urbanas da época do Império, tratou-se de uma ação articulada e planejada detalhadamente que envolvia a participação de negros escravizados e libertos de Salvador em conjunto com aqueles localizados na região do Recôncavo. Nesse mesmo Recôncavo, desde os primeiros anos do século XVIII, assistia-se à eclosão de revoltas de escravizados. A chegada maciça de negros muçulmanos importou para a Bahia o sentimento religioso e a inspiração que serviram de estopim para essas revoltas — a ideia de uma guerra santa pela liberdade. Pierre Verger chega a usar a expressão *jihad* para explicar a transposição dos embates da África para o Brasil.[19]

A Revolta dos Malês teve repercussão nacional, por sua dimensão e pelas consequências que poderiam ter advindo de um eventual sucesso. Mesmo a revolta tendo sido objeto de uma delação que pôs a postos todo o aparato repressivo da capital baiana, antecipando-se aos passos dos revoltosos, Salvador ardeu na noite de 24 de janeiro de 1835, com embates armados nos principais pontos da cidade. Foram mortos cerca de quarenta revoltosos. No decorrer do dia 25 o governo baiano conseguiu debelar a revolta, tendo sido preso um total de 281 escravizados e libertos, entre os quais encontravam-se as principais lideranças. Segundo relatos da época havia também uma vertente pernambucana da revolta, que não chegou a atuar. Caso isso ocorresse, o movimento poderia ter ganhado contornos ainda mais perigosos, posto que Pernambuco abrigava um contingente considerável de escravizados potencialmente aptos à luta.[20]

O balanço final da Revolta dos Malês contabiliza um total de 286 indiciados, sendo 160 escravizados e 126 emancipados. Desse contingente, 189 foram presos; os demais 97 foram autuados sem prisão, sendo que alguns destes últimos foram identificados posteriormente como mortos. As punições aos insurgentes variavam entre pena de morte, trabalhos forçados, chibatadas e o banimento do país.

É nesse contexto, após a Revolta dos Malês, que a ideia do banimento passa a ganhar força. O debate sobre o reenvio dos africanos libertos ao continente de origem chega ao Parlamento do Rio de Janeiro. O partido monarquista assume a ponta no discurso pela expulsão dos africanos, fossem escravizados emancipados ou aqueles que haviam entrado no país clandestinamente. O próprio governador da Bahia enviou para a Assembleia Geral Legislativa do Rio de Janeiro uma representação em que solicitava, entre outras coisas, que o governo buscasse estabelecer uma colônia na África para que o Brasil pudesse repatriar todo africano que fosse alforriado, ou africanos libertos que ameaçassem a segurança do país.[21]

Essa ideia não logrou êxito por uma série de razões, incluindo a falta de interesse e de apoio dos ingleses, agora ciosos da libertação dos escravizados com a adoção da Bill Aberdeen, em 1845. Mas a convivência das autoridades governamentais com a comunidade dos africanos livres já deteriorara por completo após 1835, notadamente na Bahia. Sem fazer qualquer distinção entre católicos e muçulmanos, os policiais realizavam prisões arbitrárias, aplicação de penas vexatórias como chibatadas em praça pública, além de deportações injustificadas para a África. Tal cenário fez com que muitas famílias negras, já estabelecidas e com sólida situação financeira, passassem a vislumbrar no retorno à África a alternativa às dificuldades impostas pelo país que anos antes os recebera de forma compulsória. Na introdução a *Da senzala ao sobrado*, obra de Marianno Carneiro da Cunha sobre a arquitetura brasileira na Nigéria e no Benin, Manuela Carneiro da Cunha informa que o Império havia criado em 1835 um imposto anual exorbitante que os africanos livres ficavam obrigados a pagar. Desse imposto, exorbitante segundo a autora, ficariam isentos aqueles que se retirassem definitivamente do Brasil. O Estado sinalizava assim para os africanos livres, sobretudo os que haviam ascendido economicamente, que não havia a possibilidade de integração e reconhecimento social para si e suas famílias.

Ainda segundo Manuela Carneiro da Cunha:

Encerra-se também, em 1850, uma época que havia sido excepcionalmente favorável à ascensão econômica dos negros, e mais especificamente dos africanos [...]. Aos libertos africanos restava, portanto, após 1850, a alternativa de se empregar nos latifúndios ou de ocupar os interstícios do sistema: produzindo para o abastecimento das cidades ou internando-se no sertão mais distante, onde podiam cultivar algodão ou criar gado. Ou então, se tivessem dinheiro, podiam pagar uma passagem de volta à África.[22]

Embora mesmo hoje grande parte dos historiadores não o reconheça, são cada vez mais presentes as evidências de que a Revolução Haitiana influenciou fortemente o meio político e econômico brasileiro.[23] E influencia a percepção sobre a presença de uma maioria negra no país, que passa a ser objeto de forte preocupação das elites políticas.

O cenário observado nas grandes cidades até 1850, contudo, começa a se modificar. Cada vez mais presente, o elemento branco passa a ocupar os espaços das atividades econômicas. O Rio de Janeiro, outrora a cidade dos negros trabalhadores, alfaiates, pedreiros, pintores, artesãos, barbeiros, doceiras, costureiras que tanto chamava a atenção dos viajantes europeus na primeira metade do século XIX, passa a ser cada vez mais a cidade dos portugueses e espanhóis imigrantes, que assumem gradativamente o comando dos serviços e do comércio.[24] Assim como ocorreu na Bahia e em Pernambuco, os negros com algum recurso são impelidos ao retorno ao continente-mãe.[25] O embrião de uma incipiente classe média negra urbana brasileira é natimorto. Em poucos anos, cerca de 8 mil libertos retornaram à África, segundo estimativa de Manuela Carneiro da Cunha.[26] Estes, com seus recursos financeiros e por suas qualificações diversas, darão um grande impulso à economia de países como Nigéria, Serra Leoa e Benin.[27]

> Foi assim que chegaram a Lagos os primeiros pedreiros, mestres de obras, ourives, sapateiros, alfaiates e costureiras à moda ocidental [...]. Os brasileiros lançaram-se também na agricultura, nos arredores de Lagos [...] as carreiras de funcionários na administração inglesa ou em casas comerciais europeias, a carreira de catequistas ou de mestres-escolas, nas escolas e missões católicas, atraíam os chamados *Brazilian descendants*.[28]

Desse modo, enquanto alguns países da África se beneficiavam com a presença dos libertos retornados, o Brasil renunciava à criação de uma classe média negra no século XIX. Embora tenha havido naquela época, principalmente no Rio de Janeiro e na Bahia, alguma ascensão social de famílias negras — sobretudo a partir do engajamento do liberto, na maioria das vezes mestiço, em atividades ligadas ao comércio, às profissões liberais e ao funcionalismo público —, tratou-se de um fenômeno residual. A imensa maioria da população negra parece ter se mantido em condição de pobreza e muito poucas famílias lograram alguma mobilidade social positiva. As mesmas dificuldades também se interpunham ao sucesso profissional daqueles que haviam optado por permanecer no país.

Há que se destacar que, mesmo com todo o rol de adversidades, e em vista do tamanho do Brasil na segunda metade do século XIX, a comunidade negra conseguiu construir uma representação de certo peso. Nunca mais um conjunto de intelectuais e políticos negros teve o protagonismo e a importância daqueles que povoaram a cena na época do abolicionismo. Figuras negras proeminentes como José do Patrocínio, os irmãos Antônio e André Rebouças, Luiz Gama, José Ferreira de Menezes, Francisco de Paula Brito, Arthur Carlos, Ignácio de Araújo Lima e Theophilo Dias de Castro, entre outros, pontuaram o panorama político e cultural brasileiro, além de contribuírem fortemente para a campanha abolicionista.[29] Mas, a partir daí, as portas para a participação política, econômica e intelectual da população negra passaram a se fechar.

Os desdobramentos econômicos e políticos da primeira metade do século XIX traçam o seguinte perfil no que tange à força de trabalho no Brasil em 1850. O café do Vale do Paraíba ganha primazia, concentrando grande contingente de escravizados, muitos dos quais importados de regiões que haviam perdido o dinamismo, caso do Nordeste açucareiro e de áreas de extração mineral no interior do país.[30] O polo econômico hoje hegemônico começa a ser gestado justamente nessa época, na esteira do crescimento da produção do café. O eixo São Paulo--Campinas serve de trampolim econômico para outras áreas do território paulista, mediante a extensão da cultura cafeeira.

Na região Nordeste, por essa mesma época, constata-se uma situação bastante diversa. Como área originalmente fornecedora de mão de obra escravizada para a região do café, o Nordeste já tinha dado início à substituição do regime de trabalho escravizado a partir de meados do século XIX. Lá, pelo menos duas barreiras impediram a dispersão maciça dos livres e libertos: de um lado, a grande distância das áreas de fronteira da economia de subsistência e, de outro, as áreas urbanas, que pela falta de um maior dinamismo econômico já apresentavam problemas em decorrência dos excedentes de população. De certa forma, para os ex-escravizados, assim como para os trabalhadores livres, não havia alternativas ao antigo trabalho. Apesar da existência de um fluxo considerável desses ex-escravizados para cidades maiores como Recife, uma grande parte da força de trabalho liberada continuará nas propriedades rurais, sob regimes de baixíssima remuneração, seja como assalariados, seja como meeiros, parceiros ou agregados.

Em 1850, a edição da Lei de Terras vem enfim regular a propriedade fundiária, cuja posse pela via da ocupação vinha avançando havia décadas. Essa lei, contudo, em vez de incentivar a pequena propriedade rural e confirmar e legalizar a propriedade da terra àqueles que a ocupavam e dela tiravam o seu sustento, restituiu a propriedade aos senhores sesmeiros, resgatando a situação jurídica de 1822. Determinou ainda que apenas a compra em dinheiro poderia legalizar a posse de novos ocupantes. Com isso, milhares de trabalhadores vivendo nessas áreas, principalmente em regime de subsistência, passam à condição de ocupantes ilegais. Esses livres e libertos, em sua imensa maioria negros, foram jogados em uma espécie de limbo jurídico, ao mesmo tempo que a concentração fundiária era revigorada. O resultado imediato foi a criação de um gigantesco excedente de trabalhadores rurais sem-terra, disponíveis como força de trabalho a ser utilizada pelos latifúndios produtivos quando e como melhor lhes aprouvesse.[31]

De outro lado, 1850 também foi o ano de entrada em vigor da Lei Eusébio de Queirós, que proibia formalmente o tráfico de escravizados. Embora na prática esse comércio tenha se mantido até as vésperas da Abolição, com grande conivência das autoridades públicas, a lei impulsionou o debate sobre o fim da escravatura e o futuro do país sem escravizados. Desse debate surgiram várias propostas, que iam desde a devolução de todos os negros ao continente africano até, como preconizava Joaquim Nabuco, a liberdade com acesso a terras e políticas públicas que dessem aos ex-escravizados as condições de sobrevivência e autonomia econômica.[32] Na verdade, por essa época, a escravidão já recuava. O percentual de escravizados no total da população, que era de mais de 50% no início do século XIX, chegou a 16% em 1872.

O grande desafio que se colocava para a elite conservadora brasileira era o que fazer com negros livres e libertos, já em 1850 uma parcela significativa da população brasileira, com tendência a forte crescimento nas décadas subsequentes. De fato, de acordo com o Censo de 1872, esse contingente representava 75% do total da população. O espectro de que o Brasil viesse a se consolidar como um país negro, com todo o peso negativo que a visão racista imputava a esse quadro, pontuou o debate sobre o futuro do país.

A ideia de branqueamento do Brasil, enraizada nas teorias eugenistas então já em voga na Europa, tinha como substrato a percepção do negro como empecilho ao progresso. Tratava-se efetivamente da adoção de um novo projeto de nação no qual não haveria lugar para os negros. Tendo feito sua contribuição ao país como força de trabalho escravizada, a população negra agora deveria abrir espaço para o elemento "mais evoluído", o trabalhador branco.[33] As teses eugênicas povoaram o discurso acadêmico e político brasileiro até os anos 1930. Autores como Tavares Bastos, Pereira Barreto, Sylvio Romero, Jaguaribe Filho, entre outros, abraçaram tais teses e aprofundaram o debate da eugenia, à guisa de se proporcionar um futuro virtuoso para a nação. Haveria que se forjar um povo para a nação Brasil, povo este que, segundo os eugenistas, não existia aqui. Entendido como uma população preferencial e majoritariamente branca, o povo desejado pelos eugenistas seria basicamente composto por imigrantes europeus, como aponta Tavares Bastos: "Para mim, o emigrante europeu devia e deve de ser o alvo de nossas ambições, como o africano o objeto de nossas antipatias".[34]

Mas se o câmbio total da população, substituindo a antiga maioria negra por outra, branca, parecia inviável, a adesão brasileira ao ideal eugênico foi possível com algumas adaptações. A principal delas foi a revisão da tese europeia sobre os malefícios da mestiçagem. Para os teóricos europeus, como Armand Quatrefages, seria impossível que a mestiçagem entre brancos e negros pudesse gerar uma raça virtuosa. Jaguaribe Neto se contrapôs a essa ideia, propondo uma espécie de caminho virtuoso para a boa mestiçagem: "O cruzamento do africano muito comum com os portugueses no Brasil produz o chamado cabra ou mulato, que em cinco gerações cruzando-se por sua vez com o branco se transforma neste".[35]

A expectativa de que, com o passar dos anos e com a miscigenação, o sangue negro fosse diluído e aflorasse uma população mestiçada mas tendo como características dominantes aquelas da raça branca passa a ser o ideal de país da maioria da elite. Com esse projeto em mente, a representação brasileira no Congresso Internacional das Raças de 1911 defendeu a tese de que em um século o Brasil se tornaria um país de brancos.[36]

Ratificando a posição governamental adotada no Império, o governo republicano edita o decreto nº 528, de 28 de junho de 1890,[37] deixando explicitado o exclusivo interesse no elemento europeu:

Art. 1º É inteiramente livre a entrada, nos portos da República, dos indivíduos válidos e aptos para o trabalho, que não se acharem sujeitos à ação criminal do seu país, excetuados os indígenas da Ásia ou da África, que somente mediante autorização do Congresso Nacional poderão ser admitidos de acordo com as condições que forem então estipuladas.[38]

Reafirmava-se assim, na República nascente, a visão do negro como o empecilho maior ao progresso. Consolida-se o ideal do branqueamento progressivo da raça, em torno da concepção de que a entrada de população branca e a miscigenação poderiam evitar a degenerescência do povo. Do mesmo modo, a ideologia eugênica vai associar cada vez mais os negros às mazelas sociais, ligando-os diretamente à prática de maus hábitos de convívio e comportamento, como a preguiça, a falta de ambição no trabalho, o alcoolismo, o absenteísmo, a baixa condição de aprendizagem e formação. Enfim, o negro passa a ser visto com a antítese do bom trabalhador, incapaz de se adaptar aos novos tempos do assalariamento. O racismo embutido na eugenia à brasileira relegou o negro a um espaço residual no sistema produtivo. Antes no epicentro da produção colonial, ele é posto às margens do mercado de trabalho.

Mesmo autores posteriores consagrados, como Celso Furtado nos anos 1950, reproduziam alguns dos principais bordões do discurso hegemônico acerca da incapacidade adaptativa do trabalhador negro:

> O homem formado dentro desse sistema social [a escravidão] está totalmente desaparelhado para responder aos estímulos econô-

micos. Quase não possuindo hábitos de vida familiar, a ideia de acumulação de riqueza é praticamente estranha. Demais, seu rudimentar desenvolvimento mental limita extremamente suas "necessidades", cabendo-lhe um papel puramente passivo nas transformações econômicas do país.[39]

A suposta incompatibilidade entre o trabalhador escravizado e as demandas colocadas pela modernização das atividades produtivas não se sustenta, no mínimo por dois motivos evidentes. O primeiro é que em muitos casos o perfil dos imigrantes era similar ao dos ex-escravizados no que tange à adaptação ao assalariamento. Os italianos em sua maioria provinham de regiões rurais do Vêneto, onde as relações de trabalho eram rudimentares e semicapitalistas, não justificando qualquer expectativa de melhor adequação, ao menos não pelas razões elencadas pelo autor.[40] O segundo motivo diz respeito à capacidade da mão de obra escravizada de integrar organizações produtivas capitalistas e suas inovações tecnológicas, que é registrada em inúmeros trabalhos. Libby mostra que a mão de obra escravizada foi responsável pelo funcionamento de setores modernos e dinâmicos da economia brasileira.[41] Citando a indústria naval no Rio de Janeiro, observa que, "em vez de resultar na expulsão do trabalho escravizado, a chegada da máquina a vapor na construção naval assistiu à emergência de maquinistas escravizados".[42] Da mesma forma, a atividade mineradora no século XIX mobilizava empresas, inclusive de capital estrangeiro, que introduziram graus importantes de mecanização, como motores a vapor e sistemas de bombeamento operados com mão de obra escravizada. O mesmo era observado na produção siderúrgica e têxtil.

O argumento da incapacidade adaptativa do trabalhador submetido à escravidão também esbarra nas trajetórias escravistas para além de São Paulo. Minas Gerais, maior província escravocrata do país no século XIX, fez a transição para o trabalho livre pela via não da imigração, mas da reorganização do trabalho de livres e de ex-escravizados. Durante o período anterior à abolição, Minas Gerais continuou suprindo sua demanda por trabalho forçado pela via da importação, sendo que uma grande parte dos escravizados ainda durante o século XIX era nascida em continente africano.[43] É interessante observar que tal demanda não se limitava a atender à economia mineradora ou à produção do café voltada para a exportação, mas incluía também a agricultura de subsistência, o comércio e as atividades artesanais e manufatureiras.[44]

Em Minas Gerais, assim como no Nordeste, no caso dos trabalhadores livres e ex-escravizados, medidas de coerção para garantir a subordinação não foram raras, incluindo os regimes em que a concessão de moradia e terra implicava o trabalho sem remuneração. Inviabilizada a alternativa de se instalarem em terras devolutas, poucas opções restavam aos livres e ex-escravizados além de se sujeitarem às condições de produção tradicionais, ou venderem sua força de trabalho aos proprietários por valores irrisórios. Mesmo assim, emergiram contextos de desorganização da produção em decorrência da abolição.

Os libertos, muitas vezes, negavam o trabalho na lavoura, ficavam sem trabalho e, algumas vezes, constituíam ameaça à ordem ao enfrentarem os ex-senhores. Com isso eles saíam da lavoura, o que causou um quadro inicial de desordem na agricultura, que sentia a falta de braços.[45]

De fato, além da transição para o trabalho livre, a segunda metade do século XIX traz significativas mudanças no que tange ao perfil demográfico e à distribuição espacial da população brasileira. No Nordeste, a rede urbana se encorpa, com a consolidação de cidades médias como Maceió, Aracaju, Natal, Campina Grande, João Pessoa (então Parahyba), Crato, Juazeiro, Fortaleza e São Luís, entre outras. As maiores cidades da região, Recife e Salvador, fortalecem-se como metrópoles regionais e polos econômicos. O surto temporário na produção do açúcar, em função da Revolução do Haiti, no início do século XIX, e a retomada da produção do algodão, como reflexo da queda da produção norte-americana por conta da Guerra de Secessão, na década de 1860, proporcionam um relativo crescimento da renda interna na região. Recife, como principal porto e centro comercial, beneficiou-se rapidamente desse cenário, tendo lá se dado, por essa época, o aparecimento de alguns empreendimentos industriais, de início fundição e tecelagem e posteriormente outros ramos, para atender ao mercado urbano interno.

Paul Singer traça o seguinte panorama sobre a indústria no Recife na segunda metade do século XIX:

> Conta a cidade com estabelecimentos para a satisfação de quase todas as necessidades de consumo: alimentos (fábricas de vinagre, chocolate, azeite, macarrão), bebidas (fábricas de licores, vinhos, limonada, cerveja), roupas (fábricas de chapéus, camisas), utensílios (colchões, pianos, vassouras, caixas de papelão), artigos de limpeza (fábricas de sabão), meios de transporte (fábricas de carros de passeio, de carroças), sem contar as fábricas de charutos e fumo e de envernizar couros.[46]

Mas se as atividades industriais e comerciais se expandem, a cidade exerce também o papel de polo de atração de uma população empobrecida, expulsa das regiões agrícolas em função da abolição da escravatura e da modernização da produção com base no latifúndio: "O Recife virava o século na condição de metrópole regional em plena expansão, porém caracterizada por uma crescente concentração de pobreza urbana decorrente das transformações ocorridas no país e na região".[47]

Em um cenário idêntico, embora a dinâmica econômica não tivesse a mesma pujança, Salvador vai também atrair parcelas crescentes da população pobre. Kátia Mattoso identifica nessa área urbana, na segunda metade do século XIX, a existência de um setor industrial reduzido a poucas manufaturas têxteis e pequenas indústrias de transformação.

Salvador tinha também manufaturas de fumo (que preparavam rapé, cigarro e charutos) e fábricas de calçados, biscoitos e móveis. Tinha ainda pequenas fundições de ferro e bronze, destilarias de álcool e lugares para a produção de óleo, serrarias e oficinas que esmaltavam ferro. Além de pregos, anzóis, velas, fósforos e açúcar, fabricavam-se sabões, chocolates, cerveja, massas e até roupas, inclusive luvas.[48]

Do mesmo modo que no Recife, o grosso dos trabalhadores soteropolitanos se encontrava fora do segmento industrial. Em ambos os casos, a força de trabalho estava majoritariamente engajada em atividades ligadas ao comércio, aos serviços, às construções civil e naval, sem olvidar o peso do setor público como contratante. Especificamente em Salvador, onde a população de livres e libertos era muito grande, Mattoso identifica uma preferência do empregador pelo empregado branco, que, via de regra, obtinha os melhores postos de trabalho:

> Em geral, estava também restrito aos brancos o exercício de certos ofícios reputados "nobres" e prestigiosos, como os de joalheiro e relojoeiro. Mas era nas fileiras dos proprietários (termo que abrangia tanto grandes proprietários imobiliários, muitas vezes ex-comerciantes aposentados, como senhores de engenho), dos grandes negociantes, dos profissionais liberais, dos altos funcionários e dos militares de alta patente que se concentrava a maioria dos brancos.[49]

O que poderia ser considerado o traço comum nas duas metrópoles nordestinas no final do século XIX é a incipiente, mas existente, indústria local, incapaz de abarcar parcelas significativas da mão de obra. Dessa forma, comércio e serviços serviram como os maiores absorvedores da mão de obra urbana. Contudo, grande parte dessa força de trabalho, notadamente a mais empobrecida, vai sobreviver do exercício do pequeno comércio de rua, sobretudo de alimentos, e da prestação de serviços pessoais. Em sua maior parte composta de negros, essa população irá fomentar o crescimento da informalidade, ratificando a máxima de Milton Santos, para quem o processo de crescimento das grandes cidades brasileiras representou, basicamente, a concentração da pobreza nas áreas urbanas.

A principal novidade no que tange à malha urbana brasileira é a cidade de São Paulo, cujo intenso crescimento vai dar novo perfil à ocupação espacial da população brasileira. O grande poder econômico do estado de São Paulo, em função da exportação do café, faz nascer o que em breve será o motor da economia do país. Como metrópole nacional, São Paulo dá mostras de sua pujança já no final do século XIX, anunciando a força da cidade que a partir de meados do século XX vai concentrar o maior parque industrial da América Latina. O capital proveniente das exportações do café vai financiar uma industrialização de peso, atraindo a população obreira, sobretudo imigrante, e rapidamente fazendo de São Paulo a segunda maior metrópole, atrás apenas do Rio de Janeiro, a capital do país. Mas mesmo nessas duas cidades as oportunidades para a população negra eram cada vez mais restritas. O fator imigração e, principalmente, a ausência de postos de trabalho ofertados para a mão de obra de origem africana vão fazer com que esse grupo, inclusive nas áreas mais dinâmicas, ocupe posições de subalternidade.[50]

Assim, ao final do século XIX, fosse no campo ou na cidade, os negros no Brasil pareciam condenados à pobreza e à miséria. Quando houve a possibilidade de alguma ascensão social, como ocorrido na primeira metade daquele século, ela foi refreada, inclusive com sanções de ordem econômica e jurídica por parte do poder público e incentivo para deixar o país. Progressivamente alijados dos setores mais dinâmicos da economia — a produção exportadora, a indústria e os ramos mais prósperos do comércio —, os negros ficaram restritos aos serviços pessoais e subalternos. A pobreza urbana no Brasil do século XIX é negra. E assim seguirá sendo nos séculos subsequentes, conformando a desigualdade econômica com base na clivagem racial.

Em suma, o Brasil do começo do século XX é um país que se moderniza, se urbaniza e incorpora novos hábitos. O crescimento do mercado de trabalho urbano se dá tanto no aumento da oferta de empregos a partir do aparecimento de empreendimentos industriais de maior porte e da consolidação de oficinas artesanais, como no desenvolvimento de atividades ligadas ao comércio e aos serviços em geral.

Desde a virada do século XIX observava-se que, além da oferta de emprego por parte das empresas, há forte propensão à busca pela prestação de serviços, sobretudo serviços pessoais. Nas grandes conurbações, como Rio e São Paulo, a maioria dos postos de trabalho industriais estava nas mãos dos trabalhadores imigrantes — portugueses e espanhóis no Rio de Janeiro, italianos em São Paulo; no que tange aos empreendimentos comerciais de maior porte, bem como ao setor público, a prioridade também era para o trabalhador branco. Enquanto se fortalecia a imigração, contando com expressivo subsídio público,[51] os negros, relegados ao pequeno comércio de rua e aos serviços, adaptaram-se àquela que é uma das características da sociedade desigual: a profusão de ocupações ligadas à prestação de serviços de caráter pessoal.

Em sua tese de doutorado, Ramatis Jacino analisa a situação do mercado de trabalho na cidade de São Paulo na passagem do século XIX para o XX, que, como visto, estava em franca expansão.[52] A população da cidade teve um crescimento inusitado, passando de 31 mil habitantes em 1872 para cerca de 240 mil em 1900, subindo para 579 mil em 1920 e chegando, em 1940, a 1,326 milhão de habitantes. Ao crescimento populacional da cidade correspondeu um aumento não menos significativo do mercado de trabalho. Mas essa dinâmica seguia um projeto de modernização e uma ideia de progresso que representavam — vale sempre enfatizar — a negação do negro como força de trabalho em condições de participar do desenvolvimento e sua desqualificação em prol da absorção da população imigrante branca europeia. Em São Paulo, o acesso dos negros ao mercado de trabalho foi bloqueado de várias maneiras. Primeiramente com as grandes indústrias dando ampla preferência à contratação de imigrantes, gradativamente tirando dos negros atividades originalmente exercidas por eles, nos mais diversos ramos, como os de alimentação, comércio de rua em geral, boticas, barbearias, serviços de reparo; mesmo em atividades mais específicas, como as de amas de leite e acompanhantes, a prioridade passa a ser dada agora a trabalhadores europeus.[53]

Segundo a documentação, os trabalhos mais valorizados econômica e socialmente e os segmentos mais dinâmicos e importantes da economia, que empregavam grande quantidade de mão de obra, eram ocupados por esmagadora maioria de profissionais brancos. Além disso, profissões historicamente ocupadas por trabalhadoras e trabalhadores negros foram "invadidas" por brancos, principalmente estrangeiros.[54]

Houve também, da parte do governo local e estadual, sanções ao exercício de algumas profissões por parte de negros, caso dos ofícios de comerciante, caixeiro e guarda-livros, atividades proibidas aos escravizados pelo artigo 168 do Código de Postura Municipal de 1886. O resultado dessa interdição foi a ausência quase que completa de negros nesses ramos, reconhecidamente de melhor remuneração. A situação de rápida substituição de negros se estendeu para outras profissões, como as de chofer e seus ajudantes, corretores, agentes de negócios, entre outros. No caso de ocupações como alfaiates, carpinteiros, marceneiros, mecânicos, alguns poucos negros ainda as exerciam no começo do século xx, mas foram rapidamente substituídos nas décadas seguintes pelos imigrantes. E mesmo a burocracia do Executivo em suas diferentes esferas, bem como no Judiciário, era composta unicamente por brancos.[55] Florestan Fernandes, ao analisar a situação dos negros no mercado de trabalho de São Paulo no início do século xx, afirma que, "no decurso da expansão urbana, a situação do negro e do mulato no sistema ocupacional da cidade, por volta de 1920, era sensivelmente pior do que antes".[56] Portanto, mesmo no período de maior boom econômico experimentado pela região mais próspera do país os negros, em sua larga maioria, não lograram melhorar seu padrão de vida e de ocupação. Ao contrário, foram cada vez mais impelidos aos nichos de subocupação e aos serviços de baixa ou baixíssima remuneração. Essa situação não era diferente no Rio de Janeiro, que, vale frisar, sendo a maior cidade do país e sede do governo central, adentra o século xx com um percentual de população negra muito superior ao de São Paulo. Esse cenário de exclusão não foi diverso sequer nas cidades com maioria negra e sem forte presença de imigrantes, como Recife e Salvador: também nelas os melhores empregos, as ocupações que exigiam maior qualificação e, principalmente, aquelas ligadas à burocracia estatal mantiveram-se nas mãos das populações brancas, no caso as elites locais.

Esse é o quadro geral que se delineia nas primeiras décadas do século xx: exclusão do trabalhador negro em todos os espaços econômicos vantajosos. Na região Sul, até aqui pouco citada, a situação não foi distinta. Nos três estados que a compõem, a ascensão da pequena propriedade rural, ligada inicialmente à agricultura familiar, prosperou em grandes áreas. Os projetos de colonização para a população imigrante, sobretudo italiana, alemã e polonesa, fortemente financiados pelo governo federal, deram um novo perfil à região. Manteve-se, em parte, a grande propriedade produtora de charqueado e curtume. Entretanto, os núcleos coloniais prosperaram, criando polos urbanos importantes na produção de couro, fumo e vinho, na suinocultura e na indústria da banha, entre outros. Mesmo assim, a população negra não conseguiu situação melhor:

> Os negros, por sua vez, confundidos com a escravidão, tal como em São Paulo, foram encarados como símbolo do aviltamento do trabalho, nesse contexto de expansão do trabalho livre. Ficaram dispersos, antes e depois da Abolição, entre as atividades agrícolas e os serviços domésticos, posto que marginalizados do mercado de trabalho restrito, mas florescente das cidades.[57]

À população negra não foram proporcionados projetos de colonização. Não foi subsidiada qualquer iniciativa de apoio à aquisição de terras. Também não lhe foram destinadas políticas de apoio e de inclusão no mercado de trabalho. Ao contrário, o limiar do século XX foi o ocaso da questão racial no Brasil. A figura do negro some do debate nacional. Sua absorção no mercado de trabalho será pelas bordas, preponderantemente em ocupações associadas ao subemprego e à informalidade. Sua cidadania também será restrita e suas condições de moradia e de acesso aos serviços públicos, precárias. O racismo como ideologia abre espaço para a discriminação na forma de políticas públicas, e mesmo no âmbito das atividades privadas, que forjaram uma empregabilidade também limitada. O preconceito segue fazendo seu trabalho, naturalizando cada vez mais a diferença e as desigualdades raciais. É desse modo que o Brasil adentra o coração do século xx, supondo que assim estaria moldando uma efetiva democracia racial.

A consolidação do mercado de trabalho no Brasil: O período pós-1930

A era Vargas representou uma inflexão no padrão de desenvolvimento e nas relações de trabalho no Brasil. Voltado a um projeto de modernização assentado na industrialização do país, o governo Vargas inovou ao regular aspectos importantes do mercado de trabalho, com legislações referentes a férias, jornada de trabalho, estabilidade no emprego e insalubridade, além do estabelecimento do salário mínimo e da criação da carteira profissional, obrigatória a partir daquele momento para o registro do contrato de trabalho. Foram constituídos os Institutos de Aposentadoria e Pensões, para proteção social no tocante a pensões, aposentadoria e serviços de saúde.

Tais medidas deram corpo, pela primeira vez no país, a uma cidadania social, restrita, contudo, aos trabalhadores formais, ou seja, àqueles que alcançavam um emprego regular e registrado. Essa configuração vinha junto com a promoção de uma ética do trabalho. Como destaca Ângela de Castro Gomes,

> entendia-se claramente que era preciso criar novos valores e medidas que obrigassem os indivíduos ao trabalho [...]. A preocupação com o ócio e a desordem era muito grande, e "educar"

o indivíduo pobre era principalmente criar nele o hábito do trabalho. Ou seja, obrigá-lo ao trabalho via repressão e também via valorização do próprio trabalho como atividade moralizadora e saneadora socialmente.[58]

A regulação do trabalho e a chamada cidadania regulada[59] tiveram como contrapartida, contudo, a reafirmação da marginalização social daqueles segmentos sociais não integrados à ordem do trabalho formal e registrado. Identificados como não trabalhadores — pior, desocupados, vadios e marginais —, os informais, intermitentes, biscateiros, desempregados e toda a ordem de não integrados ao mercado de trabalho formal passaram a ser objeto de ainda maior suspeita. A marginalização social ganha identidade clara quando parece desafiar o dever social do trabalho, fixado na Constituição de 1937, e se desdobra em repressão e estigmatização, reforçando o racismo.

A dificuldade de participação do negro no mercado de trabalho regulado e protegido que se institui com o governo Vargas passa pelas vicissitudes imanentes à sociedade racista já consolidada. Além da preferência dos empregadores por trabalhadores brancos, os obstáculos que se colocavam ao trabalhador negro diziam respeito ao precário acesso às oportunidades educacionais. Sem a obrigação de oferecer educação, os poderes públicos sedimentaram as desigualdades em acesso ao ensino básico, como será visto no próximo capítulo. A educação pública e a formação profissional reproduziam as desigualdades raciais, ao mesmo tempo que as fomentavam.

Se houve avanços com a promulgação da Consolidação das Leis do Trabalho (CLT), em 1943, a proteção dada pela legislação trabalhista não se generalizou, ficando circunscrita a um nicho de modernidade e configurando um dualismo no mundo do trabalho. De um lado, a legislação estendeu sobre os trabalhadores formais mecanismos de proteção social assemelhados ao que se construiu, de forma mais completa e universalizada, no chamado Estado de bem-estar social dos modelos europeus. De outro, criou uma horda crescente de milhões de trabalhadores desprotegidos, exercendo ocupações ditas informais, cujo número irá ganhar cada vez mais peso, em especial a partir dos anos 1980.

O assalariamento, no sentido do emprego protegido e detentor de direitos sociais, conforme definido por Robert Castel,[60] se estabelecerá no Brasil após 1930, mas somente para uma parte da força de trabalho. Pode-se dizer que o assalariamento aqui cumprirá somente a metade de seu papel histórico. Respondeu pela constituição de uma força de trabalho estável e disponível para o capital e possibilitou, dessa maneira, o desenvolvimento de uma sociedade industrial relativamente pujante. Entretanto, ele não se generalizou, ficando circunscrito a frações da força de trabalho, ainda que importantes. Nesse sentido, a intervenção do Estado na chamada proteção ao trabalho respondeu menos a uma preocupação com o mercado de trabalho — isto é, nível de emprego, desemprego etc. — do que às relações de trabalho referentes à parcela assalariada da mão de obra.[61] Estavam ausentes quaisquer medidas de proteção contra a situação de desemprego, fomento a atividades informais, proteção ao trabalhador rural ou incentivo ao empreendimento familiar, rural ou urbano. As décadas seguintes aprofundarão tais características.

Como visto, há indícios mais do que fortes de que até os anos 1930 o acesso dos negros aos empregos da iniciativa privada era dificultado pelo racismo. Vale lembrar que, no começo do século xx, 90% dos empregados da indústria em São Paulo eram imigrantes. Tamanha era a desproporção entre o percentual de empregados nas grandes fábricas que o governo Vargas edita o decreto nº 19 482, de 12 de dezembro de 1930, obrigando o empregador a ter pelo menos dois terços de mão de obra brasileira na composição de seu quadro de empregados. Essa legislação, possivelmente a primeira iniciativa de estabelecimento de cotas para vagas de emprego, reflete a preocupação com uma realidade que privilegiava determinados segmentos populacionais.

Os anos 1930 marcam, portanto, o início de um processo de grandes transformações econômicas e sociais, tendo como pilares a urbanização, a modernização econômica e a criação de um mercado de trabalho urbano regulado e protegido, em paralelo à repressão e à estigmatização do trabalho ocasional e informal, do desemprego e da dita vagabundagem. A indústria passa a ser a base do crescimento econômico, principalmente devido à crise do setor agroexportador e às novas bases da ação estatal lançadas por Getúlio Vargas em favor do setor industrial. Segundo Helga Hoffmann, a "Crise de 1929 marcou o encerramento da fase em que as exportações são o fator principal do crescimento".[62]

Se até os anos 1920 a ação estatal era sobretudo normativa, depois de 1930 ela assume uma característica fortemente intervencionista.[63] O estímulo à atividade econômica privada se desdobra na configuração de um "Estado-empresário", que intervém diretamente, como na ação de planejamento e investimento, e estabelece diretrizes gerais em setores considerados estratégicos. Atuando em busca da melhoria das comunicações e do transporte, o Estado dá início à construção de grandes rotas inter-regionais, o que permitirá a efetiva ligação entre as regiões do país.[64]

Não se pode falar de uma economia nacional de fato integrada no Brasil antes de 1930.[65] Essa integração, da forma como se realizou, suscita duas observações. Em primeiro lugar, significou a unificação do mercado consumidor, beneficiando a produção industrial do eixo Rio-São Paulo, que passou a contar com um mercado mais extenso em detrimento da indústria incipiente das outras regiões, sobretudo do Nordeste. Em segundo lugar, as migrações internas aumentaram, se dirigindo às regiões mais ricas e concentrando a população nessas áreas. Com o fim da corrente migratória de origem europeia, no início dos anos 1930, os trabalhadores nacionais, sobretudo os que provêm do Nordeste, responderão às necessidades da indústria crescente. Segundo Lúcio Kowarick, a "absorção dos nacionais — inclusive dos negros e mulatos — iria se efetuar quando novos e mais dinâmicos setores da economia urbana, a partir de 1930, necessitaram também de trabalhadores".[66]

Assim, a migração assume nesse momento uma dimensão inter-regional e, a partir dos primeiros anos da década de 1930, se dirige, em sua maior parte, ao estado de São Paulo. Esse movimento se caracteriza no sentido do campo para a cidade, tendo por destino não apenas as cidades das regiões mais industrializadas, mas também as metrópoles regionais. Sobre esse ponto, vale fazer uma breve comparação entre o que se passou no mercado de trabalho em São Paulo, centro econômico da região mais desenvolvida, e o que ocorreu no Recife, principal cidade do Nordeste.

Entre 1900 e 1960, a população do Recife aumentou quase sete vezes, tendo passado de 115 mil para 790 mil habitantes.[67] Nessa capital, mais do que em qualquer outra grande cidade brasileira, assistiu-se nesse período à conjugação da grande expansão demográfica com a estagnação econômica. Como resultado, a extrema concentração da pobreza e da exclusão potencializou o subemprego e o desemprego, bem como a proliferação das "atividades informais". No início dos anos 1980, a região metropolitana do Recife tinha uma população de 2,3 milhões de habitantes[68] e liderava o percentual de população pobre (55,6% do total)[69] entre as áreas metropolitanas do país. Ela mantinha ainda a maior taxa de desigualdade de renda, com um índice de Gini da ordem de 0,602.[70]

São Paulo experimentará um crescimento demográfico ainda mais expressivo, elevando a sua população, junto com as das demais cidades que compõem sua área metropolitana, à cifra de 12,6 milhões de pessoas no início dos anos 1980, concentrando progressivamente atividades produtivas e respondendo por um percentual significativo do produto nacional.[71] Mas se, ao contrário do Recife, São Paulo conjugou o crescimento econômico com o aumento populacional, isso não impediu que a pobreza também ali se instalasse. Mesmo que em escala menor do que no Recife, a exacerbação do processo migratório fez concentrar em São Paulo a miséria, o subemprego e o desemprego. Já no início dos anos 1950, compreendeu-se que a pobreza urbana não era um privilégio das regiões mais pobres, e essa tendência ficará mais visível depois dos anos 1980.

De fato, o fenômeno da urbanização resultou em uma proliferação de grandes cidades, assim como no crescimento da população metropolitana. O número de municípios brasileiros com mais de 500 mil habitantes passou de três para catorze entre 1940 e 1980; em 1940 elas reuniam pouco mais de 10% da população total do país, enquanto em 1980 abarcavam 62% da população urbana, quase um terço da população total do país naquele ano.[72]

Do ponto de vista da economia, o período 1930-70 é particularmente interessante, com o Estado se engajando diretamente no processo de modernização econômica. Como visto, os anos 1930 inauguram a intervenção estatal do tipo desenvolvimentista. O investimento público introduz as bases da nova economia, que deveria libertar o país de seu atraso secular. Mas questões como emprego, desemprego e subemprego não estavam na agenda das políticas públicas. O crescimento econômico seria, na visão dos formuladores da ação estatal, condição necessária e suficiente para fazer com que o país saísse de sua situação de subdesenvolvimento, e gerando gradativa absorção da maior parte da mão de obra nas atividades ditas modernas.

No início dos anos 1960, a questão dos desequilíbrios regionais ganha relevo entre as preocupações do Estado. Partindo do diagnóstico produzido pelo Grupo de Trabalho para o Desenvolvimento do Nordeste (GTDN), o governo organiza uma política voltada para aquela região, criando a Superintendência do Desenvolvimento do Nordeste (Sudene). O intuito era o de modernizar a região via a instalação de um complexo industrial mais ou menos diversificado, privilegiando a construção de bases macroeconômicas para o crescimento econômico, e ainda assentado na perspectiva de que a modernização conduziria inexoravelmente ao desenvolvimento econômico.

Em termos gerais, entre 1930 e 1980, a economia brasileira teve um crescimento notável, apesar de momentos de descontinuidade. Houve uma grande diversificação da indústria, enquanto a força de trabalho saltou de 15,7 milhões para 45 milhões de pessoas e o produto interno bruto per capita cresceu 380%. No final dos anos 1970, a economia brasileira era uma das maiores economias do mundo capitalista. Todavia, como já ressaltado, esse crescimento não bastou para absorver o afluxo da mão de obra. Apesar do aumento significativo do emprego nos setores modernos da indústria e dos serviços, inclusive com uma redução relevante das taxas de subutilização da força de trabalho, ao fim desse período havia uma grande concentração de subemprego nas áreas urbanas.[73]

Nas cinco décadas entre 1930 e 1980, o processo de modernização permitiu a absorção no mercado de trabalho de parcelas da população negra que, até os anos 1930, estavam quase totalmente marginalizadas. A revalorização da mão de obra nacional que se seguiu ao fim do período de imigração maciça beneficiou diretamente os negros e mestiços. Como afirma Kowarick: "Nesse instante [...] as necessidades econômicas por força de trabalho transformam a todos, pretos, brancos e mulatos, nacionais ou estrangeiros, em mercadoria para o capital".[74]

No entanto, tal processo não significou uma tendência de reversão à situação social à qual está submetida, ainda hoje, a maioria da população de origem africana no Brasil.[75] Milton Santos, um dos maiores estudiosos da urbanização nos países subdesenvolvidos nos anos 1970 e 1980, demonstra que, à diferença do que ocorreu na urbanização dos países desenvolvidos, onde o carro-chefe da geração de emprego era a indústria, nos países periféricos, como o Brasil, o crescimento populacional urbano se dá com o inchaço dos serviços e com um menor dinamismo industrial na oferta de postos de trabalho.[76] O resultado é a crescente concentração da pobreza e a proliferação de atividades ligadas ao subemprego e à informalidade. Nos países periféricos, a dinâmica industrial, que se traduzia no aumento da produtividade em alguns setores da economia, além da implantação, em alguns casos, de fragmentos de um Estado de bem-estar social, não foi acompanhada de mecanismos redistributivos em favor dos trabalhadores pobres, ou de políticas para potencialização das atividades e setores de menor produtividade. A pobreza urbana não foi enfrentada nesses países. Ao contrário, veio para ficar. As favelas, os guetos, as palafitas e os mocambos são parte dessa paisagem. E no Brasil, onde a posição social inferior associa-se diretamente à condição de negritude, essa paisagem tem cor. Pobreza e miséria têm cor. Assim, os bairros mais precários são, de maneira naturalizada, repositórios da população negra.

Mesmo considerando-se o portentoso crescimento econômico experimentado pelo Brasil no período de 1930 a 1980, o paradigma da pobreza não foi quebrado. Foram impressionantes 3,86% anuais de crescimento médio do PIB per capita no período.[77] Como já enfatizado, países que tiveram resultados significativamente menores enfrentaram e venceram o problema da pobreza e da miséria, construindo mecanismos institucionais redistributivos, no bojo do que se convencionou chamar Estado de bem-estar social, e fomentando as atividades familiares e a pequena propriedade — mas no Brasil do crescimento econômico e da urbanização o Estado não era social, e sim desenvolvimentista. Acreditava-se que o desenvolvimento, assumido com a realização de altas taxas de crescimento do PIB, seria condição necessária e suficiente para o fim das mazelas sociais. No auge do milagre econômico, nos anos 1970, especialistas como Paulo Renato de Souza previam que a informalidade desapareceria em poucas décadas, pela própria dinâmica do crescimento.[78] Um crescimento econômico importante não se concretizou em redistribuição de riqueza: ao contrário, favoreceu sua concentração. Houve de fato a formação de uma classe média, composta em grande parte pela ascensão do imigrante e de seus descendentes, no Sul e Sudeste, e por segmentos populacionais em sua maioria não negros nos demais espaços onde a imigração não logrou aportar. Os mecanismos de exclusão mantiveram-se presentes, e mais, sofisticaram-se. Em sua obra maior, *Discriminação e desigualdades raciais no Brasil*, Hasenbalg utiliza indicadores de concentração ocupacional para desenvolver um exercício numérico que mede o grau de ocupação de negros e brancos em diferentes posições no mercado de trabalho. Como conclusões, o autor ressalta a evidência de que há: 1) uma concentração desproporcional de não brancos nos segmentos inferiores da hierarquia ocupacional; 2) uma maior exclusão dos negros das posições mais altas; 3) um grau de rejeição ainda maior para com o preto de pele mais escura em relação ao mulato; e 4) uma distinção importante entre a hierarquização no Sudeste e no resto do país, no sentido de que acesso a ocupações nos segmentos inferiores é menos difícil para o trabalhador negro, ao passo que, nos postos de maior qualificação, a barreira ao negro é maior no Sudeste do que nas demais regiões. Isso explica a ascensão de uma classe média branca mais bem estruturada e densa.

No Sudeste, as posições ocupacionais da classe trabalhadora e da nova classe média expandiram-se rapidamente nas décadas anteriores a 1950, e parte dessas posições foi ocupada por um número substancial de não brancos. Já foi visto que até 1930 negros e mulatos tinham de competir em desvantagem com os imigrantes europeus. Parece possível que essa competição, juntamente com a rápida mobilidade ascendente dos imigrantes, tenha colocado um teto ao movimento ascendente dos não brancos e bloqueado o recrutamento de negros para as posições mais elevadas da hierarquia ocupacional.[79]

Note-se que, no caso do acesso a empregos públicos, para o trabalhador negro o papel do Estado não pode ser desprezado. Nesses mesmos anos 1940, a construção da Companhia Siderúrgica Nacional, em Volta Redonda, no Vale do Paraíba, proporcionou emprego para uma parcela significativa da mão de obra nacional, com participação da população negra, sobretudo oriunda da própria região circunvizinha. Outros projetos a cargo do Estado, como a extensão da malha ferroviária e a abertura de empreendimentos extrativistas e industriais, como a Companhia Nacional de Álcalis e a Fábrica Nacional de Motores, entre outros, proporcionaram alguma ampliação de oportunidades para a população negra, notadamente nas ocupações menos qualificadas. O acesso a um emprego público, por menos qualificado que fosse, era uma garantia de segurança e de renda que poucos negros conseguiriam no setor privado. Até hoje, muitas famílias negras que ascenderam à classe média o fizeram a partir de uma base econômica dada pelo acesso de um pai ou avô a um emprego público. Um exemplo muito recorrente é a presença de negros ferroviários nos anos 1940 a 1960. A estabilidade desses empregos passou a possibilitar alguma mobilidade social das famílias, ainda que, mesmo aqui, houvesse resistência das empresas à ascensão profissional do negro.[80]

Segundo Hasenbalg,

no Sudeste, parte da população de cor não só ingressou na classe operária como também beneficiou-se de chances relativamente melhores de mobilidade para os setores intermediários da estrutura ocupacional. No resto do país, a população não branca, com exceção de uma pequena elite, teve poucas possibilidades de ascender na hierarquia ocupacional, e permaneceu confinada a ocupações agrícolas não qualificadas.[81]

O que efetivamente moldou o mercado de trabalho nessa etapa e tocou mais diretamente ao trabalhador negro foi a proliferação das atividades informais e do subemprego. De fato, os economistas da Cepal, a Comissão Econômica para a América Latina e o Caribe, cunharam a tese da heterogeneidade estrutural para caracterizar o mercado de trabalho em países como o Brasil. Segundo essa tese, há um expressivo excedente de oferta de mão de obra em comparação ao estoque de empregos ofertados. No caso do Brasil, esse excedente é explicado pelo movimento imigratório ocorrido, fruto inclusive da política deliberada de branqueamento do país engendrada pelo governo e pelas elites políticas e econômicas. Se a tese da heterogeneidade estrutural do mercado de trabalho permite melhor compreender o processo de urbanização que trouxe a pobreza para as cidades, pouco ajuda a esclarecer o aprofundamento das desigualdades raciais no mundo do trabalho. Nessa disputa pelos empregos, os imigrantes saíram na frente. O período que vai de 1930 a 1980 é aquele em que se forja uma classe média em sua larga maioria branca, em grande medida originária da imigração e que vai ser o mercado consumidor impulsionador da demanda interna a partir da segunda metade do século XX.[82]

É da década de 1950 em diante que ganham impulso a industrialização e a consolidação de um mercado consumidor respaldado pela existência dessa nova classe média, cujo padrão de consumo tende a se aproximar daquele dos países desenvolvidos. A construção da nova capital, Brasília, e a consequente abertura de um polo urbano no Planalto Central se inserem nesse contexto de modernidade e de progresso. Nos anos 1960--70, o país vai vivenciar o chamado período do "milagre brasileiro", outra etapa de grande crescimento, com diversificação do parque industrial e consolidação do mercado interno, e da qual os maiores beneficiados foram justamente as classes médias urbanas. Nos principais centros, particularmente nas regiões Sul e Sudeste, a consolidação dessa classe média trouxe também a ascensão de importantes segmentos de descendentes de imigrantes, que passam a ocupar postos-chave, no comando da política e da economia, e de parte da burocracia do Estado e da área econômica.

Em resumo, pode-se identificar algumas características importantes na evolução do mercado de trabalho entre as décadas de 1930 e 1980. A primeira se refere a uma forte concentração da população nas cidades: em 1940, dois terços da população brasileira viviam nas zonas rurais e um terço nas cidades, proporção que havia se invertido completamente nos anos 1980. Uma segunda característica é dada pelo processo de urbanização associado à concentração da pobreza nas maiores cidades, sobretudo nas regiões metropolitanas. As favelas proliferaram,

habitadas por uma população majoritariamente negra e pobre,
engajada em grande medida em atividades precárias, sobretudo
no pequeno comércio e nos serviços pessoais. São atividades que
se desenvolvem nas cidades e que vão absorver um contingente
significativo da força de trabalho urbana. Uma terceira característica seria a situação mais complexa das metrópoles nas regiões
menos desenvolvidas: o subemprego aí vai atingir, em alguns
anos, proporções ainda mais elevadas. De acordo com dados do
Ministério do Trabalho, em 1984 o setor informal em São Paulo
absorvia 38,4% da força de trabalho, enquanto no Recife eram
53,7%.[83] Por fim, cabe destacar o papel do Estado na criação da
legislação trabalhista e social, que, entretanto, não se destinava à
totalidade da força de trabalho, mas apenas a alguns segmentos
dela. A pobreza e a miséria continuaram marcando as condições
de vida dos negros no país.

O Brasil cresceu como poucas nações no século XX, mas a
população negra foi pouco beneficiada pelos frutos desse crescimento. Para se ter uma ideia da pujança do crescimento econômico experimentado pelo país no período, observemos as
estimativas bastante elucidativas feitas por Luis Bértola, Cecilia
Castelnovo, Javier Rodríguez e Henry Willebald ao compararem o Brasil com Argentina, Uruguai e Chile.[84] O crescimento
do PIB brasileiro entre 1920 e 1970 foi o maior em relação aos
países vizinhos, perfazendo uma taxa anual de 5,1%. O PIB
per capita brasileiro, cujo crescimento anual no período foi
de 2,3%, também se destaca. A despeito dessa performance
extraordinária,[85] no que tange à apropriação dessa riqueza há
uma deformidade flagrante no caso brasileiro. Enquanto para
os demais países o crescimento do PIB suscitou uma redução
das desigualdades, indicando que a população de cada uma

dessas nações obteve repartição positiva da riqueza, no caso brasileiro ocorre exatamente o inverso. Mesmo com todo o crescimento, a riqueza no Brasil concentrou-se, ainda que residualmente. De acordo com os autores, o índice de Gini aumentou, no período, de 0,597 para 0,608. O Brasil, em 1970, vai ostentar a vergonhosa cifra de 46,7 milhões de pobres, o que representava 41,7% de toda a população pobre do continente latino-americano, segundo dados da Cepal.[86]

Os dados demonstram que mesmo no período de maior crescimento econômico, e de uma forma até então inesperada à época, houve aumento da pobreza no Brasil. O milagre econômico não aconteceu para todos. Esse resultado gerou grande perplexidade, pois acreditava-se que após uma década de crescimento os índices de pobreza e de desigualdade se reduzissem drasticamente, como sói acontecer em processos prolongados de aumento do PIB. Os pífios ganhos sociais do milagre brasileiro intrigaram economistas e estudiosos da questão da desigualdade, que passaram a se debruçar sobre os números em busca de uma explicação plausível.

A interpretação de alguns economistas responsabilizava a política de arrocho salarial que levara à redução do valor real do salário mínimo a partir de 1964. Carlos Langoni, cujo trabalho é tido como pioneiro no debate sobre a desigualdade no Brasil, contesta a hipótese do arrocho salarial, espelhando a corrente que respaldava a ação governamental de cunho conservador, e atribui a má distribuição ao déficit educacional, bem como aos percalços do processo de urbanização acelerada, que causariam alguns desequilíbrios no mercado de trabalho.[87]

A questão educacional seria o cerne da explicação da má distribuição da renda, e, de acordo com o autor, os efeitos negativos dos desequilíbrios advindos da urbanização acelerada seriam passageiros, uma espécie de dor do crescimento, e naturalmente cessariam com o avanço econômico. Contrários ao modelo de Langoni, economistas como Pedro Malan e John Wells, além de cientistas sociais como Fernando Henrique Cardoso, defendiam o argumento de que o governo autoritário usara de instrumentos de redução dos salários e que isso, combinado à forte repressão à atividade sindical, suscitava a queda dos salários, sobretudo os da base, fazendo com que a desigualdade recrudescesse no período.[88] Note-se que a discussão estava centrada na trajetória observada durante a década de 1960 e a politização da questão expressava um embate entre uma visão tecnocrática e autoritária, ligada ao regime militar, e uma visão mais democrática, que abria, no debate distributivo dos anos 1970, um importante campo de polêmica — não apenas sobre a repartição da riqueza, mas sobre os efeitos do crescimento econômico em um ambiente de maior ou menor perfil democrático.[89]

Note-se também, entretanto, que a questão racial não esteve presente nessa polêmica sobre a desigualdade brasileira. De um lado, o arcabouço teórico em voga não contemplava a temática racial como variável de relevo no debate redistributivista. E, mesmo que contemplasse, seria difícil incorporá-la à discussão pela ausência de informações sobre raça/cor no Censo de 1970: como visto, na contramão do que vinha ocorrendo desde 1940, o recenseamento brasileiro dos anos 1970, auge da ditadura militar, não tratou do quesito racial, talvez levando a ideia da democracia racial ao seu paroxismo.

A grande lição que se tira do cenário econômico e social brasileiro configurado no período de 1930 a 1980 é que, ao contrário do que preconizavam os manuais de economia do desenvolvimento, inspirados nas ideias de Kuznets, o crescimento econômico não levaria necessariamente à melhoria da distribuição da renda e à ampliação das oportunidades. A concentração de renda observada no período foi reforçada a partir da clivagem racial. A população negra não participou diretamente dessa festa, não logrou compartilhar plenamente os frutos desse que foi um dos períodos de maior crescimento de um país na história recente. Crescer gerando pobreza, miséria e desigualdade: esse foi o preceito do período de maior prosperidade vivenciado pelo Brasil. Um "milagre" para poucos. Essa faceta da realidade brasileira só pode ser explicada quando se traz para o debate a questão racial. O racismo vigente no país, e que perpassa as relações sociais, suscita atitudes discriminatórias que vão influir diretamente na construção de barreiras à ascensão do trabalhador negro. A exigência de boa aparência, presente nos anúncios de emprego até alguns anos atrás, constituiu uma porta diuturnamente fechada ao negro. E mesmo aqueles negros que conseguem um emprego formal cedo se depararão com as barreiras internas que impedirão sua progressão. A discriminação segrega, o preconceito naturaliza essa realidade.

E assim o país sai de seu período de prosperidade para adentrar os anos 1980 e 1990, quando o trabalhador negro estará em uma condição extremamente frágil de participação no mercado de trabalho. Os anos de recessão virão apenas agravar um cenário que se desenhou na prosperidade seletiva dos anos 1930-80.

O final do século XX e as duas décadas perdidas

Os anos 1980 são estigmatizados como a "década perdida". Esse foi o período durante o qual as taxas de crescimento se reduziram de maneira drástica. A taxa histórica da economia brasileira, que até os anos 1970 girava em torno dos 6% ao ano, na década de 1980 atingiu patamares médios de menos de 2% ao ano. Foi uma década marcada por uma crise econômica prolongada, resultado sobretudo do aprofundamento de alguns problemas estruturais vivenciados pelo país após o primeiro choque do petróleo, em 1973 — como o aumento da inflação, o crescimento das dívidas interna e externa e a elevação das taxas de juros —, que ocasionaram queda nas taxas de investimento e recessão.

O novo contexto internacional colocava em xeque o modelo de crescimento que, grosso modo, perdurara desde 1930. Com o segundo choque do petróleo, em 1979, tornou-se mais difícil obter no exterior os recursos necessários à manutenção do crescimento nas bases então vigentes, complicando também a administração da dívida externa, que sofreu um expressivo crescimento. Assim, a economia brasileira enfrentou não apenas forte recessão, mas também uma desorganização de importantes segmentos de seu parque produtivo. De sua parte, o Estado, que no início da década ainda atuava mantendo referências às diretrizes de políticas e de programas a longo termo, torna-se cada vez mais refém da gestão de problemas imediatos, como o combate à inflação, a obtenção de resultados positivos no comércio exterior e a administração das dívidas interna e externa.

Como consequência, a partir dos anos 1980, além do desemprego aberto, houve um forte aumento da informalidade. As ruas das grandes cidades ganham uma nova roupagem, com a proliferação dos camelôs vendendo todo tipo de bugiganga, bem como de outras atividades, guardadores e lavadores de automóveis, biscateiros, entre outros. Em que pese a ausência de iniciativas em nível nacional, alguns governos estaduais e municipais tentaram enfrentar o problema com políticas públicas tais como a criação de áreas liberadas para o exercício do comércio de rua, os famosos "camelódromos", ou centrais de serviços em que profissionais do ramo de reparos ofertariam seu trabalho, caso do Patra, o Programa de Apoio ao Trabalhador Autônomo de Baixa Renda, instalado em algumas capitais do Nordeste.[90] Mas a redução do crescimento econômico e a consequente queda na oferta de emprego induziram a consolidação da atividade informal como repositório de grande parte da força de trabalho urbana. Essa tendência se confirma nos anos 1990, quando as políticas de saneamento das finanças públicas em todos os níveis de governo aprofundaram a recessão econômica.

Além dos aspectos econômicos, houve, durante os anos 1980, o agravamento de algumas tendências estruturais. Destaca-se o crescimento da população urbana nas regiões metropolitanas e nas cidades médias, assim como a predominância da migração urbana-urbana. Segundo Hamilton Carvalho Tolosa, "mais concretamente, cerca de 70% dos migrantes têm hoje origem e destino nas cidades, e a maioria deles dirige-se preferencialmente para a metrópole regional mais próxima".[91]

De fato, já ao final dos anos 1980, o Brasil contava com uma expressiva rede de aglomerações urbanas, onde estava 40% da população urbana do país. Nessas cidades se concentra um grande contingente de pobres, quadro particularmente grave nas metrópoles de regiões menos desenvolvidas. As quatro regiões metropolitanas com maior concentração de pobres, à época, se encontram nas regiões Nordeste e Norte: Recife (47,2%), Fortaleza (40,7%), Belém (39,6%) e Salvador (39,0%). Na década de 1990, a proporção média dos pobres nas regiões metropolitanas era de 27,9%.[92]

O aumento da informalidade — e, nos anos 1990, também do desemprego —, a redução percentual da força de trabalho protegida pela legislação e a chamada precarização do trabalho aparecem como as características mais importantes do mercado de trabalho brasileiro nas duas décadas finais do século passado. Com uma força de trabalho da ordem dos 80 milhões de indivíduos, dos quais cerca de 10% estavam em situação de desemprego, e com aproximadamente 1,5 milhão de novos entrantes no mercado de trabalho, o panorama ao final dos anos 1990 tem contornos mais dramáticos. A informalidade crescente vai chegar a abarcar quase a metade dos trabalhadores ocupados. Estudos da época demonstravam que a grande maioria de postos de trabalho criados era informal.[93] A ação do Estado e as políticas de emprego continuavam a se balizar tendo por norte a parcela da força de trabalho engajada no setor formal, o que de resto constitui um fator de ampliação das desigualdades entre a mão de obra "protegida" e aquela afeta à informalidade.[94] Mesmo assim, a precarização das relações de trabalho se alastrava pelos diferentes segmentos produtivos e de serviços, acirrando a reorganização do movimento sindical, sobretudo nas áreas industriais do país.

No meio rural, observou-se um intenso processo de modernização a partir de meados dos anos 1970. A mecanização da produção, a formação de complexos agroindustriais e a implantação de novas técnicas de cultivo floresceram, em maior ou menor grau, por todo o país, adaptando-se a cada região e ao tipo de produção. De todo modo, no que tange aos impactos sociais, as mudanças no padrão de cultivo resultaram na expulsão de muitas famílias ligadas à pequena produção, com a consequente concentração fundiária. Além disso, observou-se um até então inusitado processo de proletarização da mão de obra do campo. A figura dos boias-frias, trabalhadores sazonais vindos de outras regiões para a atividade de colheita, sobretudo nas áreas de produção de cana-de-açúcar de São Paulo, substitui agora o antigo meeiro. Muitos pequenos proprietários do Sul do país tiveram que vender suas terras. Parte desse grupo buscou novas fronteiras agrícolas no Mato Grosso, em Rondônia e outras áreas ao norte.

De modo geral, a modernização das relações de produção no campo resultou em aumento da desigualdade. Mesmo os pequenos produtores que lograram engajar-se na cadeia produtiva do agronegócio o fizeram com um forte grau de dependência com relação às grandes empresas, compradoras e processadoras de seus produtos ou dos insumos utilizados. Como elo mais frágil da cadeia, esses produtores, mesmo beneficiários do processo modernizante, passaram a se reproduzir sob tal grau de dependência que mesmo a decisão do que e como produzir não mais lhes pertencia. O resultado geral é a modernização e o aumento da desigualdade, da pobreza e da miséria no campo. Uma miséria que, ao contrário do que ocorrera anteriormente, também vai afligir parte importante da população descendente dos imigrantes. O processo de concentração fundiária experimentado pelos estados do Sul atingiu uma grande quantidade de famílias de pequenos proprietários, cuja perda das terras as farão engrossar as fileiras do MST, movimento que começa a se organizar na década de 1980.

Em resumo, a modernização que ocorreu no Brasil no período 1980-2000, ao mesmo tempo que trouxe concentração fundiária e afetou parte dos antigos pequenos proprietários rurais, não conseguiu incorporar no emprego urbano formal a maior parte da força de trabalho. A opção por uma política de estabilização ancorada na taxa de câmbio suscitou, por outro lado, uma maior abertura da economia ao mercado externo, o que proporcionou desindustrialização e redução da oferta de emprego. O resultado foi o aumento da terciarização, da precarização do trabalho, o grande aumento da informalidade, do subemprego e do desemprego no campo e nas cidades.

Nessa conjuntura econômica de deterioração do mercado de trabalho e de piora do conjunto dos indicadores sociais, afirmou-se o processo de redemocratização, em que a questão social ganha respaldo e amplitude. O presidente civil eleito para a transição democrática, Tancredo Neves, ressaltou em seu discurso da vitória, no início de 1985, a necessidade de que o país concentrasse seus esforços no resgate do que ele próprio cunhou como a *dívida social* acumulada nos tempos ditatoriais. Com efeito, o resultado do modelo econômico, sobretudo a partir do fim do "milagre", fora o aumento da pobreza e da miséria. Esse foi o quadro que mobilizou a preocupação de uma importante parcela dos membros da Assembleia Constituinte.

No que se refere ao tema do mercado de trabalho, a Carta Constitucional de 1988, a chamada Constituição Cidadã, incorporou direitos trabalhistas que estavam consagrados em legislação ordinária e os expandiu. Foram assegurados o seguro--desemprego, o salário mínimo nacional e o abono salarial, reduziu-se a jornada semanal de trabalho, foram instituídos o adicional de um terço de férias a todo trabalhador assalariado e o adicional de penosidade, entre outros benefícios e garantias. O texto constitucional também reduziu as desigualdades de tratamento entre trabalhadores urbanos e rurais, bem como ampliou os direitos dos trabalhadores domésticos. No campo dos direitos sociais, houve o reconhecimento de novos grupos de beneficiários e a ampliação dos valores dos benefícios, como será tratado no capítulo 3.

Mas a entrada em vigência da Carta Constitucional de 1988 coincidiu com o fortalecimento do ideário conservador no país, reforçado pela influência da nova onda neoliberal internacional inaugurada pelos governos Thatcher e Reagan. Desde o início de sua vigência, o texto constitucional foi alvo de discórdia e conflito. A resistência às inovações partia não apenas de setores do Estado, mas também do empresariado e de segmentos políticos conservadores e neoliberais. Para muitos desses grupos, a Constituição era inviável porque associava ao exercício do trabalho um conjunto de direitos tidos como excessivamente generosos. Além de encarecer a contratação da mão de obra, a Carta era acusada de onerar demais as contas públicas devido à ampliação da prestação dos serviços de saúde, educação e assistência social, que passavam a ter escopo universal, e dos recursos destinados ao sistema de seguridade, também ampliado.

Esse discurso não só pavimentou o adiamento da entrada em vigor de muitos dos dispositivos constitucionais, como proporcionou a alteração de alguns outros já nos primeiros governos eleitos. Foram marcos na tentativa de desconstrução do texto constitucional a reforma previdenciária, a proscrição do Conselho Nacional de Seguridade Social e a consequente autonomia dada às áreas componentes do tripé da seguridade social (saúde-assistência-previdência), bem como a Lei de Responsabilidade Fiscal, que passa a privilegiar o pagamento da dívida pública em detrimento dos compromissos sociais.

Muitos dos dispositivos inscritos na Constituição necessitavam de regulamentações, que foram postergadas, e alguns não vigoram por ausência de lei complementar. É o caso da contribuição empresarial ao Fundo de Amparo ao Trabalhador (FAT), da cobrança de contribuição adicional para empresas com taxas de rotatividade de trabalhadores acima da média, do imposto sobre grandes fortunas, entre outros. Ampliou-se o discurso de necessidade de desconstrução dos dispositivos constitucionais no que tange à ordem social e trabalhista. Essa é uma tensão que vai se manter durante todos os governos pós-Constituinte, inclusive nos governos do Partido dos Trabalhadores, como será visto mais adiante.

Mas cabe lembrar que, no que diz respeito ao mercado de trabalho, o embate se deu, desde o início dos anos 1990, em torno do tema da flexibilização e desregulamentação das relações de trabalho. Além das citadas ausências de normativas que permitissem a aplicação integral do preceito constitucional, reformas foram propostas para reduzir a proteção ao trabalho estável e formal, bem como para flexibilizar as formas de contrato temporário, sempre visando ao barateamento da força de trabalho formal. Esse movimento desembocará nas reformas trabalhistas de 2017.

No Brasil, desde a década de 1940 o salário mínimo é a base de referência para os ganhos do trabalho, não apenas no segmento formal, mas também em termos de preço dos serviços. A importância do salário mínimo pode ser medida por seu alcance. Em 1984, 61,2% dos trabalhadores brasileiros recebiam até dois salários mínimos. O valor do salário mínimo já servia como parâmetro para o setor informal e para a previdência social, e sua variação em termos reais é um dos fatores para o aumento ou a redução da renda do trabalhador. Dados do IBGE mostram que a evolução do valor real do salário mínimo no Brasil apresentou queda entre as décadas de 1980 e 1990. Nesse período, a redução do salário mínimo e da renda do trabalho se somou à ampliação do mercado informal, como vimos. O discurso do empreendedorismo popular ganhou força, visando a transferir para os trabalhadores custos e riscos do mercado.

Há que se recordar que, no Brasil, os anos 1980 e parte dos anos 1990 configuraram um período de hiperinflação que ocasionou perdas importantes de renda para o trabalhador, sobretudo para aqueles segmentos mais desprotegidos. Isso também impulsionou a desigualdade. Assim é que, entre os efeitos imediatos tanto dos planos de estabilização da inflação quanto do fim de mecanismos protetivos contra a inflação para os grupos mais privilegiados, observou-se a interrupção, mesmo que temporária, da trajetória de aumento das desigualdades de renda. Em 1986, o Plano Cruzado reduziu a desigualdade ao controlar os efeitos deletérios do processo hiperinflacionário sobre a distribuição da renda. Efetivamente, durante os anos 1980, e até meados dos anos 1990, a luta contra o processo inflacionário foi o mote da ação do governo. Houve depois o Plano Cruzado 2 (ainda em fins de 1986), o Plano Bresser (1987), o Plano Verão (1989), o Plano Collor (1990), o Plano Collor 2 (1991) e, finalmente, o Plano Real (1993-4). A estabilização do processo inflacionário, conseguida a duras penas, foi uma virada de página significativa: o país passa a vivenciar um ambiente econômico de maior normalidade.

O resultado desse contexto de recessão e crise econômica explicitou o passivo social construído ao longo do século, e inscrito basicamente na ampliação do desemprego e da informalidade, bem como no crescimento da pobreza. Mas também aqui observa-se que o processo de precarização do mercado de trabalho nessas duas décadas não atingiu a população negra e branca de maneira igual. Em um cenário histórico de falta de mobilidade social para os afrodescendentes e sua renitente condição de participação precária no mundo de trabalho, a falta de crescimento econômico fortaleceu o cenário de iniquidade racial.

Em 1980, o Brasil contava com uma população de 121 milhões, sendo 54,2% brancos e 44,8% negros, e a população urbana representava 67,7% do total. Em 2000 o contingente populacional atinge 170 milhões, com uma estabilização do percentual da população negra (44,7%) e a população urbana atingindo 81,2%, expressando o processo de concentração populacional nas cidades. O número de municípios com mais de 500 mil habitantes chegou a 31 no período.

A participação dos trabalhadores no setor industrial permanecia minoritária e sem oscilação: representavam 35,9% dos ocupados na indústria de transformação em 1989 e 36,7% em 1998.[95] A diferença salarial se impunha no mesmo setor econômico: um trabalhador industrial branco recebia 1,7 vez mais que um trabalhador industrial negro, sendo que essa diferença subia para duas vezes no caso dos ocupados como um todo,[96] diferenças que refletiam tanto desigualdades de escolaridade como discriminações no mercado de trabalho.

Apesar de representar 44% da população economicamente ativa em 2000, a população negra detinha tão somente 27,62%

da renda disponível no país. Assim como diversos outros indicadores sociais, também nesse caso não se observa a redução dessa diferença ao longo do tempo: em 1980, a proporção da renda nacional apropriada pelos negros era praticamente a mesma, 27,66%.[97] Um estudo do Ipea confirma essa tendência, mostrando que a razão da renda entre negros e brancos permaneceu imutável, em torno de 2,4 pontos, entre 1987 e 2000. Ou seja, nesse período, os brancos possuíam uma renda média 2,4 vezes maior que a renda média dos negros.[98]

Dados do IBGE já vinham reiteradamente mostrando um invariável diferencial de rendimentos por gênero entre negros e brancos. Na virada do século XXI, o trabalhador homem branco se fixa no topo da cadeia, sendo seguido pela mulher branca, cujo ganho é de 64% em relação ao homem branco. Na sequência, tem-se o homem negro, cujo rendimento representa 47% do rendimento do homem branco, e, finalmente, a mulher negra, com um percentual de rendimento de apenas 33% do que ganha um homem branco. Embora esse cenário deva ser visto com alguma cautela, já que a gama de rendimento envolve diferenças relativas à formação profissional e à escolaridade, trata-se de um indicador vigoroso da desigualdade racial no Brasil do começo dos anos 2000.[99]

Dois comentários acerca da participação da população feminina no mercado de trabalho em 2000. De um lado, há que se ressaltar o aumento do percentual de mulheres nesse meio, advindo da mudança social sobre o papel da mulher, de sua busca por autonomia financeira e maior independência, bem como da redução da renda das famílias e do aumento do desemprego masculino. Com a maior participação da mulher da classe média no mercado de trabalho, o emprego doméstico ganha maior importância, pois muitas mulheres que se lançam ao mercado de trabalho irão fazê-lo contratando domésticas. Nos anos 1970, o emprego feminino em geral praticamente dobrou, aumentando 92%, enquanto o serviço doméstico sofreu um incremento de 43%.[100] No começo do século XXI, o contingente de empregadas domésticas é de cerca de 5,5 milhões, sendo 56% mulheres negras.[101]

Quando se compara a evolução da pobreza por raça, entre 1980 e 2000 o quadro também se mantém inalterado: em 1980, 59,8% dos pobres eram negros, e em 2000 o percentual era de 59,4%; no que tange à indigência, os negros representavam 65,8% em 1980 e 64% em 2000. Em termos absolutos, houve uma pequena redução no total de pobres, de 40,3 milhões em 1981 para 38,5 milhões em 2000, dos quais 23 milhões de negros na pobreza.[102]

O balanço do século XX destaca que a etapa de crescimento econômico dos anos 1930-70 consolidou uma classe média no Brasil, majoritariamente branca, e que os anos 1980-2000, em sua baixa taxa de crescimento, proporcionaram a consolidação de um cenário de subemprego urbano e rural. Ao contrário do que se preconizava, a informalidade não desapareceu, mas consolidou-se como repositório de parte significativa da força de trabalho urbana, atuando como uma espécie de colchão social, impedindo o alastramento do desemprego. As altas taxas de pobreza e a precarização do mercado de trabalho afetam de forma expressiva a população negra. Esse será o panorama do país na entrada do novo século. De promissor, podemos realçar que o legado democrático e institucional inscrito na nova ordem balizada pela Constituição Cidadã, o advento dos movimentos sociais pela ordem democrática, o fortalecimento dos partidos políticos e a economia, apesar de todos os percalços, fizeram com que o país entrasse em um ciclo de estabilidade. Tudo isso a projetar um novo século de tensões e embates, legitimados pela normalidade institucional, e que poderia dar novos rumos à desigualdade brasileira.

A virada do século: Um novo país emerge?

Os últimos anos do século passado foram, então, de baixo crescimento econômico, com oferta reduzida de postos de trabalho, inicialmente no setor privado, nos anos 1980, e depois também no setor público, nos anos 1990. Houve uma revisão do paradigma desenvolvimentista implantado no Brasil a partir de meados do século, e a nova matriz de industrialização ganha outro perfil, ultrapassando fronteiras da informática, desenvolvendo novos padrões de organização e assumindo uma escala mundial da produção. O Brasil, por vários motivos, não embarcou nesse trem. O parque industrial entrou em defasagem, as empresas nacionais perderam a capacidade de investimento com o recuo do Estado e a exacerbação do processo de financeirização que findou por capturar parte significativa do capital produtivo. O Brasil não conseguiu formatar um sistema privado de financiamento da produção ou uma cultura industrial de investimento em pesquisa e desenvolvimento. Resultado: com as restrições internacionais de financiamento, observou-se o forte recuo da participação da indústria no PIB.

A literatura especializada identifica dois surtos recentes de desindustrialização no Brasil. O primeiro, de 1981 a 1999, ocasionado sobretudo pela estratégia de enfrentamento da crise da dívida externa e do processo inflacionário associado à política de abertura comercial tendo como instrumentos a sobrevalorização do câmbio e a elevação dos juros. Isso teve reflexo efetivo sobre a decisão de investimento tanto do empresariado quanto do próprio Estado. O segundo momento foi a partir do ano de 2008, com a crise internacional que levou ao fim do boom das commodities nacionais, cuja receita de exportação vinha contribuindo para a estabilização da economia nacional.[103]

O resultado pode ser mensurado pela forte redução da participação do setor secundário no PIB: no período que vai da década de 1970 até 1984, a produção da indústria de transformação atingia em média em torno de 20% do PIB brasileiro; em 2018 esse percentual representava tão somente 11,3%.[104] A geração de emprego na indústria sofreu ainda mais com a modernização produtiva em curso a partir dos anos 1980. Como resultado, a oferta de emprego no setor teve um retrocesso profundo. O Brasil que sonhara um dia entrar no clube dos países desenvolvidos vê essa perspectiva se distanciar. Cada vez mais, ganha importância na economia nacional a produção de commodities associadas ao agronegócio. O problema é que, contrariamente ao que ocorrera com a indústria de transformação, o agronegócio tem um papel bastante limitado no que tange à obtenção de uma base produtiva que permita o desenvolvimento de um complexo industrial, com postos de trabalho qualificados e geração de cadeias de valor adensadas, capaz de fazer as vezes de motor da economia.

Assim, do ponto de vista do mercado de trabalho, a perda de fôlego da indústria representa um duro golpe nas pretensões brasileiras de fortalecer uma economia capaz de gerar empregos qualificados e em ritmo acelerado. De outro lado, a ocupação rural, mesmo com o advento do agronegócio e as transformações do trabalho no campo, manteve a trajetória histórica de queda:[105] entre 1992 e 2002, a população economicamente ativa no campo caiu 12,6%. Além disso, em 2002 mais de dois terços dos trabalhadores ali ocupados recebiam menos de um salário mínimo.[106]

Ainda no início do século XXI surgem outras mudanças importantes no cenário social. Uma conjugação de fatores como a estabilidade econômica interna, obtida a partir do Plano Real, a chegada do Partido dos Trabalhadores à Presidência, tendo como pano de fundo o preceito constitucional de garantia de direitos sociais e trabalhistas, e, finalmente, a fase de crescimento das exportações de commodities, proporcionou a necessária folga no balanço de pagamentos do país. Nesse contexto, foi possível vivenciar uma etapa de relevantes avanços sociais.

Houve crescimento econômico — e, à diferença do período do "milagre", o crescimento observado na primeira década e meia do século XXI reverteu-se em uma robusta queda da pobreza e da miséria, redução das desigualdades, aumento da renda do trabalho e da renda total das famílias e queda da informalidade. A trajetória virtuosa, que perdurou de 2003 a 2014, merece aqui ser mais bem apreciada, inclusive no que diz respeito às desigualdades raciais no mercado de trabalho.

O índice de Gini desceu de seu patamar histórico ao redor de 0,6 para a casa de menos de 0,52 no período. Esse descenso se deveu a um processo redistributivo sustentado, pela primeira vez observado no país. Até então, o que sempre houvera no Brasil fora a ascensão de alguns segmentos populacionais, como no caso da mobilidade social positiva de imigrantes, passagem de grupos da classe baixa para as camadas médias, mas preservando-se o alto padrão de desigualdade que tinha na população negra seu patamar inferior.

A redução da desigualdade, nesse período, se deu principalmente pela forte queda da pobreza. De acordo com dados do IBGE, destacam-se dois momentos recentes de queda da pobreza. Entre 1993 e 1994, basicamente pela quebra da inércia inflacionária com a edição do Plano Real no governo Itamar Franco, o percentual de pobres caiu de 34,5% para algo em torno de 28%. Mas é entre 2004 e 2014, período dos governos do PT, notadamente os dois de Lula e o primeiro de Dilma Rousseff, que se observa uma queda expressiva no percentual de pobres no país: de 28,16% em 2003 para 8,38% em 2014. Em onze anos, mais de 30 milhões de pessoas deixaram a condição de pobreza. Um feito inédito na história brasileira. Contribuíram para esse cenário, além do crescimento do emprego e da estabilidade econômica e política vivenciados no período, alguns mecanismos e políticas públicas postos em prática pelo governo federal. O primeiro deles, e seguramente o mais importante, foi a política de valorização do salário mínimo, que no período teve seu valor real elevado em 75%.[107]

O incremento em termos reais do salário mínimo impulsiona também outros dispositivos de cunho distributivo, por estar associado ao valor de base dos benefícios previdenciários (RGPS, o Regime Geral da Previdência Social; a aposentadoria rural; e o BPC, benefício de prestação continuada); 60% das aposentadorias e pensões pagas têm o valor de um salário mínimo. E, no mercado de trabalho informal, o grosso dos serviços tem seus preços fixados em função do valor do salário mínimo, do mesmo modo que as remunerações no caso dos empregados sem carteira profissional. Por isso a grande relevância da política de aumento real do salário mínimo.[108]

Desse modo, a pobreza no Brasil teve um descenso mais espetacular que o observado na desigualdade de renda, medida pelo índice de Gini. Tendo chegado ao patamar mínimo de Gini de 0,53, o país ainda não logrou sair do grupo dos países mais desiguais do mundo segundo a classificação das Nações Unidas para o ano de 2015, ficando ao lado de nações como Botsuana, Moçambique, República Centro-Africana, Zâmbia, Angola, Namíbia e África do Sul.[109] Isso demonstra que a cronicidade da desigualdade brasileira se assenta em uma dinâmica de difícil reversão, inclusive pelo fato de manter forte base na clivagem racial.

No que tange à desigualdade racial, a queda vertiginosa da pobreza e a diminuição da desigualdade no período 2003-14 não se expressaram, contudo, em melhoria equânime no nível de renda e nas condições de vida da população negra e branca. Dois fenômenos devem ser apontados. O primeiro se refere ao ritmo distinto de redução da pobreza, mais acentuado entre os brancos. O segundo diz respeito aos fatores que explicam a queda da pobreza entre os dois grupos.

Sobre o primeiro aspecto, os dados do período revelam que a pobreza se reduziu tanto entre a população branca como entre a população negra. Mas, apesar da benfazeja evolução de redução da pobreza, houve um aumento da participação da população negra no grupo que se *manteve* em situação de pobreza: o percentual de negros entre os 10% mais pobres subiu de 73,2% em 2004 para 76% em 2014.[110] Isso significa dizer que um montante proporcionalmente maior de população branca logrou sair das condições de pobreza, enquanto em sentido inverso, a população negra encontrou mais dificuldades para superá-las. As explicações para essa situação podem ser buscadas a partir de duas vertentes.

De um lado, a participação dos negros entre os mais pobres decorre da maior dificuldade de conseguirem ascensão socioeconômica pelo mercado de trabalho. Isso se deve ao fato de que a intensidade da pobreza é maior entre os negros do que entre os brancos. Dito de outro modo, a população pobre branca está mais concentrada em posições próximas aos limites fronteiriços da linha da pobreza, o que facilita sua ascensão. Os negros, por se concentrarem em camadas sociais mais pobres, adensam-se em posições mais distantes dessas fronteiras, sendo mais difícil sua saída dos limites da pobreza.

De outro lado, pode concorrer para esse quadro a incidência do chamado racismo institucional, que faz com que a população negra não tenha as mesmas oportunidades no mercado de trabalho nem igual acesso a serviços e benefícios públicos, assim como às ações de combate à pobreza. A hipótese do racismo institucional, ainda que mereça avaliação cuidadosa, está longe de ser despropositada. Estudos realizados na última década têm demonstrado diferenças de tratamento e de acesso a serviços públicos, em prejuízo das populações negras,[111] inclusive no âmbito do acesso a benefícios voltados aos mais pobres.[112]

Sobre os fatores que explicam a redução da pobreza entre os grupos branco e negro, cabe destacar que a queda da pobreza decorreu do aumento da renda entre os mais pobres. Contudo, a redução da pobreza entre os negros não resultou primordialmente de uma melhoria de sua inserção no mercado de trabalho, com acesso a postos de maior remuneração. Para a população negra em situação de pobreza, a conjuntura favorável do mercado de trabalho não teve impacto tão positivo como ocorreu entre os brancos. São os benefícios provenientes dos programas de transferência de renda e da Previdência Social que explicam a melhoria da renda entre a população negra observada naqueles anos.

Os negros são maioria entre os pobres que recebem algum benefício do Programa Bolsa Família, programa que tem melhorado muito a renda dos que o recebem. Os negros são maioria entre os aposentados rurais cujas aposentadorias são indexadas ao salário mínimo, que tem tido seu valor aumentado consideravelmente nos últimos anos. Os negros são minoria entre beneficiários do Regime Geral da Previdência Social, mas são maioria entre os que recebem um salário mínimo nesse mesmo regime. Ou seja, mais negros que brancos foram beneficiados por todas as formas de transferência de renda que tanto mudaram o panorama da desigualdade no Brasil.[113]

No mesmo sentido, e analisando a composição da renda por fonte, um estudo do Ipea constata que, entre 1993 e 2007, a população branca adulta continuou obtendo 88% de sua renda do mercado de trabalho. Para os negros, esse percentual se reduziu de 90% para 87%, pois aumentou o percentual da renda advinda dos benefícios da seguridade social.[114]

Dessa forma, melhorar as condições de participação da população negra no mercado de trabalho é um caminho incontornável para a evolução de suas condições de vida e para a redução das desigualdades raciais. A despeito dos bons resultados, o mercado laboral mantém-se como reprodutor de algumas das principais mazelas que afligem a população negra.

Vencido o caráter explícito da exigência de "boa aparência" — expressão utilizada nas ofertas de emprego até os anos 1980 e que, na verdade, significava o salvo-conduto para o trabalhador de cor branca —, ainda hoje o filtro racial se faz presente.[115] Estudando o processo de procura de trabalho entre os mais pobres, Nadya Guimarães e outros pesquisadores constatam que os trabalhadores pobres estão sujeitos a um "insulamento ocupacional em atividades de baixo prestígio, baixa qualificação e baixa remuneração".[116] As limitadas alternativas que se apresentam estão vinculadas a uma trajetória de alta rotatividade e frequentes saídas e entradas no mercado de trabalho formal, notadamente no que tange às ocupações de mais baixo rendimento, nas quais os trabalhadores negros são maioria. Os pesquisadores destacam que "são os mais pobres os que mais precisam do suporte das instituições de intermediação quando buscam localizar oportunidades de trabalho".[117]

De modo geral, as dificuldades de empregabilidade para a população negra se mantiveram presentes mesmo nos tempos de avanços sociais. O aumento da escolaridade desse segmento não se refletiu em vantagens significativas em termos de salários e de bons empregos. Segundo os dados da Pesquisa Mensal de Emprego, do IBGE, em 2015 um trabalhador negro recebia em média 59% do valor médio do rendimento de um trabalhador branco. Esse diferencial, mesmo que tenha sofrido alguma redução no período (era 48% em 2003), constitui um imenso e injustificável viés salarial.

No tocante à qualidade de emprego, os números mostram uma evolução positiva do emprego formal nesse período, passando de 45,7% do total da população ocupada em 2004 para 57,7% em 2014, segundo os dados da PNAD/IBGE.[118] No caso dos trabalhadores brancos, esse percentual subiu de 53,0% para 64,7%, enquanto para os negros a evolução foi ainda mais expressiva, passando de 37,3% para 51,6%. As diferenças entre negros e brancos, no entanto, mantêm-se significativas.[119] No caso do emprego formal, houve de fato um aumento geral no período 2004-14, acompanhado pelo incremento da renda e a redução do desemprego a níveis mínimos, em torno de 4,5% em 2014. Mas, no que tange à participação da força de trabalho negra, não se verificou mudança mais expressiva. Nas grandes empresas a situação continuou catastrófica do ponto de vista racial. Uma pesquisa realizada pelo Instituto Ethos em 2015, com apoio do Banco Interamericano de Desenvolvimento (BID) — e que envolveu as quinhentas maiores empresas do país —, mostra um quadro de grande desigualdade entre brancos e negros.

Dos cargos de direção, 94,2% eram ocupados por executivos brancos. Do mesmo modo, 90,1% dos gerentes e 72,2% dos supervisores eram brancos, e, do quadro funcional total nesse grupo de empresas, 62,8% eram brancos. Essa sobrerrepresentação parece fadada a se perpetuar, na medida em que essas empresas, em sua grande maioria, não dispõem de programas de ação afirmativa ou mesmo de ações de promoção da equidade racial. Apenas 20% delas declararam ter alguma preocupação com a questão da diversidade racial, e ainda assim as iniciativas ainda são muito tímidas. Além disso, identificou-se uma grande disparidade na mobilidade interna entre negros e brancos, sendo a ascensão funcional destes últimos significativamente maior.[120]

Processo idêntico se dá no caso das instituições financeiras. A Federação Brasileira de Bancos (Febraban), instada pelo

Ministério Público com base em denúncia de sub-representação de negros no seu quadro funcional, decidiu proceder a levantamentos censitários periódicos dos funcionários do setor. Além da baixíssima participação dos negros, observou-se a dificuldade de ascensão profissional, embora tenha havido algum aumento na taxa de contratação de funcionários negros: do primeiro para o segundo recenseamento da Febraban, o percentual de negros no setor bancário passou de 19% em 2008 para 24,7% em 2014.[121]

De outro lado, a informalidade no período 2004-14 sofreu uma involução, passando de 50,5% em 2003 para 37,7% da força de trabalho em 2014, de acordo com as informações do Ipea a partir dos dados da PNAD/IBGE. Duas observações merecem atenção. Primeiramente, a redução do tamanho relativo do trabalho informal não representou uma diminuição perceptível da proporção de trabalhadores negros na informalidade; ao final desse período, 48,4% dos ocupados negros, ou seja, quase metade, mantinham-se na informalidade. Em segundo lugar, há que se destacar a situação específica da mulher negra, que constitui o grupo mais afeto ao exercício do trabalho informal[122] e ao trabalho doméstico; também aqui houve algumas alterações importantes.

No caso específico do emprego doméstico, o Brasil contava ao final de 2014 com um total de cerca de 5,2 milhões de trabalhadores, dos quais cerca de dois terços eram mulheres negras. Nesse período entre 2004 e 2014, houve uma queda de 18,1% no tamanho relativo do emprego doméstico feminino, ou seja, na porcentagem de absorção de mulheres trabalhadoras, que caiu de 17,1% para 14,6% da força de trabalho feminina brasileira. São números ainda eloquentes. Mas essa redução foi mais acentuada entre as mulheres brancas. Entre estas, era minoritário o percentual ocupado em emprego doméstico, e ele se reduziu ainda mais passando de 13,5% para 10,1%, um decréscimo de 25,2% no período, ao passo que, no caso das mulheres negras, a queda foi de 17,7% (passando de 21,5% para 17,7%). Houve, assim, um enegrecimento do emprego doméstico, que continua a ser o repositório de uma parcela significativa das mulheres negras no mercado de trabalho brasileiro.[123]

De todo modo, mudanças qualitativas importantes ocorreram entre 2004 e 2014 com relação ao trabalho doméstico em si. Observou-se um processo de envelhecimento do contingente, porque o aumento generalizado da taxa de escolaridade da população, notadamente em conjugação com o maior leque de oportunidades no mercado de trabalho, fez com que as trabalhadoras jovens passassem a buscar novas e melhores profissões.[124] Pesquisa do Dieese, o Departamento Intersindical de Estatística e Estudos Socioeconômicos, para a Região Metropolitana de São Paulo mostrou que, somente entre 2007 e 2008, o percentual de mulheres entre dezoito e 24 anos trabalhando como doméstica caiu de 8,8% para 7,2%. Outro dado interessante dessa pesquisa se refere à queda no percentual de mulheres filhas de domésticas que se tornam domésticas: de 9,1% para 7,2% no mesmo período. Essas melhoras, em grande parte devidas às condições do mercado de trabalho até 2014, sofreram grave reversão recentemente, em função do processo recessivo e das alterações na legislação trabalhista.

Em resumo, o emprego doméstico mantém-se como um dos termômetros das condições de desigualdade no mercado de trabalho. Como já enfatizado, sociedades desiguais têm maior propensão à incidência de serviços pessoais. A trajetória de redução dos níveis de desigualdade inscrita no decênio 2004-14, mesmo que em proporções limitadas, afetou o perfil do emprego doméstico, delineando uma tendência de redução do total de trabalhadoras, bem como de sua profissionalização e formalização. Mas, assim como em outras áreas, os maiores ganhos foram absorvidos pelas trabalhadoras brancas, cujo maior contingente safou-se das condições mais precárias de trabalho, seja pelo abandono do emprego doméstico, seja pelo maior acesso à formalização e à melhoria da renda.[125] Tudo isso, no entanto, poderá ser revertido pela reforma trabalhista e com a piora no desempenho do mercado de trabalho.

De modo geral, contudo, os resultados confirmam os significativos avanços sociais vivenciados pelo país entre 2004 e 2014. Vê-se, assim, que o período mais positivo em termos de avanços no mercado de trabalho brasileiro consubstanciou-se em uma década de redução da pobreza e da desigualdade de renda; aumento da renda do trabalho e também crescimento da renda total das famílias, com a efetivação de programas de proteção de cunho assistencial; aumento da cobertura da previdência social e elevação do valor real do salário mínimo. Esses resultados, no entanto, espraiaram-se pelos segmentos sociais de uma forma não homogênea. Por mais que o governo tenha envidado esforços de combate à pobreza, a desigualdade racial permaneceu quase inerte, seja no que diz respeito à renda do trabalho ou à forma de inserção nas oportunidades de trajetórias profissionais consistentes e ascendentes. A desigualdade brasileira só poderá ser efetivamente enfrentada se for devidamente interpretada e entendida em sua dimensão racial. Em outras palavras, os altos índices de desigualdade no Brasil, inclusive no mercado de trabalho, só podem ser eliminados com a utilização complementar de instrumentos e políticas de combate ao racismo. Sem isso, aplicando-se apenas o ferramental clássico do chamado Estado de bem-estar social, as mudanças no perfil da iniquidade brasileira sempre encontrarão limites claros.

Emerson Rocha analisa os dados sobre a renda dos trabalhadores brancos e negros, demonstrando que, quanto maior o nível de renda, maior a discriminação contra o trabalhador negro, e particularmente contra a mulher negra, cujos obstáculos tornam a ascensão pela via do trabalho bem mais improvável.[126] Nesse contexto de adoção de políticas necessárias mas não suficientes, as conquistas, parciais e sem a âncora do combate ao racismo, tenderam a refluir rapidamente.

Assim, já no início do segundo governo Dilma, a partir de 2015, identifica-se um significativo arrefecimento das ações governamentais no âmbito da promoção da igualdade racial. A transformação da Seppir em uma das subdivisões do então criado Ministério das Mulheres, da Igualdade Racial e dos Direitos Humanos representou um retrocesso denunciado por grande parcela do movimento negro. Mais tarde, com a posse de Michel Temer, a questão racial foi praticamente obliterada. A Seppir de Temer, então parte integrante do Ministério dos Direitos Humanos, teve drástica redução de seu corpo técnico. A partir de 2016, importantes cargos deixaram de ser preenchidos, como secretário-adjunto, diretor do departamento de igualdade racial, coordenador geral de políticas para as comunidades quilombolas e coordenador geral de políticas para povos e comunidades tradicionais de matriz africana, terreiros e para povos ciganos. Um quadro de inação que impossibilita qualquer avanço nos rumos da gestão federal da temática racial. Após 2019, o esfacelamento da ação da Seppir se intensifica, passando da inação ao evidente retrocesso.

Em linhas gerais, no que tange à questão racial o recuo a partir de 2015 foi notável. A luta foi excluída do terreno das políticas públicas, sobrando as disposições legislativas que garantem as cotas para estudantes e para o concurso público, que deverão passar por revisão nos próximos anos. Sem contar as leis que asseguram a valorização e o ensino da história da África e dos indígenas, que sempre foram tratadas como letra morta.

Cabe também comentar que, após 2015, as garantias no campo do trabalho e da sua proteção sofrem um golpe importante, decorrente da aprovação de reforma constitucional e de medidas legislativas. A agenda reformista a partir de então instituída incluiu uma política de severo corte nos gastos públicos, adotada com a aprovação da emenda constitucional nº 95, que congelou as despesas primárias do governo federal, além da redução de uma série de direitos da classe laboral com a reforma trabalhista. A reforma trabalhista ganhou corpo com a aprovação de duas leis no ano de 2017, refletindo um novo regime de acumulação ancorado na flexibilização da gestão do trabalho e no rebaixamento dos custos de contratação dos trabalhadores. As leis nºs 13 467 e 13 429 estimulam o trabalho temporário e terceirizado, ampliando o seu prazo de duração e condições de exercício e favorecendo a subcontratação do trabalho. O contrato temporário, que representava uma parcela reduzida dos vínculos de emprego no país, agora passa a ser autorizado tanto nas atividades-meio como nas atividades-fim das empresas, e assentido inclusive nas hostes do serviço público. Essas leis alteram ainda a CLT, regulando contratos atípicos de trabalho, tais como o teletrabalho, trabalho intermitente e terceirizado, além do trabalho temporário. Facilita-se a demissão imotivada. Direitos que eram garantidos visando à melhoria das condições de trabalho foram fragilizados, como os limites à jornada de trabalho ou as garantias de intervalos remunerados e de representação sindical nas empresas.

O movimento reformista também recai sobre a estrutura administrativa responsável pela fiscalização da aplicação das leis trabalhistas. Reduziu-se o número de fiscais do trabalho, bem como o orçamento para a área de fiscalização no Ministério do Trabalho. Houve esforços para redefinir o conceito de trabalho análogo à escravidão e dificultou-se a divulgação das empresas que são autuadas por utilizar esse tipo de trabalho servil. A Comissão Nacional para a Erradicação do Trabalho Escravo chegou a ser extinta em 2019, tendo sido recriada em seguida, mas com limitações em seu funcionamento. O Brasil saiu desse processo fragilizado institucionalmente e com um Estado com menos condições de implementar as políticas necessárias ao combate às novamente crescentes desigualdades.

Em suma, desde 2016 adotou-se no país uma estratégia de política econômica e fiscal que terminou por fragilizar os direitos do trabalho e enfraquecer e reduzir a base financeira, contributiva e orçamentária da seguridade social brasileira. Os impactos nocivos aos trabalhadores são evidentes, bem como as consequências para o fortalecimento da informalidade e da precariedade do trabalho. Como destaca Krein, "as manifestações de precariedade, possivelmente, não mais se refletem nas taxas de desemprego, pois parte das pessoas simplesmente não está mais buscando se inserir ou [então está] aceitando qualquer atividade pela necessidade de sobreviver".[127]

O horizonte é o de aumento da desigualdade na renda e nas condições de trabalho, com ampliação das desigualdades raciais que historicamente configuraram o mercado de trabalho brasileiro.

A recessão econômica em curso a partir de 2015 aprofundou-se com as políticas adotadas pelo governo Bolsonaro. O país entrou em uma trajetória econômica perversa, com o aumento do desemprego, da informalidade, da pobreza e, consequentemente, da desigualdade. O índice de Gini voltou a subir, atingindo patamares já conhecidos e acima de 0,6. Os dados compilados pelo FGV Social, com base nas informações da PNAD Contínua do IBGE, mostram que as maiores perdas se deram para os grupos dos pretos, com uma queda de 8,35% da renda, e para os pardos, com 4,18%. O mercado informal em 2020 engloba mais de 40 milhões de indivíduos e as cidades abrigam hordas de trabalhadores informais.

De concreto, há a perpetuação das diferenças, com fortes sinais de recrudescência. Segundo publicação do IBGE, em 2018 75% dos brasileiros na faixa dos 10% mais pobres eram negros.[128] Do mesmo modo, entre os 10% de maior renda, os negros representavam tão somente 27,7% do total, contra 70,6% de brancos. No que tange ao rendimento domiciliar per capita, os 1846,00 reais da população branca são quase o dobro dos 934,00 reais dos negros. Quanto à desocupação, os negros responderam por cerca de dois terços do total de trabalhadores nessa condição, e, dos ocupados, quase metade dos trabalhadores negros estava na informalidade: 47,3%, contra 34,6% brancos. No caso da subutilização da mão de obra, 66,1% do total eram negros. Para citar apenas um dado relativo à inserção nas empresas, 68,6% dos cargos gerenciais eram preenchidos por brancos.

Preconceito, exclusão e subalternidade

O mercado de trabalho no Brasil nasceu em condições bastante peculiares. O setor de subsistência do século XIX foi a primeira forma de repositório dos excluídos. Um século mais tarde, observa-se a existência de um contingente considerável da população em situação de pobreza e vivendo principalmente a partir de relações de trabalho não assalariadas, sem proteção — em suma, na informalidade. Esse processo se reflete na forma como se consolidaram, sobretudo após 1930, algumas das características do mercado de trabalho que reforçaram a inserção subalterna da população negra, quais sejam: a urbanização acelerada acompanhada de forte concentração da pobreza, em nível regional e também nas grandes cidades; a existência de um setor informal de dimensões importantes; e as diferenças de renda e de acesso ao emprego em função da origem racial.

No processo de criação e consolidação de um mercado de trabalho no Brasil, é necessário destacar o papel central do Estado. Ao abolir a escravidão sem adotar qualquer iniciativa complementar de absorção produtiva dos ex-escravizados como força de trabalho livre, ao mesmo tempo que promovia a imigração de mão de obra europeia, o Estado estabeleceu as bases de perpetuação da exclusão de uma parte importante da população brasileira. Contribuiu, assim, para a modelagem de um mercado de trabalho excludente, heterogêneo e desprotegido — um dos principais motores de reprodução da desigualdade.

Vale destacar, a partir de um prisma mais histórico, que, contrariamente ao que afirmam os teóricos estruturalistas, um excedente da força de trabalho já existia antes da abolição da escravatura; ultrapassando largamente as necessidades do sistema produtivo, tal excedente se localizava fora desse sistema e foi amplamente potencializado décadas mais tarde com a chegada dos imigrantes. A história do mercado de trabalho no Brasil esteve sempre permeada pela inclusão subalterna e pela exclusão da população afrodescendente, cuja faceta mais problemática emerge na segunda metade do século XX, com a aceleração do processo de urbanização.

Como já visto, a ação pública visando à reversão da desigualdade não se afirmou. Apesar de alguns esforços, mais ou menos isolados, a ação estatal sobre o mercado de trabalho ao longo do século XX foi marcada pela ideia do crescimento econômico como a única política de emprego relevante. O Estado assumiu, de fato, uma posição de corresponsabilidade no que se refere à manutenção das desigualdades e suas consequências: a pobreza, o desemprego, a informalidade. É a forma mesma de reprodução da sociedade ou, dito de outro modo, a maneira como se realiza a sua regulação, que parece ser o centro do problema. Se, por um lado, o Estado conseguiu forjar as bases da organização do assalariamento no país, este, por seu turno, não se universalizou. Uma parte significativa da força de trabalho manteve-se fora do assalariamento, reproduzindo assim a pobreza. Por outro lado, a ação estatal junto aos pobres não se organizou em favor do combate às desigualdades, nem tampouco da mudança. Pela via da "gestão da pobreza", assegurou-se uma "modernização sem mudança".

Finalmente, há que se ter atenção especial ao racismo e seus desdobramentos e como esse processo afetou mais diretamente a população negra no mercado de trabalho. Os negros, em sua história em solo brasileiro e no exercício laboral, enfrentaram quatro grandes obstáculos. Inicialmente, sofreram as adversidades e os perigos imanentes ao status mesmo de escravizado: as condições sub-humanas de trabalho e de existência, os inomináveis castigos e sevícias da parte dos feitores e senhores, uma vida média em torno de 35 anos e a completa desintegração das unidades familiares, impedindo o surgimento de laços de união estáveis e duradouros, só recompostos a duras penas já no século XX.

Um segundo obstáculo foi a ação do Estado escravista, normatizando e sustentando o caráter massivamente repressivo do regime. O sofrimento a que os escravizados eram corriqueiramente expostos pelo poder estatal, mediante práticas recorrentes, como chibatadas em praça pública e penas de morte aviltantes, vem a naturalizar e mesmo legitimar a violência como ação típica do Estado, com influências ainda hoje presentes na forma de ação do agente público no país.

O terceiro obstáculo foi o conjunto de políticas que retiraram o negro de sua condição de motor do setor mais dinâmico da economia. Com o subsídio à imigração e a Lei de Terras, os trabalhadores negros perderam acesso a patrimônio e oportunidades, caindo em grande número na economia de subsistência e na informalidade. Desse modo, sendo alijado dos segmentos mais produtivos e dinâmicos, ele passa a compor a porção maior do contingente de agregados, subempregados, desempregados e, mais tarde, informais.

O quarto obstáculo se refere já ao século XX, quando a consolidação do mercado de trabalho se dá sob a égide do racismo, do preconceito, da discriminação e da branquitude. Observa-se, de um lado, a perpetuação de práticas de discriminação que afastam a presença do negro das ocupações qualificadas e em setores de maior produtividade e oportunidades. Ao mesmo tempo inexistem, por parte do Estado, mecanismos de proteção do trabalhador contra o racismo, o preconceito e a discriminação racial, seja na forma de legislação, seja em termos de políticas públicas de ação afirmativa.

O preconceito naturaliza o quadro de iniquidade no mercado de trabalho. As diferenças de oportunidades e de rendimentos entre negros e brancos ou a ausência de afrodescendentes em postos de comando e direção das empresas não são objeto de estranhamento, não são percebidas como algo incomum ou pernicioso. A sociedade desigual legitima-se e se fortalece na produção e na reprodução do racismo em suas diferentes facetas.

Se o início do século XX marcava a coexistência entre uma vasta população branca pobre, em grande parte imigrante, e uma não menos significativa população negra pobre, o decorrer do século trouxe um descolamento desses dois grupos. Os brancos lograram em grande parcela sair da pobreza, vieram a constituir o grosso da classe média que se forjou sobretudo a partir da segunda metade do século passado. Já os negros, vítimas do racismo e de seus mecanismos de apartação e subordinação, não tiveram a mesma sorte, tendo em sua grande maioria ficado para trás, na condição de pobreza e miséria. Esse fenômeno se estendeu por todo o país, sendo que nas áreas onde não houvera a chegada do imigrante a mobilidade ascendente beneficiou majoritariamente parte da população branca local.

O mercado de trabalho e, principalmente, o racismo, o preconceito e a discriminação nele presentes foram, e ainda são, responsáveis por esse fenômeno de exclusão do negro e da perpetuação da desigualdade. É o mercado de trabalho uma das grandes correias de transmissão do racismo. Como regra geral, há um diuturno fechar de portas para a população negra. O resultado? Ausência quase total de negros em postos de trabalho importantes, de negros generais, negros bispos, negros comandantes ou diretores, negros ministros e presidentes. Reverter essa realidade ainda é algo distante, e só se dará com políticas sociais de cunho redistributivo associadas a políticas de combate ao racismo e a seus desdobramentos.

3. O papel da educação e da saúde na construção da desigualdade

A Escola de Ensino Fundamental (CEF) 01 é a única instituição pública do gênero no Lago Norte de Brasília. O alunato é largamente composto por filhos de empregadas domésticas e crianças residentes nas áreas periféricas adjacentes (Varjão e Vila Paranoá). Esses meninos e meninas, pobres e em sua maioria negros, não se relacionam com os meninos e meninas do bairro, matriculados em colégios confessionais e particulares. A CEF 01 é uma ilha de estudantes de baixa renda em uma área de riqueza e, como a maioria das escolas públicas, carece de equipamentos pedagógicos e encontra-se em estado de conservação precário.

Há no Brasil um verdadeiro apartheid educacional, exemplificado perfeitamente pelo caso da CEF 01. Alunos de classes média e alta não se relacionam com colegas vindos de famílias pobres e com estudantes negros, nem mesmo quando estes frequentam instituições escolares públicas em seu próprio bairro. O projeto brasileiro de universalização da educação forjado após os anos 1960, com a reforma educacional, e ampliado com o texto constitucional de 1988 e suas emendas não logrou se efetivar como inclusivo e democrático. A qualidade das escolas frequentadas pelos estudantes brasileiros difere radicalmente em termos de disponibilidade de equipamentos pedagógicos, infraestrutura e serviços de apoio. Há uma escola dos mais ricos e outra dos mais pobres. As grandes escolas particulares acolhem os filhos das elites que formarão a elite futura, com valores distantes do princípio da igualdade. Os colégios particulares de segunda linha abrigam uma classe média remediada, enquanto a escola pública alberga os mais pobres e concentra a maior parte das crianças e adolescentes negros.

Situação similar ocorre na área da saúde, cuja política, afirmada no Brasil como direito social, funciona igualmente como um sistema com duas portas de entrada: a saúde para os pobres e a saúde para os ricos. O Sistema Único de Saúde (SUS), de caráter universal, atende basicamente à população pobre. Os cidadãos pertencentes às classes média e alta se utilizam mais de planos de saúde e da rede hospitalar privada, embora o SUS seja responsável pelo atendimento de todos os brasileiros desde que a Constituição de 1988 definiu a saúde como uma política universal. A Constituição definiu também as fontes de financiamento da saúde, no âmbito de um sistema maior, da seguridade social, originalmente composto ainda pela previdência e pela assistência social. Em poucos anos a ideia de seguridade foi abandonada e cada uma das três áreas ganhou autonomia administrativa e financeira.[1]

Mas as políticas de educação e de saúde têm percursos que se assemelham desde muito antes. Em suas origens, ambas fizeram parte de um projeto de nação forjado a partir do advento da República e efetivamente levado a cabo no período varguista, com uma forte influência da visão eugenista e de um ideário de modernização nacional. A trajetória não inclusiva se estenderá até a redemocratização dos anos 1980, quando as duas acolhem princípios universalistas e integradores mas sem conseguirem superar, na prática, a segmentação social no acesso aos seus serviços.

Para compreender a centralidade das políticas públicas de saúde e educação como transmissoras da desigualdade e reprodutoras do racismo e de seus desdobramentos, analisaremos as maneiras como ambas foram organizadas ao longo da nossa história. A abordagem se dá em três tempos complementares: a segunda metade do século XIX, quando a educação amplia presença como tema da agenda pública e a saúde apenas engatinha; o período da República, em que educação e saúde ganham status de políticas estratégicas, dentro de um projeto eugênico de branqueamento; e a segunda metade do século XX, com o aperfeiçoamento do sistema de apartação que vigora até os dias atuais.

Primeiros tempos da política social: A raiz africana em questão

Até meados do século XVIII, a educação no Brasil era fortemente marcada pela ação da Igreja católica, principalmente das missões jesuíticas. Estas atuavam em duas linhas: na instrução elementar para os filhos dos portugueses pobres e os indígenas e, de outro lado, a formação dos filhos das elites (dos bem-nascidos e dos senhores de engenho). Em 1759, Portugal rompeu relações com os jesuítas, que foram expulsos do Brasil, e a formação educacional passou a ser preocupação direta do Estado. Mas, a despeito das novas normas criadas pelo marquês de Pombal, baseadas na criação das escolas régias, o ensino manteve-se restrito a grupos reduzidos, e houve um forte retrocesso na educação dos indígenas com a saída da ordem religiosa.[2]

Para negras e negros, no entanto, pouco mudou. Sua escolarização seguiu praticamente inexistente. Seu papel no contexto econômico e social era bem definido até a metade do século XIX. Escravizados ou livres e libertos constituíam a maioria da população, vivendo sempre em uma condição de subordinação e de penúria extrema. A centralidade da força de trabalho negra no regime escravista foi aos poucos sendo enfraquecida, com os prenúncios do fim do trabalho cativo. A partir de 1850, cresceu não apenas o debate sobre a abolição mas também, e principalmente, a busca de um novo projeto de país. Como seria o Brasil sem escravizados? O que fazer com os negros? Do final do século XIX às primeiras décadas do século XX, a eugenia afirmou-se como resposta às interrogações das elites sobre o povo brasileiro. O futuro do país passou a ser associado ao branqueamento, quer pela via da imigração europeia, em grande parte financiada pelo Estado, quer, posteriormente, pela adoção de políticas visando à regeneração do povo pela via da educação e da saúde.

Até 1930 ainda não havia uma política educacional nacional, e os legisladores locais oscilavam entre se omitir e negar a educação à população negra. Isso não impediu que em alguns casos a própria comunidade negra buscasse se organizar e criar escolas. Os registros históricos não são completos, mas há referências a iniciativas importantes, como a da irmandade de São Benedito, que já a partir de 1821 oferecia aulas públicas para a comunidade negra em São Luís do Maranhão. Em Campinas (SP) houve a fundação do Colégio Perseverança ou Cesarino, em 1860, para o público feminino negro, e do Colégio

São Benedito, em 1902, visando à alfabetização dos filhos dos chamados homens de cor. Também no início do século XX, foi criada a Escola Primária no Clube Negro Flor de Maio, em São Carlos (SP); e, no Rio Grande do Sul, a Escola de Ferroviários de Santa Maria ministrava cursos de alfabetização, curso primário regular e um curso preparatório para o ginásio criado pela Frente Negra Brasileira, que nos anos 1930 organizou diversos cursos e projetos educacionais em todo o país. Há também registro de iniciativas em comunidades quilombolas, como a da comunidade da Fazenda Lagoa Amarela, em Chapadinha (MA), ainda na primeira metade do século XIX.[3]

Os esforços da comunidade negra esbarraram no descaso e muitas vezes numa atitude de explícita interdição por parte do Estado e da sociedade em geral, confrontando, inclusive, instrumentos legais que impediam a educação do negro. Como afirma Mariléia dos Santos Cruz,

> os mecanismos do Estado brasileiro que impediram o acesso à instrução pública dos negros durante o Império deram-se em nível legislativo, quando se proibiu o escravo, e em alguns casos o próprio negro liberto, de frequentar a escola pública, e em nível prático quando, mesmo garantindo o direito dos livres de estudar, não houve condições materiais para a realização plena do direito.[4]

Outro trabalho sobre os esforços dos negros para ter acesso à educação, ainda no final do século XIX, ressalta as dificuldades enfrentadas em função das restrições impostas pelo Estado:

> As fontes consultadas indicam [a] existência de uma luta pela inclusão dos negros no processo de escolarização para a formação

do trabalhador e a dificuldade do Estado em viabilizar vagas aos ex-escravos na escola pública brasileira, já que o público-alvo da instrução pública, nesse período, era o imigrante europeu.[5]

É verdade que o compromisso com a educação já aparecera na Carta Constitucional de 1824, que garantia a todo cidadão o direito à instrução primária gratuita (art. 179, XXXII). A condição de cidadania, no entanto, ainda que de maneira parcial e bastante ambígua, restringia-se aos livres e libertos, ficando à margem os escravizados e os indígenas. Sem explicitação de obrigatoriedade de oferta, a tarefa de educar foi repassada aos governos locais. O ato adicional de 12 de agosto de 1834 determinava que a instrução elementar era competência legislativa das assembleias provinciais. Assim, não havia uma política nacional de educação elementar, nem mesmo diretrizes ou normas mínimas editadas pelo governo central.[6] As províncias, sem recursos e sem compromisso com a educação popular, basicamente se omitiram, reforçando o caráter elitista da educação no país. Tanto que o Censo de 1872 apontava que o analfabetismo assolava mais de quatro quintos da população brasileira. Ou seja, quase cinquenta anos de vigência do direito à instrução primária para todos os cidadãos não foram suficientes para estancar a alta incidência de iletrados.

A autonomia de cada província para decidir a forma de promover a educação pública favoreceu que o ensino se mantivesse limitado a uma parcela residual da população. As famílias abastadas não enviavam seus filhos à escola pública, preferindo contratar educadores particulares.[7] E grande parte das famílias pobres, sobretudo do meio agrário, à época majoritário, não tinha interesse que seus filhos deixassem de ajudar nos trabalhos do campo para ir à escola. Um contingente restrito, portanto, de alunos brancos pobres, mestiços e negros, estes últimos ainda mais minoritários, formava o alunato. Isso não impediu que problemas de rejeição aos alunos negros no ambiente escolar ocorressem já naquele momento, com pais e alunos resistindo à convivência com estudantes negros.[8] "O preconceito, então, contra os pretinhos era muito grande. Ninguém gostava de ficar perto dos poucos que frequentavam a escola."[9] Também a rejeição aos alunos negros causou reações, por parte de seus pais e professores. O caso do professor Pretextato dos Passos e Silva, ocorrido no Rio de Janeiro em 1855 e resgatado pela pesquisadora Adriana Maria P. da Silva, é emblemático. Os pais dos alunos negros, cientes das dificuldades encontradas pelos filhos no ambiente escolar racista, enviaram um abaixo-assinado ao referido professor, solicitando atenção nos seguintes termos:

> Nós abaixo assinados, vendo que os meninos de cor preta pouco ou nenhum adiantamento obtém [sic] nas atuais aulas, instamos e pedimos ao ilustríssimo senhor Pretextato dos Passos e Silva, a fim de que o mesmo senhor se incumbisse de ensinar nossos filhos contentando-nos com que eles soubessem ler alguma coisa desembaraçado, escrever quanto se pudesse ler, fazer as quatro espécies de conta e alguma coisa de gramática.[10]

Em carta ao inspetor-geral de Instrução Primária e Secundária da Corte, o referido professor manifesta sua concordância com a proposta dos pais e avalia a situação de racismo vivenciada pelos alunos.

[...] tendo sido convocado por diferentes pais de famílias para que o suplicante abrisse em sua casa uma pequena escola de instrução primária, admitindo seus filhos da cor preta e parda; visto que em algumas escolas ou colégios, os pais dos alunos de cor branca não querem que seus filhos ombriem [sic] com os de cor preta, e bastante se extimulhão [sic]; por esta causa os professores repugnam admitir os meninos pretos, e alguns destes que admitem, na aula não são bem acolhidos; e por isso não recebem uma ampla instrução, por estarem coagidos; o que não acontece na aula escola do suplicante, por este ser também preto. Por isso, anuindo o suplicante a estes pedidos, dos diferentes pais e mães dos meninos da dita cor, deliberou abrir em sua casa, na Rua da Alfândega n. 313, a sua Escola das Primeiras Letras e nela tem aceitado estes ditos meninos, a fim de lhes instruir as matérias que o suplicante sabe, as quais são, Leitura, Doutrina, as quatro principais operações da aritmética e Escrita, pelo método de Ventura [...].[11]

A entrada em vigor da Lei do Ventre Livre, em 1871, traz, em princípio, um novo cenário. Não haveria mais nascidos escravizados e a educação deveria ser garantida a todas as crianças. No entanto, a lei abria uma brecha para que a ida à escola da criança negra filha de mãe escravizada não se fizesse obrigatória, pois previa a possibilidade de que as crianças pudessem receber educação e criação a cargo dos proprietários de suas mães. A legislação garantia ainda ao proprietário que, quando a criança atingisse oito anos de idade, ele pudesse optar entre o recebimento de uma indenização de seiscentos mil-réis ou, alternativamente, utilizar-se do serviço do menor até a idade de 21 anos. Em sua imensa maioria, os meninos e as meninas filhos de mãe escravizada foram criados nas propriedades e sua educação não passou pela escola. O saldo educacional do Império foi pífio. O Censo de 1872 identificava um contingente residual de 1403 escravizados que sabiam ler em todo o país. O percentual nacional de alfabetizados por raça/cor para 1890 foi estimado por Jaci Maria de Menezes em 15,8% para os negros e 43,8% para os brancos, perfazendo 33,8% de alfabetizados no total da população.[12]

A chegada da República vai encontrar, então, um país de analfabetos, com uma elite na qual predominavam os bacharéis e a oligarquia rural. A maioria da população muito pobre estava dispersa territorialmente e dispunha de uma escassa oferta de escolas. Paralelamente, a ausência de um projeto político republicano igualitário e integrador enfraquecia o reconhecimento da cidadania política, civil e social à qual estaria acoplada a educação. A República não alterou o quadro de exclusão herdado. Em certos aspectos, observou-se inclusive um retrocesso. É o caso da ausência, no texto constitucional republicano de 1891, do direito à educação pública primária e da garantia de sua gratuidade. Cabe lembrar que essa Constituição não deu aos analfabetos o direito de voto,[13] acolhendo o domínio da leitura e da escrita como condição à cidadania política.

A Carta reafirma a descentralização, delegando a instrução primária à responsabilidade dos estados e municípios e o ensino secundário aos estados, à União e à iniciativa privada, sem, no entanto, associar essa responsabilidade à obrigatoriedade de oferta. Como destaca Carlos Roberto Cury, a República separou o ensino público elementar dos ensinos secundário e superior — o primeiro para o povo, os segundos para as elites —, e as reformas dos anos 1930 não alterariam esse quadro.[14]

Durante a chamada República Velha, o federalismo na educação consolidou-se. As constituições estaduais não adotaram, salvo poucas exceções, a obrigatoriedade da oferta de escola pública para todos.[15] De fato, o regime oligárquico, alimentado pelo liberalismo, cujo discurso político predominou no período, não favoreceu a progressiva adesão aos ideais de igualdade que fundamentam a noção de cidadania republicana. Ao contrário, o racismo e a naturalização das desigualdades raciais afirmaram-se, ganhando legitimidade com a progressiva influência da concepção eugenista. A presença da eugenia — "por definição, a ciência do 'aprimoramento racial'"[16] — no pensamento científico e político brasileiro começa a ganhar corpo ao final do século XIX. Cumpridos à risca, os preceitos eugênicos decretariam a morte do Brasil, afinal um país habitado majoritariamente por negros não poderia ser fecundo. O conde de Gobineau, um dos grandes teóricos da eugenia, amigo do imperador Pedro II e que passou um período no Brasil, dizia que o país não sobreviveria à mestiçagem. Calculara até sua sobrevida: menos de dois séculos.[17]

Nas primeiras décadas do século XX, o debate ganharia novos contornos. Repercute no Brasil a cisão entre visões, até certo ponto conflitantes, de dois grandes teóricos: Lamarck e Mendel. Este último advogava pela imutabilidade da carga genética, estando as nações majoritariamente de sangue negro condenadas ao atraso. Lamarck, por seu turno, sustentava que o comportamento social e o meio ambiente poderiam sobrestar e reverter a degeneração, acolhendo a hipótese da hereditariedade de características adquiridas. Assim, os negros e mestiços poderiam ser "aperfeiçoados racialmente" a partir de políticas de saúde e de educação.

Desse modo, até por motivo de sobrevivência nacional, entre 1900 e 1920 a eugenia no Brasil pendeu para a visão lamarckiana, abrindo a perspectiva da regeneração dos negros e de sua incorporação a um projeto de nação na via do progresso. Na impossibilidade de se utilizar a solução proposta por Monteiro Lobato em seu livro *O presidente negro*,[18] a população negra passa a ser vista como a parcela do povo a ser resgatada. Simultaneamente à aspiração de branqueamento progressivo, via mestiçagem e ampliação da presença europeia, propagavam-se medidas de aprimoramento moral e das condições físicas. Esse debate ecoou nos corredores da academia durante toda a República Velha e ampliou sua presença nas políticas públicas durante o governo Vargas. A eugenia, aos moldes brasileiros, abria espaço para que o Estado "salvasse" a nação com o apoio ativo das políticas educacionais, estrategicamente associadas às políticas de saúde em um projeto de redenção nacional.

A eugenia no período Vargas: O Brasil em questão

O Brasil entra em um novo ciclo político e econômico com a chegada de Getúlio Vargas ao poder na chamada Revolução de 1930. Houve ali o rompimento do acordo das elites representado pela política do café com leite, quando a hegemonia de São Paulo e Minas Gerais, estados mais ricos do país, se afirmara pela via do revezamento na presidência do país. A República Velha havia sido forjada na liderança política desses estados, em um pacto de apoios mútuos que proporcionava o esteio necessário ao governo federal, ao mesmo tempo que as unidades federativas mantinham uma expressiva autonomia política. Mas a força dos estados (algumas unidades chegavam a contar com contingentes militares próprios de grande poder de fogo, como São Paulo, Minas Gerais e Rio Grande do Sul) passa ser represada e posteriormente amortecida após a chegada de Vargas. Herdeiro do pensamento positivista destilado nos rincões gaúchos desde meados do século anterior, Getúlio apeou no Rio de Janeiro sustentado por uma aliança com forças políticas que traziam um novo modelo de país. Um país no qual o poder central se impunha aos poderes locais em prol de um projeto nacional de desenvolvimento.

Nesse projeto estavam contempladas a busca pela modernização da economia, com a construção de um parque industrial, privilegiando os segmentos estratégicos da produção, e uma gestão mais moderna e eficiente da máquina pública. E esse novo país em gestação precisava aprimorar sua própria sociedade, em favor de um perfil populacional mais saudável e capaz de integrar e alavancar o projeto de progresso econômico e social. Para isso, o aprimoramento das raças apresentava-se como um dos objetivos a serem perseguidos.

A produção acadêmica de cunho eugenista no Brasil avançara bastante nas décadas anteriores, com um certo protagonismo da Faculdade de Direito do Recife. A escola pernambucana, que tinha em Sílvio Romero, juntamente com Graça Aranha, seus expoentes maiores, lançou no início do século xx as bases do pensamento natural evolucionista, em uma perspectiva manifestamente lamarckiana, na qual as raças inferiores poderiam ser cientificamente melhoradas. Segundos tais autores, seria possível obter-se uma mestiçagem reparadora, desde que preceitos científicos fossem considerados com precisão e acuidade normativa. Tratava-se assim, a rigor, de uma política de cura, de regeneração da raça, de construção do mestiço ideal, aquele que viria incorporar todas as virtudes do branco e mitigar os achaques provenientes das raças inferiores, os negros e os indígenas.[19]

Ainda na década de 1920, expandiram-se as chamadas sociedades eugênicas, entidades de caráter civil que professavam apoio à teoria das raças, tendo a primeira surgido em 1918 em São Paulo. Crescia a influência lamarckiana, aportando contraponto à teoria da degeneração racial que emergira do darwinismo social. Se a eugenia em sua versão mendeliana, nos moldes preconizados por Gobineau, condenava irremediavelmente o Brasil, pois não via qualquer possibilidade de salvação para a nação das três raças, a nova versão trazia a luz no fim do túnel. A revisão acadêmica levada a cabo no período apresentava-se como uma saída, fortalecendo o projeto nacional com a perspectiva de que o povo mestiço brasileiro poderia ser lapidado, melhorado.

Não é porque somos um ensaio de nação que marchamos na retaguarda de outros povos, é porque somos ignorantes, mal--educados, malnutridos e porque temos sangue depauperado, o coração, os fígados, os intestinos, os nervos infeccionados. Mais do que a raça, mais do que a tradição, mais do que o costume, a educação é a lei que modifica a raça e a tradição.[20]

O grupo de intelectuais e pesquisadores eugenistas veio se incorporar ao governo na década seguinte, participando ativamente da empreitada getulista de construção da nação. O aprimoramento racial se daria basicamente com a adoção de estratégias políticas que envolviam a universalização da educação, com base em uma pedagogia e um conteúdo didático explicitamente eugênicos, e a montagem de uma política de saúde pública que, além de ocupar-se das epidemias, cuidasse da infância e dirigisse a atenção para as doenças físicas e mentais consideradas advindas da degeneração das raças. Nesse sentido, alguns hospitais associavam-se a instalações manicomiais e a áreas de agrupamento de refugiados, verdadeiros campos de concentração de população pobre e majoritariamente negra.

Sob essa ótica, o Brasil do futuro, já na segunda metade do século XX, seria o país da mestiçagem cientificamente orientada, pronto para alçar voos em direção ao progresso. Educação e saúde ganharam status de ações sincronizadas e estrategicamente moldadas.

O movimento da educação pública cresceu com base nesse novo consenso de que a degeneração era adquirida e podia ser mitigada. A começar da reivindicação dos médicos de que fosse criado um Ministério da Educação e Saúde, médicos e educadores (a maioria com especialização em ciências sociais) trabalharam juntos para aplicar teorias eugênicas ao complexo de problemas que chamavam de degeneração. Diversos médicos especialistas em saúde pública, como Afrânio Peixoto, ocuparam cargos de administração na educação. Enquanto isso, educadores juntaram-se às organizações profissionais de médicos e defensores da saúde pública, como a Sociedade Eugênica de São Paulo, a Liga da Higiene Mental e a Liga Pró-Saneamento.[21]

Com efeito, as preocupações eugênicas ganharam espaço no debate político e chegaram ao texto da Constituição de 1934. A educação eugenista é instituída, bem como medidas visando à higiene social e mental (artigo 138). São previstos a organização de um serviço nacional de combate a endemias (artigo 140) e o amparo à maternidade e à infância, considerado obrigatório e contando com a previsão orçamentária de 1% das rendas tributárias de cada ente federado (artigo 141). A influência eugênica se faz sentir ainda no artigo 145, que obriga à apresentação, pelos nubentes, de prova de sanidade física e mental. A referência à educação eugênica esteve presente também em discursos de Vargas, como em 1933, quando afirmou em mensagem à Constituinte:

> Todas as grandes nações, assim merecidamente consideradas, atingiram nível superior de progresso pela educação do povo. Refiro-me à educação no significado amplo e social do vocábulo: física e moral, eugênica e cívica, industrial e agrícola, tendo por base a instrução primária de letras e a técnica e profissional.[22]

Assim, pela via hereditária ou pelo ambiente moral e sanitário, a defesa da necessidade do aprimoramento humano expandiu-se no período. Para além das elites políticas e sociais persuadidas pelas teses eugênicas e partilhando uma visão negativa das classes populares, a eugenia influenciou outros grupos sociais e, segundo Paulo Ricardo Bonfim, alcançou inclusive setores do movimento operário e intelectuais anarquistas e socialistas.[23] São ideias associadas a uma leitura de hierarquia racial e de subalternidade da população negra, público que deveria ser o objeto maior dos esforços de regeneração a serem empreendidos pelo Estado.

Ainda nos anos 1920, a eugenia já fora influente entre os principais articuladores da reforma de ensino conhecida como a Escola Nova, impulsionando e favorecendo a expansão da escola pública. Grupos de intelectuais, educadores, estudiosos e gestores públicos atuaram em sincronia nas principais cidades do Brasil em prol do estabelecimento de um sistema escolar público, universal e que fosse instrumento de um projeto nacional eugênico. Rio de Janeiro, Belo Horizonte, São Paulo, Fortaleza, Recife e Salvador foram as cidades pioneiras, consideradas modelos e logo seguidas pelo resto do país.[24]

A educação era entendida também como mecanismo de seleção dos biologicamente mais capazes, legitimando a desigualdade racial. A naturalização de diferenças tidas como biológicas levava, por outro lado, ao represamento de vagas, constrangendo ainda mais a promoção de oportunidades educacionais.[25] Em São Paulo, a exclusão educacional em contexto de aguçada desigualdade chegou a produzir, em lei, a redução da instrução primária de quatro para dois anos, aprofundando a disparidade entre a educação popular e as escolas de elite. Conhecida como reforma Sampaio Dória, a lei de 1920, revogada em 1925, é um exemplo marcante da perspectiva de dualização do ensino e elitização da educação.[26]

Mas é no período Vargas que uma política nacional de educação toma corpo, com a criação do Ministério da Educação e Saúde Pública.[27] No âmbito da Capital Federal, o recém-fundado Instituto de Pesquisas Educacionais (IPE) será incumbido de um significativo conjunto de estudos educacionais, sociológicos, eugênicos e psicológicos. Segundo Jerry Dávila, o modelo eugênico foi responsável pela introdução de algumas das práticas vigentes até hoje na escola pública, como a alimentação, a educação física, além do incentivo ao envolvimento dos pais no projeto pedagógico. Havia ainda previsão de tratamento médico e dentário, além de noções de higiene e nutrição: "Cada departamento do IPE geria um componente diferente do programa eugênico. Eles maximizavam o potencial da escola no aperfeiçoamento da raça lidando com a adaptação psicológica e o desenvolvimento físico das crianças".[28]

Como principal centro urbano e capital federal, e contando com uma população de jovens estudantes de cerca de 100 mil alunos,[29] o Rio de Janeiro, nos anos 1930, se tornara um grande laboratório para a realização de pesquisas necessárias à consolidação do projeto educacional eugênico. A organização de classes de alunos conforme as diferenças estabelecidas biologicamente era defendida pelo diretor da instrução pública do então Distrito Federal e chegou a ser acolhida em lei local.[30] A reforma do sistema de ensino na cidade incluiu ainda outras medidas.

No Rio de Janeiro, vemos a influência da eugenia explicitada na organização administrativa, que incluía um Serviço de Antropometria, um Serviço de Ortofrenia e Higiene Mental e um Serviço de Testes e Medidas, que aplicou muitos dos instrumentos debatidos na eugenia para diferenciar pessoas consideradas mais e menos qualificadas. Dentro da escola, vemos o pensamento eugênico ampliar-se no currículo, que incluía desde o ensino da puericultura — cuidados para a mãe gestante e a criança — para meninas até a separação de alunos por medidas e testes.[31]

A preocupação com a universalização do ensino, contudo, avançara pouco. Voltando à Constituição Federal de 1934, cabe comentar que ela havia dedicado atenção inédita ao tema. Em seu artigo 150, alínea a, estabelecia o ensino primário integral, gratuito e de frequência obrigatória, e no artigo

156 garantia um percentual de gasto mínimo nessa política. Mas o compromisso de uma escola primária para toda a população não dura muito. A Constituição de 1937, no bojo do projeto autoritário que se institucionaliza com o chamado Estado Novo, não mais acolhe a obrigatoriedade da oferta pública universal ou a gratuidade do ensino primário. Em seu artigo 130, ela reconhece o dever de assegurar educação pública apenas àquelas crianças e jovens "a que faltarem os recursos necessários à educação em instituições particulares" e estabelece a obrigatoriedade de contribuição para aqueles dotados de recursos. Além disso, identifica o ensino pré-vocacional e profissional como o primeiro dever do Estado no que respeita à educação para as classes menos favorecidas (art. 129). A despeito do projeto eugênico, ou mesmo por sua causa, as décadas de 1930 e 1940 consolidam um sistema segmentado e excludente de ensino. Se o ministério criado não avançou na regulação da educação primária, as reformas no então chamado ensino secundário (criando ginásio e clássico/científico) aprofundaram a dualização e a seletividade da educação disponibilizada, ao mesmo tempo que incentivaram a oferta privada, inclusive com financiamento público, nesse nível de ensino.[32]

As dificuldades para o alunato negro parecem ter se ampliado. Ao longo das décadas de 1930 e 1940, a ideia de que as características raciais poderiam ser amainadas, mas não superadas, marcava direta e profundamente a relação da escola com os alunos, reforçando e legitimando hierarquias e discriminações. Por consequência, era muito complicada a situação dos estudantes negros inseridos em um ambiente escolar que identificava negritude com inaptidão, associando a raça negra a toda sorte de negatividade: sujeira, maus hábitos sociais, vícios, vagabundagem, preguiça, feiura e baixo desempenho acadêmico. Esse será o contexto que se cristalizará nas décadas subsequentes, caracterizado pela total ausência de empatia das escolas para com os estudantes afrodescendentes.[33]

A sociedade brasileira forjava, a partir dos anos 1930, as bases da convivência racial no país no século XX. O século do trabalho livre, do progresso, da modernidade e da urbanização vai acolher a população negra de uma forma não muito distinta daquela dos séculos de escravidão. Com efeito, os mecanismos modernos de reprodução da sociedade desigual passam a ser gestados nos anos 1930. O processo de universalização do ensino não se consolidara e o ambiente escolar conservava-se refratário à presença de negros e negras e à ideia de negritude. A inserção escolar não universalizada mantinha fora da escola importantes contingentes de crianças e adolescentes pobres, sobretudo afrodescendentes, enquanto a dualização do sistema de ensino se consolidava, deixando os alunos negros largamente excluídos de uma formação de qualidade.[34]

Em trabalho sobre a trajetória educacional de negros e brancos no Brasil, Ricardo Henriques constrói um quadro bastante elucidativo. Tomando como base os dados da PNAD/IBGE para o ano de 1999, o autor apresenta o tempo de estudo por coorte e demonstra que o aumento da escolaridade da população ao longo das décadas que seguiram às reformas educacionais dos anos 1930 foi acompanhado pela imobilidade da desigualdade educacional por raça/cor. Analisando a escolaridade dos adultos nascidos entre 1929 e 1974, Henriques observa que o diferencial de anos de estudo entre negros e brancos no Brasil permaneceu inalterado, na faixa de 2,2 a 2,3 anos.[35]

A escola pública em seus moldes atuais nasce, então, nos anos 1930. O estigma associado ao aluno negro é reproduzido no ambiente escolar. Aquele que deveria ser o local de formação cidadã e de integração, além da base de um sistema de igualdade de oportunidades, tornou-se, já no seu nascedouro, um ambiente de reforço das ideias racistas e mesmo de sofrimento para o aluno negro. O projeto nacional eugênico logrou ainda a exclusão do professor negro, figura até então relativamente comum nas escolas brasileiras, sobretudo a partir do final do século XIX. Maria Lúcia Rodrigues Muller estima que no começo do século XX a cidade do Rio de Janeiro contava com um percentual de 20% de professores negros, em sua maioria mulheres.[36] No advento da racionalização e formalização do ensino, com a criação de órgãos de controle e de administração, a presença de negros e negras no magistério foi praticamente proscrita.

> No caso do magistério, esses obstáculos impediram a essas moças [negras] o progresso profissional e mesmo o ingresso à carreira, sem que houvesse, aparentemente, alguma manifestação formal, escrita, de resistência à cor da pele das professoras ou das candidatas à Escola Normal. No final da década de vinte em diante tornava-se quase impossível o ingresso de moças "escuras" ao magistério público carioca.[37]

Dávila informa que esse processo não ocorreu apenas na capital federal, mas em todo o país.[38] Em reforço, o autor resgata o importante depoimento de um militante gaúcho da Frente Negra no Congresso Afro-Brasileiro no Recife, em 1934:

Muitas jovens etíopes, que se diplomam educadoras, lutam para conseguir lecionar e têm que o fazer particularmente, na impossibilidade de trabalhar para o Estado. A maioria desiste, vendo os exemplos dolorosos, e vão para a costura, condição máxima que pode desejar a mulher que possui as consideradas características da descendência africana.[39]

No imaginário dos idealizadores do sistema escolar varguista, o ensino seria uma profissão branca, feminina e de classe média. O governo revalorizou a profissão, equiparando os salários das professoras aos dos oficiais militares em começo de carreira.[40] Uma educação branca de professores brancos para alunos brancos, relegando os alunos negros a uma condição minoritária e a uma posição subalterna.

Mas cabe lembrar que houve algumas experiências baseadas em projetos pedagógicos alternativos e direcionados para a população negra. A mais exitosa foi a da Frente Negra Brasileira, que, entre o final dos anos 1920 e 1937, organizou escolas de alfabetização para crianças e adultos, além de cursos primários, em diversas cidades do país. A proposta visava a incentivar a população afrodescendente a mobilizar-se pela educação, entendendo que essa seria a via de uma inserção mais positiva na sociedade.[41] A Frente Negra Brasileira teve capilaridade nacional, chegando a contar com instalações em mais de sessenta cidades, a maioria no estado de São Paulo, mas tendo unidades no Rio de Janeiro, em Minas Gerais, no Espírito Santo e no Rio Grande do Sul, além de estar presente em Salvador e no Recife.[42]

O projeto educacional da Frente Negra não era, como já visto, uma iniciativa pioneira. Desde meados do século anterior, observara-se a criação de entidades educacionais direcionadas para a população negra, algumas ligadas à Igreja, outras laicas. O traço em comum era a busca de uma escola acolhedora e que proporcionasse as ferramentas para a superação da exclusão a que os afrodescendentes estavam submetidos. Além disso, esses projetos organizados pelos próprios negros respondiam aos inúmeros casos de interdição em escolas particulares, sobretudo as escolas consideradas de melhor qualidade.[43]

No entanto, essas escolas eram iniciativas pontuais que atingiam uma parcela reduzida da população negra, que, em sua grande maioria, continuava afastada do ambiente escolar e imersa no analfabetismo. O fim das escolas negras, notadamente em função das dificuldades financeiras de um projeto para a população mais pobre, reforçou o fechamento de oportunidades de atuação para os professores negros. Observe-se que os prejudicados nesse caso não são os menos qualificados ou sem instrução, mas aquelas pessoas que lograram com muito esforço, na sociedade racista, ascender através do estudo, e que, malgrado todo empenho, perderam seu espaço de trabalho em função de um estereótipo de cunho racista, por não corresponderem aos requisitos da modernidade imposta — branca, asséptica e eugênica. Essa é uma sina que vai se repetir em muitas diferentes situações para a população negra no mercado de trabalho da sociedade desigual.[44]

Em relação à saúde, é importante retroceder um pouco no tempo, até a virada para o século XX, quando sua construção como política pública tem início com o chamado movimento sanitarista. Do mesmo modo que a preocupação quanto ao futuro do país suscitou o adensamento da ação pública para a educação, o movimento sanitarista promoveu importantes inovações em favor da saúde pública. Mobilizando um conjunto de intelectuais, em sua maior parte da área médica mas também cientistas e funcionários dos serviços sanitários, entre outros, o movimento conseguiu afirmar a responsabilidade do poder público, em especial em face das endemias e seu impacto sobre o conjunto da sociedade. A saúde ganhava assim um aspecto social e coletivo, associando-se à ideia de saneamento. Novas descobertas da ciência e a ocorrência de fenômenos epidemiológicos de vulto, como o caso da gripe espanhola de 1918, contribuíram para a compreensão de que ninguém está imune às doenças causadas por vírus. Ricos e pobres, negros e brancos, todos deveriam ser objeto da saúde pública, em um cenário no qual novamente está se falando de cura para o país e regeneração para a sociedade.

As preocupações dos sanitaristas se desdobravam em duas vertentes: a urbana, direcionada sobretudo às grandes cidades, mais especificamente suas áreas centrais, e a dos rincões, onde a população isolada e desprovida de acesso às mínimas condições de saúde sobrevivia em um ambiente inóspito e sujeito a uma série de doenças endêmicas. O Brasil se urbanizava rapidamente, o que significava um acúmulo cada vez maior de pessoas e o aumento do perigo de proliferação de epidemias pela facilidade de contágio. Desse modo, era necessário preservar as áreas centrais e, quando fosse o caso, portuárias, para garantir as condições sanitárias essenciais, e adaptar o país ao patamar mínimo de salubridade em face das exigências internacionais para exportações de produtos primários. Quanto às condições de vida da população interiorana, as precárias condições de saúde associadas a endemias rurais também eram motivo de preocupação. Nesse sentido, foi enorme o impacto da obra *Os sertões*, de Euclides da Cunha, que retratava a vida do sertanejo. O jornalista e escritor apresentou ao Brasil urbano a real situação das populações interioranas das regiões mais pobres. Canudos, com sua população negra, estava abandonado pelo Estado e sob condições de pobreza que afrontavam o ideário republicano.

A sociedade carioca, no seio da qual a elite intelectual e política pontuava o debate público sob o manto da era republicana, ficou impressionada com o retrato do Brasil trazido por Euclides da Cunha, e ganhou força a percepção de que o país necessitava de uma ação efetiva e modernizadora que passava pela questão sanitária. Os próprios sanitaristas também ganham destaque, caso de Oswaldo Cruz, diretor-geral de Saúde Pública do então Ministério da Justiça, em 1903. Responsável por importantes campanhas, como as da erradicação da malária e da febre amarela, tornou-se uma figura emblemática do sanitarismo nacional.

Além de Oswaldo Cruz, outros nomes pontuaram a visão sanitarista do início do século XX. Um deles é Belisário Penna. Seu livro *O saneamento do Brasil*, publicado em 1918, é considerado um marco na consolidação da saúde como uma questão nacional e resume a visão do movimento sanitarista à época. Segundo Gilberto Hochman,

> a repetição e o exagero — estratégia que impunha aos seus inúmeros textos e palestras, reproduzidos e copiados pelo país afora — tornam possível analisar o trabalho de Penna como um instrumento de expressão e divulgação de um diagnóstico sobre as

condições de saúde da população brasileira, que acabou por se tornar corrente entre setores significativos das elites. Além disso, seus textos e sua ação foram vitais para dar visibilidade aos problemas de saúde que, se não foram assumidos totalmente pelas elites, passaram a integrar a agenda política nacional.[45]

Baseada em uma expedição que realizou ao interior do país, a obra de Penna reforçava o quadro dramático relativo às condições de saúde da população, bem como a necessidade de ação estatal. Em livro posterior, *Exército e saneamento*, de 1920, a interpretação eugênica se afirma, e o autor torna a abordar o tema do degradado estado do saneamento no Brasil, mas "o problema é, agora, apresentado como degeneração hereditária do povo brasileiro, que exigia uma solução 'eugênica'".[46]

A ótica sanitarista orientou inicialmente o governo das cidades do Rio de Janeiro e de São Paulo. No Rio, o então prefeito Pereira Passos, a partir de 1903, liderou uma campanha de reestruturação das vias urbanas centrais, derrubando os cortiços para a abertura de grandes avenidas, inspirado no modelo parisiense planejado por Haussmann. Muitas comunidades pobres foram expulsas. Foi o início da política de exclusão territorial para a população negra, que, saindo das áreas centrais da capital, vai se abrigar nas periferias e nos morros, construindo as primeiras favelas. O mesmo ocorreu em São Paulo, onde o governo, além de políticas de reorganização do centro da capital, promoveu ações destinadas à melhoria das condições de higiene do porto de Santos, que recepcionava as hostes de imigrantes.[47]

Acolhendo não apenas a temática da saúde física, mas também a da saúde moral, do fortalecimento da família e dos cuidados com a infância, a eugenia deu ênfase ainda à saúde mental e ao comportamento social. Assim, além de sua influência nos "círculos médicos",[48] mobilizou profissionais atuantes em asilos e em reformatórios estaduais e municipais, bem como deu destaque aos problemas da delinquência juvenil, alcoolismo e criminalidade. Houve inclusive a criação da Liga Brasileira de Higiene Mental, com a qual procurou-se "ampliar o escopo da profissão psiquiátrica na vida cotidiana e realizar um programa de higiene mental, particularmente para os pobres e os criminalmente insanos".[49] A saúde mental ganhava importância, e muitos dos então diagnosticados sintomas de degeneração, na maior parte das vezes vinculados à raça negra, eram associados a quadros característicos de loucura, suscitando a internação compulsória de uma grande quantidade de homens e mulheres afrodescendentes. O exemplo do Hospital Colônia de Barbacena talvez seja o mais emblemático. Criado em 1903, já sob a égide da eugenia, abrigou pessoas consideradas desajustadas socialmente, em sua grande maioria negras, 70% das quais sem qualquer diagnóstico associado a transtornos psiquiátricos de qualquer ordem. Fechada de maneira progressiva durante a década de 1980, a instituição foi palco de muitas atrocidades e respondeu pela morte de 60 mil internos.[50]

Nessa mesma perspectiva, Diva Moreira adverte para o caráter controlador e disciplinador da psiquiatria:

> Na prática, também, a psiquiatria sempre foi usada como uma das agências de disciplinarização dos pobres. Não é por acaso que até nossos dias as instituições são povoadas majoritariamente por eles. A psiquiatria nasce, portanto, como um dos núcleos de uma estratégia global de sequestração e agregação dos pobres e marginais

em espaços definidos para, posteriormente, intervir sobre eles, de modo a prevenir as consequências desagregadoras da pobreza.[51]

A miséria associada a determinadas comunidades era vista como sintoma de degenerescência, sempre vinculada à presença da população negra. No Ceará, foram criados pelo governo, entre março de 1932 e abril de 1933, sete campos de concentração para os pobres, atendendo aos fortes apelos da população urbana contra a presença de uma horda de retirantes que invadiam os municípios do estado. Vindos do sertão, os migrantes "tisnavam" as cidades, causando indignação nas elites locais. Mais de 73 mil pessoas foram aprisionadas nesses campos, apelidados pelos próprios cativos de "currais do governo". Com total ausência de serviços básicos, houve proliferação de doenças e mortes: só no campo de concentração de Ipu foram registrados mais de mil óbitos.[52] Por mais de um ano, o governo cearense confinou essas populações pobres a título de manter "limpas" as cidades.

Essa ideia de profilaxia urbana, uma espécie de política eugênica espacializada, vai habitar o imaginário dos governantes e das elites durante todo o século XX. A criação de campanhas de combate às favelas no Rio de Janeiro levará à construção na década de 1960 de conjuntos habitacionais como Cidade de Deus e Vila Kennedy, entre outros. Em uma clara afronta aos projetos dos governos do Rio de Janeiro, a Igreja católica, à época comandada pelo bispo progressista dom Hélder Câmara (secretário-geral da CNBB, Conferência Nacional dos Bispos do Brasil), realizou nos anos 1950 a construção da Cruzada São Sebastião, um conjunto habitacional para a população originalmente favelada encravado em uma das zonas mais nobres do Rio de Janeiro. Seus moradores, majoritariamente negros, são até hoje vítimas de preconceito e discriminação por parte da vizinhança. Mas iniciativas de segmentação surgiram em todo o país. No Recife, nos anos 1930, organizações ligadas à classe média criaram a Liga Social Contra o Mocambo, e até na nova capital, Brasília, foi instituída em 1970 a Campanha pela Erradicação das Invasões, de cuja sigla, CEI, derivou o nome da área para a qual foram deslocados os pobres, a Ceilândia, até hoje uma das mais carentes cidades-satélites do Distrito Federal.

Por fim, cabe destacar que a eugenia também favoreceu a montagem da política previdenciária implementada pelo governo Vargas. Sem relações com o campo da saúde pública, e subordinados ao Ministério do Trabalho, Indústria e Comércio, os Institutos de Aposentadoria e Pensões (IAPs) foram criados entre 1933 e 1938 com a missão de garantir pensões em situações de doença, invalidez ou velhice, mas também prestando assistência médica e hospitalar a seus associados. Integraram o dispositivo trabalhista do governo e, se não operavam no escopo estrito da eugenia, contaram com o apoio das hostes eugênicas ao convergir com sua orientação familista e reformista.[53]

O pós-guerra e o desenvolvimentismo:
Saúde e educação segmentadas

O projeto educacional e sanitário criado nos anos 1930 moldou os sistemas públicos de ensino e de saúde no Brasil, dando-lhes um perfil que, de maneira geral, vigorou até a segunda me-

tade do século XX. Com a queda de Vargas, em 1945, uma nova
Constituição foi promulgada em 1946. Ficava estabelecido, pela
primeira vez na história republicana, o direito de todos à educação *integral* (art. 166), sendo a obrigatoriedade e a gratuidade
limitadas ao ensino primário (art. 168), e mantida a autonomia
dos estados para organizarem seus sistemas de ensino (art. 171).
A forma como isso foi feito, no entanto, teve consequências
cerceadoras. Como primeira consequência, efetivamente, a
educação não se universalizou, mesmo com a determinação
constitucional de vinculação de recursos nos níveis federal e
estadual (art. 169). Grande parte da população pobre e das áreas
rurais permaneceu fora da escola, e não se observaram ganhos
de escolaridade no ensino público. A segunda foi que, com a
expansão da oferta privada, amplia-se a segmentação racista
da população pela via institucional. As escolas particulares,
direcionadas para as camadas brancas e de mais alta renda, ex-
cluem o negro do ensino de qualidade, uma vez que os colégios
da elite não aceitam alunos negros. Somando-se as duas coisas,
temos em resumo que, como demonstra Hasenbalg, de 1940 a
1950 a situação educacional da população negra não apenas não
melhorou mas se deteriorou em relação à da população branca:

> No país como um todo, em 1940 os brancos tinham uma possibi-
> lidade 3,8 vezes maior de completar a escola primária que os não
> brancos; uma possibilidade 9,6 vezes maior de completar a escola
> secundária; e uma possibilidade 13,7 vezes maior de receber um
> grau universitário. Em 1950, a mesma possibilidade era 3,5 vezes
> maior na escola primária; 11,7 vezes maior na escola secundária;
> e 22,7 vezes maior no nível universitário.[54]

Trajetória semelhante foi observada no que se refere às políticas de saúde. Com a ascensão de uma classe média urbana a partir, sobretudo, dos anos 1950 e 1960, expande-se a oferta privada. Na década de 1960 há uma proliferação de serviços, clínicas e hospitais particulares que logo irão formar uma rede, de início vinculada à previdência pública, mas progressivamente tornando-se independente dela. A ampliação dos chamados planos e seguros de saúde afastará a classe média branca do sistema público. Mais impressionante, no caso da saúde, é a relação de proximidade do Estado com as instituições particulares. Muitas vezes equipamentos de ponta adquiridos pelo Estado são lotados não nos hospitais públicos, como seria de esperar, mas em particulares, fornecendo acesso facilitado de equipamentos públicos aos usuários dos hospitais privados. Como agravante, há ainda uma recorrente prática de repasse de recursos públicos para o sistema privado, na forma de subsídios que chegam a representar um terço da receita total do sus.[55]

A queda de qualidade do serviço público também sofreu a influência do afastamento das camadas mais abastadas, tanto na educação como na saúde. No sistema educacional, com as escolas privadas atendendo os mais ricos, a escola primária e pública, que era a dos pobres, vê sua qualidade começar a cair nos anos 1960, justamente quando há um crescimento da presença da população negra nela. O resultado dessa trajetória é dramático. Em 1970, segundo dados censitários, mais de um terço da população brasileira era de analfabetos, incluindo quase 30% dos que tinham entre dez e catorze anos.[56] Ao longo dessas décadas, a saúde tampouco se afirmou como direito social de cunho universal, e grande parte da população não contava com filiação à previdência, mantendo-se excluída dos serviços públicos ou privados e sem atendimento ambulatorial, hospitalar ou farmacêutico.

O fim da era Vargas e a nova Constituição levaram à retomada e ao aprofundamento de um debate antigo no campo da educação. De um lado, setores mais universalistas viam a educação, sobretudo a primária e laica, como um direito de todo cidadão a ser garantido por unidades escolares públicas; de outro, os representantes do ensino confessional, notadamente católico, advogavam a importância do ensino privado e religioso. Essa discussão, que tivera início nos anos 1890 e atravessara as décadas de 1920 e 1930, prosseguiu, resultando na Lei de Diretrizes e Bases da Educação, que só ficou pronta em 1961 e privilegiava a visão do ensino público como protagonista.[57] Bastante progressista, a lei foi, contudo, tragada pelos acontecimentos políticos que se sucederam ao golpe militar de 1964.

No poder, os militares dão uma guinada na política de educação, tomando como referência o projeto pedagógico da Agência dos Estados Unidos para o Desenvolvimento, com a qual o Ministério da Educação e Cultura (MEC) estabeleceu o chamado Acordo MEC/Usaid, visando à reestruturação do ensino primário, com maior ênfase na formação profissional e na preparação do indivíduo para o mercado de trabalho. Em 1967, mais uma nova Constituição ampliou o ensino primário de quatro para oito anos, gratuito na rede pública e obrigatório na faixa etária dos sete aos catorze anos. O ensino médio, bem como o superior, sem caráter obrigatório, somente seria gratuito para aqueles que comprovassem insuficiência de recursos e bom aproveitamento escolar, e, sempre que possível, a gratuidade deveria ser substituída por bolsas de estudo. Em um claro incentivo à oferta privada, o apoio financeiro e técnico a esse setor também ficava garantido no texto constitucional. Adicionalmente, uma vez que a Constituição de 1967 deixou de prever a vinculação orçamentária de recursos da União para a área, o financiamento público para a educação foi sendo cada vez mais reduzido.[58]

Assim, ampliou-se o espaço para a educação privada, que, além das escolas confessionais tradicionais, contemplava instituições privadas laicas. Era o início da edificação do ensino como atividade empresarial, e, em pouco tempo, uma profusão de escolas particulares viria a tomar o espaço das escolas públicas nos nichos de excelência. O Brasil entrava na era da privatização radical da educação. Em poucos anos a classe média abandonaria de vez o sistema público, passando seus filhos para o ensino privado. Mais caro e elitista, ele garantia que suas crianças mantivessem distância das classes subalternas, pobres e negras.

Às vésperas da promulgação da Constituição de 1988, após vinte anos de vigência da Carta de 1967, a expansão da educação obrigatória tivera avanços, ainda que não em todos os níveis: 80% das crianças de sete a catorze anos frequentavam o ensino fundamental, mas somente 15% dos jovens de quinze a dezessete anos cursavam o ensino médio;[59] "pouco mais de um terço dos brasileiros (37,5%) que tinham idade para ter cumprido as quatro séries iniciais haviam atingido esse nível de escolaridade, 20% nem sequer possuíam um ano de estudo".[60]

Houve um forte declínio na qualidade do ensino e das instalações escolares em geral. Com a fraca ou inoperante ação sindical no período da ditadura, os salários dos professores despencaram, achatados igualmente pela crise financeira de estados e municípios. Do mesmo modo, houve um forte declínio na qualidade do ensino e das instalações escolares em geral. A expansão das matrículas concomitante à redução do gasto ampliou a precariedade do serviço, e, "nesse período, chegou-se a ter cinco turnos escolares (alguns com jornadas de menos de três horas)".[61] A escola pública como projeto inclusivo e republicano — que de resto nunca se consolidou, embora tenha contado com propostas inclusivas e de qualidade, como a das escolas-classe de Anísio Teixeira[62] — teve seu ocaso a partir dos anos 1960.[63] A perspectiva de uma escola que servisse de esteio para uma sociedade mais igualitária, uma escola comum a todos e, portanto, capaz de proporcionar condições de mobilidade social indistintamente, foi sepultada na esteira do golpe militar de 1964. O período da ditadura fez florescer a boa escola para poucos, a escola das elites, bem como as escolas da classe média branca. A convivência de jovens negros e pobres com os jovens brancos das classes média e alta tornou-se ainda mais limitada, como se um apartheid não institucional, mas socialmente determinado, viesse se colocar como um divisor dos grupos de indivíduos — um divisor bastante útil à sociedade desigual.

Visando a reverter esse quadro, nos anos 1980, um dos grandes programas de fortalecimento do ensino público se deu no estado do Rio de Janeiro com os Centros Integrados de Educação Pública (Cieps), no governo de Leonel Brizola. A ambiciosa proposta buscava reconstruir a rede pública de ensino, com modernas escolas pré-fabricadas instaladas em todos os municípios do estado tendo a missão de oferecer ensino integral em níveis primário e secundário para crianças e jovens, além de cursos vocacionais para adultos. Os Cieps forneciam ainda serviços de saúde e outros serviços sociais para as comunidades vizinhas. O projeto foi, desde seu nascedouro, objeto de intenso ataque da imprensa.⁶⁴ De fato, a criação de uma escola pública universal de qualidade não se coaduna com os preceitos de uma sociedade desigual. A simples possibilidade de misturar alunos pobres e negros com os de classe média assustava as famílias das áreas mais abastadas, onde também foram construídas unidades desse novo modelo. Vistos pela classe média branca como escola para pobres, os Cieps em poucos anos cairiam em desgraça como projeto de integração e universalização do ensino, transformando-se efetivamente em escolas para pobres.

Também tiveram grande contribuição nessa derrocada os empresários do ramo escolar, que lideraram um intenso boicote aos Cieps. Segundo depoimento da então secretária de Educação do Rio de Janeiro, as escolas particulares temiam a concorrência das públicas:

> [Maria Yedda] Linhares acredita que os representantes das escolas particulares que participam do Conselho Estadual de Educação sabotavam ativamente a educação pública a fim de preservar seu mercado — pressionando, por exemplo, pela remoção do currículo clássico das escolas secundárias vocacionais e técnicas do estado.⁶⁵

Elites econômicas e classes médias convergiam no sentido de assegurar a higidez do sistema educacional. E higidez aqui se refere ao sentido eugênico do termo, que até hoje vige no Brasil. De um lado, a escola privada é a garantia de que os pobres e pretos não irão ladear os alunos filhos das classes médias brancas. De outro, a melhoria do ensino público traria impactos sobre os diferenciais de qualidade e prejudicaria o mercado privado da educação. Em outras palavras, a educação de qualidade não pode ser acessada pelas classes populares, sob risco de se perder a função atual do sistema escolar na sociedade desigual: ser uma das principais correias de transmissão da desigualdade inter-racial.

Vale ressaltar um aspecto que, de tão disforme, é quase curioso. Quando se chega ao nível superior, a situação entre ensino público e privado passa a ser invertida no quesito qualidade: na universidade, o ensino público ganhou proeminência e qualidade, em contraponto à grande maioria das instituições de ensino privado, faculdades ditas de segunda linha e com o objetivo maior de produção de diplomas. Assim, o aluno pobre que cursou a escola pública e recebeu um ensino de baixa qualidade não tem condições de concorrência e, portanto, não consegue disputar uma vaga na universidade pública. De outro lado, quem sempre teve o melhor estudo, os alunos das escolas particulares, é quem terá acesso às universidades de ponta. É a toada perversa da educação, que cumpre seu papel como filtro racial que alimenta as distâncias sociais e estabiliza a sociedade desigual.

Na saúde, o processo foi bastante similar. No campo psiquiátrico, conforme denuncia o trabalho basilar de Diva Moreira, inspirado nas contribuições de Michel Foucault e Franco Basaglia, a política baseada na hospitalização foi um dos grandes problemas da cultura terapêutica instalada no país a partir do século xx. Apontando as imperfeições de uma política que acaba muitas vezes por proporcionar não a cura ou a remissão, mas o seu oposto, Moreira mostra que a internação atendia muito mais aos interesses dos grandes empreendimentos privados de saúde do que aos dos pacientes.[66]

Em termos da saúde em geral, a literatura sobre o tema enfatiza o alto patamar de exclusão no período pós-1945, bem como a desigualdade entre os grupos protegidos.[67] Voltados a determinadas categorias profissionais e atendendo tão somente aos assalariados urbanos formalizados, os IAPS deixavam de fora a maioria dos trabalhadores e suas famílias. Com a reforma de 1966, eles se fundiram no Instituto Nacional de Previdência Social (INPS). Mas, até a Constituição de 1988, o acesso aos serviços de saúde, hospitalar e ambulatorial continuou largamente dependente de vínculo ao status de assalariamento e à contribuição previdenciária. Analisando a década de 1980, um estudo do Ipea estima que, "à época, cerca de metade da população não estava coberta por nenhum sistema previdenciário e dependia da caridade de algumas instituições filantrópicas".[68] Quem não tivesse um vínculo empregatício ligado ao INPS era relegado à indigência, e essa era a situação de grande parte da população negra.

O crescimento do setor privado de saúde foi intensificado a partir de 1964, e impulsionado pela unificação previdenciária de 1966. Como lembra Telma Menicucci, dos cerca de 7 milhões de segurados que migraram dos IAPS para o INPS, metade (a maior parte vinda do instituto que atendia os industriários) não contava com assistência médica regular.[69] Note-se que a oferta previdenciária em serviços de saúde era, até então, majoritariamente operada por serviços próprios dos IAPS, ou seja, públicos. A partir de 1966, com a expansão da assistência médica a todos os segurados, fez-se a opção pela contratação de serviços de clínicas e hospitais particulares, favorecendo a rápida expansão da rede privada. O INPS aportou incentivos financeiros e aparelhou essas unidades, em detrimento de sua própria estrutura hospitalar. Para se ter uma ideia da dimensão das transferências de recursos públicos para o setor privado, entre 1969 e 1975 os gastos com hospitais particulares representaram, em média, cerca de 90% da despesa geral do INPS.[70] A rede privada foi ainda estimulada pelos convênios diretos com empresas para atendimento de seus funcionários, mediante subsídios públicos. Soma-se a isso que o crescimento do gasto previdenciário foi acompanhado pela redução dos recursos em saúde pública de cunho preventivo, área então sob responsabilidade do Ministério da Saúde.[71]

Como mencionado, até 1988 os serviços públicos de saúde estavam fortemente associados às instituições previdenciárias. As iniquidades em saúde eram crescentes, reflexo da forma excludente e privatizante de organização das ofertas, e foram aguçadas quando o movimento de privatização avançou, com a expansão dos planos de saúde particulares. Sofisticava-se o atendimento para as camadas médias e os estratos mais ricos da população, enquanto permanecia sem solução a exclusão de parte da população não filiada à previdência social, majoritariamente negra, aos serviços de saúde. Esse contexto de segmentação e privatização das ofertas em saúde e educação, e de continuidade dos mecanismos racistas, reforçou as desigualdades entre negros e brancos.

O Brasil pós-Constituição de 1988: Novos caminhos, velhos desafios

A Constituição de 1988 ampliou o direito à educação, assegurando o ensino fundamental obrigatório e gratuito, inclusive para os que não tiveram acesso em idade própria, e sinalizando a progressiva ampliação da obrigatoriedade e gratuidade para o ensino médio. O texto constitucional inovou ainda na garantia de atendimento e apoio ao estudante do ensino fundamental no que se refere a material didático-escolar, transporte, alimentação e assistência à saúde, visando a proporcionar-lhe as efetivas condições ao usufruto do direito e da obrigação de frequência escolar. Contudo, foi no tratamento dado à saúde que se consolidou uma das maiores novidades da Constituição. A saúde foi promovida à condição de direito universal, como um dos pilares do sistema de seguridade social, que incluía as áreas de assistência e de previdência social. Assim, todo cidadão brasileiro passou a ter reconhecido o acesso gratuito e integral aos serviços do SUS. No contexto da redemocratização, a crítica promovida pelo movimento de reforma sanitária à política privatista e excludente que então vigorava conseguiu dar corpo a uma proposta universalista e voltada à ampliação da oferta pública, e que em grande medida norteou o texto constitucional.

Mas, tanto na educação quanto na saúde, a implementação desses dispositivos foi bastante intrincada. Além das dificuldades na expansão do ensino fundamental e na melhoria de sua qualidade, apenas em 2009 o ensino médio passou a ser obrigatório para aqueles entre quinze e dezessete anos, compelindo o Estado a promover um aumento da oferta pública num momento em que as matrículas nesse nível de ensino se reduziam.[72] No SUS, a ampliação de serviços também enfrentou importantes obstáculos. A Constituição determinou um conjunto de fontes de custeio para a seguridade que englobava recursos fiscais e parafiscais, a saber, contribuições sociais sobre a folha de salários e demais formas de rendimento do trabalho, sobre receita ou faturamento e sobre o lucro. Já nos anos 1990, com a visão neoliberal ditando o direcionamento do governo, e sob a batuta de Fernando Henrique Cardoso, iniciou-se o desmonte do regime fisco-financeiro que dava sustentação ao tripé da seguridade social: saúde-assistência-previdência. Em medida prévia, o governo criou, em 1994, o Fundo Social de Emergência, mais tarde transformado em Desvinculação de Receitas da União (DRU), dispositivo que lhe dava o condão de remanejar recursos de receitas vinculadas para satisfazer suas necessidades de caixa. Depois, no primeiro passo para o desmonte em si, foi desativado o então recém-criado Conselho Nacional de Seguridade. Na sequência, vieram a Emenda Constitucional nº 20, de 1998, e a Lei de Responsabilidade Fiscal, de 2000, que, em conjunto, suscitaram a desarticulação entre as três áreas do tripé da seguridade. Perdia-se, desse modo, a ideia de integração e sincronia das ações. A partir desse momento, com o estabelecimento das fontes de financiamento destinadas exclusivamente para a saúde ou para a previdência ou para a assistência social, cada uma dessas áreas passou a ser objeto de políticas e ações específicas e estanques.

O desmonte do tripé da seguridade enfraqueceu cada uma das áreas, reduzindo os recursos e impedindo o remanejamento proposto pelo constituinte originário. A área da saúde esteve à beira do colapso financeiro, tendo o governo que recorrer a empréstimo do FAT para que o sistema não quebrasse. Para solucionar o problema, foi criada, em 1996, a Contribuição Provisória sobre Movimentação Financeira (CPMF), imposto sobre as transações financeiras que serviu como uma nova fonte de financiamento da saúde e vigorou até 2007. E, em 2000, a emenda constitucional nº 29 estabeleceu a vinculação orçamentária para a saúde, fixando porcentagens mínimas de aplicação de recursos por parte das três esferas de governo. Contudo, a participação do gasto público em saúde de municípios, estados e federação cresceu apenas de 2,9% para 3,9% do PIB entre 2000 e 2011. Com efeito, o Brasil aplica percentual muito inferior ao desembolsado por outros países que possuem sistemas universais de saúde, além de ser o único onde o gasto público é inferior ao gasto privado. De fato, se o gasto total em saúde não é baixo, e supera os 8% do PIB no período, sua composição é um problema maior: é majoritariamente privado.[73] Nesse patamar de gasto público, honrar o compromisso constitucional com o direito à saúde é algo que fica comprometido: o subfinanciamento operou como uma "forma de inviabilização sistêmica do sistema público universal" de saúde.[74]

O SUS foi gradativamente se direcionando ao atendimento da população pobre, e dados das Nações Unidas mostram que cerca de 80% das pessoas que o acessam são negras.[75] A privatização da saúde avançou a passos largos, num sistema cada vez mais sofisticado e contando com subsídios públicos. Passou a cobrir inclusive segmentos expressivos de trabalhadores formais, o que explica que mesmo o movimento sindical não tenha atuado como um defensor ativo do SUS.[76] Segmentos da classe média baixa também passaram a consumir os planos de saúde, ainda que mais modestos.

A desigualdade racial no acesso aos serviços de saúde não diminuiu e veio a reforçar a dinâmica de fragilização do SUS,[77] no esteio da perpetuação das más condições de vida da população negra, revertida em piores níveis de saúde. O tratamento desigual no SUS foi reconhecido por atores sociais e pelo próprio governo federal. Contudo, como aponta Jurema Werneck, as barreiras enfrentadas pela população negra no SUS, particularmente aquelas interpostas pelo racismo, não têm sido objeto de ações efetivas.[78] Estudo de Millani Almeida aponta para um viés significativo no atendimento a mulheres conforme sejam negras ou brancas: "Mulheres negras possuem menor chance de iniciar o pré-natal antes da décima segunda semana, realizar mais de seis consultas, realizar teste de HIV, realizar VDRL, realizar exame das mamas e receber orientações quanto a gestação, parto e aleitamento materno".[79] Além disso, as mulheres negras correspondem a 60% das vítimas da mortalidade materna no Brasil. Tais diferenças persistem mesmo quando se trata dos procedimentos de anestesia, tempo de espera e informações pós-parto, como aleitamento materno.[80]

Avançando no reconhecimento do acesso desigual de negros e brancos aos serviços ofertados e visando à promoção da equidade racial no SUS, o Ministério da Saúde elaborou a Política Nacional de Saúde Integral da População Negra, lançada em 2004. Criou também o Programa de Combate ao Racismo Institucional, mas este teve vigência limitada, durando apenas dois anos (2005-6). Reconhecia-se que os tratamentos desiguais por parte das instituições de saúde não poderiam ficar na invisibilidade e deveriam ser combatidos e prevenidos por alterações normativas, institucionais e culturais. O objetivo de construir uma rede de apoio à promoção da equidade racial em saúde, contudo, não foi alcançado, e as ações limitaram-se a oficinas de capacitação e produção de material institucional.[81] A Política Nacional de Saúde da População Negra tampouco ganhou corpo, envolvida no silêncio das equipes de atenção primária do SUS de que falam Jaciane Milanezi e Graziella Silva:

> O silenciamento impede que os agentes do SUS pensem sobre equidade dentro do acesso universal, além de os impossibilitar a construir uma gramática e uma prática antirracistas próprias aos níveis de cada complexidade da saúde pública. Se a ideologia contemporânea color-blind se apresenta antirracista, seus efeitos não o são, pois continua-se a permitir que a universalização aloque desiguais cuidados em saúde (quantidade e qualidade) a brancos de maior estrato social [...].[82]

O fato de a política de saúde ter no atendimento ao usuário uma efetiva dificuldade em tratar da questão da raça já denota um obstáculo a ser enfrentado na sua implementação. O silêncio e a omissão nesse caso são a concretização do racismo, seja como discriminação, pela negligência em face de situações concretas, seja como preconceito racial. O silêncio identificado pelas autoras se manifesta na dimensão material que envolve tanto o acesso ao serviço quanto a qualidade do cuidado, impedindo que as vicissitudes associadas à raça e que influem na saúde do paciente sejam consideradas. Reflete-se também no âmbito simbólico, reforçando estereótipos racistas.[83]

Essa mesma atitude racista é identificada por Werneck no que tange mais especificamente à questão da saúde da mulher negra:

> A saúde da mulher negra não é uma área de conhecimento ou um campo relevante nas ciências da saúde. É inexpressiva a produção de conhecimento científico nessa área e o tema não participa do currículo dos diferentes cursos de graduação e pós-graduação em saúde, com raríssimas exceções. Trata-se de assunto vago que, na maior parte dos casos, é ignorado pela maioria de pesquisadoras e pesquisadores, estudantes e profissionais de saúde no Brasil.[84]

A autora ressalta a centralidade da questão racial como fator determinante para o adoecimento e a morte de mulheres e homens negros. Cientes das dificuldades enfrentadas na implementação da política de saúde da população negra, os movimentos sociais ligados à temática lançaram um conjunto de recomendações para balizar a ação do Estado, e que foi largamente incorporado à Política Nacional de Saúde Integral da População Negra.[85] Essa política espelhava as principais dificuldades de acesso da população negra aos serviços de saúde. Entretanto, a despeito de todos os esforços, não houve alteração do cenário. A universalização da saúde, que deveria, ao menos em teoria, proporcionar a garantia de um serviço de qualidade para todos os cidadãos, esbarrou na existência do racismo, expresso no silêncio e na falta de percepção institucional de que a população negra necessita de um conjunto de ações específicas que venham a mitigar os efeitos desse mesmo racismo e fazer com que o sistema de saúde possa ser mais efetivo. Assim como o projeto de escola pública geral e inclusiva, o SUS universal e de qualidade parece não ser compatível com a sociedade desigual.

Nas políticas de educação, o arranjo de financiamento, que havia recuperado o dispositivo da vinculação de recursos nos três níveis de governo com a chamada Emenda Calmon, de 1983, vê ampliado o percentual dos gastos obrigatórios da União. Emendas constitucionais posteriores dotaram de maior uniformidade o gasto por aluno, com a criação dos Fundos de Manutenção e Desenvolvimento do Ensino Fundamental (Fundef) e do Ensino Básico (Fundeb). Mas, assim como na política de saúde, o aumento do gasto público em educação não representou uma ampliação em relação ao crescimento do PIB, e os recursos não acompanharam as demandas da área.⁸⁶

Paralelamente, a escola privada ganhou em sofisticação e diferenciação. O ensino privado hoje atende alunos da elite, das classes médias e mesmo das classes mais baixas, que têm acesso a escolas mais baratas. O crescimento do ensino privado demonstra a falência do projeto educacional republicano e universal de natureza pública, não tanto pela oferta de vagas, mas principalmente pela defasagem de qualidade e pelo impacto na ampliação da segmentação, diferenciação e segregação social e racial. A sociedade desigual tem no desenho atual do ensino básico um grande aliado para sua continuidade. E com o reforço na gradação por extrato social.

Theresa Adrião enfatiza três formas de privatização da oferta educacional: o aumento das matrículas em estabelecimentos particulares, o financiamento público (direto e indireto) a organizações privadas e o subsídio a ofertas privadas, tais como bolsas de estudo e incentivos fiscais.⁸⁷ Os impactos desses três fatores são expressivos no aumento das matrículas privadas entre 1995 e 2014: 71,9% no ensino fundamental e 54,4% no ensino médio. Ao mesmo tempo, o total de estabelecimentos privados de educação básica cresceu de 21 467 para 39 575, enquanto o número de escolas públicas diminuía de 200 893 para 149 098.⁸⁸ Os muito ricos têm sua escola, a classe média tem as suas, os remediados também, sobrando a escola sem qualidade para as populações mais pobres. Sofistica-se assim a rede de acesso à educação, distribuindo níveis de qualidade em função da condição social dos alunos, e aprofundando a clivagem racial.

Os números mais recentes mostram que, no caso do ensino fundamental, o Brasil contava em 2019 com um total de 47,9 milhões de estudantes, sendo que a grande maioria, 38,7 milhões, está na escola pública e 9,1 milhões, em escolas privadas. Estas últimas, como já ressaltado, apresentam uma gradação de qualidade que varia em função de seu grau de elitização. Mas os dados mostram que apenas uma minoria de alunos negros, de camadas acima da condição de pobreza, ascende a escolas particulares, sempre nas instituições de mais baixa qualidade. Segundo dados da PNAD/IBGE, os alunos das escolas privadas representam somente 7,2% dos alunos pertencentes às famílias cujo rendimento per capita se insere no primeiro quintil de renda, o mais baixo, subindo esse percentual progressivamente para 13,7% no segundo quintil, 16,4% no terceiro quintil, 22,6% no quarto quintil e, finalmente, 40% no quinto quintil, ou seja, pertencentes ao grupo dos 20% mais ricos.[89]

A privatização, contudo, não resultou necessariamente em reprodução de escolas de qualidade, além de, segundo os dados do governo federal, os professores das escolas privadas terem, em média, salários menores que os dos professores das redes públicas.[90]

> Em resumo, tem-se no Brasil a proliferação da dualidade educacional também no segmento das escolas privadas: de um lado escolas de elite para um reduzido nicho populacional e de outro, escolas de baixo custo disseminadas nas periferias urbanas, reproduzindo a segmentação escolar identificada pela literatura.[91]

Mas a dualização atinge também a rede pública, onde mantêm-se algumas ilhas de excelência. O Rio de Janeiro, por exemplo, há muitos anos já contava com algumas instituições públicas de qualidade. Sob a alçada federal, os seculares Colégio Pedro II e Colégio Militar, ambos criados por d. Pedro II, são instituições públicas teoricamente abertas ao público em geral. Mas o que as distancia das demais escolas não é apenas a qualidade do ensino, a formação dos professores e o decorrente reconhecimento como instituições de primazia: trata-se de instituições públicas originalmente criadas para a formação das elites civil e militar e que ainda hoje se diferenciam da média das escolas da rede pública, consolidando-se como referências no ensino. O mesmo ocorre com os colégios de aplicação pedagógica ligados às universidades e com a rede de colégios militares em todo o país.[92] As vagas nessas instituições são bastante disputadas, e, como o acesso é por concurso (com sorteio para o segmento infantil), os alunos selecionados via de regra são justamente aqueles das classes mais abastadas, em geral mais bem preparados. Assim, o que o Estado oferece de qualidade na educação é apropriado pelas classes média e alta. O acesso dos alunos da classe média branca aos colégios públicos de excelência é um exemplo de que a sociedade desigual funciona com filtros adicionais aos de cunho econômico.

Malgrado os desmandos e as tentativas de desmonte, a estrutura das políticas sociais sob a nova Constituição propiciou alguns avanços significativos. As expansões da oferta pública em educação e em saúde foram expressivas e geraram melhoria nas condições de vida da população brasileira. Na educação, a frequência escolar no ensino fundamental melhorou para brancos e negros. Os indicadores foram mais positivos para os estudantes negros devido ao aumento do número desses estudantes na rede de ensino. Contudo, cresceu a desigualdade escolar entre os dois grupos em termos do desempenho. Dados do Saeb, o Sistema Nacional de Avaliação da Educação

Básica, do Ministério da Educação, divulgados em 2003, mostraram um aumento na diferença do desempenho de estudantes negros e brancos na prova de leitura, que entre 1995 e 2001 aumentou de vinte para 26 pontos percentuais. Dos alunos da quarta série de ensino fundamental, 74,4% dos estudantes negros, ou seja, mais de dois terços, apresentavam desempenho classificado como "crítico" ou "muito crítico". No caso dos alunos brancos, esse percentual era de 51,7%.[93]

Mais alunos negros chegaram à escola fundamental, porém estão sobrerrepresentados no grupo com defasagem idade-série. E o problema é ainda mais grave, pois, além de repetirem de ano e/ou frequentarem classes tendo idade superior à esperada, as taxas de evasão dos estudantes negros são expressivamente maiores do que entre os brancos.

Em 2005, a taxa líquida de matrícula entre jovens negros e negras de onze a catorze anos é de 68%, quando se supõe deveria ser universal. Os outros 32% já desistiram ou encontram-se ainda no primeiro ciclo do ensino fundamental, enfrentando a repetência e com poucas perspectivas de atingir um nível de escolaridade que os prepare para o ingresso no século XXI.[94]

Com dados de 2005, um estudo do Ipea revelou o processo de exclusão dos negros do acesso à educação básica: "quase dois jovens negros em três já desistiram da escola sem ingressar no ensino médio ou encontram-se com defasagem crescente nos níveis inferiores", ao mesmo tempo que dois em cada três jovens brancos "estavam no nível adequado, a caminho da conclusão do ensino básico".[95] Também nas escolas privadas, com famílias em condições socioeconômicas similares entre si, observam-se as diferenças no desempenho entre alunos brancos e negros.[96]

Diversos fatores contribuem para o problema da evasão, defasagem idade-série e dificuldades em relação à aprendizagem dos estudantes negros. A literatura e as próprias escolas tendem a destacar os déficits educacionais dos pais ou o desinteresse das crianças e adolescentes como fatores determinantes. Contudo, além das péssimas condições físicas das instituições de ensino, é sobretudo o ambiente escolar e, dentro dele, os mecanismos pelos quais opera o racismo que precisam ser destacados, compreendidos e enfrentados. Muitos estudiosos — como, entre outros, Kabengele Munanga, Fúlvia Rosenberg, Amauri Mendes Pereira, Nilma Lino Gomes, Petronilha Beatriz Gonçalves e Silva — vêm pesquisando o ambiente escolar no Brasil e a dinâmica de preconceito e de discriminação que ali se reproduz e que funciona como uma das mais importantes correias de transmissão do ideário racista para as gerações em formação.[97]

As práticas associadas ao racismo, notadamente na forma de discriminação e preconceito, são observadas na escola ainda no ensino infantil, atingindo as crianças negras desde a mais tenra idade. A importante pesquisa realizada por Eliane dos Santos Cavalleiro com crianças de quatro a seis anos em instituição escolar já havia identificado tanto a internalização de uma identidade racial negativa entre os alunos negros como o sentimento de superioridade entre os brancos, expresso por meio de atitudes preconceituosas e discriminatórias relacionadas à atribuição de valor negativo à cor da pele mais escura.[98] A desvalorização sistemática a que são submetidas faz com que as crianças negras expressem desdém ou mesmo repulsa por suas características estéticas, mas a questão vai além. Essas crianças são penalizadas recebendo menos demonstrações de afeto, menos estímulos por parte dos professores em suas atividades, e, já na pré-escola, percebem o tratamento diferenciado que lhes é dirigido. Uma pesquisa desenvolvida por Fabiana Oliveira volta o olhar para crianças ainda mais jovens.[99] Realizando acompanhamento diário a uma creche paulista durante um semestre letivo, a autora revela como a questão racial perpassa as práticas educativas já para crianças de zero a três anos. Ela observa que tanto condutas discursivas como não discursivas diferenciam o tratamento diário dado às crianças negras e às brancas na creche. As primeiras recebem menos cumprimentos ao chegar, são mais frequentemente objeto de recusa de contato físico e sujeitas a comentários depreciativos e comportamentos associados a estereótipos raciais.

Tanto Cavalleiro quanto Oliveira destacam ainda o silêncio que acompanha o tema no que se refere às frequentes e disseminadas situações de discriminação vivenciadas pelas crianças, da parte do professor bem como da escola. Também objeto de reflexão de Munanga, esse silêncio reforça indiretamente o preconceito e a discriminação, e aprofunda o sofrimento e a solidão da criança negra.

Vêm se acumulando importantes contribuições a respeito dos mecanismos por meio dos quais o racismo se afirma na educação brasileira. Há expressivo consenso no reconhecimento de que o preconceito e a discriminação no interior do espaço escolar influenciam a própria dinâmica de aprendizado. Na escola, reforçam-se estereótipos que acabam incidindo como um estigma sobre as crianças negras. Eles vêm de práticas pedagógicas que tendem a reproduzir preconceitos; do tratamento diferenciado aos alunos por parte dos diretores, professores e funcionários; das ofensas raciais, travestidas de brincadeiras de colegas e professores; do uso da agressão verbal; e do descaso das autoridades escolares em prevenir e punir semelhantes práticas. O racismo no espaço escolar se manifesta ainda por meio de livros didáticos e dos parâmetros curriculares. O resultado dessas práticas no município do Rio de Janeiro foi mensurado pela pesquisadora Vera Figueira. No final dos anos 1980, a autora aplicou um questionário a 442 estudantes (238 brancos, 121 pardos e 83 pretos) de escolas públicas que atendem jovens de baixa renda entre sete e dezoito anos. Na sondagem, os brancos eram associados às seguintes qualidades: bonito (95%), inteligente (81,4%), engenheiro (85,4%) e médico (92,2%). Já os negros foram associados aos seguintes atributos: feio (90,3%), burro (82,3%), faxineiro (84,4%) e cozinheira (84,4%).[100]

Os alunos negros do ensino fundamental se concentram na escola pública, representando cerca de 65% do total. Ainda assim, mesmo sendo maioria absoluta, a escola é refratária a esses jovens. Em artigo sobre o tratamento de alunos brancos e negros da oitava série em escolas públicas de São Paulo, Fernando Botelho, Ricardo Madeira e Marcos A. Rangel identificaram a forte presença da discriminação racial, expressa em uma parcial e preconceituosa visão dos professores, que veem no alunato branco, intrinsecamente, uma maior competência. Segundo os autores, as avaliações da competência escolar dos alunos feitas pelos professores de matemática "são tendenciosas. Alunos brancos são menos propensos a serem considerados não competentes (nota abaixo da aprovação) do que seus colegas negros igualmente proficientes e bem-comportados".[101]

É importante sublinhar o fato de que o racismo que adentra a escola perpassa também as famílias, inclusive aquelas com presença de fenótipos distintos, e acaba por proporcionar tratamentos diferenciados para irmãos a partir da característica de cada um.

Donald Pierson, em seu livro *Brancos e pretos na Bahia*, havia dito que a miscigenação largamente disseminada no Brasil impedia a formação de uma rígida linha de fenótipo no país. Afinal, apontava o sociólogo norte-americano, uma linha como essa simplesmente cortaria as famílias ao meio. O também sociólogo norte-americano Edward Telles, baseado em dados do Censo de 1991, expôs de outra forma o paradoxo. Analisando famílias brasileiras com filhos de idade aproximada e fenótipo diferente, ele verificou que, entre as crianças por volta dos dez anos de idade, 47% dos irmãos brancos da amostra estavam na série apropriada, em comparação com 37% dos seus irmãos negros. Entre as irmãs brancas e negras essas diferenças, quando existiam, eram menores. Telles concluiria que, posto que os irmãos estão evidentemente sujeitos a idênticas condições familiares, as diferenças podem ser geradas tanto pelo tratamento diferenciado recebido na escola quanto pelos tratamentos diferenciados recebidos no próprio lar.[102]

As famílias são afetadas também pelo compartilhamento do conflito e pelo sofrimento vivenciado pela criança no ambiente escolar. Mas muitas vezes isto ocorre de forma silenciosa:

> Assim, a família protela, por um tempo maior, o contato com o racismo da sociedade e com as dores e perdas dele decorrentes. "Silencia" um sentimento de impotência ante o racismo da sociedade, que se mostra hostil e forte. "Silencia" a dificuldade que se tem em falar de sentimentos que remetem ao sofrimento.

"Silencia" o despreparo do grupo para o enfrentamento do problema, visto que essa geração também apreendeu o silêncio e foi a ele condicionada na sua socialização.[103]

Essa microfísica do racismo que muitas vezes se desenvolve na família reproduz-se de forma contínua e virulenta na grande maioria das escolas brasileiras. Isso pode ser exemplificado pela reiterada negligência por parte das escolas, sobretudo as privadas, para com a lei nº 10 639, que estabelece a obrigatoriedade do ensino da história da África e a valorização do legado africano na formação da sociedade brasileira. Em vigor desde 2003, a plena implementação dessa legislação tem sofrido forte resistência por parte de professores, diretores de escolas e outros profissionais da educação. Ou seja, o racismo presente nas salas de aula ocorre muitas vezes de forma indireta e, de certo modo, até automatizada no comportamento de parcela considerável dos educadores, o que faz com que importantes instrumentos como a lei em questão não tenham a devida eficácia.[104]

Há, no entanto, muito empenho de setores ligados à militância contra o racismo no sentido de aprimorar algumas práticas pedagógicas nas escolas e fazer valer a legislação vigente. Por pressão do movimento negro, instrumentos pedagógicos como os livros didáticos e os parâmetros curriculares passaram por alterações positivas. Outras iniciativas vêm buscando revigorar a reflexão nesse campo e incentivar mudanças no cotidiano profissional e escolar, como é o caso da campanha nacional desenvolvida pelo Ceert, Centro de Estudos das Relações de Trabalho e Desigualdades, que anualmente premia os professores e escolas que realizaram os melhores trabalhos junto a seus alunos visando à valorização da cultura africana e o combate ao racismo, bem como a disseminação de boas práticas por todo o país.

No entanto, em geral, para a população negra ainda persiste a naturalização do fracasso escolar, e, com ela, a naturalização da pior educação no pior ambiente escolar. Assim, não se trata de limitar o problema à discriminação interpessoal. É igualmente relevante tematizar o acesso diferenciado a recursos pedagógicos e equipamentos públicos, mesmo nos casos em que a questão racial não está diretamente colocada.[105] Sergei Soares e Natália Sátyro identificam a importância dos equipamentos pedagógicos e de uma infraestrutura escolar mínima para o melhor desempenho dos alunos, revelando mais um aspecto do racismo, presente na falta de investimento para as escolas das populações mais pobres e negras.[106]

No caso do ensino superior, a trajetória brasileira durante o século XX mostrou que o hiato entre brancos e negros crescia à medida que se elevava o nível educacional. Mas um forte incremento na oferta de vagas e na presença dos jovens negros, por conta das políticas de cotas, tem mitigado essa tendência histórica. De fato, as políticas de cotas tiveram um papel central nessa trajetória. Segundo dados do IBGE, a taxa de conclusão do ensino médio (proporção de pessoas de vinte a 22 anos de idade que cursaram na íntegra esse segmento) aumentou de 45,5% em 2004 para 60,8% em 2014, quando, na comparação entre negros e brancos, em 2014 foram 71,7% entre os jovens brancos e 52,6% entre os jovens negros. No ensino superior, a proporção de estudantes de dezoito a 24 anos cursando a faculdade passou de 32,9% em 2004 para 58,5% em 2014. Do total de estudantes negros nessa faixa etária, 45,5% cursavam o ensino superior em 2014, contra 16,7% em 2004. Já no caso dos estudantes brancos nessa mesma faixa etária, essa proporção passou de 47,2% em 2004 para 71,4% em 2014. Observa-se assim um expressivo crescimento no percentual de negros no ensino superior, em que pese sua presença em 2014 estar em um patamar menor do que o percentual de brancos no ensino superior dez anos antes.[107]

As cotas, instituídas progressivamente desde 2001, foram objeto de duras críticas da imprensa tradicional, dos setores empresariais e de boa parte da intelectualidade brasileira. Em 2006, quando do debate do Projeto de Lei sobre o Estatuto da Igualdade Racial, um manifesto assinado por dezenas de intelectuais argumentava que o preceito da igualdade entre todos os cidadãos seria obstado pelas cotas, que, de resto, levariam a uma cisão social a partir da retomada de uma visão racializada do próprio país. Intitulado "Carta pública ao Congresso Nacional: Todos têm direitos iguais na República Democrática", o manifesto como que resgatava e revalorizava o mito da democracia racial:

> Esta análise não é realista nem sustentável e [...] tememos as possíveis consequências das cotas raciais. Transformam classificações estatísticas gerais (como as do IBGE) em identidades e direitos individuais contra o preceito da igualdade de todos perante a lei. A adoção de identidades raciais não deve ser imposta e regulada pelo Estado. Políticas dirigidas a grupos "raciais" estanques em nome da justiça social não eliminam o racismo e podem até mesmo produzir o efeito contrário, dando respaldo legal ao conceito de raça, e possibilitando o acirramento do conflito e da intolerância.

O texto vai além, culpando as cotas pela criação de raças e um possível agravamento do racismo, e espelhando o conhecido medo secular das elites: "A invenção de raças oficiais tem tudo para semear esse perigoso tipo de racismo, como demonstram exemplos históricos e contemporâneos. E ainda bloquear o caminho para a resolução real dos problemas de desigualdades".

Finalizando com uma perversa inversão dos valores e das ideias de um dos maiores ícones da luta antirracista, Martin Luther King, a carta enfatiza: "Nosso sonho é o de Martin Luther King, que lutou para viver numa nação onde as pessoas não seriam avaliadas pela cor de sua pele, mas pela força de seu caráter".[108]

Se o grupo que assina a carta se desse o trabalho de averiguar quantos negros participaram e apoiaram o manifesto e, ao mesmo tempo, se perguntar sobre o porquê de sua residual presença, talvez pudesse entender melhor que a questão racial no Brasil é bem mais complexa, e gera perdedores e ganhadores. Essa é, sem dúvida alguma, uma carta dos ganhadores, em que pese terem sofrido uma relevante e histórica derrota com a aprovação, pelo Congresso Nacional, do Projeto de Lei sobre o Estatuto da Igualdade Racial e, posteriormente, das cotas.

Inspirado na ideia do perigo da racialização, nos moldes descritos na carta dos intelectuais, em 2009 o partido Democratas ajuizou uma ação no Supremo Tribunal Federal contra a constitucionalidade do tratamento diferenciado de cidadãos pelas cotas.[109] Esse processo suscitou uma audiência pública no STF, com a presença de vários especialistas, para discussão do tema. Um novo manifesto, assinado por 113 dos mais relevantes representantes da vida acadêmica e cultural brasileira e novamente citando Martin Luther King, foi entregue ao STF. Nele, afirmavam que "por certo existe preconceito racial e racismo no Brasil, mas o Brasil não é uma nação racista", devendo, pois, manter-se longe de iniciativas que "desviam as atenções dos desafios imensos e das urgências, sociais e educacionais, com os quais se defronta a nação".[110]

Os ministros do STF decidiram em 2012, por unanimidade, que as cotas eram constitucionais, permitindo assim a consolidação desse instrumento de ação afirmativa no país e abrindo caminho para a aprovação, no mesmo ano, da lei nº 12711, que instituiu cotas nas instituições federais de ensino superior, e em 2014, da lei nº 12990, que determinou que as cotas passassem a abranger também concursos públicos a serem realizados nas diferentes esferas de governo, e que suscitou a extensão dessa ação para o Legislativo e o Judiciário. Atualmente, as cotas raciais constituem um dos poucos, senão o único, instrumentos de contraposição ao racismo. Elas quebram a secular via dupla de caminhos separados: um para os pobres e negros, outros para as elites e as classes médias brancas. Interrompendo esse círculo vicioso, as cotas bloqueiam, em algumas esferas, a sequência natural da desigualdade por raça e cor.

Ao colocar nas universidades de ponta alunos negros, as cotas raciais introduzem um importante diferencial na composição futura de nossa hoje desbotada elite intelectual e econômica. Elas possivelmente contribuirão para que a elite brasileira tenha uma cor mais parecida com a de sua população e, desse modo, se comprometa mais com seus anseios e necessidades. Uma elite que poderia pensar a miséria como uma questão nacional e ver na desigualdade extrema e contumaz um fator de fragilização nacional e de entrave ao desenvolvimento. E que, finalmente, consideraria possível um país para todos. Algumas mudanças já se fazem presentes nesse período de quase uma década de implantação das cotas. A primeira delas diz respeito ao ambiente universitário. A presença de alunos negros modificou o cenário dos campi e com isso a questão racial ganhou novos contornos e o debate passou a compor a grade das ciências sociais com mais dinamismo e vigor. A maior diversidade no ambiente acadêmico e universitário insta os próprios alunos brancos a conviver com os negros, algo sempre difícil em função das barreiras impostas pela sociedade desigual.

Inicialmente as cotas foram implementadas a partir de iniciativas individuais das universidades, sendo que muitas delas preferiram as cotas sociais. Quando a lei nº 12711 foi implantada, 134 das 304 instituições de ensino superior existentes no Brasil já praticavam algum tipo de ação afirmativa para ingresso; destas, 51 tinham optado por cotas raciais, mas apenas quatro universidades federais já utilizavam exclusivamente o critério racial sem outros atributos adicionais.[111] Uma parte delas adotou apenas as cotas sociais, para alunos advindos das escolas públicas, outras implementaram um sistema misto de cotas raciais e sociais com o argumento de que o branco pobre mereceria o mesmo tipo de apoio. Na verdade, o que houve foi uma tentativa de descaracterização das cotas por parte de algumas instituições, por temerem justamente seu caráter racial.

Ocorre que as cotas foram idealizadas pela militância como um instrumento de combate ao racismo visando à redução das desigualdades *raciais*. As cotas, assim, deveriam ser direcionadas exclusivamente para a população negra e aos indígenas. A pobreza do branco se combate com outros instrumentos de política social, como bem demonstra a experiência de outros países. Ao misturar-se a cota social e a cota racial, a política perde muito de sua acuidade e efetividade. O aluno negro que por esforço dos pais ou sorte veio a cursar uma escola privada não terá acesso ao programa de cotas. Trata-se de uma visão não apenas equivocada, mas racista, na medida em que tenta eliminar o critério raça como elemento fulcral da política. Não por acaso, foi no momento em que as cotas pretenderam muito justamente focalizar a população negra — e seria a primeira vez na história do Brasil que uma política governamental viria a favorecer especificamente a população negra — que houve uma imediata preocupação com o branco pobre por parte dos adeptos do discurso contra as cotas.

Como resultado, a própria lei nº 12 711, manifestando a preocupação da bancada de apoio ao governo no Parlamento, introduziu um sistema misto de cotas raciais e sociais, desvirtuando em parte o espírito da legislação original. De acordo com esse dispositivo legal, 50% das vagas das universidades públicas e das escolas técnicas são destinadas a alunos de baixa renda que cursaram o secundário em escolas públicas, sendo que desse contingente um percentual — que varia em função da participação da população negra e indígena no total de habitantes do estado, bem como de pessoas com deficiência — é destinado a alunos dessas origens étnicas e/ou condição de deficiência. Ressalte-se: alunos que cursaram o segundo grau em escolas públicas. Ou seja, a lei é restritiva e não foca no público que deveria ser o alvo original, isto é, os estudantes negros e, em menor proporção, o indígena, independentemente de terem ou não cursado a escola pública. Isso porque o racismo que se abate sobre esse grupo, na forma de discriminação ou de preconceito, é indiferente ao tipo de escola cursada e tem a ver diretamente com a cor da pele. As portas que se fecham para o jovem negro diuturnamente em todo canto do Brasil não diferenciam o aluno negro da escola particular do aluno negro da escola pública. O racismo contra o negro é um só e deve ser combatido em sua integridade.

De todo modo, a despeito das limitações, a magnitude das mudanças decorrentes da lei n° 12 711 é expressiva. Em 2014, as universidades federais ofertaram 191 736 vagas, e destas 43 613 foram para candidatos negros — contra 13 392 vagas apenas dois anos antes.[112] Há, portanto, um forte impacto da política de cotas a favor da população negra e indígena, mesmo com as restrições observadas. As cotas nas universidades e nas escolas técnicas são seguramente um marco na história da educação e da democratização das oportunidades no país.

Além das cotas, outras medidas de apoio à população negra foram desenhadas a partir da criação e do funcionamento da Secretaria de Políticas de Promoção da Igualdade Racial, no governo Lula. A Seppir formulou ações direcionadas à população das áreas remanescentes de quilombos, no âmbito do Programa Brasil Quilombola, ações para as comunidades religiosas de matriz africana e um programa de ação de combate à violência contra a juventude negra. Entretanto, as propostas desenvolvidas tiveram uma dimensão restrita, configurando intervenções cuja grandeza não logrou afrontar a questão racial brasileira em sua grandiosidade e centralidade.

O fim do sonho inclusivo

A educação e a saúde são esteios históricos que muito contribuem para a moldagem da sociedade desigual. Como dois dos principais motores de disseminação da desigualdade, acolhem mecanismos simbólicos que reforçam o lugar subalterno da população negra, ao mesmo tempo que constrangem o acesso a certas condições materiais de vida, relacionadas a formação, informação, cuidados e oportunidades, organizando e reproduzindo o lugar de subordinação.

Atualmente o quadro perverso e iníquo da educação encontra-se pacificado. Um ensino público totalmente sucateado, sem recursos e sem projeto pedagógico, que serve às populações mais pobres, majoritariamente negras. Quase 1,1 milhão de crianças e adolescentes entre quatro e dezessete anos estão fora da escola, dos quais mais de 90%, ou seja, cerca de 1 milhão, pertencem a famílias cuja renda per capita chega a, no máximo, um salário mínimo mensal. No total, em 2019, foram 780 mil crianças e adolescentes negros fora da escola.[113]

Persistem alguns nichos de excelência do ensino público, como os colégios de aplicação ligados às universidades, o Colégio Pedro II, no Rio de Janeiro, e os colégios militares, que, no entanto, abrigam sobretudo os alunos de classe média branca. De outro lado, o ensino privado vem aprimorando a oferta de produtos diferenciados de acordo com o status social. Há os colégios das elites, muitos dos quais confessionais, como o Colégio Sion, em São Paulo, ou o Colégio de São Bento, no Rio de Janeiro; há um corpo intermediário de instituições, mais associado ao mercado, como a rede Objetivo; e há as escolas de menor qualidade mas de menor preço, que servem a uma classe média remediada que logrou fugir do ensino público. Esse mecanismo excludente e ao mesmo tempo hierarquizado também se encontra no sistema de saúde. No lado público o SUS, cada vez mais fragilizado e em processo de desmonte, serve aos segmentos mais pobres. Com as receitas comprometidas pelas restrições orçamentárias, ainda assim cerca de um quarto de sua receita é destinado para instituições de saúde privadas.[114] E também aqui as instituições públicas de excelência, no caso hospitais universitários como os paulistas Incor e Hospital das Clínicas, entre outros, mantêm uma seletividade em prol das camadas superiores. No lado privado, hospitais tradicionais como o Sírio-Libanês e o Albert Einstein, também em São Paulo, mantêm-se nos serviços de ponta, agora ladeados por novas redes hospitalares privadas, como a Rede D'Or, e têm se sofisticado no atendimento às camadas mais ricas. E há então os hospitais e clínicas particulares de segunda e terceira linhas, alimentados pela proliferação dos planos de saúde que se fazem alternativa ao SUS.

Esse cenário de apartação e exclusão é fruto do racismo. As ofertas de serviços de educação e de saúde universalizaram-se, mas com qualidade bastante distinta. No âmbito mais geral, o exercício do biopoder, a partir do qual o Estado decide a destinação de recursos em função de suas prioridades, demonstra a atitude díspar e discricionária. A ausência de recursos para a educação e a saúde públicas tem sido recorrente. O governo fala em contenção de despesas para resgatar a higidez financeira do Estado. Entretanto, subsídios, isenções, repasses de recursos públicos a entidades privadas continuam a nortear as ações governamentais para os segmentos e camadas superiores. Como mostrou Foucault, o exercício do biopoder decide fazer viver ou deixar morrer. No caso da saúde, o sucateamento do sus e, portanto, o atendimento precarizado majoritário à população negra são uma decisão política, ancorada não na busca da igualdade, mas no seu oposto — o aprofundamento da sociedade desigual. Da mesma forma, a trajetória em termos de desempenho mantém-se desigual para os grupos raciais, como observado nos índices educacionais diferenciados de repetência, defasagem idade-série e evasão. Revela-se, assim, que as oportunidades desiguais são parte da engenharia institucional dessas políticas públicas e não encontram senão fraca problematização nas instâncias de formulação e de gestão.

Não há ação do Estado em prol da equidade na educação fundamental, uma ação que favoreça a redução das desigualdades seja em infraestrutura escolar, seja no resultado do desempenho dos alunos. Em saúde, os programas de combate ao racismo institucional não foram capazes de constituir uma ação perene/efetiva para a redução da desigualdade em infraestrutura ou acesso aos serviços de saúde. Essa repartição desproporcional de infraestrutura em ambas as áreas é um aspecto estratégico da distribuição seletiva de bem-estar e de oportunidades no país, alimentando e reproduzindo a sociedade desigual.

4. Quilombos, favelas, alagados, mocambos, palafitas e a periferia: A ocupação do espaço na construção da desigualdade

EM 1992, o Rio de Janeiro foi a sede da Conferência das Nações Unidas sobre Meio Ambiente e Desenvolvimento, a ECO-92. O Brasil receberia na cidade 108 chefes de Estado de todas as partes do mundo. Não era costume do país a organização de grandes eventos internacionais, muito menos uma reunião desse porte, a maior concentração de líderes políticos internacionais até então realizada. Para garantir o bom andamento da conferência, o aparato de segurança deveria ser o mais significativo já montado, e assim foi feito. Para tanto, o Exército brasileiro posicionou carros de combate em pontos estratégicos, apontando seus canhões para as favelas. A imagem de tanques dispostos na entrada da Rocinha prontos para abrir fogo contra o inimigo é bastante reveladora. Quem é o inimigo? Pela estratégia militar utilizada, é o habitante da favela — a população pobre e majoritariamente negra que, entranhada nos morros e nas periferias, representava, aos olhos das forças de segurança, a encarnação secular do mal e da marginalidade no país. A mesma população negra, sempre vista como uma turba desregrada e destituída dos princípios de civilidade, que por séculos despertou medo e inquietação nas elites. E segue despertando.

Ainda que tenha origem na escravatura, essa condição de desumanidade imposta aos negros no Brasil ganhou sofisticação com o passar dos séculos. Um dos cenários de maior explicitude dessa ignomínia é o da distribuição espacial da população. A favela é a parte que restou aos negros, a sobra insalubre do espaço urbano, que se faz viável pelas mãos da população sem alternativa de moradia. O mesmo se pode dizer dos alagados da Bahia, dos mocambos do Recife, das palafitas da Amazônia e das periferias de São Paulo, Belo Horizonte e tantas outras cidades. O país de gigantescas áreas não teve espaço para os negros. Estes precisaram buscar, com esforço próprio e luta, seu local de vivência, ainda que sob as mais precárias condições. Não há o que se relativizar: a favela, do ponto de vista das condições de habitação, é uma infâmia. Famílias apinhadas em pequenos cômodos, acessibilidade precária, falta de infraestrutura mínima. Isso é válido para os espaços de moradia de grande parte da população negra, frutos do mesmo histórico de negação e de segregação.

Na sociedade desigual a cidade se apresenta de maneira multiforme. Para uns, ambiente de conforto, cultura e segurança, com pleno acesso a comércio, serviços, cultura e lazer. As classes médias e as elites comungam dos espaços restritos de shoppings centers, teatros, casas de shows, restaurantes etc. Para outros a vida urbana é caótica, perigosa e hostil, sem direito a um mínimo de lazer e segurança. Um trabalhador da periferia pode gastar mais de três horas diariamente em locomoção para o trabalho, estando sujeito à precariedade do sistema de transporte público e à violência em geral.

Um dos principais motores de reprodução da sociedade desigual, a conquista do espaço vital onde negras e negros têm vivido e se reproduzido é uma história de exclusão e de apartação territorial — desde a constituição das primeiras comunidades quilombolas como reação à escravidão, passando pela destituição das propriedades rurais com a Lei de Terras de 1850 até chegar ao século XX e às políticas de higienização urbana que expulsaram os negros das áreas centrais das grandes cidades.

O espaço no Brasil Colônia e no Brasil Império: Quilombos, quintais e quitandas

Falar de um Brasil único e integrado antes do século XIX não corresponderia à realidade dos fatos. Esse território de dimensões continentais era, nos primeiros séculos da colonização portuguesa, formado por regiões estanques, com pouca comunicação entre si e sobrevivendo de atividades econômicas destinadas à metrópole. O ciclo do pau-brasil, que se desenvolveu no litoral atlântico e escravizou indígenas, justamente por ser uma atividade extrativista e extensiva não permitiu a consolidação de uma sociedade estável e sedentária. Só a produção do açúcar no Nordeste, a partir do final do século XVI, deu início à conformação de uma rede de pequenos entrepostos urbanos e grandes fazendas e engenhos de produção, habitados pela elite proprietária, seus serviçais e os escravizados advindos das primeiras levas de africanos. Havia nas áreas urbanas o pequeno comércio, a presença da Igreja e, nas cidades maiores, a figura do comerciante exportador.

Nesse contexto de produção açucareira, surgiram os primeiros movimentos de escravizados rebelados de que se tem registro. Palmares foi a maior formação dos chamados quilombos na história brasileira. Localizado em Alagoas, mais precisamente na serra da Barriga, e estendendo-se pelos arredores, ele perdurou por pelo menos cem anos e chegou a ter uma população de mais de 20 mil habitantes, que viviam da agricultura e trocavam o excedente de produção nos comércios das imediações por utensílios e outros produtos, tendo estado em contato com cidades como Ipojuca, distante quase duzentos quilômetros.

A relação entre o quilombo e a comunidade vizinha era pacífica, embora sua existência afrontasse diretamente a ordem estabelecida pela Coroa portuguesa e pelos senhores de engenho. Foram instituídas então algumas expedições militares para pôr fim a Palmares, mas a organização dos quilombolas, encabeçada por Zumbi, rechaçou tais investidas. Por fim, Portugal ordenou a formação de uma das maiores concentrações militares nas Américas até então. Contando com milhares de homens e pesado equipamento militar que incluía peças de artilharia de longo alcance, sob o comando do paulista Domingos Jorge Velho, Palmares foi atacado em 1694, perecendo à força maior do inimigo. Zumbi ainda resistiu na guerrilha por mais de um ano, morrendo em uma emboscada. Para além do exemplo de sua existência, Palmares tem um forte significado de luta e tornou-se um símbolo para o movimento negro. É a marca maior da resistência negra, em prol da liberdade e da dignidade, ambas roubadas pela escravidão. O quilombo era um espaço vital, que possibilitava à população negra a vivência da soberania, da autodeterminação e da autonomia econômica, tudo que a escravidão lhe negava. Desse ponto de vista, foi um espaço revolucionário que desafiou a ordem escravocrata estabelecida. Não à toa foi objeto da máxima virulência do colonizador.[1] Como Palmares, outros quilombos foram criados em todas as regiões do país: em Minas Gerais, Goiás, Rio de Janeiro, São Paulo e Bahia, entre outros estados. Nem todos foram destruídos, pelo contrário, muitos lograram remanescer. Escondidos, encobertos, isolados por séculos, os quilombos constituíram-se em elementos de resistência que deram condições de vida e liberdade para gerações e gerações de afrodescendentes. Dados mais recentes apontam que existem 5972 comunidades quilombolas em todo o país, das quais 2847 já certificadas pelo Estado, segundo informações da Coordenação Nacional de Articulação das Comunidades Negras Rurais Quilombolas, a Conaq.[2] Entretanto, são poucas as comunidades que receberam o certificado definitivo de posse de sua terra. Cerca de duzentas foram contempladas com os títulos, o que representa menos de 7% das áreas reconhecidas.[3] O universo de comunidades remanescentes de quilombos abriga hoje um total estimado da ordem de 2,5 milhões a 3 milhões de pessoas.[4]

O quilombo foi, portanto, o espaço conquistado, na negação da ordem escravocrata e racista.[5] Mas existiam outros sítios ocupados pela população negra no Brasil Colônia. As senzalas eram o local da resistência silenciosa, da arquitetura das estratégias de fuga, dos cantos e lamentos, da capoeira, da preservação da cultura negra, mas também o espaço do cativeiro e do sofrimento, o ambiente da escravidão — e, aos poucos, deixavam de ser o único para os negros. Em meados do século XVIII, além do ciclo do açúcar no Nordeste já estava em plena ascensão o ciclo do ouro, com a interiorização da atividade extrativa, primeiro nas Minas Gerais e, mais tarde, nas terras de Goiás e do Mato Grosso. Ao contrário da produção canavieira e suas fazendas e engenhos, largamente autossuficientes na produção de alimentos, a mineração necessitava de uma estrutura independente e complementar de produção de alimentos, de fornecimento de montarias e de serviços. Como as terras se localizavam no interior, essa necessidade fez surgir uma rede de pequenos entrepostos e vilas nos entroncamentos das rotas.

Ao mesmo tempo, essa interiorização veio acompanhada de um outro fenômeno importante, o aparecimento dos homens livres na ordem escravocrata.[6] Em sua maioria mestiços, filhos de escravizados com pessoas livres, esse grupo conseguira obter sua autonomia vivendo da prestação de serviços para fazendas próximas, ou cultivando terras até então inabitadas. O desenvolvimento de um setor de produção de alimentos não baseado no trabalho escravizado desenrolou-se em grande parte do território nacional, viabilizando o acesso à terra para os milhares de negros mestiços e seus familiares estabelecidos em sítios de produção de subsistência. Note-se que, durante o domínio português, estava em vigência o regime das sesmarias, consubstanciado na cessão de grandes áreas de terras aos chamados "homens bons" — indivíduos pertencentes aos grupos dominantes locais que se constituíam em uma espécie de reserva moral e esteio econômico da comunidade —, os quais, por sua vez, se comprometiam a redistribuí-las a pessoas de sua confiança para produção e consumo. Em princípio, não existiam empecilhos à entrega das terras a quem quer que fosse. Mas há registros de que a própria Coroa sinalizara a exclusão dos negros, como descreve Oliveira Viana:

Da propriedade da terra, eles [os negros] são, por seu turno, prudentemente afastados. Na Carta de Lei de 1809, em que o Príncipe Regente institui, no Brasil, a Ordem da Torre e Espada, franqueia-se aos comendadores, para "aumento da agricultura e povoação", o direito de aforarem parte do terreno das comendas, mas com esta restrição: de só o fazerem "a colonos brancos". No passado, com muito mais razão, essas prevenções afastam os homens de cor da grande propriedade sesmeira. Eliminados da posse do poder e da posse da terra, torna-se impossível aos mestiços classificarem-se nos seus centros de origem. Nestes, a sua subalternidade é permanente.[7]

Esse preceito parece ter sido rigidamente seguido pelos "homens bons". Negros e mestiços foram alijados da distribuição das terras sob o regime das sesmarias. Buscava-se assim a seletividade tendo como critério a origem europeia. Dentre os elementos heterogêneos que constituem as expedições bandeirantes,

nem todos, porém, se fazem senhores de propriedades rurais. Certos fatores de ordem moral, de ordem étnica, de ordem econômica, de ordem social — visíveis uns, sutis outros —, atuam num sentido francamente seletivo, de modo tal que a propriedade da terra vai caber, quase exclusivamente, aos elementos etnicamente superiores da massa emigrante. Fato prenhe de consequências, porque concerne com a formação antropológica da própria aristocracia territorial.[8]

Aos pretos e mestiços livres, como já dito, restava a prestação de serviços nas fazendas ou, alternativamente, a busca por terras distantes e inexploradas. Esse processo de ocupação rural intensificou-se no século xix, com o fim do vínculo com Portugal. A independência criou nos posseiros a expectativa de que a terra seria garantida aos que nela se haviam fixado. De fato, com o fim das sesmarias, em 1822, um regime transitório acolheu o reconhecimento da posse de terras. Entretanto, a promulgação da Lei de Terras de 1850 colocou na ilegalidade o uso e a posse da terra como caminho para a propriedade rural, instituindo o que Tatiana Emília Gomes identifica como o racismo fundiário.[9] Toda a enorme área de terras devolutas passou a ser considerada um bem comercializável, cujo acesso, pelo texto da lei, ficava limitado à aquisição exclusivamente pela compra.

Como destaca Guilherme Delgado, instigada pela Lei Eusébio de Queirós, que proibia o tráfico de escravizados e fora promulgada duas semanas antes, a Lei de Terras de 1850 impediu a afirmação da pequena propriedade familiar no Brasil.[10] Dificultado o acesso à propriedade, ficou inviabilizada a transformação das posses em estabelecimentos familiares legalizados, bem como a expansão da produção agrícola familiar por parte dos libertos. A população negra dedicada à produção rural de subsistência viu eliminada a perspectiva de independência econômica patrimonial. Sem terras, e com oportunidades restritas de se engajar em outras atividades produtivas, o negro livre vai ser empurrado para a condição de lúmpen no campo ou na cidade, reproduzindo-se em condições de pobreza e miséria.

Com efeito, a percepção de que estaria em marcha um processo de libertação dos escravizados, com o crescimento da população de livres e libertos, mobilizou o debate social no fim do Império, mas não foi capaz de produzir uma dinâmica de reconhecimento e inclusão dessa população fora da senzala. Ao contrário, no Brasil do século XIX são reforçadas as relações fundiárias iníquas e as condições de trabalho rural marcadas pelo arbítrio. A experiência dos negros livres que lograram se afirmar na sociedade e construir alguns nichos de classe média nos núcleos urbanos não teve continuidade. A mobilidade social ascendente do negro não era aceita, postura que vai se reforçar com o correr dos séculos e moldar a sociedade desigual.

A urbanização então em curso no país já fazia com que grandes centros, como Rio de Janeiro, Salvador e Recife, se destacassem na cena nacional como mercados importantes. Escravizados prestadores de serviços, os chamados negros de ganho, juntamente com expressivos contingentes de livres e libertos, povoavam as áreas centrais. Eram comerciantes de alimentos em suas quitandas, transportadores de cargas e pessoas, vendedores de cestos, mestres em reparações diversas, barbeiros, funileiros, ourives, sapateiros, aguadeiros — enfim, todo tipo de profissional podia ser encontrado nessas áreas mais centrais. Até meados do século XIX, os trabalhadores negros dominavam completamente a cena dos prestadores de serviços, algo que vai se modificar nas cidades do Sudeste com o afluxo de imigrantes, como no caso dos italianos em São Paulo e dos portugueses e espanhóis no Rio de Janeiro.

Maior cidade do país, o Rio era negro, sobretudo em suas áreas centrais, com as ruas do centro urbano povoadas de negros e negras de ganho, livres e libertos, profissionais de diferentes expertises. A cidade tinha até sua Pequena África, bairro que abrigava grande parcela dos afrodescendentes.[11]

Nas décadas finais do século, uma população negra vinda de outros estados, sobretudo da Bahia, junta-se a essa comunidade de africanos e afro-brasileiros. Ali, os espaços de sociabilidade envolviam desde as diferentes irmandades religiosas até os chamados *zungus*, tipo de taberna onde as pessoas se encontravam para se divertir, conversar, namorar, cantar. A Pequena África tornava-se um polo importante, onde nasceram e frutificaram muitas manifestações culturais, sendo a mais notável o samba.[12] Mas a Pequena África incomodava. Localizada nas proximidades do porto, era rota de passagem de todo visitante. E muitos europeus recém-chegados associavam a visão que tinham do Rio a cidades africanas, seja pela cor dos passantes ou pelo tipo de aglomeração e de comércio. De fato, a cidade se assemelhava mais a Dacar ou Luanda do que a Paris ou Londres, referências da elite carioca. E a comparação com as terras africanas era incômoda para o país que queria se ver no rol das grandes nações do mundo.

Do mesmo modo, na segunda metade do século XIX São Paulo ganhava ares de uma grande cidade, pela concentração de trabalhadores nacionais, em sua maioria negros, e também pelo crescente afluxo de imigrantes, sobretudo italianos. Mas a distribuição espacial, à época em pleno rearranjo, passava também a ser marcada pela segregação, com os negros ocupando os sobrados e casarões de áreas centrais abandonados pela burguesia que decidira se alojar em regiões mais distantes. Segundo Raquel Rolnik,

> assim, novos loteamentos foram surgindo em áreas de antigas chácaras, abrigando palacetes neoclássicos circundados por muros e jardins. Por essa época, a população negra da cidade concentrava-se nos cortiços e porões do velho Centro de São Paulo, recém-abandonado pelos ricos, ao mesmo tempo que novos nú-

cleos iam surgindo literalmente aos pés das novas zonas ricas da cidade (Campos Elíseos, Higienópolis). Isso, evidentemente, está ligado ao fato de que uma das poucas fontes de emprego para os pretos e pardos da cidade era, naquele período, o serviço doméstico, uma vez que o imigrante realmente lhes havia substituído nas ocupações mecânicas antes realizadas por libertos.[13]

Outras cidades importantes, como Salvador e Recife, também passavam pelo boom populacional, nesse caso pelo afluxo dos ex-escravizados, agora libertos. As áreas centrais eram sobretudo ligadas ao comércio e à prestação de serviços e, portanto, locais de concentração de trabalhadores negros. Essa verdadeira tomada das áreas centrais por negros e negras será objeto de atenção e de incômodo para as elites e o poder público, e o século XX trará uma nova postura das autoridades, que irá resultar na expulsão da população negra daquelas áreas.

O século XX e o combate às áreas urbanas insalubres: Favelas, mocambos, alagados e periferias

A busca pelo país moderno, higienizado e europeizado, que aflora com força no Brasil no final do século XIX, atinge principalmente as cidades. A preocupação com a saúde pública, com as condições sanitárias urbanas, passa a ocupar um lugar de destaque na agenda dos governantes. No esteio do pensamento eugênico, uma política nascente vem incorporar as preocupações com a degenerescência nas cidades. O projeto de novo país incluía a profilaxia e o branqueamento também de suas urbes, sobretudo em suas áreas centrais.

Como vimos, seguindo as transformações feitas em Paris por Haussmann, Pereira Passos, prefeito do Rio de Janeiro, inicia em 1903 um radical projeto de reurbanização da cidade, com a abertura de grandes avenidas, a construção do Theatro Municipal, do Museu Nacional de Belas Artes e da Biblioteca Nacional, além de obras de saneamento, estas sob a supervisão do médico e sanitarista Oswaldo Cruz. A capital do país ganharia assim ares de civilidade aos moldes do que ocorrera nas cidades das grandes nações. Vários quarteirões de cortiços, habitação da população negra, foram destruídos pela política do chamado "Bota Abaixo". O Rio se modernizava, e as ações de saneamento visavam não apenas a dar um outro estilo urbanístico e arquitetônico à cidade, mas igualmente a resgatar e higienizar as áreas centrais, num contexto em que doença, vícios, cultura e raça negra eram vistos como sinônimos. A eugenia de inspiração lamarckiana havia assim encontrado acolhida no campo do planejamento urbano no Brasil do início do novo século, e, nessa perspectiva, a construção da modernidade incluía a ideia de enfrentar a degeneração social e normalizar a população, inclusive pela reforma no espaço e no ambiente físico das cidades.

Como destaca Rolnik, a "limpeza" da cidade teve como alvo os territórios negros, remodelando áreas centrais que organizavam a vida dessa comunidade: "Era no Campo de Santana (hoje Praça da República) e nos pátios e avenidas dos cortiços, que se transformavam em terreiros de samba, jongo ou macumba, que o território negro do Rio de Janeiro se estruturava na virada do século".[14]

Algumas décadas mais tarde, ainda era a concentração da população negra que mobilizava importantes reformas urbanas. A remoção do núcleo urbano do morro do Castelo, em 1922, com o deslocamento de milhares de habitantes "indesejáveis", foi justificada pelo prefeito da cidade, Carlos Sampaio, por razões não apenas sanitárias mas também estéticas: o local produzia má impressão aos viajantes estrangeiros que chegavam à cidade.[15] Como destaca Fabíola López-Duran, foi quando a higiene passou a ser pensada em termos sociais, e não só individuais e físicos, que a remoção do morro do Castelo se tornou um projeto exequível:

> Mas, no início da década de 1920, razões estéticas e morais foram adicionadas às sanitárias, e o morro tornou-se não apenas um obstáculo a ventilação, mas a negação da própria modernidade, um reservatório de vício e doença, o lugar de uma população marginal, em sua maioria negros, composta de pobres, prostitutas, vagabundos e ex-escravizados, "com suas práticas embaraçosas de superstição e miséria".[16]

Em todas as reformas urbanas levadas a cabo no período, o Estado não deu apoio algum à população expulsa das construções derrubadas, que foi obrigada a buscar outros locais de moradia por sua própria conta. No Rio, se uma parte foi para os subúrbios, as zonas periféricas da cidade, outra subiu os morros, até então desabitados, e lá se alojou, criando as favelas. A primeira delas foi uma concessão dada pelo governo aos soldados retornados da Guerra de Canudos para a construção de barracos no morro da Providência. O local passou então a se chamar morro da Favela, em homenagem a uma vegetação típica dos arredores de Canudos, e a partir daí o termo passou a significar assentamentos nos morros para moradores pobres e negros.

Sem água, sem energia, sem saneamento básico ou pavimentação, sem qualquer tipo de melhoria não apenas na própria estrutura urbana, mas também na sociabilidade e na produção cultural, as favelas acolherão uma crescente população negra a quem foi negado o espaço na cidade — e, em uma perspectiva mais ampla, a própria cidadania. Ao longo de todo o século xx, as favelas crescerão e se tornarão a residência de milhares de pessoas, ironicamente alterando a paisagem da cidade na contramão dos ares modernos pretendidos pelas autoridades ao expulsarem os negros com as grandes reformas.[17] Sua habitabilidade, porém, permanecerá precária. Sem garantias do Estado, a população negra apenas sobreviverá.

Ao contrário daqueles que se decidiram por fixar residência nos subúrbios, distantes das áreas centrais, os moradores das favelas mantiveram-se nas proximidades, logrando prestar serviços aos residentes das áreas nobres. Via de regra, as mulheres trabalhavam como lavadeiras, arrumadeiras e empregadas domésticas e os homens, como encanadores, pedreiros, eletricistas, porteiros e zeladores de edifícios. Os barracos em geral eram de madeira com cobertura de zinco; as pessoas tinham que subir o morro a pé, muitas vezes com latas de água na cabeça, e conviver com a lama dos dias de chuva, que dificultava a caminhada pelas vielas de terra. Ao mesmo tempo, o abandono completo do espaço pelo poder público desde o primeiro momento suscitou a formação de um espírito gregário, e regimes de cooperação para a construção dos barracos reforçaram os elos entre os moradores.

A partir dos anos 1930, com a intensificação do processo de urbanização, o Rio de Janeiro recebe um forte afluxo de novos migrantes provenientes sobretudo das áreas rurais e de cidades interioranas. As favelas ganham peso na configuração da cidade. Há um crescimento tanto em seu número quanto na população residente, e o Estado passa a percebê-las como um problema urbano a ser enfrentado. Como escreve Marcelo Baumann Burgos,

o Código de Obras da cidade, de 1937, registra com precisão a situação marginal das favelas: por serem consideradas uma "aberração", não podem constar no mapa oficial da cidade; por isso o código propõe sua eliminação, pelo que também tornava proibida a construção de novas moradias, assim como a melhoria das já existentes.[18]

A solução encontrada pelo governo carioca foi a criação dos chamados parques proletários. Tratava-se de áreas destinadas provisoriamente ao acolhimento da população da favela, com a promessa de que poderiam retornar às áreas originais ou às suas proximidades tão logo o governo finalizasse o processo de urbanização do local. A experiência dos parques proletários nos anos 1940 ficou restrita a três unidades — Gávea, Leblon e Caju —, para onde foram deslocadas, no total, cerca de 4 mil pessoas. A promessa de retorno não foi cumprida, e a população ali alojada acabou sendo expulsa pela valorização imobiliária, sobretudo na Gávea e no Leblon.[19]

As favelas, como local de residência da população pobre e negra, continuaram a crescer, chegando, em 1950, de acordo com o censo demográfico, a servir de moradia para cerca de 170 mil pessoas, ou seja, 7,2% da população do então Distrito Federal. Nessa década, a imprensa carioca inicia uma campanha cujo mote era a "Batalha das Favelas" e que tinha o jornalista Carlos Lacerda como um de seus principais líderes. A "batalha" foi endossada por grandes jornais da cidade, como *O Globo, Correio da Manhã, Diário da Noite* e *Tribuna da Imprensa*, e até mesmo jornais de São Paulo.[20] Espelhando o desejo da elite e da classe média cariocas em distanciar-se dessas comunidades, a campanha abriu espaço para a adoção de políticas de remoção, que foram enfim efetivadas durante o governo do próprio Carlos Lacerda, nos anos 1960. De fato, aos olhos das instituições e do governo, bem como da população não pobre, a favela era — e é até hoje — vista como um perigo em si.

Ao longo deste século [xx], a favela foi representada como um dos fantasmas prediletos do imaginário urbano: como foco de doenças, gerador de mortais epidemias; como sítio por excelência de malandros e ociosos, negros inimigos do trabalho duro e honesto; como amontoado promíscuo de população sem moral.[21]

A cruzada eugênica presente nas políticas educacionais e de saúde é também elemento do discurso contra as favelas. Mesmo no pós-guerra, muito da perspectiva eugênica habitava corações e mentes da elite brasileira, embora intrinsecamente subsumido no discurso da democracia racial. O racismo vigente na sociedade continuava tributário do pensamento eugênico. A própria ideia da favela como ambiente nocivo e fonte de degeneração social e moral até hoje é parte do imaginário citadino, e a perspectiva de solução para o problema segue associada à ideia de apartação, e não de integração. Veja-se, por exemplo, o medo que o projeto de construção de uma estação de metrô em Higienópolis, facilitando o acesso da população pobre ao local, causou nos moradores desse bairro nobre de

São Paulo. Casos como esse não escondem — ao contrário, explicitam — a visão preconceituosa e pró-apartheid do ideário racista que sedimenta a cultura nacional.

Ainda no Rio de Janeiro, a campanha contra as favelas levará a Igreja católica a intervir com a já citada construção da Cruzada São Sebastião, conjunto de edifícios para a população pobre no Leblon, área nobre da cidade. Ao mesmo tempo, as lideranças comunitárias organizam associações de moradores das favelas e passam a empreender uma luta política contra as ações de retirada. A criação de conjuntos habitacionais em áreas distantes para remoção da população favelada, uma das principais políticas iniciadas pelo governo de Carlos Lacerda (1960-5), teve continuidade nos governos subsequentes. Em locais afastados, foram criados bairros como Cidade de Deus e Vila Kennedy. Entre 1968 e 1973, auge da campanha, quase 176 mil pessoas foram removidas e 62 favelas, desmanteladas.[22] Nesse período também houve perseguição às lideranças comunitárias, com assassinatos e torturas, o que dificultou o processo de organização e de participação dessa população na vida pública.[23]

As ações de remoção, no entanto, esbarraram na resistência dos "beneficiários" do programa, parte dos quais não se sujeitou às condições de pagamento e transferência. As péssimas acomodações das moradias entregues também motivaram o abandono das casas e o retorno às favelas. Além disso, nesse período, a oferta de habitações populares se restringiu, já que grande parte dos recursos do fundo habitacional originalmente destinado aos programas de casas populares do Banco Nacional de Habitação (BNH) foi redirecionada para o financiamento de habitações para a classe média. Dos 350 milhões de dólares originalmente destinados ao programa de remoção das favelas, apenas 100 milhões foram gastos, sendo o restante aplicado na construção de edifícios em bairros como Leblon e Ipanema.[24] Aliás, a prática de redirecionar os recursos públicos destinados às populações pobres em favor dos interesses das classes mais abastadas será disseminada no Brasil, não se restringindo ao caso do BNH: grande parte do dinheiro dos programas financiados pela Sudene no Nordeste, por exemplo, foi desviada para beneficiar os estratos sociais superiores da região.[25]

Os anos de distensão política que se iniciam com o governo Geisel (1974-9) vão significar, por um lado, o refluxo das ações de remoção e, por outro, o renascimento das lideranças e o fortalecimento político das comunidades nas favelas cariocas. Os elos comunitários são vitalizados sobretudo pela perspectiva da volta das eleições estaduais, proscritas durante grande parte do período da ditadura. Os anos 1980 assistem a uma retomada da atividade de organização dessas comunidades, buscando trazer os serviços públicos, muitas vezes de forma ilegal. Há um renascimento da expressão de demandas urbanas, com algumas melhorias, refletindo a nova conjuntura, em que o voto da população passava a contar.

No bojo do processo de redemocratização, projetos de urbanização de favelas e de periferias urbanas são levados a cabo por prefeituras e governos estaduais das cidades maiores, com ações financiadas com verbas dos bancos internacionais de fomento (Bird e BID), como o Programa Cidades de Porte Médio (CPM-Bird) e o Programa de Apoio a Regiões Metropolitanas do Nordeste (RMNE-Bird), além de iniciativas nas megacidades do Sudeste e do Sul.[26] Desse modo, ao longo da década de 1980 há alguns avanços importantes no que tange ao acesso à água e ao saneamento básico.

Mais recentemente, como pode ser observado no Rio de Janeiro, as edificações das favelas tradicionais passam a ser sobretudo de alvenaria, ainda que construídas em padrões bastante distintos das referências e normas da engenharia formal. Água encanada e luz também são serviços bem disseminados. Há um comércio bastante diversificado na entrada dos principais morros. Na Rocinha, por exemplo, estão instaladas diferentes agências bancárias. Mas, a despeito dessas modernidades, que de algum modo aproximam o padrão de consumo da comunidade ao da classe média, a situação dos moradores de favelas continua precária. Seja do ponto de vista social, em função principalmente da presença constante da violência e da falta de serviços públicos de qualidade, seja da perspectiva urbana, em virtude do próprio arranjo espacial, que impõe dificuldades de circulação e o estabelecimento de áreas de convivência. O Rio de Janeiro chegou ao final do século xx com 1,56 milhão de pessoas vivendo em favelas, o que representava 14% de sua população total, segundo estimativas de pesquisadores do Ipea com base nos dados do censo demográfico do IBGE.[27]

A experiência de outras cidades, possivelmente menos insidiosa e virulenta do que a que acolheu a população negra do Rio de Janeiro, demonstra que a prática de expulsão das zonas centrais e de segregação urbana não foi exclusividade carioca.[28] Em São Paulo, o processo, com suas particularidades, se deu no mesmo sentido. Já na segunda metade do século xix, a capital paulista atraía parcelas crescentes de trabalhadores negros livres e libertos. A pujança econômica resultante da produção do café transformara a cidade em um forte polo de atração. Atividades industriais começavam a se fazer presentes, dando novo perfil para o mercado de trabalho. Foi em São Paulo que o afluxo de mão de obra para o exercício de serviços qualificados e assalariados ocorreu com mais vigor.²⁹ Hordas de imigrantes também ali aportaram em busca dos empregos criados. Favorecidos pela política de branqueamento, os imigrantes em 1893 "já constituíam 80% do pessoal ocupado nas atividades manufatureiras e artesanais, que cresciam com a expansão industrial da cidade".³⁰

A população negra à época ocupava uma parte significativa das áreas centrais de São Paulo, e a busca de uma modernização urbana pela via da higienização resultou na criação de uma série de dispositivos jurídicos que dificultavam a presença negra. Normas legais proibiam construções coletivas associadas a grupos familiares extensos, bem como manifestações culturais comunitárias como o entrudo, batuques, cateretês e danças de escravizados.³¹ Em sua análise do Código de Postura Municipal de São Paulo de 1886, Rolnik também destaca a proibição de práticas presentes nos territórios negros:

> [A]s quituteiras devem sair porque "atrapalham o trânsito"; os mercados devem ser transferidos porque "afrontam a cultura e conspurcam a cidade"; os pais de santo não podem mais trabalhar porque são "embusteiros que fingem inspiração por algum ente sobrenatural".³²

Além das medidas regulatórias, a municipalidade empreendeu ações mais diretas, como a que levou à retirada da comunidade negra das áreas centrais da cidade, como ocorreu na região da igreja do Rosário dos Homens Pretos:

> O processo de expulsão dos negros que moravam em torno da igreja do Rosário no largo do mesmo nome, atual praça Antônio

Prado, é emblemático. Durou aproximadamente 30 anos e culminou com a mudança da igreja e de sua irmandade, criada em 1711, para o outro lado do rio Anhangabaú, num monte afastado do principal centro, onde hoje é o largo do Paissandu. Primeiramente demoliram-se as casas em volta da igreja do Rosário e do cemitério da Irmandade de Nossa Senhora do Rosário dos Homens Pretos, para formar um largo; depois foi demolida a igreja da Misericórdia, em 1888 e, por fim, em 1904, demoliu-se a igreja do Rosário.[33]

Ao mesmo tempo, a chegada dos imigrantes suscitou da parte dos empregadores, sobretudo industriais, a criação de vilas operárias, como forma de preservar social e moralmente sua força de trabalho, exercendo sobre ela um certo controle e impedindo que se misturasse com camadas negras:

> Essas vilas seriam, ainda, importantes instrumentos de controle social, pois aumentavam o compromisso do operário com seu empregador, colocavam o trabalhador em situação de maior dependência e segregavam o imigrante de maneira que não se "contaminasse" com o comportamento sociocultural dos brasileiros, em especial com os "vícios, leniência, falta de higiene e lascívia dos negros".[34]

Aparentemente, os empregadores e o governo decidiram pela higienização de sua força de trabalho industrial, concedendo ao imigrante pobre um status diferenciado em relação ao negro, a começar pela prioridade no emprego, e se estendendo a um conjunto de serviços, incluindo o fornecimento de moradia, com a criação de vilas operárias, a que a população brasileira e negra não tivera acesso.

As vilas, em sua maioria pagas com recursos dos empresários [...] contavam com incentivos fiscais, possuíam razoável infraestrutura (atendimento médico, farmácias e escolas) [...]. Assim o perfil da cidade se altera pela construção de uma série de vilas operárias, como as dos Crespi, na Mooca; Maria Zélia e Cerealina, no Belenzinho; Vila Guilherme Giorgi, Vila Beltrano, Vila Nadir Figueiredo e muitas outras.[35]

A perda de oportunidades da população negra no mercado de trabalho não se limitou aos contextos urbanos. Trabalhadores dedicados à atividade rural em pequenas propriedades nas periferias da cidade de São Paulo foram destituídos de suas terras em uma ação de claro conteúdo racista na política de acesso ao território. Já em 1886, o Código de Postura Municipal, em seu artigo 28, retirava a terra de quem não tinha documento de posse, caso da totalidade dos negros posseiros, autorizando a Câmara a entregar essas áreas aos "homens bons", privilegiando novamente a parcela da população imigrante, nesse caso beneficiando aquela que não se enquadrava como operariado industrial.[36] Mais uma vez, "como, no Brasil, a questão racial 'não existe', os conflitos aparecem mais como tensões territoriais do que como tensões raciais", sintetiza Rolnik.[37]

O processo de expulsão da população pobre das áreas centrais de São Paulo e sua instalação em assentamentos irregulares na fronteira da cidade se estendeu até o final dos anos 1940. Diferentemente do que se passou no Rio de Janeiro com suas favelas, é sobretudo a periferia da capital paulista, as áreas mais longínquas e de difícil acesso, que vai abrigar a população pobre, que ali instala suas moradias, em regime de autoconstrução. E, a partir dos anos 1950 — quando a migração interna ganha importância e São Paulo passa a ser o principal polo de atração nacional, sobretudo da população do Nordeste e de Minas Gerais —, é para as áreas periféricas da cidade que os migrantes se dirigem.[38] Apenas nos anos 1970 o fenômeno das favelas começa a ganhar espaço nessa capital. Kowarick identifica três grandes conglomerados de população pobre em São Paulo ao final do século XX: as periferias, as favelas e os cortiços remanescentes nas áreas centrais em decadência.[39]

A partir da década de 1940, a periferia irá abrigar a maior parte da população pobre e negra de São Paulo. Trata-se de bairros distantes de onde as classes média e alta habitam, na maioria das vezes instalados em áreas originárias de invasões.[40] Primeiramente ergueram-se barracos, sem acesso a água encanada ou a rede de esgoto, e com conexão elétrica precária, quando não inexistente. Aos poucos as habitações de alvenaria foram substituindo-os, e, a partir dos anos 1960, a infraestrutura urbana foi chegando, mas de forma desigual e negociada.[41] Essa expansão urbana ocorre sob o manto da informalidade e da ilegalidade.[42] Redes de água e iluminação também foram estendidas até a periferia, mas em grande parte através de puxadinhos e gambiarras.[43] A ausência do Estado de direito também é uma constante nas periferias, e as consequências são conhecidas: elevados índices de criminalidade, com a atuação da polícia constantemente criticada pela brutalidade contra os moradores. Além disso, a crescente presença do tráfico de drogas traz maior insegurança e dificuldades para as comunidades.

As favelas constituem um fenômeno mais recente em São Paulo. São comunidades precarizadas do ponto de vista da distribuição espacial, mas localizadas em áreas, se não centrais, ao menos próximas de bairros de classe média. Até por essa proximidade, o estigma da favela é bastante negativo. Muitos moradores escondem a condição de favelado como forma de melhorar sua empregabilidade. Associada à violência, à promiscuidade, à presença do crime e do tráfico de drogas, a favela, além de estar submetida à mesma realidade perversa da periferia, sofre um preconceito ainda maior por parte do restante da população. Já os cortiços abrigam uma parcela da população pobre que resiste à expulsão e ao afastamento, preferindo a proximidade das áreas centrais, onde a oferta de serviços e ocupações é maior, mesmo que para isso tenha que se submeter a condições de vida extremamente precárias em termos habitacionais e de infraestrutura.[44]

Em 2010, segundo estimativas de Lucas Ferreira Mation, Vanessa Gapriotti Nadalin e Cleandro Henrique Krause com base em dados do IBGE, 2,1 milhões de pessoas viviam na periferia, em favelas ou nos cortiços da cidade de São Paulo.[45] A legislação urbana permanece denegando a regulação dos territórios pobres, mantendo-os na informalidade, quando não na ilegalidade, ao mesmo tempo que estabelece elevados padrões para o uso do solo em áreas centrais, o que favorece a segregação. Como símbolo da sociedade desigual, São Paulo ostentava então a maior riqueza e a maior pobreza em termos do contingente urbano. Mas esse não é um padrão exclusivo da cidade. Segundo Raquel Rolnik, é nos polos mais dinâmicos do estado de São Paulo, em seus municípios mais ricos, que se concentram os maiores percentuais de domicílios precários.[46]

Esse processo de favelização e de periferização da população pobre e majoritariamente negra se deu em todas as grandes cidades brasileiras. No Recife, sobretudo após a abolição, muitos ex-escravizados das áreas de produção de açúcar se mudaram para a cidade. Segundo Singer, na década de 1940, 75% do incremento populacional foi devido à imigração, e apenas 25% ao crescimento vegetativo.[47] No caso específico do Recife ocorreu um fenômeno emblemático. Por se tratar de uma área com muitos locais abaixo do nível do mar, há setores naturalmente alagados e à mercê das marés. Desprezados pelo capital imobiliário, os terrenos alagados constituíram-se em local de assentamento da população pobre e negra. O mocambo, habitação construída sobre os alagados, era a habitação pobre, identificada como insalubre e associada "às epidemias, ao abandono espiritual, à imoralidade".[48] Segundo José Tavares Correia Lira,

> o recenseamento de 1913 já apontaria que das 37735 habitações do Recife 43,3% (16347 unidades) eram classificadas como mocambos e 22,5% como construções de taipa (esta última, contudo, adotada tanto em sobrados quanto em casebres). Em 1923, das 39026 habitações recenseadas, 51,1% eram consideradas "deficientes" e apresentadas sob a rubrica "mocambos".[49]

O combate aos mocambos, que havia se iniciado nos anos 1920, ganha corpo na década seguinte com uma forte campanha pela sua extinção: "destruir os mocambos, construir as vilas populares, educar para a moralidade doméstica, a disciplina do trabalho e a harmonia social estavam imbricados na campanha humanitária".[50]

Realizado em 1938, o Censo dos Mocambos do Recife revela que, "dos moradores, apenas 3,3% estavam desempregados. Os homens, na sua maior parte, eram artesãos, operários, comerciários, empregados no setor de transportes; as mulheres, na sua maior parte, lavadeiras, cozinheiras, empregadas domésticas".⁵¹ Ou seja, a habitação precária era condição habitual de moradia das classes trabalhadoras, e não uma imposição do desemprego. No ano seguinte, foi criada a Liga Social contra o Mocambo (mais tarde substituída pelo Serviço Social contra o Mocambo), que, se não alcançou expressiva redução da habitação precária na cidade, favoreceu o preconceito, a segregação e a periferização dessa população.⁵² Além disso, à medida que eram aterradas e ganhavam habitabilidade, essas áreas passaram a atrair a classe média, expulsando os moradores originais. Bairros como Boa Viagem e Ilha do Leite, antes grandes alagados, tornaram-se locais de moradia das classes média e alta. Como ressaltam Gadiel Perruci e Denis Bernardes, "a planície, hoje, pertence à burguesia. Alguns morros e praias, recuperados, à alta burguesia, os espigões, à classe média".⁵³

Parte da população pobre recifense ainda hoje habita áreas de alagados, sobretudo em localizações menos nobres e à beira de rios e mangues, como os bairros Afogados e Beberibe; outra parte subiu os morros, como o da Conceição, e ocupou áreas periféricas como Várzea, Brasilit e outras. De todo modo, as condições de moradia desse contingente mantêm-se precárias. Como nas favelas do Rio de Janeiro e na periferia paulistana, esses moradores estão expostos à falta de infraestrutura, à violência e à ausência do Estado. Segundo estimativas do Ipea, em 2000, a população residente nas áreas das chamadas habitações subnormais do Recife seria de cerca de 800 mil pessoas, de uma população total de 3,3 milhões.⁵⁴

Capital proporcionalmente mais negra do Brasil, Salvador é outro importante polo urbano do país. Seu histórico de grande cidade remonta a 1549, quando se torna a primeira sede do governo, e o espectro de metrópole administrativa e de serviços sempre esteve presente nessa que era chamada de Roma Negra, por sua pujança e pela negritude de sua população. O desenvolvimento de Salvador se deu a partir da Cidade Baixa, área bem limitada, e com o tempo foi subindo as escarpas para, em seguida, se expandir pela Cidade Alta, onde, já no século XIX, habitava o grosso da população soteropolitana. Ao contrário de outras áreas urbanas, na capital baiana sempre houve convivência entre segmentos diferentes em um mesmo espaço.

Era na Cidade Alta, que reunia as cinco paróquias "centrais" (Sé, Santo Antônio Além do Carmo, Santana, São Pedro o Velho e o Paço), que se concentrava o grosso da população baiana, vivendo na mais completa promiscuidade social: artesãos livres, alforriados, escravos, funcionários, burgueses e nobres moravam lado a lado [...]. Ao lado de modestas casinholas de taipa, muitas das quais exibiam apenas uma porta e uma janela, erguiam-se pretensiosos palacetes nobres, como a "Casa dos Sete Candeeiros", o paço do Saldanha e o Solar do Ferrão, ou ainda prédios de dois, três ou quatro pavimentos. Alguns eram inteiramente ocupados por famílias burguesas de senhores de engenho, grandes comerciantes e profissionais liberais; outros, divididos em alojamentos, eram partilhados por toda espécie de gente: de escravos "de ganho" a pequenos funcionários públicos.[55]

No século XX, acompanhando a tendência observada nas demais áreas urbanas, ocorreram algumas iniciativas de reassentamento da população favelada. Entretanto, esses projetos não lograram regularizar a situação de uma crescente população pobre. No caso de Salvador, parte do contingente de pobres permaneceu em áreas centrais, como o Pelourinho e a Baixa do Sapateiro, entre outras.⁵⁶ Mas o grosso da população sem recursos passou, sobretudo a partir da segunda metade do século, a habitar favelas e alagados, que se multiplicaram em torno das áreas urbanizadas. As condições de precariedade não diferem das existentes nos mocambos do Recife ou nas favelas de Rio e São Paulo. Salvador, a metrópole negra por excelência, na virada do século XXI tinha uma das maiores incidências de população residindo em habitações subnormais, com cerca de 860 mil pessoas.

Outras grandes cidades merecem ser aqui citadas, como Belém, cujo percentual de favelização atingiu, em 2000, a impressionante cifra de 55% da população.⁵⁷ Brasília, a capital federal, construída a partir de 1957 e símbolo da perspectiva projetada de um novo país, onde todos teriam oportunidades de emprego e condições de vida satisfatórias. Entretanto, a capital da esperança já em suas primeiras décadas de existência denotou reproduzir os mesmos vícios da sociedade desigual. Nos anos 1960 existiam acampamentos dos trabalhadores e suas famílias em áreas centrais, o que levou os governantes a organizarem ações de transferência dessa população para áreas mais distantes. Em que pese a forte resistência, as remoções se realizaram e deram origem às cidades-dormitório existentes até hoje.⁵⁸

A moradia popular no Brasil — não apenas nessas cidades, mas em diversas outras — é em grande parte produzida em um contexto de ilegalidade e à revelia de qualquer planejamento urbano. Como enfatiza Ermínia Maricato, o mercado legal de terras na cidade de São Paulo atende apenas 30% da população. Uma "gigantesca invasão de terras urbanas é consentida (já que *todos precisam de um lugar para morar*), mas apenas em áreas não valorizadas do mercado".⁵⁹ E a degradação das condições de moradia se associa a uma perversa dinâmica de transporte coletivo para esses territórios periféricos, tornando o cotidiano das populações pobres ainda mais dramático.

Ao final do século XX, o país contava 10,5 milhões de pessoas residindo em habitações subnormais, representando 7,3% da população, de acordo com os cálculos obtidos pelo Ipea, a partir dos dados do IBGE.⁶⁰ Se os estudos vêm apontando melhorias nas condições de moradia desses territórios — em especial com a ampliação de acesso aos serviços de infraestrutura urbana e serviços sociais públicos —, eles também identificam a persistência das desigualdades em um quadro de "heterogeneidade sobreposta ao padrão de macrossegregação", como definem Carolina Requena, Samuel Godoy e Betina Sarue em sua pesquisa sobre a cidade de São Paulo.⁶¹ Em que pese a existência de residências de boa qualidade em favelas e de terrenos regulares em periferias, a ilegalidade e a precariedade ainda caracterizam, de forma geral, o acesso à moradia para a população pobre.

O espaço urbano da moradia precária inclui as várias formas de provisão da moradia pobre: casas inacabadas, insalubres, congestionadas, localizadas em favelas ou invasões, em loteamentos ilegais, em áreas de risco geotécnico ou sujeitas a enchentes.⁶²

Nesse quadro de precariedade, podemos identificar como elemento caracterizador da forma como as populações negras se integram à cidade a apartação da maior parcela dessa população e seu distanciamento em relação aos bairros com satisfatória rede de serviços urbanos. Seu confinamento se dá em territórios precários, sujeitos a catástrofes climáticas, em bairros periféricos e com residências dotadas de infraestrutura inadequada. Segundo dados da publicação *Retrato das desigualdades de gênero e raça*, com base na PNAD/IBGE, nas áreas de periferia, em 2009 66% dos domicílios eram chefiados por negros ou negras.[63] Já estimativas da Central Única das Favelas, a Cufa, em 2013, especificamente para as favelas, apresentam um percentual acima de 70% de moradores negros.[64]

A segregação territorial da população negra é um tema que tem sido pouco tratado pelos estudiosos, mais atentos ao processo de segregação social. Com efeito, as análises sobre a trajetória da segregação social nas grandes cidades brasileiras têm identificado padrões urbanos bastante distintos, e relacionados às características econômicas da população. Incluindo a variável racial, um estudo de Danilo França[65] avança nessas análises ao comparar os locais e padrões de habitação de negros e brancos de estrato social semelhante na cidade de São Paulo, revelando que a segregação não se limita a classes sociais, mas também responde a diferenças raciais. Com dados de 2000, França demonstra que, nas faixas superiores de renda, "a concentração de negros em áreas periféricas é bem maior que a de brancos, ao passo que a proporção de brancos desses estratos em áreas de elite é bem maior que a de negros".[66] Além disso, "os brancos, mesmo que de classes mais baixas, estão comparativamente mais representados do que os negros em áreas mais ricas da cidade",[67] o que permite constatar ainda que a segregação racial é mais expressiva nas classes média e alta.

Outra contribuição importante é a de Vilma Reis, que ajuda a revelar a dinâmica territorial dos bairros populares e a relação entre brancos pobres e negros. Atendo-se a Salvador, a autora destaca uma realidade de discriminação e violência:

> A maioria dos bairros de Salvador é constituída por uma arquitetura que, no futuro, chamaremos de usina do terror neoescravista. Essa triste arte de construir tem quatro elementos pilares: bares, igrejas evangélicas, lojas de creme de cabelo e casas comerciais varejistas (os mercadinhos) — todos os espaços controlados por brancos e localizados nas ruas centrais dos bairros, as chamadas rua Direita. Atrás de tudo estão as moradias das famílias negras [...]. São esses os mesmos comerciantes que controlam os Conselhos Comunitários de Segurança, controlam grupos de extermínio, geralmente formados por policiais, e, assim, impõem o silêncio nos bairros negros de Salvador.[68]

O século XXI e a consolidação da desigualdade e da pobreza: Violência e impunidade

Ao voltar ao Brasil nos anos 2000, a pesquisadora americana Janice Perlman — que morou no Rio de Janeiro entre 1968 e 1969 e realizou importante estudo sobre as favelas[69] — deparou-se com uma realidade ainda mais perversa:

> A taxa de homicídio subiu muito e, em vez de temer que a sua casa fosse removida, passou-se a temer que a sua vida fosse removida. Outra coisa negativa foi que o sistema escolar nas favelas piorou, a assistência em saúde piorou e o poder de reivindicar melhorias nas favelas praticamente desapareceu quando o tráfico tomou conta. O tráfico ou a milícia passaram a determinar em

quem as pessoas deviam votar, então elas perderam chances de se manifestar politicamente.[70]

Assim, além do problema urbano a que estavam submetidos, o aumento da violência ampliou a vulnerabilidade social dos moradores das favelas e das periferias, ao mesmo tempo que aprofundou o estigma que os persegue. O crescimento da violência urbana fortaleceu a associação entre o problema das favelas e o da segurança pública, reforçando a vinculação feita pela classe média entre a população ali residente e as chamadas "classes perigosas", e naturalizando a ideia de que uma guerra deve ser travada nesses territórios, predominantemente negros.

É importante ressaltar que a culpa dessa guerra foi atribuída aos moradores de favelas, que passaram a ser criminalizados, tornando-se o tipo ideal do Outro que precisa ser afastado a qualquer preço. Em decorrência desse processo de criminalização dos moradores de favelas, cresceu o clamor por uma ação "dura", que passou a dirigir-se não tanto a grupos sociais específicos, mas ao controle e segregação territorial de áreas urbanas tidas como perigosas.[71]

As favelas no século XXI sintetizam, do ponto de vista da distribuição espacial, o processo de consolidação da sociedade desigual. Morada de pobres e negros, esses locais se tornaram cada vez mais afetos à presença de atividades ilícitas e a uma rotina marcada por conflitos violentos. A penetração do tráfico de drogas em suas diferentes ramificações ou facções, que muitas vezes lutam pelo controle dessas áreas, passou a submeter os moradores a uma ordem marcada pela violência. No Rio de Janeiro, a partir dos anos 1980, o negócio das drogas, sobretudo cocaína, cuja venda a varejo passou a fazer parte do cotidiano das favelas, movimentou muito dinheiro, suscitando uma disputa acirrada pelos pontos de venda que levou as facções a se armarem fortemente. Assim, a realidade das comunidades logo se transformou. O tráfico dominante criou protocolos de comportamentos e rotinas, apropriando-se de associações de moradores, impondo lideranças a ele ligadas e interferindo, inclusive, como aponta Perlman, no comportamento eleitoral dos moradores. As facções mais importantes eram, até a virada do século, o Comando Vermelho (CV), o Terceiro Comando (TC) e os Amigos dos Amigos (ADA).⁷² Além de controlarem o tráfico, elas tinham também influência direta sobre a maior parte dos presidiários, prestando-lhes todo tipo de assistência.

O combate ao tráfico também traz para dentro das comunidades cariocas a repressão policial. A ação violenta, e com frequência brutal, do Estado cria um clima permanente de guerra. Ao armamento de grosso calibre dos traficantes a polícia carioca respondeu com um arsenal bélico não menos pesado. Até carros de combate para guerra no asfalto foram adquiridos, os chamados "caveirões", veículos blindados utilizados pelas forças policiais especificamente para entrar nas comunidades. Os conflitos bélicos, expressos, por exemplo, pelo risco contínuo de tiroteios, alteram o cotidiano desses territórios, a rotina das populações e a sociabilidade das comunidades. Observa-se ainda a naturalização da repressão, com a "intensificação da vigilância e do controle nas favelas, e do reforço do discurso que legitima violências e arbitrariedades ocorridas nesses territórios".⁷³ A gênese e o recrudescimento dessa situação foram brilhantemente abordados no documentário *Notícias de uma guerra particular*, de Katia Lund e João Moreira Salles, lançado em 1999.[74]

Um aspecto importante a ressaltar é que a ação desigual da polícia nos diferentes territórios facilita o progressivo aumento da violação do Estado de direito. Pesquisa desenvolvida em 2007 mostrou "o estilo de policiamento, mais violento e corrupto nos bairros e favelas onde predominam famílias abaixo da linha de pobreza, escolaridade baixa e desemprego entre jovens", e que, "nas favelas, os policiais atiram dez vezes mais do que nas áreas regulares do asfalto e agridem duas vezes mais os moradores".[75] Essa ação da polícia tem sido ostensivamente respaldada pela Justiça, como será visto mais detalhadamente no próximo capítulo.

Nos anos 2000, sobretudo no Rio de Janeiro, um novo ator amplia sua presença nesses territórios. Grupos organizados que usam o discurso de "limpar" as comunidades, as milícias se expandem nas periferias da cidade, expulsando o tráfico e operando como uma empresa de segurança privada. São particularmente opressivas nas áreas mais pobres, onde "impõem decisões extralegais ou ilegais aos moradores",[76] incluindo rígidos códigos de conduta e práticas repressivas. Passam também a exercer progressivo controle sobre a economia dos territórios, assumindo a administração de serviços como a distribuição de gás, água, energia elétrica e TV paga (o chamado "gatonet") e transportes coletivos, como vans e mototáxis, além da cobrança de pedágios.[77] A expulsão dos grupos de traficantes de uma parcela importante das comunidades cariocas mostrou a força e a organização das milícias, cuja ligação com o aparato policial e com políticos vem sendo revelada,[78] em paralelo ao movimento através do qual buscam ganhar espaço nos poderes Legislativo e Executivo.[79] Ao final de 2007, as milícias já detinham o controle de 92 favelas do Rio de Janeiro, de um total de mais de trezentas. À época, essa expansão era vista positivamente pelas comunidades, que caracterizavam a milícia como um aparato alternativo de segurança contra o domínio do tráfico.[80] Doze anos depois, ao final de 2019, as milícias já controlavam áreas que compreendiam uma população de mais de 2 milhões de pessoas, atuando inclusive nos ramos da construção civil nas áreas dominadas.[81]

Em São Paulo, o PCC, Primeiro Comando da Capital, assumiu o protagonismo do tráfico e do crime organizado em geral já no início dos anos 2000. Mas, diferentemente das facções cariocas, o PCC tem se mostrado pouco afeito a ações de violência explícita e de cunho intimidatório. Ao contrário, tem buscado se organizar menos como uma facção do crime e mais como um empreendimento, ainda que vinculado a ações ilegais.[82] Organizado como um negócio cujo objetivo é beneficiar o maior número de afiliados, o PCC tornou-se, em pouco tempo, a maior facção do crime organizado no Brasil, disputando com o Comando Vermelho o controle do tráfico de drogas e dos presídios em todo o país.[83]

Em suma, as comunidades pobres, as favelas, as periferias, os mocambos, as palafitas tornaram-se redutos do tráfico, com forte presença dessas facções, quando não das milícias. A ausência do Estado continua sendo realidade na grande maioria das áreas mais pobres das cidades brasileiras, e as comunidades encontram-se a cada dia mais reféns do poder armado, seja do tráfico, das milícias ou da polícia.

De modo geral, o quadro observado nos territórios populares revela a centralidade da violência: não só a que é vivenciada no dia a dia por quem neles vive e circula, mas também a violência histórica, estrutural, ligada ao processo de expulsão, de guetização, de ausência de políticas públicas e de omissão do poder público.[84] Ao mesmo tempo, também as comunidades rurais negras são vítimas da violência cotidiana, acossadas que são tanto pela fúria da grilagem e mesmo da especulação fundiária, quanto pela ausência do Estado. Segundo o Ipea, os conflitos no campo têm envolvido cada vez mais os territórios quilombolas, motivados por invasões e ameaças de expulsões, e trazendo risco de vida a suas populações e lideranças.[85]

No dia a dia de luta pela sobrevivência, a população negra e periférica enfrenta coerções, constrangimentos e cerceamentos, em um cenário no qual a autoridade pode não ser ligada ao Estado, mas à milícia ou ao tráfico. Leis severas, restrições de toda ordem, punições draconianas que chegam a tirar vidas são práticas muitas vezes reproduzidas pelas autoridades policiais, revelando que o próprio Estado pode vir a ser o algoz da violência e da impunidade dirigidas a essas populações residentes.[86]

Essa população ainda convive com o preconceito e a discriminação decorrentes da própria condição de morador da periferia ou da favela, como se fosse um defeito ou aleijão social. Exemplos disso são casos em que moradores optam por esconder seu endereço, pois ser visto como habitante dessas áreas é motivo de vergonha e humilhação. O já mencionado episódio dos moradores de Higienópolis contrários à abertura de uma estação de metrô que facilitasse o acesso da população periférica ao bairro expressa o fosso social brasileiro e, mais do que isso, externaliza as diferenças e os desconfortos da convivência entre as camadas sociais na sociedade desigual.

A concentração da população negra nas favelas e periferias é também, do ponto de vista macrossocial, o exercício do biopoder e da necropolítica, nos termos do que foi desenvolvido por Foucault e Mbembe, respectivamente. No que se refere ao biopoder, destacam-se as opções de políticas e ações governamentais direcionadas aos negros — das ações de expulsão das áreas centrais, no começo do século XX, às remoções de favelas e consequente transferência da população para áreas distantes —, mas especialmente a falta de políticas públicas para favorecer condições de habitação, saneamento, serviços e acesso a um espaço público aberto ao convívio e ao usufruto dessas comunidades. Por décadas, a população das favelas e das periferias permaneceu sem acesso a água e eletricidade, e mesmo hoje muitas comunidades não contam com rede de esgoto e infraestrutura urbana, com suas habitações sujeitas inclusive a desabamentos, sobretudo nos períodos de chuva. Dados da PNAD/IBGE de 2018 demonstram que 12,5% da população negra reside em habitações desprovidas de coleta direta ou indireta de lixo, contra 6% no caso da população branca. No que tange à falta de abastecimento de água, são 17,9% entre os negros contra 11,5% entre os brancos. Do mesmo modo, 42,8% da população negra não dispõe de esgotamento sanitário por rede coletora ou pluvial, contra 26,5% no caso da população branca. Essa falta de ação do Estado é responsável direta pelos maiores índices de mortalidade e morbidade nessas áreas. Talvez em nenhum outro segmento da ação governamental a definição de Foucault para a biopolítica — a capacidade do Estado de fazer viver e deixar morrer — se encaixe tão perfeitamente como no caso das populações de favelas e periferias. Na sociedade desigual, a violência atinge de forma contundente e virulenta certos territórios, territórios onde habita a população negra.[87]

A violência urbana e rural nos territórios de concentração da população negra recebe sua expressão mais dramática nas estatísticas das mortes por assassinato. Milícias, tráfico, a própria polícia, conflitos de terras: a população negra tem sido vítima de um verdadeiro genocídio. Só entre os jovens, são cerca de 23 mil negros assassinados a cada ano. A falta de ação do Estado — ao não elucidar a grande maioria desses crimes, ao adotar protocolos que acabam por acobertar muitas das ações que decorrem do poder público — demonstra que, aqui, há de fato um exercício de necropolítica. Uma política e uma prática que, se não têm o objetivo deliberado de eliminar o jovem negro, tampouco operam para que esse cenário seja modificado. Essa é possivelmente a grande chaga aberta da sociedade brasileira: a perda de milhares de jovens sem que isso venha a se constituir em uma questão, em um problema, em um campo da ação pública.

Portanto, a expressão "cidade partida", utilizada pela primeira vez pelo jornalista Zuenir Ventura[88] para descrever a realidade do Rio de Janeiro nos anos 1990, pode hoje ser aplicada à maioria das áreas urbanas brasileiras. As pessoas encontram-se literalmente sitiadas, cada qual em seu quinhão. As elites estão guardadas por seguranças pessoais e/ou empresas privadas, que oferecem também serviços para ruas e bairros de classe média. As populações mais pobres, das áreas de periferia e das favelas, são mantidas à mercê das disputas entre traficantes e milicianos. A cidade fragmentada tem perversos impactos na vida social brasileira. A reprodução da desigualdade urbana, associando territórios e populações racialmente identificadas, reforça a histórica trajetória de apartação.

Desde a livre circulação no espaço público até a integridade física e a vida, os direitos civis elementares estão ameaçados em certos territórios. Desaparecem, no âmbito da pólis, os espaços comuns de convivência entre as diferentes classes sociais. Caíram em desuso os locais onde historicamente se via um maior afluxo de gente, rica e pobre, nos quais ficavam os mercados, os espaços de passeio, de compras e diversão. A expansão dos condomínios fechados e dos shopping centers que concentram o comércio de luxo produziu espaços onde impera uma perversa e assumida seletividade de público, e nos quais a presença da população pobre e negra é praticamente inexistente. Tais enclaves reforçam, junto com os hipermercados e com o predomínio do transporte privado, uma trajetória de ampliação da segregação espacial, redução do espaço público e negação da heterogeneidade social.

A seletividade ora exercida em alguns locais traz para as classes superiores um componente de conforto, mantendo-se em espaços de homogeneidade racial. Milton Santos, nos anos 1960, já percebia o espaço urbano como lócus de disputa política e econômica.[89] As camadas inferiores socialmente, caso do negro brasileiro, tendem a ser empurradas para fora das áreas mais pródigas.[90] Achar que não existe tensão racial no Brasil é no mínimo ingênuo. Há uma luta diuturna, alimentada pelo racismo e pela branquitude, e que se espelha também na distribuição espacial da população. A favela e a periferia são expressões do processo de exclusão espacial a que a população negra está exposta desde o século XVII.

Mas esse processo acolhe igualmente um histórico de resistência. Uma força que vai das seculares lutas quilombolas — que proporcionaram a liberdade de milhares de pessoas e que até hoje sobrevivem no interior do país — à ação na área urbana, com a construção e disseminação das favelas e a recusa à remoção das mesmas. A própria consolidação das comunidades de periferia e das favelas expressa uma batalha para garantir, nesses espaços, as condições mínimas para a existência do negro na sociedade brasileira. Resistência que inclui ainda manter, nesses territórios, bairros, ruas e comunidades, a alegria, a música, as festas, os despachos, as rezas e os tambores.

Ao referir-se ao bairro de Oswaldo Cruz, de forte presença negra, na Zona Norte do Rio de Janeiro, Luiz Antonio Simas escreve: "Construindo sociabilidades em torno das giras de umbanda, dos batuques dos sambas e das rodas de dança do jongo e do caxambu, oriundas dos negros bantos do Vale do Paraíba, os moradores erigiram laços de pertencimento e identidade".[91] Esse legado da resistência também se expressa na construção do espírito comunitário que rege a vida nas favelas e nas periferias. As comunidades produzem manifestações artísticas as mais importantes. O jongo e as festas sincréticas do começo do século, as escolas de samba dos anos 1930 e, mais recentemente, a cultura do funk e do hip-hop são parte do imenso acervo cultural e criativo que nasce nessas áreas. De maneira até contraditória, a produção artística dessas comunidades é largamente aceita e consumida pela sociedade em geral. A aversão das classes médias a qualquer proximidade com os moradores das comunidades esbarra no consumo que esses grupos privilegiados fazem da produção cultural da periferia. Estigmatizado inicialmente, o samba virou a música do país. O mesmo ocorreu com o frevo em Pernambuco e o samba de roda da Bahia, músicas de negros, que ganharam a aceitação de todos.

Contudo, a despeito de sua força cultural e criativa, o estigma contra a população negra permanece. Como destaca Burgos, não apenas o substantivo "favela" segue sendo associado a sentidos negativos, mas a emergência do termo "favelado" amplia tal tendência, associando ao indivíduo morador uma dimensão cultural e psicológica negativa.[92] E, além das comunidades de favela e periferia, há outros grupos ainda menos favorecidos e mais marcados pelo preconceito. Fenômeno mais recente e resultado do avanço da desigualdade, os trabalhadores dos chamados lixões são percebidos como a escória social. Um estudo realizado pelo Ipea em 2013[93] demonstra que, nesse ano, havia cerca de 400 mil catadores, que somados a seus familiares e dependentes diretos perfaziam uma população de 1,4 milhão de pessoas sobrevivendo dessa atividade — que, em geral, consiste na busca por papel, latinhas de bebidas e outros artigos recicláveis para posterior venda a empresas recicladoras. Muitas dessas famílias moram em meio ao próprio lixo. Totalmente rejeitado, esse grupo de maioria negra absoluta é uma espécie de pária da sociedade, uma variante dos dalits indianos, a classe dos intocáveis, transmudada para a realidade brasileira. A falta completa de apoio a essas pessoas é mais um indício de que a sociedade desigual destina pouca ou nenhuma importância aos grupos marginais. Os lixões são fruto de uma política incompleta e mal-acabada de saneamento. A legislação previa a sua destruição e a construção de aterros sanitários em todo o país até 2014, o que evidentemente não ocorreu.[94] Ao contrário, com a recessão e o aumento da pobreza, do desemprego e da informalidade, tudo leva a crer que essas áreas tenham não apenas subsistido como também recebido ainda mais famílias de catadores. Merece ainda destaque o fenômeno dos moradores de rua. Há no país um contingente de não menos do que 100 mil pessoas sem teto.[95] Só na cidade de São Paulo são cerca de 25 mil, de acordo com os dados do Censo da População em Situação de Rua realizado em 2019.[96] Já em Brasília, esse número é estimado em 3 mil, segundo informações da Secretaria do Trabalho, Desenvolvimento Social, Mulheres, Igualdade Racial e Direitos Humanos do Distrito Federal.

Um quadro geral mostra que, nas cidades, a população negra se concentra nas periferias e nas favelas. Dados do IBGE apontam que as periferias abrigam um total de 165 milhões de moradores, e as favelas, cerca de 13 milhões. Os negros são hoje cerca de 56% do total da população brasileira, ou seja, algo em torno de 110 milhões de pessoas, das quais cerca de um terço encontra-se abaixo da linha de pobreza. Ressalte-se que as mulheres negras, sobretudo as chefes de família com filhos até catorze anos, compõem a maioria das famílias pobres, havendo um notável crescimento das famílias com crianças e chefiadas por mulheres negras, que, entre 2012 e 2018, aumentaram em 10%, passando de 7,1 milhões para 7,8 milhões.

Um apartheid espacial

Favelas e periferias nas cidades, quilombos e famílias sem-terra nas áreas rurais. A sociedade desigual formatou o apartheid espacial. Todas as cidades brasileiras, mesmo as mais modernas, como Brasília, convivem com a realidade da secessão social; o espaço de moradia determina diretamente a qualidade de vida, favelas, mocambos, palafitas e alagados seguem majoritariamente como espaços sem condições básicas de habitação, a começar pela precária acessibilidade. No campo, as comunidades remanescentes de quilombos em sua grande maioria não têm legalizada a propriedade das terras, muitas das quais habitadas há séculos, mas cujo reconhecimento tem esbarrado na burocracia estatal, na falta de recursos para a desapropriação e, principalmente, na pressão de grileiros e especuladores imobiliários.

Mas, tanto em área urbana quanto rural, a desigualdade territorial traz marcas ainda mais profundas, alcançando o próprio direito à integridade física e à garantia à vida. As periferias, como as favelas, são ainda hoje objeto de preconceito, e seus habitantes carregam a identidade territorial como um estigma. O distanciamento profilático exercido pelas classes mais ricas — isso quando não é possível a apartação total, evitando a convivência com a população negra — é potencializado com a ampliação das distâncias espaciais.

Em um importante trabalho etnográfico sobre a forma como o jovem favelado percebe a cidade do Rio de Janeiro e circula por ela, Márcia Leite e Luiz Antônio da Silva demonstram que esses jovens pouco transitam em ambientes que não os de sua própria periferia.[97] O estigma de "favelado" suscita neles uma atitude de desconforto e de vergonha, que os faz evitar os espaços públicos de circulação de segmentos sociais mais ricos e predominantemente brancos. Esses jovens negros não se sentem parte da cidade, refletindo em seu deslocamento o processo de segregação urbana associado às dinâmicas territorial, social e racial. A sociedade desigual, pela via do preconceito, da discriminação, da violência e do exercício da branquitude, impede o jovem negro de acessar livremente os espaços da urbe. O processo de apartação social, centrado na questão racial, mas com ramificações sociais e espaciais, redefine e redesenha — para além das sociabilidades e dos espaços de convivência — as oportunidades, que são acumuladas em determinados territórios e mantidas fora do acesso da população negra.

A sociedade desigual fez dos negros e dos pobres, mas principalmente dos negros pobres, o objeto de seu desprezo e aviltamento. Não precisa deles. Ao menos não tão perto. A sociedade desigual necessita visceralmente da apartação, do distanciamento entre os grupos. Esse é um dos motores de reprodução da desigualdade, é o que alimenta o medo e aprofunda a ausência de empatia e de solidariedade. À sociedade desigual falta fundamentalmente a identificação com o outro, o diferente; falta o sentimento de que todos fazem parte de um mesmo grupo. Daí a necessidade de recorrer a outros instrumentos. Um dos mais fortes é a violência, como será visto a seguir.

5. Violência e ausência de justiça: A consolidação da sociedade desigual

A VIOLÊNCIA NA SOCIEDADE DESIGUAL se manifesta diferentemente nas distintas camadas sociais. O Estado age de forma diversa e discricionária, o que não é propriamente uma novidade. Há a abordagem ao negro e a abordagem ao branco. A polícia que sobe a favela ou que adentra as áreas de periferia não é a mesma que ostensivamente se apresenta em Ipanema, no Leblon, nos Jardins ou em bairros nobres de Belo Horizonte, Recife ou Salvador. De fato, a violência é o mais evidente e poderoso mecanismo de expressão da sociedade desigual. E a letalidade policial contra negros, que vem aumentando a cada ano, conforme as informações do *Atlas da violência*, é um inequívoco índice desse problema. Em 2019, 6357 mortes foram cometidas pela polícia em todo o país.[1] Só no Rio de Janeiro, e apenas no primeiro semestre do ano, houve 885 mortos em ações policiais, sendo que 711 deles — ou seja, 80% — eram negros.[2]

Para compreender a função da violência na sociedade desigual é preciso entender também a forma como a Justiça se posiciona em relação a ela; são fenômenos complementares que precisam ser analisados em conjunto. No caso da sociedade desigual assentada no racismo, a violência é extrema e tem função central na manutenção e consolidação da desigualdade. Assim como a força policial, a Justiça também age de forma seletiva e muitas vezes busca dar legitimidade a ações perpetradas pelos órgãos de segurança que extrapolam os limites da lei. Desse modo, violência e Justiça — ou melhor, ausência de justiça, ou vigência de uma justiça discricionária e seletiva — caminham juntas e respondem pela estruturação da sociedade desigual. A ordem social é aqui determinada basicamente pela força. De forma contraditória, a pacificação é feita por meio da violência. A generalização da violência no Brasil está associada à criminalização e à perseguição de pessoas e movimentos que representam ameaça social. Ela se disseminou não apenas no âmbito das relações privadas — frequentemente com o assentimento das autoridades — como também no ambiente público e por seus agentes. Os exemplos são inúmeros: os casos dos sem-terra, dos sem-teto, dos movimentos de jovens da periferia e suas ações costumeiras, como "rolezinhos" e bailes funks. Sendo uma sociedade racista, que identifica a população negra como ameaça, a violência é organizada de forma prioritária contra essa população, ultrapassando inclusive os limites da legalidade.

O racismo opera no seio das instituições judiciárias e de segurança pública em suas diversas fases e ações, o que faz com que a violência e a falta de justiça assumam um papel de destaque no funcionamento da sociedade desigual. Trata-se do elemento aglutinador, a amálgama, o sedimento da sociedade desigual e seu principal sustentáculo. A polícia que vai à favela é também uma polícia política, um braço do Estado que está ali unicamente para a tarefa de repressão, mas uma repressão que é fundamentalmente política e cuja violência é muitas vezes letal e não aceita divergências.

A violência racial como forma de sedimentação da sociedade desigual

A violência contra o negro no Brasil remonta ao próprio momento em que ele foi arrancado da África como escravizado. Os navios negreiros, responsáveis por mais de 350 anos de tráfico, eram também conhecidos como "tumbeiros" (relativo a tumbas, à morte), tamanha a quantidade de óbitos durante a travessia do Atlântico. Os relatos são de que eles eram seguidos por cardumes de tubarões, à espera do próximo corpo negro a ser lançado ao mar. De fato, as condições de sobrevivência nesses navios eram as mais precárias possíveis. E a morte muitas vezes chegava a atingir metade dos embarcados.

Impressionante relato sobre essas embarcações e as adversidades da travessia se encontra na obra de Marcus Rediker.[3] O navio negreiro que aportava na costa africana podia lá restar por meses até preencher sua carga de vidas humanas. Assim, os negros das primeiras levas compradas podiam ficar em barracões ou mesmo no navio ancorado, enclausurados da forma mais indigna, por períodos que chegavam a até seis meses. As condições de alojamento eram sub-humanas. Os escravizados ficavam acorrentados, nus, amontoados, como gado, em meio aos dejetos, em um ambiente nauseabundo e pestilento. E, quando da travessia, os cativos, principalmente as mulheres, eram expostos a sevícias de todo tipo nas mãos da tripulação. Alguns tumbeiros foram palco de revolta por parte dos escravizados. Há relatos de lutas, quase sempre em condições desiguais, entre os cativos e os marinheiros, estes com armas de fogo, aqueles apenas com as próprias mãos. Ainda assim, houve casos em que o levante logrou sucesso. O exemplo mais conhecido foi o do navio *Amistad*, cuja história foi relatada em filme homônimo de Steven Spielberg.⁴

Com relação ao balanço total da diáspora negra, os números são ainda imprecisos, e possivelmente sempre o serão, em face da precariedade das informações disponíveis. Mas, de acordo com Rediker,

> uma estimativa conservadora de 15% — que inclui os que morreram em trânsito e enquanto confinados nos barracões e feitorias da costa — nos leva a supor mais 1,8 milhão de mortes na África. Outros 15% [...], 1,5 milhão haveria de morrer durante o primeiro ano de trabalho no Novo Mundo. Entre todas as etapas — captura na África, Passagem do Meio [travessia do Atlântico], início da exploração na América —, cerca de 5 milhões de homens, mulheres e crianças morreram.⁵

E Rediker complementa, irônico: "Outra maneira de considerar a perda de vidas é afirmar que se escravizaram cerca de 14 milhões de pessoas para se obter um 'rendimento' de 9 milhões de trabalhadores escravos atlânticos com sobrevida maior".⁶

De fato, as perdas humanas eram vistas pelo empreendedor capitalista simplesmente como parte do negócio do tráfico, apontado como o mais lucrativo da história. Tratando seres humanos como coisa, resultou em milhões de mortes, além de incomensurável sofrimento e injustiça. Até hoje, nem o tráfico negreiro nem a própria escravidão foram objeto de autocrítica por parte das nações que deles se beneficiaram, seja no sentido de reparar ou mesmo no de desculpar-se junto ao povo negro e honrar seu martírio.

O longo período escravista pode ser considerado, sem sombra de dúvida, a etapa mais sinistra e vergonhosa da História. No Brasil, foram três séculos e meio de privação da liberdade, de exploração, de práticas desumanas, de torturas e maus-tratos direcionados a milhões de escravizados. Com a escravidão, o Brasil naturalizou a barbárie, iniciada com o massacre indígena, e da qual a sociedade brasileira nunca mais se distanciou. Pessoas vistas como objetos de exploração, descaracterizadas da condição de humanidade, vitimadas pela falta de comiseração, alteridade e empatia: tudo isso se incorporou ao ideário de funcionamento da nação, contribuindo para que o país se tornasse um protótipo da sociedade desigual.

Três aspectos devem ser aqui ressaltados. O primeiro se relaciona à instituição e à banalização da violência física como forma de sujeição. O segundo, à consolidação de uma ordem jurídica ilícita informalmente aceita e que se mantém em paralelo ao ordenamento jurídico ordinário no que tange ao tratamento do povo negro, seja na tipificação do crime, seja na determinação da pena. E o terceiro, decorrente dos dois anteriores, tem a ver com o direito à vida e à morte, como preceito básico da relação senhor-escravizado e mesmo no que se refere ao papel repressor do Estado.

A violência que se inicia no traslado dos escravizados da África para o Brasil aqui se consolida na própria expectativa dos proprietários de manter o escravizado no trabalho a qualquer custo, mesmo que isso demandasse desrespeitar a ordem. Em sua brilhante apresentação junto ao STF, quando da audiência pública sobre a legalidade do tratamento diferenciado imposto pelas cotas nas universidades, Luiz Felipe de Alencastro fala do pedido dos donos de escravizados às autoridades policiais para que seus cativos não fossem punidos com penas de prisão, mas apenas com castigos físicos.[7] Os escravizados constituíam um investimento que não podia ficar parado, devendo voltar ao trabalho o mais rapidamente possível. Por isso, podiam ter suas penas transformadas. Teve assim início a prática corrente da tortura direcionada à população negra, que até hoje vige nos porões das delegacias e dos presídios brasileiros.

Mas Alencastro ressalta uma segunda violência para com o negro perpetrada pelo Estado. O Tratado de 1815 e, na sequência, os compromissos firmados a partir de 1826 pelo Estado brasileiro com a Coroa inglesa — ratificados pela lei de 7 de novembro de 1831 e posteriormente pela Lei Eusébio de Queirós, de 4 de setembro de 1850 — garantiam a liberdade para aqueles que haviam sido desterrados da África a partir de 1818. No total, segundo os números apresentados pelo autor, 760 mil africanos desembarcados no Brasil e seus descendentes foram escravizados de forma abertamente ilícita segundo o ordenamento jurídico nacional. Na década de 1850, o governo imperial anistiou os proprietários ilegais desse contingente pelo crime de sequestro — nada sendo efetivado com relação à prática da escravização, crime que se manteve impune.

> Resta que esse crime coletivo guarda um significado dramático: ao arrepio da lei, a maioria dos africanos cativados no Brasil a partir de 1818 — e todos os seus descendentes — foram mantidos na escravidão até 1888. Ou seja, boa parte das duas últimas gerações de indivíduos escravizados no Brasil não era escrava. Moralmente ilegítima, a escravidão do Império era ainda — primeiro e sobretudo — ilegal. Como escrevi, tenho para mim que esse pacto dos sequestradores constitui o pecado original da sociedade

e da ordem jurídica brasileiras. Firmava-se duradouramente o princípio da impunidade e do casuísmo da lei que marca nossa história e permanece como um desafio constante aos tribunais e a esta Suprema Corte.[8]

Esse trágico cenário mistura impunidade com a inconcessa submissão de centenas de milhares de pessoas, e por décadas, aos desmandos de uma elite escravista e habituada à isenção de responsabilidades penais. Consubstancia-se assim um construto de ilegalidade do qual fazem parte o Estado, as elites jurídicas e políticas e as elites agrárias do país, cujo dimensionamento pode ser expresso no trecho abaixo, ainda de Alencastro:

> para que não estourassem rebeliões de escravos e de gente ilegalmente escravizada, para que a ilegalidade da posse de cada senhor, de cada sequestrador, não se transformasse em insegurança coletiva dos proprietários, de seus sócios e credores — abalando todo o país —, era preciso que vigorasse um conluio geral, um pacto implícito em favor da violação da lei. Um pacto fundado nos "interesses coletivos da sociedade", como sentenciou, em 1854, o ministro da Justiça, Nabuco de Araújo, pai de Joaquim Nabuco.[9]

Esse "interesse coletivo da sociedade" não incluía, evidentemente, a população escravizada de modo ilegal. Terra estranha essa que acolhe fraternalmente uns, escraviza ilegalmente outros e, no final, exige esquecimento e insiste em que todos se vejam como filhos. A violência contra a população negra foi e é constitutiva da história do Brasil, e a pátria da democracia racial tem muito a esconder de sua memória.

Não apenas a ilegalidade da sujeição e da prática do sofrimento, mas também o exercício do direito sobre a vida do outro são heranças ainda ativas no país. Em todas as cidades e vilas do Brasil do século xix havia um pelourinho, local público de castigo de escravizados. Após a abolição, esses sítios serviram para a punição, na forma de tortura, dos suspeitos de roubo de cavalos e outros delitos. Mais uma herança do período escravista que seguiu vigorando na República. Outra forma de violência fartamente utilizada era o empalamento, que consistia na introdução de uma estaca de madeira pelo ânus ou pela vagina da vítima, podendo o objeto transpassar todo o corpo, saindo pela boca. O sofrimento podia durar dias, até que a pessoa morresse. Práticas não menos cruéis eram as "novenas" e "trezenas", que consistiam em cortar com navalha o corpo do escravizado e aplicar salmoura nas feridas. Havia ainda o castigo em que o indivíduo tinha o corpo untado com sal ou mel e, amarrado, era deixado para que ratos viessem devorá-lo.

Muitas outras formas de violência utilizadas pelos senhores e pelo Estado contra os escravizados poderiam ser descritas. O objetivo aqui, no entanto, é destacar que alguns dos instrumentos e práticas da época da escravidão, aperfeiçoados pelos órgãos de segurança, continuaram a ser utilizados — caso do tronco do pelourinho, ou, ainda no século xx, da palmatória e do pau de arara. Essas práticas suscitaram a repulsa crescente da intelectualidade nacional no final do século xix. O escritor, poeta e teatrólogo Artur de Azevedo denunciou em sua coluna, em diferentes jornais do Rio de Janeiro, as atrocidades a que eram submetidos os cativos. Iniciativas como a de Azevedo se intensificaram, fazendo com que aumentasse significativamente a indignação da opinião pública urbana antiescravista.

O primeiro código criminal do país, de 1830, havia avançado na determinação de penas claras e padronizadas por tipo de crime, e na prescrição de penas prisionais sem punições associadas aos suplícios. Contudo, para os escravizados foram mantidas as penas cruéis:

> Se o réu for escravo e incorrer em pena que não seja a capital ou de galés [andar acorrentado pelos pés, exercendo trabalhos públicos], será condenado à de açoites, e depois de os sofrer será entregue a seu senhor, que se obrigará a trazê-lo com um ferro, pelo tempo e maneira que o juiz designar. O número de açoites será fixado na sentença; e o escravo não poderá levar por dia mais de cinquenta.[10]

Como destaca Ana Luiza Flauzina, já nesse primeiro código criminal observam-se as bases de uma gramática de criminalização do negro, ao negar ao escravizado abrigo no conjunto dos ramos do direito, com exceção do direito penal, onde a ele é conferido tratamento de pessoa responsável por delitos.[11] Cabe ainda destacar que, além de acolher o crime de vadiagem e mendicância, o código inovou ao tipificar o crime de insurreição, distinguindo-a de rebelião e de sedição e associando-a a rebeliões de escravizados. Apenas nos Estados Unidos tal termo havia recebido descrição legal como crime de levante de escravizados.[12]

Mas a violência como estratégia de imposição da ordem se expandia além da servidão, atingindo pessoas e movimentos que representassem ameaça. De fato, a violência, tanto no período de dominação portuguesa quanto após a independência, foi naturalizada no tratamento de questões políticas e na repressão a movimentos sociais. São exemplos, no século XVIII, a Guerra dos Mascates, em Pernambuco (1710), as rebeliões de Minas Gerais iniciadas com a revolta liderada por Felipe dos Santos (1720), a própria Inconfidência Mineira (1789) e a Revolta dos Alfaiates, na Bahia (1798). O século XIX se inicia com a Revolução de 1817 em Pernambuco, mas a maior concentração de revoltas nesse século se dá no chamado período regencial, compreendido entre a abdicação de d. Pedro I e a maioridade de d. Pedro II, isto é, entre 1831 e 1840. Foram pelo menos cinco grandes movimentos: a Cabanagem, no Pará (1835-40), a Sabinada, na Bahia (1837-8), a Balaiada, no Maranhão (1838-41), a Revolta dos Malês, também na Bahia (1835), e a Revolução Farroupilha, no Rio Grande do Sul (1835-45). Todas essas revoltas, em maior ou menor grau, foram violentamente reprimidas pelo governo central.[13] O Estado forte, responsável pela integridade e pela unidade nacional, impôs-se pela violência e pela intimidação, em ações militares muitas vezes voltadas contra comunidades pobres e promovendo alta mortandade da população envolvida, exemplos clássicos sendo as operações militares contra as revoltas populares de Canudos, no sertão baiano (1896-7), Contestado, no oeste do Paraná (1912-6), e Caldeirão, no Ceará (1936-8).

> Canudos, Contestado e Caldeirão [...] apresentam alguns elementos comuns, não obstante a relativa distância geográfica, e mesmo histórica, que os separa: são movimentos sociais organizados no interior do setor de subsistência da economia; apresentam e recuperam elementos do catolicismo popular algo impregnados na memória e resgatados na mobilização popular; ignoram ou explicitamente denunciam a estrutura da propriedade latifun-

Violência e ausência de justiça 287

diária preexistente; e, finalmente, são combatidos e dizimados militarmente pelas forças da ordem da República, o que resultou em sua eliminação física — com exceção de Juazeiro [Caldeirão]. Seus líderes e seus seguidores constituem uma população pobre, mestiça e desintegrada da economia agrário-exportadora e urbana, que então constituía o chamado polo dinâmico da economia brasileira. Tais características comuns são, provavelmente, um eixo fatal que condena esses movimentos a uma espécie de pacto do esquecimento nacional.[14]

A repressão à população pobre e negra prosperou no século XIX, tendência que não foi revertida com a Proclamação da República. Já em 1890 o novo Código Penal tipificou como contravenção situações corriqueiras na vida da população recém-liberta. Mendigos, vagabundos e capoeiras passam a ser qualificados como contraventores, passíveis de prisão mesmo sem acusação formal de crime. A vadiagem não era associada apenas à ausência de atividade, mas também à ausência de renda. Era a pobreza da população, até pouco tempo antes mantida em cativeiro, que mobilizava explicitamente a repressão e o encaminhamento a prisões, asilos e hospícios.

Dentre os aproximadamente 4 mil indivíduos que foram detidos no Depósito de Presos, em 1911, a grande maioria foi destinada ao Hospital Nacional dos Alienados, sendo um número significativo deles enviado ao Asilo de Menores Abandonados, e outro tanto à Colônia Correcional de Dois Rios.[15]

A política de encarceramento de pobres e negros levou à ampliação das instituições carcerárias, bem como à criação da Colônia Correcional de Dois Rios, em Ilha Grande. Em estudo sobre o tema, Myrian Santos esclarece que a colônia foi fundada com o objetivo institucional de receber mendigos, vagabundos, capoeiras e ébrios.[16] Era sobretudo a desocupação, tipificada como crime, que mobilizava a repressão e a punição das camadas percebidas como não integráveis à sociedade. A Colônia Correcional de Dois Rios recebeu "indivíduos, em sua grande maioria, pobres, negros, desassistidos, e que morriam em poucos meses de doenças resultantes de má alimentação e falta de higiene, como beribéri e disenteria".[17] Sobre as condições de vida a autora afirma: "Os correcionais ficavam presos, todos juntos, em grandes barracões, cuja estrutura era ainda a das antigas senzalas".[18] O espancamento e a morte eram frequentes. E, com o tempo, para lá começaram a ser enviados também presos políticos.

"Ordem e progresso", o lema positivista apropriado pela República e estampado na bandeira nacional, longe de visar ao respeito aos indivíduos, à sua liberdade e aos direitos, objetivava o coletivo privilegiado pelo Estado. Preceitos fundamentais como liberdade e igualdade, fundadores da ideia de República moderna, estiveram distantes dos jacobinos brasileiros. Na verdade, é possível deduzir que, ao fim e ao cabo, o ideário nacional se adequa perfeitamente ao perfil social e econômico do país: a ordem para o negro e o progresso para o branco. Ordem, no sentido estrito da palavra, significa ordenar, impor limites e regras, subordinar e controlar; se for o caso, de forma violenta e repressiva. O Estado direcionado à população negra, que estabelece, ou melhor, impõe a ordem pela violência, é o mesmo Estado que fornece o progresso, via crescimento econômico e remissão racial, e garante a ascensão social à população branca. Essa foi a face do século xx, o primeiro inteiramente vivenciado sem a clivagem escravista, ou seja, dentro de um contexto de igualdade formal. A sociedade desigual é antes de tudo uma sociedade autoritária. Uma sociedade que se utiliza das forças de repressão para impor a ordem no estrito limite dos interesses de suas elites e garantindo a preservação e a reprodução da desigualdade. Desse ponto de vista, é uma sociedade violenta. Sendo uma sociedade racista, a violência se direciona privilegiadamente contra a população negra. De resto, quando de algum modo se posicionam de maneira contrária ao sistema, fora das fronteiras permitidas pela sociedade desigual, outros segmentos sociais passam a ser perseguidos e tratados como os negros. Esse é o maior castigo a que podem ser submetidos movimentos sociais e políticos: serem equiparados aos negros e tratados como tais. Isso ocorre, por exemplo, com os movimentos que reivindicam terras para os trabalhadores, na perspectiva de uma reforma agrária, ou os movimentos urbanos dos chamados sem-teto. A sociedade desigual é refratária a qualquer demanda redistributiva. E a repressão recai até mesmo sobre segmentos da classe média, quando organizados visando à contestação da ordem.

De fato, a repressão aos presos políticos passaria pelo tratamento destinado aos escravizados e a seus descendentes, como foi registrado por Graciliano Ramos em seu clássico *Memórias do cárcere*: "Habituara-me, de fato, desde a infância, a presenciar violências, mas invariavelmente elas recaíam em sujeitos da classe baixa. Não se concebia que negociantes e funcionários recebessem os tratos dispensados antigamente aos escravos e agora aos patifes miúdos".[19] Assim, o escritor se surpreendeu ao descobrir que prisioneiros políticos podiam ser tratados da mesma forma que "os pequenos delinquentes que sangram nos interrogatórios bárbaros e nunca mais se reabilitam".[20] E por que não se reabilitavam? Não apenas pelos danos físicos, esclarece ele, mas pela humilhação associada à violência:

> A minha educação estúpida não admitia que um ser humano fosse batido e pudesse conservar qualquer vestígio de dignidade. Tiros, punhaladas, bem: se a vítima conseguisse restabelecer-se, era razoável andar de cabeça erguida e até afetar certo orgulho: perigo vencido, o médico, a farmácia, as vigílias de algum modo a nobilitavam. Mas surra — santo Deus! — era a degradação irremediável. Lembrava o eito, a senzala, o tronco, o feitor, o capitão do mato. O relho, a palmatória, sibilando, estalando no silêncio da meia-noite, chumaço de pano sujo na boca de um infeliz, cortando-lhe a respiração. [...] Aquilo é estigma indelével, tatuagem na alma. Quando estiver desprecatado, julgando-se normal e medíocre, um riso, um gesto, um olhar venenoso, o chamarão à realidade, avivarão a lembrança do pelourinho, do rosto cuspido, das costas retalhadas. Afinal, aquele tratamento não foi infligido senão para isso. Indispensável aniquilar um inimigo da sociedade.[21]

O tratamento similar ao dispensado aos escravizados não se limitava às sevícias físicas e incluía porões de navios. Remanescentes dos tumbeiros, tais porões continuavam ativos para transferir prisioneiros comuns e passaram a ser utilizados também no transporte dos presos políticos durante a repressão ao movimento comunista da década de 1930. Como também rememora Graciliano Ramos sobre sua viagem do Recife ao Rio de Janeiro a bordo do *Manaus*, centenas de pessoas amontoavam-se em um "curral flutuante", boa parte presos comuns a que se haviam juntado presos políticos, em um ambiente qualificado como uma "realidade inconcebível".

Durante os anos da ditadura militar, os militantes de esquerda — em sua grande maioria estudantes universitários brancos e de classe média —, por se engajarem em uma luta política que punha em questão as estruturas da sociedade, foram, como de costume, severamente perseguidos pelos órgãos de repressão. Muitos desses jovens foram presos, torturados e também assassinados, sofrendo com uma prática que a polícia utiliza contra as populações negras desde sempre.[22] A indignação da sociedade brasileira com a tortura contra aqueles militantes foi imensa, verbalizada sobretudo por parte da Igreja e dos órgãos da chamada sociedade civil organizada, como a Ordem dos Advogados do Brasil e a Associação Brasileira de Imprensa, entre outros. Esse movimento suscitou a publicação do livro *Brasil: Nunca mais* — uma parceria da Arquidiocese de São Paulo com a Igreja Presbiteriana e a Congregação Israelita Paulista —, espelhado na experiência dos argentinos contra a ditadura em seu país e relatando as sevícias e os maus-tratos pelas forças de repressão. O livro brasileiro denunciava torturadores e buscava que a tortura fosse proscrita. A extensão e o escopo dessa demanda, no entanto, não eram claros. Se o que se queria era o fim da tortura para todos os brasileiros, isso nunca ocorreu. A população pobre e majoritariamente negra é, até hoje, submetida a essas práticas. Essa é uma verdade conhecida por toda a sociedade. Ao não dar prosseguimento às denúncias, ampliando o protesto sistemático à tortura dirigida às camadas populares, preservou-se da crítica o cerne da sociedade desigual. Mesmo as esquerdas, de modo geral, e as entidades classistas de cunho democrático têm dificuldade em admitir a centralidade da questão racial. É a velha naturalização causada pelo racismo. O fim da sociedade desigual, a luta pela igualdade no Brasil, passa necessariamente pela organização e o protagonismo de quem é a grande vítima do racismo: o povo negro. Só desse modo poderá haver um processo de mudança real.

Estado policial e expansão da violência

A violência do Estado policial, que remonta ao período do Brasil Colônia, com a captura e a escravização dos indígenas e a introdução do cativo negro, teve efetivo apoio de elementos paraestatais. Cedo, milícias e capitães do mato surgiram como auxiliares da repressão às fugas e ao mau comportamento do escravizado. Os quilombos aparecem já no século XVI, como resistência à sociedade escravista. É a primeira forma de organização social que nega o ordenamento e o próprio empreendimento colonial. Como destaca Clóvis Moura, esse não era um fenômeno atomizado ou esporádico: o quilombo emergia como uma reação normal dentro da sociedade escravista e em todos os locais onde ela se afirmava.[23]

Houve uma forte perseguição aos quilombos na história brasileira. Muitos foram destruídos, e seus integrantes em grande parte mortos, outros devolvidos a seus senhores. Os caçadores de escravizados, também chamados capitães do mato, tiveram um papel central na repressão aos quilombos. Esse foi o caso do capitão-mor Bartolomeu Bueno do Prado, neto de Anhanguera, que em 1751 atacou e dizimou um grande quilombo no interior de Goiás, trazendo como prova de seu triunfo cerca de 3900 pares de orelhas de quilombolas mortos.[24] Mas a violência contra os quilombos continua e persiste nos dias de hoje. O preço de ter resistido ao passado escravista ainda está sendo cobrado. A grande maioria das comunidades quilombolas, mesmo tendo sido reconhecida pelo Estado, não conseguiu o título de propriedade da terra, conforme determina o preceito constitucional vigente. O governo federal tem sido pouco eficiente no cumprimento da Carta Magna, favorecendo práticas de invasão e tomada de terras, e da ampliação da violência de um modo geral. Analisando os conflitos no campo entre 2008 e 2016, estudo do Ipea mostra o crescimento daqueles envolvendo as comunidades tradicionais. Dentre estas, as indígenas e quilombolas são as mais atingidas. De 29 conflitos registrados em 2008, os quilombolas passaram a ser vítimas de 77 conflitos em 2015 e 142 em 2016, tendo aumentado também o número de assassinatos de suas lideranças.[25]

No mundo urbano, a violência diuturna direcionada ao negro — e não só contra aquele que efetivamente viesse a delinquir — consolidou-se como prática social desde o período colonial. O conceito de vadiagem firmou-se como forma de opressão ao negro no pós-Abolição, e como reação às ameaças que adviriam, segundo as elites, desses indivíduos, agora livres. Também a República, nascida sob a bandeira do progresso e sobretudo da ordem, notabilizou-se pelo uso cotidiano e crescente da repressão e da violência no trato com populações negras nos centros urbanos.

Desse modo, a repressão à vadiagem consolidou-se. Associada a ela, a legislação penal de 1890 dirigiu-se ainda mais diretamente à população negra ao prever punição ao indivíduo que fosse dado a "exercícios de habilidade e destreza corporal conhecidos pela denominação de capoeiragem". Com esse suporte legal, a perseguição aos capoeiras, grupos que originalmente mobilizavam escravizados e libertos, foi efetiva no Rio de Janeiro. De fato, os dois ilícitos passaram a estar associados no novo Código Penal, em capítulo com o título de "Vadios e capoeiras".

A repressão e o controle de populações enraizaram-se na própria prática e cotidiano do aparato policial. Boris Fausto, em seu estudo sobre a criminalidade em São Paulo no final do século XIX e início do século XX, aponta para a enorme discrepância entre o número de prisões e o número de processos, demonstrando o papel do encarceramento como instrumento de controle social. Em 1893 foram presas na cidade 3466 pessoas, registrando-se apenas 329 inquéritos; em 1905, os números foram, respectivamente, 11 036 e 794.[26] A ênfase da ação policial voltada ao controle social também se expressava nos altos e crescentes índices de prisões por delitos de contravenção, com a vadiagem representando "o receptáculo maior, onde se enquadra o 'viveiro natural da delinquência'", destaca Fausto, citando a linguagem dos relatórios policiais de então.[27] Também no Rio de Janeiro, como revela Thomas H. Holloway em seu estudo sobre os registros policiais no século XIX, grande parte da energia policial era despendida no controle das "ofensas contra a ordem pública", em especial a capoeira.[28]

A Primeira República avançou na suspeição generalizada ao segmento negro da população.[29] Naquele momento, a leitura eugenista alimentava também o debate jurídico, como revela a influência da obra de Afrânio Peixoto, amplamente utilizada nos processos de reforma penal das décadas de 1920 e 1930.[30] No período do Estado Novo, a Lei de Contravenções Penais foi ainda mais explícita, referendando a ação policial contra o suspeito de vadiagem, definida como "entregar-se habitualmente à ociosidade, sendo válido para o trabalho, sem ter renda que assegure meios bastantes de subsistência, ou prover a própria subsistência mediante ocupação ilícita", com pena de prisão de quinze dias a três meses.[31] A Lei da Vadiagem, ainda hoje em vigor, respalda práticas policiais abusivas e largamente direcionadas contra a população negra.

Paralelamente à ação policial, a prática da terceirização da violência sempre prosperou no país. Sua base de existência remonta ao período do trabalho cativo e à própria percepção do escravizado como propriedade do senhor. Assim, podendo dispor desse seu bem e tendo sobre ele o poder da vida e da morte, da punição e do castigo, o proprietário se cercou de um forte aparato repressivo para impor a ordem. O ofício de capitão do mato surge como peça auxiliar para os fazendeiros. Profissionais especializados na caça de cativos fugidos, os capitães do mato não eram funcionários públicos, mas empreendedores privados a quem os proprietários — e por vezes o próprio governo, provincial ou local — contratavam serviços. Havia casos em que a questão era sobretudo de demarcar o poder, o que dava também ao capitão do mato e à sua equipe o direito de vida e morte sobre os escravizados, como no já citado caso do capitão-mor Bartolomeu Bueno do Prado nos confins de Goiás.

O certo é que Estado e elites econômicas e políticas no Brasil sempre recorreram aos serviços dos mercenários da violência. A própria vitória sobre o quilombo dos Palmares foi obtida sob o comando de um desses, Domingos Jorge Velho, "o caçador de índios". Ou seja, já nos primórdios do Brasil Colônia a figura do miliciano paraestatal se fazia presente. Pode-se dizer que, por interesse das elites e em conluio com o Estado, proliferou nas terras brasileiras a prática de uma violência privada exercida com o assentimento ou ao menos o beneplácito das autoridades e das elites.

O fenômeno do coronelismo, já na etapa do Brasil Império, foi a consolidação do poder local das elites regionais com base na utilização da força não estatal. Os coronéis lograram estender seus domínios com uso de jagunços, sucessores dos capitães do mato, e, pela violência, expulsavam e/ou submetiam pequenos posseiros e demais segmentos populares a seu jugo. A aliança do poder local com o poder das províncias e o poder imperial deu-se com o reconhecimento e a legitimação da violência dos coronéis e seus asseclas.[32] Como um evento eminentemente rural, o coronelismo foi mitigado pela evolução política e econômica, e, já nos anos 1960, no Brasil majoritariamente urbano, esses grandes atores políticos rurais haviam perdido influência, embora o pacto do poder central com essas elites nunca tenha acabado.[33]

De todo modo, essa herança colonial tem reflexos nas periferias atuais, onde, nas palavras de Gabriel Feltran, ainda hoje "os jagunços sabem como os coronéis pensam, e sabem que não há sequer pretensão de justiça em suas ações".[34] De fato, no Brasil urbano, notadamente em suas áreas periféricas, reproduziu-se um histórico de ação de segmentos não estatais como elementos ordenadores e, com frequência, complementares à atuação de polícia. Já nos primeiros anos do boom urbano, observou-se a emergência de justiceiros e matadores. Estes, à guisa de manutenção da ordem, e com a bênção e o financiamento dos comerciantes locais, passaram a agir como autoridade policial e judiciária, reprimindo e punindo a população, inclusive com o assassinato. Um exemplo paradigmático é o da Baixada Fluminense, região que, já nos anos 1930, começa a sofrer um processo de urbanização acelerada, com forte afluxo de pessoas expulsas das áreas centrais do Rio de Janeiro, bem como das áreas rurais de todo o país. A violência na Baixada, alimentada pelo conflito de terras, ampliou-se e consolidou-se nas décadas seguintes, como em praticamente todas as grandes periferias urbanas do Brasil, tendo como principal catalisador o crescimento do tráfico de drogas.[35]

No que tange à violência, o Rio de Janeiro é uma espécie de antessala histórica que antecipa, em alguns anos, os acontecimentos que vão se espraiar pelo resto do país. Nesse sentido, os anos 1980 foram emblemáticos. O período marca a entrada da cocaína nas favelas, que até aquele momento eram ponto de venda de maconha, droga mais leve e de lucratividade reduzida. A cocaína traz dinheiro e amplifica o potencial dos negócios, atraindo concorrência. Os homicídios crescem. O tráfico amplia a guerra interna, com a organização de facções como Comando Vermelho, Terceiro Comando, Amigos dos Amigos (e mais tarde, em São Paulo, o Primeiro Comando da Capital). Com isso, o pequeno tráfico é eliminado e esses grupos ocupam as favelas e periferias, acirrando as disputas entre facções e ampliando o conflito com as forças policiais, que se torna mais letal com a introdução de armamentos mais sofisticados e pesados.

Em pouco tempo, a guerra do tráfico nas favelas do Rio estimulou o surgimento de outros atores. O principal foram as milícias. Grupos armados cujo discurso inicial era o de banir o tráfico, e que se apresentavam como justiceiros que viriam restabelecer a paz e a ordem, em pouco tempo elas se tornaram a lei na comunidade. As milícias se organizam não apenas para expulsar o tráfico, mas para tomar de assalto a comunidade, impondo o monopólio sobre a venda de certos serviços, como o acesso à rede elétrica, o fornecimento de gás, a TV paga, controlando ainda o transporte de vans e de mototáxis e a construção de moradias, conforme já vimos. Muitas vezes há também a cobrança aos moradores de uma taxa compulsória de segurança. Atualmente, um número significativo das favelas e periferias do Rio de Janeiro está nas mãos das milícias. O fenômeno parece se repetir no interior do estado e em outros estados, como é o caso do Espírito Santo, sempre em áreas de população mais pobre e negra.

Importante lembrar que, no caso das favelas e periferias do Rio de Janeiro, desde meados dos anos 1970 havia uma crescente mobilização política, estimulada por uma militância de esquerda e por segmentos progressistas da Igreja católica. Mas esse processo de politização foi dificultado tanto pela chegada das grandes facções do tráfico e das milícias como pela gestão de extermínio que passa a nortear mais fortemente a ação policial nesses territórios. Como afirmaram Daniel Hirata e Carolina Grillo, "a guerra parece ser a forma de interface preferencial entre governantes e governados — e seu motor de propulsão, justificativa e expansão é a guerra contra o crime".[36] De fato, os territórios periféricos nas grandes e médias cidades vêm sofrendo cotidianamente uma ação pública pautada em um regime de exceção, quando não organizada a partir de princípios extralegais ou mesmo claramente ilegais.

Ainda no Rio de Janeiro e já neste século, o governo do estado anunciou o resgate da cidadania da população favelada com o programa de Unidades de Polícia Pacificadora (UPPS). Instalado a partir de 2008 em comunidades pobres, o projeto não cumpriu o prometido e teve vida curta, pelo menos em seu escopo original. De todo modo, sobre o quadro atual, cabe ressaltar que, na capital, tanto o morador da favela como o da periferia convivem com uma tripla violência: a subjugação aos limites impostos pelo dominador de plantão, seja ele miliciano ou traficante; as investidas da polícia adentrando a comunidade à "caça de bandidos"; e, por fim, a total e secular ausência do Estado garantidor dos direitos e da cidadania. Nesse contexto, as garantias legais aos indivíduos e a gestão democrática da cidade parecem, cada vez mais, se fragilizar em favor do avanço da necropolítica.

Em São Paulo, a existência das milícias parece ser residual, ao menos por ora. Entretanto, a virulência policial nas áreas de favela e de periferia tem sido cada vez mais proeminente. Além disso, a presença majoritária do PCC no comando do tráfico e nos presídios tem servido como trampolim para uma escalada nacional da facção, em contraposição sobretudo ao Comando Vermelho. A violência desses grupos dita normas e comportamentos defensivos aos moradores, ampliando o isolamento social e a segregação territorial.

Nas periferias da capital paulista, soma-se ainda que as chacinas se tornaram prática corriqueira. Um dos casos mais marcantes ocorreu em maio de 2006, quando, após uma série de confrontos entre o PCC e a Polícia Militar paulista, instalações policiais foram abertamente atacadas pelos membros da facção, culminando na morte de mais de cinquenta policiais em apenas um mês. Houve brutal ação de represália por parte de segmentos da instituição, mas o alvo foi a comunidade negra e pobre das áreas periféricas da capital e da Baixada Santista. Segundo as informações da CPI do Assassinato de Jovens, no intervalo de uma semana, de 12 a 20 de maio, foram assassinados cerca de 450 meninos das favelas e das periferias, em sua grande maioria negros, sem que tenha havido a devida punição dos policiais envolvidos.[37]

A prática dos assassinatos coletivos proliferou pelo país desde os eventos emblemáticos de Vigário Geral e da Candelária, no Rio de Janeiro, nos anos 1990, denotando a crescente violência contra as populações periféricas — vejam-se as chacinas da Baixada (Rio, 2005), da Chatuba (Rio, 2012) e do Cabula (Salvador, 2015), para citar apenas alguns exemplos. O mesmo vale para as áreas rurais, que, desde o Massacre de Eldorado dos Carajás, no Pará, em 1996, viram aumentar fortemente o número de assassinatos coletivos, sobretudo em áreas com questões fundiárias pendentes, como Mato Grosso, Goiás e Bahia. As chacinas ganharam incidência também nos presídios, fruto da ação policial, como no exemplo do Carandiru (São Paulo, 1992), e da luta entre facções, caso do Complexo Penitenciário Anísio Jobim (Compaj; Manaus, 2017) e da penitenciária de Alcaçuz (Natal, 2017).[38]

De fato, a chacina afirmou-se como estratégia de ação no âmbito das facções do tráfico e das milícias. Um estudo de Uvanderson Silva, Jaqueline dos Santos e Paulo César Ramos classifica as chacinas em quatro tipos mais recorrentes, a saber:

> 1) disputas oriundas das dinâmicas criminais organizadas, especialmente as que envolvem facções criminais de origem prisional;
> 2) ações de represália e contenção por parte das polícias (principalmente policiais descaracterizados, mas também operações

policiais em alguns contextos); 3) rebeliões em presídios; e 4) conflitos no campo (terra e trabalho).[39]

As informações sobre o total de mortos em chacinas no Brasil entre 2016 e 2018, levantadas pelos três pesquisadores com base nos dados da imprensa, impressionam. No período, foram identificadas 242 chacinas, com um total de 1175 vítimas fatais. Dessas, 87% eram do sexo masculino. A maior parte das chacinas se deveu à ação das facções criminosas ou do tráfico de drogas, seguida dos acertos de contas, queimas de arquivo ou vingança, atuação ou operação policial, feminicídio ou casos associados, milícias ou grupos de extermínio e conflito agrário.[40] O estudo não consegue trazer informações sobre a raça/cor das vítimas, mas, com base em outras fontes sobre a violência, é lícito acreditar que negros e negras sejam os mais atingidos pelas chacinas.

Além dessas fontes de violência, aquela perpetrada diretamente pela polícia contra a população negra requer uma atenção especial, pois representa a mão do Estado, a posição das instituições públicas e dos atores oficiais, e sua contribuição no tratamento da questão racial. A truculência com que as patrulhas e os comandos armados das polícias militares se infiltram nas comunidades pobres remonta a cenas de guerra urbana. Mas a impunidade que acompanha tais ações parece contar com o beneplácito de setores amplos da sociedade, para os quais o trabalho de repressão ao tráfico e ao crime organizado seria sinônimo de manutenção do distanciamento e controle das populações pobres e negras. Em artigo de 2020, Gabriel Feltran chama a atenção para o fato de que os policiais, quando adentram as áreas de favela ou da periferia, o fazem com o aval da sociedade, já cientes de que as autoridades superiores e mesmo o sistema judiciário lhes conferem alto grau de impunidade, desde que façam um serviço de proteção socialmente seletivo e de manutenção das distâncias espaciais e raciais.[41] A extralegalidade que se construiu ao longo do século XIX, como analisado por Alencastro, mantém-se, assim, consolidada pela ação do Estado ainda no século XXI, contando com o suporte de uma peculiar jurisprudência que a embasa quando deveria impedi-la. Mais que isso, essa visão distorcida e parcial vem sendo fortalecida, associada à imagem do criminoso como inimigo social, e acompanha a erosão da crença no modelo correcional como local de punição e de possibilidade de ressocialização.[42] Nesse sentido, os criminosos são percebidos como irrecuperáveis e só podem ser combatidos por meio de uma guerra, cujo objetivo último é limpar as cidades, adentrando e dominando territórios, submetendo populações e exterminando os bandidos. À medida que avança, esse processo reduz as dúvidas sobre quem é ou não bandido. A histórica estigmatização do jovem e do homem negros, identificados a comportamentos potencialmente criminosos, justifica a ação repressiva, que tem caráter não apenas punitivo, mas também preventivo; ou seja, a repressão é considerada válida mesmo que injustiças sejam cometidas.[43] Em uma palavra, não há necessidade de relação entre as práticas criminais e a identificação do sujeito criminoso: o negro torna-se suspeito ao ser associado automaticamente à condição de bandido potencial. Essa imagem, construída ao longo da história brasileira e reforçada no contexto de ampliação da violência, mantém o segmento afrodescendente em grande parte excluído das garantias legais de direito à proteção, ao justo processo legal e mesmo à vida.[44]

Com o progressivo avanço da violência nos territórios de concentração da população negra, o conjunto de seus moradores — e não apenas os jovens e homens negros — é submetido a um amplo cerceamento de direitos. Ao lado da violência inscrita na limitação do acesso a uma moradia condigna, a uma renda minimamente capaz de garantir sua manutenção e a de seus dependentes, a um sistema de saúde decente, a uma educação de qualidade, somam-se outras violências — como o constrangimento do direito de ir e vir, do direito à inviolabilidade do domicílio e à prisão regular, cumpridos os preceitos e as prerrogativas individuais que dão base ao Estado de direito.

Além do tráfico e das milícias, outro componente importante atua no cotidiano de violência a que está submetida a população negra, mesmo nas suas comunidades: a crescente presença das igrejas neopentecostais.[45] Uma disputa de protagonismo religioso nas comunidades impôs, durante algum tempo, um confronto entre a Igreja católica, as religiões de matriz africana e as igrejas pentecostais e neopentecostais. Alguns fatores são relevantes nesse contexto. De início, é importante assinalar o recuo da presença da Igreja católica, que até os anos 1970 tinha forte influência, inclusive na organização política da população nas periferias urbanas. Impulsionados pelo trabalho comunitário de padres ligados às correntes mais progressistas, movimentos sociais de moradores ganharam protagonismo. No entanto, com a chegada ao poder do papa João Paulo II, houve um enfraquecimento da chamada Igreja de base, acompanhado de um refluxo na atuação nesses territórios a partir dos anos 1980.[46] Justamente quando o tráfico ganhava maior força, tal trabalho de conscientização e de organização política perdia espaço.

Assim, a entrada das igrejas neopentecostais se deu em um contexto de mudanças importantes. Essas irmandades, que surgem com força a partir dos anos 1960 nos Estados Unidos e chegam às favelas e periferias brasileiras duas décadas depois, introduzem um novo olhar sobre a realidade. Em um cenário de violência e morte, a mensagem dos neopentecostais reafirma uma ideia de salvação espiritual, mas também oferece ajuda material, vínculos sociais e valorização do indivíduo. O pastor, líder espiritual, se engaja visceralmente no local, sendo ou tornando-se ele próprio morador e membro da localidade. A disputa pelas almas é associada a uma guerra religiosa, incorporada ao ideário da comunidade.

O crescimento dos evangélicos no Brasil é exponencial, tendo passado de 9% da população, segundo o Censo de 1991, para 16%, conforme o Censo de 2000, atingindo 22% em 2010 e ultrapassando o patamar de 30% dos brasileiros em 2020.[47] Nesse movimento, decrescem os adeptos de outras religiões. Mas, no caso das religiões de matriz africana, historicamente presentes nas favelas e periferias, não se trata de simples declínio de adeptos. Os terreiros têm sido objeto de efetiva perseguição por parte de membros de algumas igrejas neopentecostais, que os associam a cultos diabólicos.[48] Há ainda exemplos de chefes de facções do tráfico que aderem às igrejas neopentecostais e passam a perseguir as casas de santo de matriz africana.[49]

Em seus estudos mais recentes, Hédio Silva Jr. tem se dedicado a pesquisar o aumento da perseguição às religiões de matriz africana e a ausência de proteção legal que garanta a prática da religiosidade e o direito de professar seu culto à ancestralidade africana de forma livre e aberta. O constrangimento imposto de maneira crescente a essas religiões é mais uma das singularidades do racismo e da violência contra a cultura negra. Segundo o autor:

> a intolerância de natureza religiosa/racial configura uma das facetas mais abjetas do racismo brasileiro, mantendo-se intacta ao longo de toda a história, e resistindo, inclusive, ao processo de democratização, cujo marco fundamental foi a promulgação da Constituição de 1988 [...]. Dados da realidade nos autorizam a afirmar a existência de um verdadeiro hiato entre os direitos constitucionalmente deferidos e o cotidiano de violações de direitos que vitimizam os templos e os ministros religiosos do candomblé.[50]

A violência dirige-se à presença física e simbólica da população negra e funciona como o fator de estabilização da sociedade desigual. Violência dirigida aos territórios mais pobres e, sobretudo, aos negros. Esse é um ponto a ser enfatizado: a diferença entre o branco pobre, mesmo da periferia ou da favela, e o negro. Na sociedade racista brasileira, a cor da pele influencia diretamente no tratamento que as pessoas e os grupos sociais em geral dispensam ao indivíduo. A máxima entre os brancos pobres de que "pelo menos não somos pretos" é uma realidade nas periferias. Eles sabem que o fato de não serem negros pode ser decisivo em algumas circunstâncias, inclusive em situações de vida ou morte.

Um exemplo, entre muitos: Ceilândia, cidade-satélite de Brasília, dia 5 de março de 1986. A polícia invade um baile de jovens e um dos policiais dá a ordem: "Branco sai, preto fica!". Naquele momento, ninguém teve dúvidas sobre quem era branco e quem era preto no Brasil — questão mordaz que angustia a classe média contrária às cotas. Os brancos saíram, os pretos sofreram um massacre. Um jovem ficou paraplégico e outro teve a perna amputada pela ação violenta e desproporcional da polícia.[51] Esse tratamento discricionário dado pela polícia do Distrito Federal não está longe do que ocorre no resto do país.

Os jovens negros são mais expostos a situações de perigo e morte. Dados do *Atlas da violência* mostram que, em dez anos, de 2006 a 2016, a taxa de homicídios de negros cresceu 23,1% enquanto a mesma taxa entre não negros sofreu uma redução de 6,8%, e que "em 2017, 75,5% das vítimas de homicídios foram indivíduos negros [...], sendo que a taxa de homicídios por 100 mil negros foi de 43,1, ao passo que a taxa de não negros [...] foi de 16,0".[52] Em 2016, a chance de um negro ser morto no Brasil era 2,5 vezes maior do que a de um branco.[53]

No que tange à população jovem, por ano morrem assassinados no país cerca de 23 mil jovens negros, o que dá uma média de um morto a cada 23 minutos, como já citamos. Trata-se de números de guerra — ou de genocídio. Um cenário que, além do drama que atinge cada família, e são milhares por ano, gera uma perda econômica extraordinária. O país está literalmente renunciando a um potencial produtivo e criativo ao aniquilar vidas nessa proporção. Projetando-se esse quadro para o futuro próximo, vislumbra-se uma perda de não menos de 250 mil jovens negros na década, e cerca de meio milhão em vinte anos. Uma tragédia, e um prejuízo econômico incomensurável, além de sobejamente anunciado.

O termo "genocídio" foi utilizado no *Relatório final da CPI do Assassinato de Jovens*, do Senado Federal, para descrever a realidade do jovem negro no país no início do século XXI.[54] Os números não deixam dúvida sobre o cenário de truculência e impunidade que grassa na sociedade brasileira de maneira desigual. As classes média e alta se protegem recorrendo a serviços privados: atualmente, a chamada indústria da segurança envolve cerca de 2 milhões de pessoas, de acordo com os dados da Rais, a Relação Anual de Informações Sociais. Por seu turno, as camadas mais pobres convivem, como enfatizado, com milícias, facções do tráfico e uma polícia extremamente violenta e muitas vezes mortal. Quando os jovens da periferia saem de seu lugar de origem, quando decidem visitar ambientes que não aqueles a que normalmente estão ligados, há uma crescente histeria. O medo que toma a população mais abastada, um medo que fantasia a figura do pobre e negro como criminoso e que reafirma o estereótipo do marginal e bandido por trás de cada jovem negro, está em franco crescimento. A violência contra negros se manifesta fortemente em ambientes das classes média e alta: shopping centers, lojas de luxo, restaurantes e mesmo hipermercados. Percebe-se ainda um aumento do incômodo da classe média com a saída dos negros de seus ambientes "permitidos" e sua vinda para os espaços mais nobres. Em 2010, no já mencionado exemplo da estação de metrô em Higienópolis, quando moradores do nobre bairro paulistano lançaram um movimento para impedir sua construção, o argumento foi que isso traria para a área "drogados, mendigos, uma gente diferenciada", como disse uma das moradoras.[55] Pouco tempo depois, na Zona Sul do Rio de Janeiro, esse mesmo medo de pobres e negros levava um grupo de jovens autointitulado "Justiceiros de Copacabana" a invadir ônibus vindos dos subúrbios para expulsar os moradores das periferias de "suas" praias.[56]

A música "Caravanas", de Chico Buarque, fala sobre os negros suburbanos que ousam frequentar as praias da Zona Sul do Rio. O poeta lembra que a raiva contra esses jovens da periferia é a filha do medo alimentado pelas classes médias. Mas ela é também a mãe da covardia consubstanciada na própria violência contra esses meninos e meninas negras, covardia que se consolida no arranjo entre polícia, moradores dos bairros nobres e mesmo a Justiça. Uma alegoria do que ocorre em um plano micro, mas também no macro. A sociedade desigual conta com a participação do Estado, em várias instâncias, para garantir a manutenção dos marcos divisórios que cada vez mais delimitam os espaços.

O judiciário e a desigualdade racial

A história da violência perpetrada contra a população negra é também a história da violação do Estado de direito no Brasil, onde o ilegal se impõe ao legal, a transgressão e a injúria ao direito, o abuso de poder e a força à lei e à cidadania. O Judiciário no Brasil tem chancelado muitas das situações de iniquidade, particularmente nos casos envolvendo violência, quando assume uma posição estratégica e decisiva nesse sentido. Trata-se, em última análise, da posição oficial do poder público, da resposta dada pelo aparelho de Estado na condução do processo legal, sinalizando positivamente para um dos mais poderosos mecanismos de reprodução da desigualdade em que esse Estado está ancorado.

A legislação brasileira prevê que o processo penal seja cumprido em algumas etapas: acolhimento e tipificação da denúncia, que pode ser feita pela Polícia Militar, investigação preliminar por parte da Polícia Civil, formatação do processo e recebimento da denúncia pelo Ministério Público e então a fase propriamente judicial, em que são analisados os autos do processo, com as peças de acusação e de defesa. Por fim, o julgamento e a instituição da pena são efetivados. Essas etapas podem ser permeadas por idas e vindas, mas em linhas gerais esse é o mecanismo básico do processo penal. Essa formalidade, que assim desenhada se mostra imparcial e ilibada, encobre muitas vezes práticas perniciosas que contribuem para macular a integridade e a higidez do sistema judiciário no que tange ao tratamento destinado aos cidadãos em suas diferentes posições sociais e raciais. O racismo que permeia a sociedade desigual não poupa o sistema judiciário. Pelo contrário, a Justiça ganha centralidade na produção e reprodução da desigualdade, ao mesmo tempo que realimenta todo um aparato de ideias e preconceitos que marca a visão sobre o negro na sociedade brasileira. Assim, o produto da Justiça é também a desigualdade em seus diversos matizes, e ela se transfere de forma ainda mais virulenta ao sistema prisional. O estereótipo associado à raça muitas vezes induz a denúncia, que se agrava menos em função da ocorrência e mais pela aparência dos indivíduos. De igual maneira, a cor influencia a pena e as condições de seu cumprimento, ampliando a estigmatização e a vulnerabilidade da população negra.[57]

A visão seletiva evidenciada pela autoridade policial no início dessa cadeia — sejam ações policiais de cunho preventivo, mirando a manutenção da ordem pública, ou de identificação e coibição de práticas criminais — tende a ser aceita e reforçada pelo Ministério Público e pela sentença judicial. O medo e o estigma construído contra o negro são o substrato da violência do Estado contra a população afrodescendente. São esses mesmos medo e estigma o motor da permissividade que leva a transgressões policiais não apenas aceitas mas muitas vezes incentivadas pelo sistema de Justiça.

Um exemplo claro de como ocorre a discricionariedade no âmbito da ação policial é o chamado "auto de resistência". Essa é a classificação dada aos homicídios realizados por policiais em serviço — sejam militares ou civis — quando os próprios declaram que a morte decorreu de ato de legítima defesa, frequentemente em função de resistência à prisão em flagrante. Esses assassinatos, em sua maioria cometidos por policiais militares, que são também suas únicas testemunhas, chegam às centenas por ano, quase sempre realizados em favelas e periferias urbanas, como apontam, entre outros, Michel Misse, Carolina Grillo e Natasha Neri. Segundo estudo realizado por esses autores,[58] as cenas do crime não são preservadas — em geral é declarado que o falecimento ocorreu a caminho do hospital —, e, nas delegacias, o ato é registrado a partir de um formato-padrão em que se confirma a legítima defesa e a ação criminal é imputada aos indivíduos mortos. Tais homicídios recebem tratamento diferenciado não apenas na fase de investigação, mas também em todo o fluxo do sistema de Justiça. A pesquisa constatou que policiais, promotores, juízes do Tribunal do Júri e defensores públicos convergem no tratamento desses casos, e a versão inicial se mantém em toda a tramitação do processo, levando ao seu arquivamento. A "fé pública" dos policiais envolvidos prevalece como prova da legalidade do homicídio.[59]

A hierarquia racial está evidenciada nos autos de resistência. De acordo com informações colhidas pela CPI do Assassinato de Jovens, do Senado Federal, no ano de 2007 houve, no Rio de Janeiro, 902 vítimas de autos de resistência, sendo 99,5%

do sexo masculino e, destes, 78,5% eram negros. Entre 2001 e 2011, em uma década portanto, o estado do Rio de Janeiro contabilizou mais de 10 mil casos de mortes em confronto com a polícia. Desse total, apenas 3,7% foram alvo de abertura de um processo.[60] Como assinalam Luiz Eduardo Soares e Miriam Guindani,

> os números assustadores descrevem um verdadeiro genocídio, resultado de uma política deliberada de extermínio, absolutamente ilegal e arbitrária, que embutia a crença de que ao policial na ponta cabia identificar o suspeito, julgar o réu, sentenciar a pena capital e executá-la, no mesmo momento e em um único e contínuo procedimento, incorporando a autoridade judiciária e traindo todos os limites legais, na contramão das garantias constitucionais.[61]

Mas, se a abordagem em favelas e áreas de periferia não causa constrangimento aos agentes da segurança pública, o mesmo não acontece nas áreas ricas da cidade. Se em relação à população negra a polícia pode atuar livremente, inclusive se atribuindo o direito de decidir sobre a vida dos suspeitos, quando se trata dos segmentos brancos essa mesma polícia tem perfeita noção da necessidade de uma postura diferente. Os dados recentes são inúmeros, e como exemplo pode ser citado o padrão observado em abordagens policiais:

> Com relação às revistas policiais, uma pesquisa quantitativa aplicada em junho e julho de 2003, na cidade do Rio de Janeiro, com amostra representativa para moradores de quinze a 65 anos, apontou que 55% das pessoas autodeclaradas pretas foram revistadas pessoalmente na última abordagem pela polícia, contra 32,6% dos

brancos. Também foram revistadas 44% das pessoas com renda mensal pessoal de até um salário mínimo, contra 16% das pessoas com mais de cinco salários mínimos; e 56,3% dos jovens de vinte a 24 anos contra 24,9% dos adultos de quarenta a 65 anos.[62]

De fato, ao identificar e discriminar os indivíduos a serem abordados, a polícia também percebe que as diferenças sociais e raciais podem se voltar contra o próprio policial ou contra a instituição. A branquitude inverte a ordem de autoridade, notadamente quando o policial é negro, como relatado por depoimentos de policiais em estudo realizado por Jacqueline de Oliveira Muniz e Washington França da Silva.

Na área nobre, por mais que a guarnição esteja certa, a gente tá errado. Eles questionam e começam a intimidar a guarnição. A dificuldade aqui de serviço é só essa. Diante dessa situação, geralmente chamamos o oficial de serviço. Nos sentimos acuados para agir, pois temos medo de ser punidos. Às vezes, a gente age certo e vem por trás uma pancada, geralmente de superiores. (Cabo, dezessete anos de serviço)

Eu acredito que a pessoa com poder aquisitivo e com alto grau de escolaridade pode vir a prejudicar ou questionar o serviço do homem da RP [radiopatrulha]. E quando a pessoa não tem dinheiro ou não tem instrução, ela não questiona ou questiona muito pouco. (Oficial, três anos de serviço)

Já as pessoas de classe média gostam muito de dar pitaco, de tentar se defender e ir contra a polícia. Muitas vezes, não acham correto o trabalho da polícia. (Soldado, dois anos de serviço).[63]

O racismo, assim, não deixa imune nem mesmo o policial, que para sua própria preservação é obrigado a desenvolver estratégias diferenciadas de abordagem conforme esteja lidando com pessoas negras ou não negras. Essa dinâmica no âmbito do micropoder, que engloba as estratégias cotidianas da autoridade policial, está presente também na atuação dos promotores e dos juízes, fazendo com que a Justiça também venha a funcionar de maneira distinta e iníqua.

Pelo seu próprio desenho institucional, o sistema de Justiça brasileiro se apoia de forma excessiva na visão do policial, em detrimento da posição do réu, sem que haja mecanismos que deem maior equilíbrio ao processo. Pesquisa realizada por Sérgio Adorno sobre a distribuição desigual de sentenças judiciais para crimes de idêntica natureza cometidos por brancos e negros revela maior incidência de prisões em flagrante para réus negros, bem como menor proporção deles respondendo a processo em liberdade e com defensoria constituída.[64] Foi constatada, enfim, maior proporção de réus negros condenados do que de réus brancos. O resultado é que negros tenham penas mais duras e permaneçam mais tempo nas mãos da Justiça. Segundo Helder Ferreira, Marco Antonio Natalino e Maria Paula dos Santos,

> verifica-se que a discricionariedade, inerente às funções dos agentes da política criminal, é exercida com fragilíssimos controles, acabando por selecionar sujeitos oriundos de segmentos sociais marcados por sinais de sua inserção subalterna na estrutura social — negros, pobres, desempregados e com baixa escolaridade.
> A ponta final desse processo é o confinamento massivo no cárcere de uma população desde sempre destituída dos benefícios pro-

duzidos pela sociedade, configurando um cenário de degradação e horror, em que vidas humanas são destroçadas e tensões sociais, acumuladas, as quais, cada vez mais, explodem sobre toda a sociedade. Assim sendo, o caso da política criminal brasileira é não um efeito colateral de injunções próprias aos processos de implementação, comuns a qualquer política pública, mas o resultado certo e inescapável de um conjunto formado por seu desenho legal, pelo formato de suas instituições e pela socialização perversa de seus agentes implementadores.[65]

Como lembra Myrian Santos, tratando do período colonial, "em uma sociedade hierarquizada, as penas variavam segundo a condição social do indivíduo que praticara a infração e [a] da vítima".[66] Mas esse ainda é o quadro no Brasil em termos da relação entre desigualdades raciais, penas e aprisionamento. O resultado é a produção e a reprodução de situações de iniquidade, respaldadas por uma fachada de legalidade.

Quanto às condições de aprisionamento, a desigualdade é explicitamente reconhecida e garantida em lei. Por exemplo, a legislação brasileira prevê situações diferenciadas de cumprimento de pena para aqueles que têm curso superior, dando-lhes direito à prisão provisória especial, em condições minimamente decentes. Desnecessário lembrar que, até pouco tempo atrás, a conclusão do nível superior era quase que exclusividade da população branca, sendo o privilégio da prisão especial a ela destinado. Ao restante da população carcerária, predominantemente negra, cabe o regime prisional de penúria extrema.

Como observa Antônio Lima Junior, há uma deliberada estruturação do sistema prisional que faz com que o cárcere se constitua como um território predominantemente negro.[67]

Esse sistema não pode ser humanizado, pois a sua existência está baseada na suposição de que há um corpo passível de aniquilamento e degradação. Mesmo que todos os dispositivos que integram a Lei de Execução Penal fossem cumpridos, a experiência no sistema prisional continuaria sendo marcada, embora em menor intensidade, pelo sofrimento físico e psíquico que a privação de liberdade isoladamente propicia. Somente o desmantelamento completo desse sistema e do humanismo aniquilador que lhe dá substância pode romper o ciclo de vulnerabilização profundamente resiliente que ele produz, um dos principais esteios da racialização das desigualdades sociais no Brasil.[68]

De fato, a situação dos presídios brasileiros é dramática. As instituições estão superlotadas, sem as condições mínimas de manutenção do contingente de presos. Isso se deve, de um lado, à falta de investimento público, e, de outro, ao crescente encarceramento da juventude, fruto de uma política deliberada que se reforça a partir da virada deste século e que se soma à reincidência da prisão preventiva e sem condenação, sobretudo para os crimes ligados ao tráfico de drogas.[69] Segundo Pochmann, falando sobre a situação dos presídios em 2020:

> De 90 mil presos em 1990, o Brasil saltou para mais de 820 mil detentos atualmente em 1456 estabelecimentos prisionais, constituindo a terceira maior população carcerária do mundo. Além de deter quase 42% sem condenação, a população carcerária registra quase 2/3 com menos de trinta anos, 80% com até o ensino fundamental completo, 63% não brancos, todos submetidos a uma espécie de campo de concentração dos descartados sob o domínio de facções criminosas e seus processos de formação de quadros.[70]

Importante destacar também o crescimento acelerado do aprisionamento das mulheres negras. O quadro aqui não é menos preocupante. De acordo com os dados do relatório *Mães livres*, produzido pelo Instituto de Defesa do Direito de Defesa, entre 2000 e 2016 houve um crescimento de 656% no encarceramento feminino.[71] Do total de presas, 64% são negras. O percentual de prisões provisórias chega a 40%. Além disso, cerca de metade (47%) das presidiárias é jovem. No total, 75% cometeram crimes sem violência e 74% são mães.

Há ainda os casos daqueles indivíduos que já cumpriram integralmente suas penas mas não conseguem sair da prisão. De fato, muitos presidiários não contam com defensores que comuniquem ao juiz o fim da pena, no entanto é difícil entender que o sistema judiciário não possua tal controle. Embora os números a respeito sejam bastante imprecisos, considerando o contexto histórico tudo indica que a maioria desses presos também seja negra.

Por fim, cabe comentar a aplicação da legislação de repressão ao racismo. A lei nº 7716, de 5 de janeiro de 1989, conhecida como Lei Caó, define os crimes resultantes de discriminação ou preconceito de raça, cor, etnia, religião ou procedência nacional (art. 1º), e estabelece ainda o crime de racismo como imprescritível e inafiançável. Entretanto, conforme já mencionado, a acusação das vítimas dos casos de racismo dificilmente se desdobra em tipificação na forma desse preceito legal. Um dispositivo alternativo de tipificação penal chamado injúria racial tem sido recorrentemente utilizado pelos juízes como forma de mitigar as penas imputadas. O crime de injúria é previsto no artigo 140, parágrafo 3º, do Código Penal, prescrevendo em oito anos. Trata-se de ofensa dirigida a uma pessoa ou um grupo por conta de sua raça, cor, etnia, religião, origem, ou ainda por ser idosa ou deficiente. As penas por injúria, além de mais brandas, são ainda reduzidas pelos juízes, que em geral prescindem da aplicação da prisão prevista e dão preferência à penalização na forma de multa. Assim, via de regra, o réu é condenado a uma mera sanção pecuniária. Isso em caso de condenação, cujo percentual é minoritário. Um estudo realizado pelo Laboratório de Análises Econômicas, Históricas, Sociais e Estatísticas das Relações Raciais, da Universidade Federal do Rio de Janeiro, apontou que em quase 70% das ações por crime de racismo ou injúria racial no país quem ganha é o réu.[72]

A mesma complacência é observada no caso dos agentes policiais envolvidos em ações de violência contra jovens negros. Pesquisa realizada pelo Grupo de Estudos sobre Violência e Administração de Conflitos, da Universidade Federal de São Carlos, para o estado de São Paulo aponta que, entre 2009 e 2011, dos 939 casos de ações policiais com vítimas fatais analisados, 61% das mortes foram de jovens negros, e, especificamente na faixa etária entre quinze e dezenove anos, dois terços eram negros. Esses números ganham ainda maior dimensão se tivermos em mente que o percentual de negros em São Paulo é de cerca de 30%. Apesar da eloquência dos dados, somente 1,6% dos autos investigados viraram inquéritos.

A Justiça brasileira, em seu papel de avalista da ação policial e de estabilizadora do statu quo, tem ainda lançado mão de mecanismos inusitados que demonstram uma grande criatividade dos juízes na condução da ordem na sociedade desigual. Um dos dispositivos mais emblemáticos é o chamado mandado de busca coletivo, instrumento judicial que tem permitido à polícia entrar inadvertidamente nas casas dos moradores das favelas sob o argumento do interesse coletivo e, com isso, usurpar a inviolabilidade do lar, garantida constitucionalmente a todo cidadão brasileiro.

O mais interessante é que esse instrumento só é utilizado nas favelas e periferias. Não é mobilizado contra qualquer outro cidadão, grupo ou bairro das cidades. É cirurgicamente destinado. Instada a dar explicações sobre o uso desse dispositivo em audiência no Supremo Tribunal Federal, a Procuradoria-Geral da República do governo Michel Temer argumentou que a necessidade desse mecanismo jurídico se impõe quando "o direito de poucos cede diante da necessidade de todos", informando adicionalmente que o combate à microcriminalidade exige buscas gerais em certas áreas.[73]

Essas áreas aludidas pela Procuradoria-Geral são justamente aquelas de moradia da população pobre e majoritariamente negra — o velho fantasma das classes perigosas, do imaginário do negro como intrinsecamente afeto à delinquência e ao crime, que está no âmago do pensamento racista, perpassa instâncias do Judiciário e em alguns casos se mostra explicitamente. Em Curitiba, em junho de 2020, uma juíza baseou sua decisão condenatória no fato de o réu ser negro. Textualmente, alegou o seguinte:

> Sobre sua conduta social nada se sabe. Seguramente integrante do grupo criminoso, em razão de sua raça, agia de forma extremamente discreta os delitos [sic] e o seu comportamento, juntamente com os demais, causavam [sic] o desassossego e a desesperança na população, pelo que deve ser valorada negativamente.[74]

Assim, na sociedade desigual, o tratamento diferenciado para negros e brancos por parte do Estado policial é chancelado por um Poder Judiciário que respalda a ação discricionária, violenta e parcial da polícia, ação esta que ultrapassa em muito os limites da legalidade. Esse é, na verdade, o ponto de mutação a partir do qual uma sociedade pode ser considerada desigual: quando, na preservação da iniquidade, o tratamento dado à sua população extrapola o espaço da legalidade. O próprio Estado passa a fazer as vezes de carrasco do Estado de direito, agindo em oposição à lei e beneficiando as camadas privilegiadas.

A violência respaldada pela Justiça funciona como o fator maior de estabilização da sociedade desigual, que se estrutura e se organiza pelo uso ilegal da força e, muitas vezes, pelo terror. As comunidades pobres, ilhadas, sem acesso a serviços e a bens públicos, sitiadas pela brutalidade de policiais, milicianos e traficantes, são impedidas de viver condignamente e mesmo de se organizar politicamente. A própria noção de democracia é algo em constante mutação na sociedade desigual, associando-se à ideia de cidadania e ao acesso a direitos elementares ainda por serem garantidos. Assim, a desigualdade latente põe em risco as poucas conquistas sociais associadas a um projeto de democracia. Como escreve Andreia Jesus:

> Percebe-se que ainda está em vigor um modelo de gestão que, perversamente, associa crime à raça e à pobreza. Tal modelo é tanto sedutor quanto pernicioso quando aplicado em países desprovidos de tradição democrática e com acentuadas desigualdades sociais, como é o Brasil. Dessa forma, os dados existentes no país acerca da vulnerabilidade e vitimização da juventude negra e da instauração da política pública de prevenção social à criminalidade, articulados aos processos de opressões históricas legitimados pelo Estado, resultam, contraditoriamente, na

reprodução do racismo de Estado historicamente estabelecido. A própria gerência do Estado como instituição de controle social contribui para a manutenção da desigualdade racial.[75]

A violência multifacetada contra os negros

A violência contra a população negra tem várias facetas. É a violência da falta de emprego formal, que faz com que as condições de trabalho sejam precárias e de baixíssima remuneração. É a violência da falta de um padrão mínimo de habitabilidade, nas favelas e na periferia — ainda mais visível nos recorrentes casos de desabamentos nas épocas de chuva —, bem como a violência das precárias condições de acesso à educação, à saúde, aos serviços públicos em geral. Mas é, principalmente, a violência do cotidiano de mortes, de disputas do tráfico, das milícias e de uma polícia que se faz presente não para a garantia da segurança e da vida, mas para a repressão, quando não o extermínio. Há a violência do crime e a violência do Estado. Nesse contexto, o papel da Justiça como investidura institucional que acolhe e dá uma fachada de legalidade a todo esse ciclo de opressão e brutalidade ganha também centralidade e importância. O binômio violência e justiça é fundamental para entender o funcionamento da sociedade racista.

A violência do Estado, que conta com a complacência do Judiciário, funciona como amálgama de sustentação da sociedade desigual. De forma até mesmo contraditória, a violência é um dos principais fatores de "coesão social" — coesão forçada, dominação explícita, administrada com mão de ferro. A sociedade desigual é, também, uma sociedade embrutecida e arbitrária, que não admite contestação e conta com o beneplácito da branquitude, sob o manto do racismo, do preconceito e da discriminação racial. Tudo que extrapola os limites do considerado aceitável é tratado como caso de polícia. Assim é feito com o MST, com o MTST, com os movimentos dos jovens de periferia e seus "rolezinhos" ou seus bailes funks, com os quilombolas, cujas terras interessam aos poderosos, e com os negros de modo geral, negros que, aos olhos da sociedade desigual, têm por território aceitável os limites da favela e das periferias, por condição esperável a de miséria e por propensão natural a transgressão, a delinquência e a criminalidade.

Na visão das elites brasileiras, a ascensão social do negro sempre foi um estorvo, haja vista o episódio das classes médias negras baianas, cariocas e pernambucanas que, no século XIX, foram embora para o Benin, a Nigéria e a Costa do Marfim por não poderem prosperar aqui. Ou o caso de Wilson Simonal, o grande cantor negro dos anos 1960, que certamente incomodou muito mais por sua cor do que por seu improvável envolvimento com a ditadura e, perseguido pela mídia e pelas esquerdas, foi proscrito da cena musical. Ou ainda o de Didi, jogador que foi o cérebro da seleção brasileira de futebol campeã de duas Copas do Mundo seguidas e, técnico bem-sucedido, sempre quis, mas nunca conseguiu, treinar a equipe nacional. Era negro.

Qualquer mudança na sociedade desigual deve necessariamente começar pelo desmonte do binômio segurança-justiça nos moldes em que se encontra atualmente. Trata-se de um grande pacto de elites. Em nível micro, o preconceito e a discriminação racial por parte do Estado e da própria sociedade assediam o negro no ambiente de trabalho, nos espaços públicos e mesmo dentro da própria comunidade, seja pela ação policial, seja pela ação de grupos milicianos ou do próprio tráfico. O cotidiano do morador da periferia é restrito. Há muito pouco tempo e espaço para o lazer, e, nos últimos anos, a presença das igrejas neopentecostais tem sido a grande atividade comunitária.

Em termos macro, o que se tem no caso das favelas e das periferias brasileiras é uma realidade muito próxima da que Foucault e Mbembe observaram quando cunharam respectivamente os conceitos de biopoder e de necropolítica. Há uma deliberada falta de interesse do Estado em proporcionar as condições mínimas de vida para essa população. A perspectiva do não fazer viver e deixar morrer aparece em suas nuances com a violência e as carências chanceladas pelo Estado, e a sociedade desigual utiliza-se do binômio violência-justiça para estabilizar e apaziguar os conflitos, numa estratégia que restringe a participação política da população negra, seja em sua organização, seja no exercício do voto. Mas observa-se o crescimento recente desse ativismo que parte das próprias comunidades, tais como os movimentos de mães de jovens assassinados, movimentos ligados à juventude negra e ao hip-hop, entre outros. Com eles, reafirma-se a perspectiva de uma luta política que se assevera crucial para a superação da sociedade desigual.

6. Juntando as partes: As bases gerais da sociedade desigual

NA SEGUNDA METADE DOS ANOS 1970, surgiu na França uma nova corrente de pensamento que buscava revisitar a experiência da economia europeia no pós-guerra. Era a chamada "teoria da regulação", que procurava entender o funcionamento do sistema econômico dentro de um contexto amplo, levando em consideração sua estrutura, normas de ação, capacidade produtiva e modo de crescimento. A grande novidade apresentada pelos regulacionistas era a perspectiva de explicar, e se possível replicar, de uma ótica mais normativa, o sucesso econômico e social observado no pós-guerra, sobretudo nos países europeus ocidentais. Durante esse período de reconstrução, eles passaram não só por uma trajetória positiva de crescimento econômico, mas por um processo de reengenharia social e institucional que os levou a um progresso sem precedentes. Observaram-se o aumento da produção industrial e da produtividade no trabalho, o crescimento da renda interna e do consumo, uma sólida e perene redistribuição da renda, a consolidação do assalariamento como forma hegemônica de pertencimento ao mundo do trabalho e a expansão e o aperfeiçoamento do Estado de bem-estar social.

Mas, a partir da crise do petróleo de 1973, essa trajetória foi interrompida, e o período de bonança chegou ao fim. O aumento do preço do barril e a perspectiva de que pudesse alçar o preço dos combustíveis a novos patamares em curto prazo afetaram as contas públicas dos países mais ricos. Em decorrência, houve uma estrondosa subida dos juros internacionais, ocasionando a crise da dívida externa. Em face de um processo de contração econômica que ganha progressiva amplitude, com importantes efeitos sociais, os regulacionistas buscaram entender o que dera certo na fase anterior e avançar em proposições para retomar o trilho da prosperidade. Teóricos importantes, como Robert Boyer, Alain Lipietz, Michel Aglietta e Benjamin Coriat, entre outros, empenharam-se em sistematizar as formas institucionais que serviram como alicerce para o modo de regulação que se fez efetivo e vitorioso na realidade europeia entre 1945 e 1975.

A teoria da regulação pretendia resgatar e compreender um percurso histórico que não foi vivenciado por países como o Brasil, cuja realidade difere fortemente daquela do Velho Continente. Mas, apesar das diferenças, a perspectiva analítica e as bases explicativas adotadas pelos regulacionistas ajudam a lançar luz sobre o tema deste livro. Com efeito, os teóricos da regulação partiam de uma assertiva básica que se diferenciava da grande maioria das abordagens econômicas, inclusive as chamadas teorias do desenvolvimento e do crescimento econômico. Essas escolas se preocupavam com as crises, com suas causas e repercussões, ou seja, com os momentos de reversão do crescimento, representados sobretudo pelos períodos de recessão. Assim, a teoria keynesiana, Michał Kalecki e os adeptos da teoria dos ciclos econômicos estavam em geral interessados nos eventos que poderiam afetar o circuito virtuoso do crescimento — eventos como reversões das expectativas dos investidores, superprodução ou redução do consumo, que poderiam vir a perturbar a trajetória de expansão econômica e, por isto, ganhavam relevo como principais tópicos de estudo nas ciências econômicas.

Já os regulacionistas se faziam a pergunta inversa. Em vez de buscar os fatores de perturbação, eles tentavam entender como se moldou o conjunto de estruturas, regras e instituições que permitira o aparecimento e a continuidade daquele período de progresso. É essa a questão que, mutatis mutandis, parece ser um valioso instrumento para entender a sociedade desigual. Tendo em vista que a desigualdade é uma peça decisiva na estruturação da sociedade brasileira, como identificar e entender os fatores que contribuem para sua preservação? Esta é, portanto, a inspiração que se vai buscar junto aos regulacionistas: saber quais são as regularidades, os elementos que estabilizam a sociedade desigual e possibilitam a sua imutabilidade.

Este capítulo final traz uma síntese e uma reconstrução. A síntese será feita a partir de tudo que foi exposto até aqui, resgatando os principais elementos dos setores sociais que, de forma privilegiada, reproduzem e potencializam a desigualdade racial e social. A reconstrução apresentará o que está sendo chamado de sociedade desigual. Serão destacadas as principais características e consequências da sociedade desigual, que resultam na formação de uma sociedade medíocre, elitista, violenta e autoritária. A resistência à mudança — uma de suas marcas indeléveis — também será objeto de atenção, na medida em que, na sociedade desigual, as elites e a classe média branca vivenciam situações de comodidade e zonas de conforto advindas justamente da desigualdade.

O mosaico da desigualdade

Nos capítulos anteriores foram abordados de forma compartimentalizada os contextos em que os focos de propagação e de renitência da desigualdade racial se reproduzem e se potencializam. Viu-se assim a situação do mercado de trabalho, historicamente segmentado, no qual a informalidade abarca cerca de 40% dos trabalhadores e a rotatividade assume proporções não menos importantes. O mercado de trabalho brasileiro é marcado por diferenças estratosféricas de rendimentos: os salários mais altos chegam a 1700 vezes o valor dos mais baixos. A incidência de trabalho infantil nas cidades e no campo ainda é uma realidade, e ocupações indignas mobilizam milhões de trabalhadores, inclusive idosos e pessoas com deficiência. Além disso, a diferença racial está no cerne das desigualdades no mundo do trabalho. Em relação às oportunidades de emprego e progressão profissional, assomam, no caso dos trabalhadores negros, as barreiras provenientes do racismo, presentes mesmo em conjunturas de crescimento econômico.

Do mesmo modo, no caso da educação e da saúde, forjam-se realidades parelhas, caracterizadas pela segmentação, pelos diferenciais de acesso e por uma perversa desigualdade nos padrões de oferta dos serviços e de seus resultados. Num e noutro caso, os esforços pela universalização, inscritos na Constituição Federal, foram obstaculizados por ações restritivas em detrimento da qualidade dos serviços e pela construção de sistemas diferenciados, com forte participação da iniciativa privada. O quadro de desigualdades se consolida com a racismo operante nos espaços escolares e nas instituições de saúde. Por meio do preconceito e da discriminação, reforça-se a naturalização do fracasso e avança-se na suspeita insidiosa de incúria com cuidados pessoais e familiares. A apartação racial na educação e na saúde mantém a deletéria matemática da desigualdade, constrangendo a convivência racial e fortalecendo estereótipos. Os filhos dos ricos, brancos, frequentarão os melhores colégios da cidade, onde aprenderão a arte da gestão da sociedade desigual, reproduzindo as práticas de uma elite política e econômica para a qual a desigualdade nunca se constituiu em problema. Esse cenário tende a se manter, e mesmo a se ampliar, favorecido por decisões políticas em prol da redução do gasto público nessas áreas e da privatização dos serviços.

Aspectos ligados à ocupação urbana e rural também foram abordados. As cidades brasileiras, sobretudo as áreas metropolitanas, são hoje espaços fortemente segmentados e desiguais, e as condições de vida, bastante distintas. Os negros estão concentrados nas periferias e favelas. Mais sujeitas à violência da parte do tráfico de drogas, de milicianos e da própria polícia, as comunidades periféricas permanecem assoladas por péssimas condições de habitação, com carência de serviços urbanos elementares, e mesmo infraestrutura básica. São verdadeiros guetos urbanos, a partir dos quais se reforçam estigmas e reproduzem-se estereótipos. A mobilidade é restrita, em função da baixa qualidade do transporte urbano, e os moradores têm dificuldade para circular na cidade e usufruir livremente dos espaços públicos. Não menos penosa é a situação das populações rurais sem-terra, cuja luta secular e muitas vezes inglória se estende por todo o país. Vítimas de uma das maiores concentrações fundiárias do mundo, esses grupos, ao lado de comunidades remanescentes de quilombos, ainda enfrentam a ação violenta de especuladores, posseiros e latifundiários interessados apenas em expandir seus domínios e ter acesso a recursos naturais exploráveis.

Trabalho, terra, educação e saúde são, portanto, dimensões sociais centrais na reprodução e na propagação da desigualdade. Não são as únicas, pois a sociedade desigual tem uma enorme capacidade de gerar dessemelhanças em diversos aspectos da vida social, mas estão entre as mais importantes, tendo por isso merecido aqui atenção privilegiada.

Observou-se ainda o papel fundamental exercido pelo sistema de Justiça no sentido amplo, incluindo polícia e execução penal, e a forma permissiva e parcial com que ele se relaciona à violência. Essa violência, vinda sobretudo do aparelho repressivo do Estado, mas não apenas dele, funciona como um avalista, o elemento garantidor da ordem desigual: uma espécie de chassi, uma estrutura sobre a qual se desenvolvem a produção e a reprodução das iniquidades. A violência e o domínio de grupos armados nos territórios de habitação precária acabam por estabelecer uma ordem draconiana e antidemocrática, com impactos negativos inclusive sobre a organização e a manifestação política dessas comunidades. Também tem contribuído para esse quadro a ascensão de algumas igrejas neopentecostais, que, além de terem bom trânsito no trato com o tráfico e com as milícias, propagam o discurso fatalista de que não há futuro na luta política e de que existe apenas destino individual, associado à fé em Deus.

Esse é o cenário. Cabe agora destilar a forma como se articulam internamente as relações sociais que reproduzem a desigualdade. Para isso, serão retomadas as categorias desenvolvidas no primeiro capítulo: racismo, preconceito, discriminação, branquitude, biopoder e necropolítica. Há que se observar ainda os espaços de interação social nos níveis micro e macro para compreender o funcionamento da sociedade desigual, bem como seus desdobramentos e consequências.

A questão racial no centro da desigualdade: Do micro ao macro, o racismo e seus desdobramentos

Elemento crucial do processo de naturalização da desigualdade, o racismo se manifesta na forma de preconceito e discriminação racial no microespaço social, mas também está presente, em nível macro, no exercício da branquitude, do biopoder e da necropolítica. Essa é a essência do funcionamento da sociedade desigual, em que o grande afetado é o povo negro.

De fato, negros e negras sofrem cotidianamente as mazelas da discriminação racial e do preconceito. Tais fenômenos revelam a ligação intrínseca entre a atitude do segurança do shopping que desconfia e persegue o cidadão negro, a do policial que o mata, a do juiz que lhe imputa penas mais pesadas e a das pessoas brancas que, deliberadamente, tentam furar o sistema de cotas, contando com a conivência de gestores públicos. Numa rotina de adversidades e percalços, os negros se esforçam para aprender a viver e superar os obstáculos colocados pela discriminação e pelo preconceito, estabelecendo algumas práticas para proteger a própria vida. Além do casaco contra o frio, toda mãe negra brasileira faz a seu filho ou sua filha outras recomendações importantes: sempre levar o documento de identidade, nunca afrontar e muito menos correr quando abordado pela autoridade policial, antever situações de conflito e se afastar. Esses são alguns conselhos que o jovem negro se habitua a ouvir. O cotidiano de medo é a realidade para esses meninos e essas meninas.

Esse microcosmo de práticas de racismo que se reproduz em todos os cantos do país é consequência de um processo mais amplo e abrangente. Ao contrário do que o individualismo metodológico tem preconizado, o todo, o social, não é resultado da mera adição das ações das pessoas. Disposições e intenções são ancoradas em valores sociais, incluindo ideologias de estigmatização, e vão se realizar, se efetivar, nos microespaços. A ação do policial que mata o negro é antecedida por uma possibilidade aberta anteriormente, e associada a um padrão racial de hierarquização e subordinação, que torna plausível a ideia de que nesta sociedade é possível matar negros por mera suspeição. A tentativa de fraude do concurso público pelo indivíduo branco, utilizando-se do artifício de uma cota que não lhe foi destinada, não é punida com o rigor necessário, abrindo margem à permissividade. O juiz e o segurança do shopping compartilham uma mesma escala valorativa, que naturaliza a desconfiança em relação ao negro.

Em todos esses exemplos, os agentes se sentem respaldados. O fraudador das cotas raciais não tem nenhum pudor, uma vez que seu desejo, e o de parte da sociedade, é desqualificar esse instrumento. Tampouco o policial se culpa pela morte do jovem negro. O juiz acredita estar contribuindo para preservar a moral e a ordem social, e o segurança do shopping tem a certeza de que esse é o trabalho para o qual foi contratado. Essas atitudes não representam apenas ação volitiva, pessoal, expressam também representações sociais e encontram respaldo em crenças e valores da sociedade racista, mas igualmente por

Juntando as partes

padrões e regras sociais e por ações institucionais, mesmo que ao arrepio da lei. Não existe pecado do lado de baixo do equador, menos ainda contra a população negra. Nesse contexto, ganha relevância a dimensão macro, pois nela são gestadas e naturalizadas as atitudes de discriminação e preconceito destiladas no microcosmo social.

Ou seja, as condutas em nível micro são respaldadas pelas crenças e estereótipos difundidos na sociedade. A conjunção de microeventos que negam a isonomia e reforçam a desigualdade fermenta ainda um modus operandi em nível macro que é a própria essência da sociedade desigual. Como ideologia que sustenta a desigualdade, o racismo possibilita, ao mesmo tempo, a consolidação de sua ideologia-irmã mais bem-acabada: a branquitude. Na esfera das macrorrelações, a branquitude é a transformação dos valores e da estética ligada ao estereótipo do branco europeu em padrão geral — e, pior, em referência idealizada à qual se associam características reais ou mesmo imaginárias. É a prevalência da parte sobre o todo, em detrimento de tudo que não se encaixe nesse ideal. Um bom exemplo são as famosas paquitas da Xuxa. Todas louras, elas traziam para o público infantil e jovem dos anos 1980 o arquétipo de beleza branca e nórdica, traduzindo o antigo desejo das elites de projetar uma imagem ariana do Brasil, desejo presente desde os primeiros embates sobre a eugenia. Além de ser uma imagem falsa da população brasileira, essa representação televisiva impingia sequelas à população não branca. Mas a branquitude minimiza essa questão. Os milhões de meninas negras que não se identificavam com o ideal de beleza projetado pelas paquitas da Xuxa não importavam. Tampouco importa que o elenco das novelas não espelhe a composição da população brasileira. As elites não estão em busca de realidade, mas de um reforço à própria branquitude. E o ideal que perseguem há séculos é o da brancura, da alvura, da europeização tomadas como modelo, como padrão social. É essa a essência da branquitude que vem não apenas negar a realidade, mas torturá-la, colocá-la no pelourinho da história, empalá-la simbolicamente na diuturna perseguição da população negra.

Note-se, contudo, que a branquitude não é apenas estética. Ela também está associada a um ideal moral e comportamental que baliza e justifica as iniquidades, constrói suspeitos, naturaliza barbaridades e apequena o Brasil na arena ética e social, além de torná-lo mais medíocre, menos solidário, mais dividido, menos apto a se consolidar como sociedade minimamente democrática, visto que intolerante à condição básica da vida em democracia. Há um modus operandi de desrespeito à noção de igualdade em face da lei, das oportunidades e de resultados no âmbito das políticas públicas. A branquitude favorece a consolidação de uma sociedade com fortes atributos de hierarquização, autoritarismo e violência.

O ideário da branquitude implica também a ausência de solidariedade para com o povo negro por parte da sociedade em geral, incluindo a grande mídia, cuja ação reproduz e reforça os valores vigentes e dominantes. A reprodução desse ideário, além de trazer a desigualdade para dentro da lógica subliminar e naturalizada da sociedade, expressa, por outro lado, a frustração da sociedade que se queria mais branca do que de fato é. Exprime, ainda, a busca da elite e da classe média brancas por uma autoimagem de país sem correspondência com a realidade — que é a de um país feito de brancos, negros, indígenas, amarelos, uma sociedade perigosamente diversa.

Deve ser muito difícil para esses segmentos protagonistas não conseguirem se olhar no espelho sem se detestarem por ser o que efetivamente são e não querem de modo algum ser.

A branquitude servirá ainda de esteio à recorrente discricionariedade do Estado, em sua ação direta ou na omissão deliberada. Nesse caso, entra em cena o fenômeno identificado por Michel Foucault como biopoder, isto é, o poder do Estado de promover (ou não) ações e políticas capazes de provocar grande impacto na vida das pessoas. Basta pensar nas favelas e periferias, e na ausência de Estado nesses locais, para perceber como, historicamente, a grande maioria dos governantes exerce o biopoder em relação às populações negras.

As favelas do Rio de Janeiro só começaram a ter acesso a redes de água e eletricidade nos anos 1980. Até hoje, o esgotamento sanitário é quase inexistente nas áreas mais pobres do país. Favelas, mocambos, palafitas, alagados e periferias têm um inominável déficit de serviços em relação às áreas mais nobres. Dados de 2018 do Sistema Nacional de Informações sobre Saneamento — estatísticas oficiais, portanto — apontam que cerca de 100 milhões de brasileiros, 47% da população total do país, não tinham então acesso a redes de esgoto; que 35 milhões não tinham acesso a água tratada; e que menos da metade do volume de esgoto gerado (46%) passava por tratamento. Esse cenário de exclusão e omissão por parte do Estado é agravado pelo fato de que desde 2007 está em vigência a Lei do Saneamento Básico, que prevê a universalização do abastecimento de água e do tratamento de esgoto em todo o país. A ausência de políticas essenciais à vida sem dúvida responde pela maior incidência de doenças e mortes, sobretudo infantil, entre a população negra. A omissão do Estado se dá sob diversos argumentos. O mais recorrente nos dias de hoje é a insuficiência de recursos em razão do déficit público, o que suscita a necessidade de sanar as contas nacionais. Basta, no entanto, abrir a planilha dos gastos e do passivo governamental para perceber que as prioridades envolvem o pagamento imediato de compromissos financeiros, privilegiando os ganhos rentistas em detrimento das reais necessidades do povo. A busca da higidez dos gastos públicos e o esforço para manter o equilíbrio fiscal têm feito com que muitas das ações governamentais venham a ser preteridas. A pouca importância dada à população negra parece, portanto, influenciar a definição de prioridades por parte do governo.

Do mesmo modo, o aumento da morte de jovens negros é uma das faces mais perversas da realidade atual brasileira. Como já foi ressaltado anteriormente, cerca de 23 mil jovens negros são assassinados no país a cada ano, e uma parcela crescente desses óbitos pode ser creditada à ação policial. Em 2018, segundo o *Anuário brasileiro de segurança pública*, a polícia brasileira foi responsável pela morte de 6220 pessoas, das quais 4690 (ou seja, 75%) eram negras. Vale ressaltar que a incidência de mortes entre negros também é maior dentro da própria polícia: sendo 37% do efetivo, os policiais negros mortos em confronto representaram 51% dos óbitos entre agentes em 2018 (177 casos em um total de 343). No Rio de Janeiro, segundo informações do Instituto de Segurança Pública do estado, em 2019 foram mortas em ações da polícia 1814 pessoas, das quais 1423, ou 78%, eram negras, sendo que apenas 54% da população carioca se declara negra.

Há uma sobrerrepresentação significativa de negros entre os mortos.[1] E o conceito de necropolítica de Achille Mbembe pode explicar perfeitamente o fenômeno em curso. Trata-se de um Estado que mata, que decide quem ou que grupo

Juntando as partes 335

deve morrer. Essa ação virulenta do poder público, que a própria CPI do Assassinato de Jovens, do Senado Federal, classificou como genocida e que se dirige de maneira preferencial ao jovem negro, tem contado com a complacência e até com certa aprovação social, sobretudo no âmbito das classes média e alta, de maioria branca.

O racismo e seus desdobramentos, em níveis macro e micro, forjam, ao longo do tempo, uma institucionalidade discricionária, que reforça a desigualdade e ao mesmo tempo a legitima. A engenharia social iníqua molda o país de trajetórias sociais distintas, de dois caminhos. É a sociedade da "entrada social" e da "entrada de serviço", um mote que se reproduz em todas as esferas institucionais. A justiça na sociedade desigual se comporta de maneira particularmente facciosa. Além de definir protocolos de proteção ao aparato policial, muitas vezes à margem da lei, o dispositivo jurídico-repressivo em suas diversas instâncias serve de ossatura institucional e legal à sociedade desigual, sustentando sua permanência, consolidação e reprodução.

Em resumo, o racismo se desdobra em discriminação e preconceito no cotidiano, nas relações pessoais, no trabalho, nas escolas, nas repartições públicas, nos hospitais e postos de saúde, nos bares e nas esquinas e o combustível para esses comportamentos é a vigência em nível macro de outras facetas desse mesmo racismo: a branquitude, que legitima a ideia de superioridade e de poder do branco; o biopoder, que desincumbe o Estado de qualquer obrigação ou responsabilidade social para com a população negra; e por fim, e mais diretamente letal, a necropolítica, que faz do Estado o executor de uma política de morte e de genocídio.

A sociedade desigual e suas características

Como já visto, entre os principais atributos da sociedade desigual está a preservação da diferença, que favorece determinados grupos, geralmente minoritários em termos populacionais, mas detentores seculares do poder. A proeminente resistência à mudança decorre de mecanismos ideológicos e repressivos que respondem por esse cenário de dissemelhanças. Mas a sociedade desigual não é um bloco monolítico. Tem embates, contradições, conflitos de interesse, lutas internas. Apesar disso, o racismo resiste. No Brasil, a despeito de todas as transfigurações e transformações econômicas ocorridas ao longo da história, ele foi preservado, ainda que se adaptando aos novos tempos e às novas conformações de classe: do racismo escravista, passando pelo racismo científico e pela democracia racial, até os dias de hoje, quando reapresenta uma face radical e negacionista.

De fato, se não é imutável, a sociedade desigual engendra estratégias estruturantes de resistência às mudanças. Sob determinadas condições, essas estratégias ultrapassam os limites da legalidade, sem que com isso percam sua legitimidade. Esse parece ser o seu diferencial. A sociedade desigual pode ser definida por essa característica principal: a preservação da desigualdade mesmo que para isso seja preciso agir à margem da lei, e não apenas em condições circunstanciais, mas como política geral e deliberada. Para isso contribuem o Estado e o Poder Judiciário, que asseguram a legitimidade e a inimputabilidade de ações direta ou indiretamente discriminatórias.

Essas estratégias estruturantes funcionam como barreira às mudanças sociais, fazendo com que problemas redistributivos, enfrentados por outras sociedades, se mantenham como parte natural do cenário social. É nesse contexto que podemos dizer que a desigualdade é histórica e permanente. Ela resulta da trajetória das relações sociais no passado, mas não existe apenas como um passivo acumulado; a desigualdade, nesse caso, também decorre de um processo de produção atual, perene, diuturno, que mobiliza sociedade e Estado nas diversas dimensões sociais aqui já destacadas: mercado de trabalho, saúde, educação, distribuição espacial, entre outros. E as estruturas das instituições vigentes, elas mesmas resultantes da sociedade desigual, modelam e potencializam a desigualdade futura.

O Brasil ainda é a sociedade da porta da frente e da porta dos fundos, do elevador social e do elevador de serviço. A cidade e a favela, o colégio privado e a escola pública, o sus e os hospitais de elite. Não se trata, porém, de dois mundos distintos. Na sociedade desigual, eles são complementares e interdependentes. A realidade se modela de acordo com a desigualdade reinante. A construção da sociedade desigual não se dá como algo forjado e planejado. Desse ponto de vista, é menos Plano Piloto e mais favela da Rocinha. Trata-se de uma realidade social que se vai construindo e refazendo no tempo, em função das condições e situações concretas e da perpetuidade do racismo. Nessa sociedade, qualquer surto de modernidade reinventa elementos de reforço das hierarquias e subalternidades. O micro-ondas e o freezer, que nos anos 1980 suscitaram em outros países o aparecimento de redes de supermercado especializadas na venda de produtos congelados, acarretaram no Brasil a reintrodução da figura da cozinheira-mucama, que trabalha o dia inteiro na casa da patroa para preparar a comida congelada da semana. Do mesmo modo, campeão mundial na reciclagem de latas de alumínio, o país vê pobres e miseráveis catando latinhas nas ruas a qualquer hora. Ao contrário do que preconizavam os economistas, a modernidade brasileira se adapta às condições de desigualdade, reforçando-as.

Com esses elementos, pode-se avançar na construção da categoria "sociedade desigual" e na apresentação de suas peças fundamentais. Em síntese, a sociedade desigual pode ser definida como aquela que:

1. convive com uma situação de desigualdade extrema e persistente, em detrimento de um grupo racialmente discriminado, sem que esse quadro suscite expressivo incômodo político ou seja efetivamente enfrentado pelo Estado;
2. produz assimetrias em áreas sociais diversas e importantes, como mercado de trabalho, educação, saúde e distribuição espacial da população, cada uma dessas agindo como potencializador das desigualdades; essas diferentes assimetrias se autorreforçam e são cumulativas, em desfavor do grupo discriminado;
3. estabelece mecanismos jurídico-institucionais e repressivos que atuam como elementos de estabilização social e de preservação do quadro de desigualdade, mesmo que muitas vezes ultrapassando os limites da legalidade;
4. ataca as forças contrárias ao statu quo, notadamente movimentos sociais, que não conseguem angariar recursos políticos, simbólicos ou econômicos, desqualificando-as como expressão de demanda política, criminalizando qualquer reivindicação ou bandeira que possa alterar o quadro de iniquidade.

Ao mesmo tempo que resume e delineia a sociedade desigual, esse conjunto de características ajuda a compreender o secular imobilismo e as barreiras que se acumulam e impedem mudanças substanciais. A conformação de uma sociedade avessa a mudanças, que convive há séculos com a iniquidade, a ponto de tê-la naturalizado, não se dá, no entanto, sem que se acumulem algumas singularidades, consequências diretas desse processo histórico.

A sociedade desigual e suas consequências

Além de discutir as causas e características da sociedade desigual, cabe refletir sobre as consequências mais importantes dessa desigualdade extrema e persistente. Em outras palavras, é preciso entender de que modo a estrutura organizacional, social e produtiva se ajusta à desigualdade.

Com efeito, pelo menos seis aspectos merecem atenção:

1. As deformações do perfil produtivo que segmentam a demanda e precarizam o mercado de trabalho.
2. A desigualdade que forja e modela as instituições e o arcabouço jurídico-administrativo, fazendo com que estes se adequem à realidade perversa, reforçando-a.
3. A impossibilidade de se gerar uma agenda política minimamente unificada, em função da diversidade de interesse dos diferentes agrupamentos sociais em um contexto de profunda desigualdade.
4. A disseminação da cultura da violência como estratégia de enfrentamento dos conflitos e a prática deliberada da

coerção protagonizada pelos órgãos do Estado contra os grupos vulneráveis e discriminados, ambos atuando como elemento estabilizador e mitigador dos embates.
5. A substituição da arena política pela coerção e pela violência, o que debilita e reduz o debate público a um conjunto de temas que de modo algum põem em risco os limites da sociedade desigual.
6. Como uma espécie de consequência síntese, observa-se a consolidação de uma sociedade que, além de desigual, desenvolve características como a mediocridade, a violência, o elitismo e o autoritarismo.

As deformações do perfil produtivo de bens e serviços e do mercado de trabalho

Um histórico de persistente má distribuição da riqueza molda o sistema econômico da sociedade desigual. Já se chamou a atenção aqui para a proliferação da prestação de serviços pessoais e do pequeno comércio nessas sociedades. Grandes segmentos da força de trabalho, pouco qualificados e destituídos de recursos financeiros, vão buscar a sobrevivência nas atividades informais, que hoje absorvem quase metade da força de trabalho urbana no Brasil.

Além desse gigantesco universo informal, que abarca entre 35 milhões e 40 milhões de pessoas, outras características marcam o mercado de trabalho no país como um dos maiores reprodutores da desigualdade. Alta rotatividade, baixa qualificação e diferença de rendimentos remontam a um quadro perverso no qual os trabalhadores negros, notadamente as mulheres negras, ocupam as piores colocações e recebem as piores remunerações. Descapitalização, desproteção, falta de formação e/ou qualificação profissional adequada, tudo isso modela a parcela majoritária da força de trabalho brasileira.

As deformações do mercado de trabalho vão se refletir diretamente no perfil produtivo. A demanda também é segmentada. Há nichos de subconsumo comparáveis aos dos países mais pobres do mundo e segmentos de mercado de produtos de luxo. O Brasil da pobreza e da miséria, das favelas e da periferia, dos mercados de produtos estragados, da xepa, é também o país da riqueza e da opulência, da demanda por bens altamente sofisticados para um grupo seleto. Em 2013, entre as dez cidades com maiores frotas de helicópteros no mundo, São Paulo assumia a primeira posição, o Rio de Janeiro, a quarta e Belo Horizonte, a sexta. Também no mercado de aviação executiva o Brasil é um dos países mais destacados.[2] Além disso, na última década, passou a ser um grande produtor de iates de grande calado, contando inclusive com a presença de empresas estrangeiras de renome.[3]

A população de pobres e miseráveis voltou a crescer a partir de 2014, disparando em 2020-1. Mas o Brasil não é um país pobre. Apesar da queda em 2020, sempre esteve entre os dez maiores PIBS do mundo na série histórica. O Brasil é o protótipo da sociedade desigual. Aqui, os serviços pessoais abundantes permitem que a classe média possa dispor desses serviços a baixíssimo custo. O emprego doméstico ou seu sucedâneo, o trabalho de diarista, integra sua cesta de consumo. Uma gama de serviços pessoais baratos ajuda a compor os gastos dessa classe média, cujo padrão de vida e de conforto ultrapassa o da classe média dos países desenvolvidos. A capacidade de mobilizar prestadores de serviços para um sem-número de atividades domésticas que, sob outro modelo distributivo, seriam realizadas pessoalmente, cria ou recria ocupações como as de cozinheira, arrumadeira, passadeira, faxineira, jardineiro, piscineiro, envolvendo grandes contingentes de trabalhadores negros. E, mesmo nas ruas, atividades como as de guardador e lavador de carro povoam o universo de serviços cotidianamente consumidos e prestados sobretudo pela população negra.

Note-se que a desigualdade decorrente das condições heterogêneas do mercado de trabalho, com nichos perenes de trabalhadores de baixa renda com pouca possibilidade de reversão, já havia sido percebida como um fator de inibição do crescimento econômico, um entrave importante. No período sob o governo do Partido dos Trabalhadores, pôs-se em prática uma estratégia nacional destinada a impulsionar a demanda agregada e, portanto, proporcionar um crescimento econômico continuado, a partir da estruturação do que se chamou de fortalecimento de um mercado de consumo de massa. Inspirada na construção do Estado de bem-estar social europeu, a ideia era melhorar o padrão distributivo da renda no país, mediante políticas de aumento real do salário mínimo, conjugada a outros mecanismos, como programas de transferência de renda de cunho assistencial e fomento da pequena produção familiar. Esse projeto redistributivo, que logrou certo sucesso, sobretudo entre 2004 e 2014, sofreu uma série de constrangimentos de ordem econômica, mas também política. O compromisso com a sociedade menos desigual não conseguiu mobilizar um suporte efetivo entre as elites nacionais. As deformações do mercado de trabalho ladeiam as deformações no sistema produtivo. Assim, o projeto de ampliação do mercado interno foi bombardeado pelas forças que se beneficiavam dos mecanismos rentistas que proliferaram desde os anos 1990. Mas as elites também manifestaram desconforto com a redução da desigualdade, e passaram a reclamar abertamente dessa nova conjuntura, como, por exemplo, no caso do incômodo que sentiram com os aeroportos cheios de pessoas de classes sociais mais baixas. Aos olhos dessas elites, o Brasil pode até crescer; só não cabem reformas que o tornem menos desigual.

De modo geral, é importante observar que, a despeito do expressivo processo de crescimento e de industrialização pelo qual passou a partir de meados do século passado, e do pequeno surto de redução da desigualdade de renda dos anos 2004-14, o país não sofreu grandes mudanças em sua estrutura social e na distribuição da riqueza patrimonial. Com efeito, a modernidade brasileira, plenamente adaptada ao ambiente desigual, hoje convive com a informalidade e dela depende, do mesmo modo que a sociedade brasileira, em sua forma atual, depende da desigualdade e do racismo. São estampas da mesma moeda, faces de um mesmo processo — o processo de segmentação que modela a cidadania regulada de que já falava Wanderley Guilherme dos Santos.[4]

A reestruturação perversa do arcabouço jurídico-institucional

Assim como o sistema produtivo e o mercado de trabalho, a estrutura institucional e jurídica do Estado brasileiro também se adapta à desigualdade. Tal adaptação esboça uma espécie de normatização e institucionalização do cenário vigente, e o que poderia ser o principal motor de transformação em prol da equidade funciona de forma a reforçar as desigualdades, atuando como anteparo institucional às mudanças.

A Carta Magna de 1988, concebida na esteira do discurso de resgate da cidadania e da dívida social acumulada na vigência dos governos militares, trouxe a esperança de que, finalmente, a âncora republicana viesse a balizar o funcionamento do Estado e da sociedade. A chamada Constituição Cidadã propôs a universalização de direitos — inclusive sociais, responsabilizando o Estado pelas políticas públicas direcionadas aos cidadãos em geral e às camadas mais pobres — e a construção de um sistema de seguridade social. Abria-se, desse modo, a perspectiva de uma nova ordem constitucional, que, em um primeiro momento, viraria a página do regime autoritário e, em seguida, daria ao país a possibilidade de um ambiente de concórdia, maior justiça social e condições de vida dignas para a população brasileira.

No dia da promulgação da nova Constituição, o presidente da Câmara dos Deputados, Ulysses Guimarães, chamou a atenção em seu discurso para a magnitude daquele documento, mas enfatizou que mais importante era o seu cumprimento. Sábia preocupação daquele que foi o timoneiro de um processo que tentava mudar a estrutura de privilégios civis, políticos e sociais a partir de um novo pacto republicano. Em pouco tempo, viu-se que a Carta Maior poderia mobilizar fortes reações. Acusada pelos segmentos conservadores de tornar o país ingovernável, pelo aumento dos gastos sociais, criticada por se imiscuir em questões do mercado, como a iniciativa de estabelecer um teto para a cobrança dos juros, responsabilizada pelo desequilíbrio das contas públicas, a Constituição foi vítima de um movimento de descaracterização que atuou em duas frentes. De um lado, emendas e regulamentações vieram limitar o alcance e a efetividade de várias determinações constitucionais. A Lei de Responsabilidade Fiscal reestruturou o perfil do gasto, reescalonando prioridades e alçando o pagamento dos passivos da dívida pública ao patamar de prioridade. A Desvinculação de Receitas da União complementou a manobra ao desviar bilhões de reais do orçamento social para o pagamento de compromissos financeiros. A própria seguridade social foi debilitada pela sangria de recursos prevista pela DRU e, mais recentemente, pela adoção da emenda constitucional nº 95, de 2016, que estabelece um draconiano limite de gastos.

De outro lado, houve a omissão como estratégia de desmonte. De fato, muitos dos dispositivos constitucionais até hoje são letra morta, uma vez que o Congresso Nacional não os regulamentou através de leis complementares. Trata-se de um conjunto diverso e importante, no qual se destacam a regulamentação do imposto sobre grandes fortunas, a contribuição dos empresários ao Fundo de Amparo ao Trabalhador, a regulação da mídia, entre outros. Assim, a Constituição foi sendo domesticada e tendo suas arestas redistributivas aparadas. Substituições e revisões, como a reforma trabalhista de 2017 e a reforma previdenciária de 2019, adequam cada vez mais o aparato legal à sociedade desigual.

No que tange à ação direta do Judiciário, destaca-se uma cultura de discricionariedade que se corporifica em práticas e tratamentos diferenciados, com prejuízo para as populações pobres e negras. Ganha relevância a aplicação de mecanismos específicos destinados às periferias e às favelas, caso do já citado mandado de busca coletiva, bem como as punições mais pesadas para réus negros. Isso para não mencionar outras medidas ou omissões, como manter presos cidadãos cuja pena já prescreveu ou negligenciar a fiscalização da ação da polícia nas áreas mais pobres e negras do mundo rural e urbano. Formata-se desse modo o arcabouço institucional vigente, ajustado à naturalização e à reprodução da desigualdade. Um dispositivo parcial, discricionário e racista. O funcionamento do sistema punitivo-judiciário serve como a argamassa, como a vestimenta estrutural que acolhe e avaliza a atuação arbitrária do Estado e de segmentos importantes da sociedade. Órgãos de fiscalização e controle não têm sido eficazes na supervisão da conduta de juízes e desembargadores. As penas desproporcionais para negros, as ações policiais virulentas e ilegais, os processos abortados no que tange às mortes de cidadãos pela polícia, as arbitrariedades cometidas contra a sociedade — tudo isso é absolvido e relevado por um sistema institucional que também se moldou à desigualdade.

As dificuldades de se alcançar uma agenda de consenso

Os lugares sociais que os grupos detêm, e que na sociedade desigual são muito distanciados entre si, podem determinar situações de tensão e conflito de interesses que impedem ou dificultam consensos em torno de uma agenda política ou mesmo de diretrizes de políticas públicas.

A análise marxiana da sociedade de classes ressalta essa oposição. É importante lembrar que a teoria das classes na obra de Marx foi concebida tendo em vista o contexto extremo de desigualdade social que caracterizava o século XIX na Europa em processo de industrialização. Sem representação política,

Juntando as partes 347

sem organização sindical e sem um estatuto jurídico, os trabalhadores assalariados constituíam à época, como mostrou Robert Castel, um grupo caracterizado tanto pela vulnerabilidade econômica como pela ausência de reconhecimento social. No século XX, sobretudo em sua segunda metade, o crescimento econômico associado às políticas tributárias redistributivas e à formatação do chamado Estado de bem-estar social retiraram os trabalhadores da pobreza e da miséria no Velho Continente. A organização sindical, o estatuto do assalariamento associado aos direitos sociais e trabalhistas, tudo isso envolto em um projeto de cunho redistributivo e de longo alcance, possibilitou que países da Europa Ocidental reduzissem a níveis mínimos a pobreza e limitassem as iniquidades no acesso a serviços públicos, renda e oportunidades.

No caso brasileiro, o projeto desenvolvimentista iniciado na era Vargas e consolidado na gestão de JK e, posteriormente, nos governos militares não obteve os mesmos desdobramentos. A despeito do expressivo crescimento econômico alcançado, o assalariamento não se universalizou. Grande parte da força de trabalho sobrevive na informalidade, fenômeno exacerbado a partir dos anos 1980. Assim, ao contrário do que aconteceu em outros países, a entrada do Brasil na modernidade industrial não significou o fim da pobreza e da miséria. Na verdade, nosso crescimento econômico conviveu com a desigualdade, consolidando um processo de modernização destituído de uma agenda inclusiva.

Essa desigualdade vai se consubstanciar na explicitação das diferenças e se desdobrar em um mosaico de pontos de vista e interesses diversos. São, ao fim e ao cabo, visões e posições políticas que muitas vezes entram em conflito, e que a sociedade desigual não consegue acolher no espectro do debate político, o que faz com que grande parte do embate se desloque para a arena jurídica. Veja-se o exemplo dos trabalhadores sem-terra, cujo grande anseio é a reforma agrária e uma divisão mais equânime dos milhões de hectares existentes e que permanecem nas mãos de uma minoria latifundiária. A bandeira da reforma agrária é hoje vista como criminosa; os movimentos a seu favor, como o MST, são desqualificados enquanto entidades de luta política, e sua ação é entendida como delituosa. O mesmo ocorre com aqueles que militam pelo direito à moradia nas grandes cidades. O direito à propriedade ganha uma interpretação que beira o paroxismo e remete ao ilícito qualquer iniciativa que lhe ponha algum óbice. Assim, via de regra, toda demanda ou posicionamento que de algum modo venha a contradizer os pilares da sociedade desigual é deslegitimado enquanto discurso político, sendo caracterizado como crime, delito, caso de polícia. Esta talvez seja a maior herança da sociedade autoritária: a judicialização e a criminalização do pensamento divergente e a atrofia da arena política como lócus do embate e do contraditório. A sociedade desigual não tolera ser questionada, e por isso cerceia a construção de consensos em torno de agendas mínimas pela igualdade de tratamento, de oportunidades e de direitos.

 Mesmo as conquistas já efetivadas seguem sob frequente ameaça. Um exemplo recente é a vinculação de recursos orçamentários para as políticas de saúde e de educação, sob crítica constante dos adeptos do liberalismo nacional. E, mesmo no âmbito do trabalho, há alguns casos emblemáticos, como o do emprego doméstico, que absorve aproximadamente 15% das trabalhadoras do país. Ao se imaginar uma agenda efetivamente distributiva, deve-se observar que, no caso do serviço doméstico, tal cenário pode vir a potencializar choques de interesse entre patrões e empregados. No limite, como pretender que a classe média empregadora seja a favor, além do aumento salarial, da extensão dos direitos dos assalariados — horas extras, FGTS, jornada de quarenta horas, férias e $13^{\underline{o}}$ salário, entre outros — às domésticas? Um impasse, portanto, se coloca: a sociedade desigual vê sua divisão exacerbada pela existência de interesses conflitantes, impedindo os parcos avanços que por vezes ocorrem no sentido de uma agenda mais progressista e distributiva.

A própria agenda das comunidades remanescentes de quilombos, por exemplo, que envolve posse legal e definitiva de suas terras, colide com os interesses de setores associados a latifundiários, exploradores de recursos naturais e especuladores imobiliários. Estes usam sua força política e econômica para solapar e desqualificar a pauta comunitária, descaracterizando as prioridades quilombolas como demanda social e política e paralisando o processo de regularização de suas terras. A sociedade viciada na desigualdade mostra-se incapaz de avançar, refém de suas próprias contradições.

Desse modo, é pouco factível alcançar consensos em macroagendas de cunho político, destinadas a aglutinar e amalgamar diferentes segmentos. Os partidos políticos têm dificuldade de apresentar um discurso de posicionamento objetivo e claro sobre questões redistributivas, em temas como reforma agrária, recuperação do poder de compra do salário mínimo, aumento da carga de impostos sobre os mais ricos e extensão de direitos aos segmentos desprotegidos da sociedade. As pautas redistributivas são substituídas pela utilização de bandeiras gerais e, ao mesmo tempo, destituídas de conteúdo: liberdade, democracia, meio ambiente, e, sobretudo, desenvolvimento e crescimento econômico.[5] Em todos os casos, trata-se de noções imprecisas que podem ter inúmeras interpretações. Os discursos se nivelam, se aproximam e, de certo modo, confundem o eleitor. A crise de identidade de muitos dos partidos brasileiros advém em grande parte da incapacidade que têm de propor projetos reformistas de longo prazo, que definam políticas, ações e metas e sinalizem para a reversão dos mecanismos que ora produzem a acumulação de desvantagens para os grupos subalternizados.

A disseminação da cultura da violência

A violência tem um papel como amálgama da sociedade desigual, fator de coesão que associa o medo e a falta de direitos, oprime as populações negras, faveladas e periféricas e tem como protagonista mais importante a atuação da polícia. E essa população oprimida aprendeu a lidar com a realidade da falta de cidadania, desenvolvendo artifícios e subterfúgios que muitas vezes preservam suas vidas, embora nem sempre isso seja garantido.

Andar com vestimenta escolar é um dos artifícios mobilizados pelas famílias negras para proteger suas crianças, assim como estar sempre com documentos e, se possível, com a carteira de trabalho, no caso dos maiores de catorze anos. Mas essa estratégia não surtiu efeito para o adolescente Marcos Vinícius da Silva da favela da Maré, Rio de Janeiro. Em junho de 2018, aos catorze anos, ele foi baleado pela polícia, como já ocorreu e continua ocorrendo com inúmeros outros jovens negros. O próprio menino identificou que o tiro que o atingiu havia partido da polícia. Antes de morrer, ainda teve forças para interpelar a mãe: "Ele não viu que eu estava com roupa da escola, mãe?". No seu enterro, colegas estudantes que protestavam pacificamente contra a morte do amigo foram ameaçados de agressão por policiais.[6]

A violência secular e explícita do Estado forjou uma sociedade também violenta, no campo e na cidade. Mais importante é perceber que a brutalidade institucionalizada inspira o exercício da autoridade pela intimidação física como prática nas relações sociais. A sociedade desigual assassina quase 60 mil pessoas por ano. A concentração das mortes violentas entre a população negra permite a visualização das fronteiras sociais construídas pela operação do racismo.

Mas a história da violência direcionada à população negra integra o processo de fragilização do Estado de direito no Brasil, onde o ilegal se impõe, junto à transgressão, ao abuso de poder e à fragilização da cidadania. A violência originária do racismo expandiu-se como prática na sociedade desigual. O tecido social hierarquizado por identidades raciais estereotipadas favorece o expediente da agressão e da violência para a resolução da maioria das contendas que envolvem a população negra.

No entanto, a naturalização da violência, e sua consequente generalização, transformou-a em conduta social contra todo e qualquer segmento que ponha em risco os pilares e os fundamentos da sociedade desigual, inscritos não apenas no racismo, mas no machismo, na misoginia, no preconceito contra gays, homossexuais, lésbicas e transgêneros. A sociedade desigual não aceita a diversidade, nem a possibilidade de mudanças em prol dessa diversidade. Atrelada a tradições de privilégios e de regalias, investe toda sua virulência contra o novo, invocando preceitos religiosos, recorrendo a estereótipos preconceituosos e arcaicos. A sociedade desigual depende da violência para a manutenção de seu statu quo. Uma violência que atinge prioritariamente a população negra, mas que transborda para outros segmentos sociais que ameacem perturbar a ordem estabelecida com demandas de igualdade de direitos, de tratamento, de oportunidades e de resultados.

A coibição da organização política

Essa consequência decorre da conjunção das duas anteriores, alimentada ainda pela hipótese norteadora de que um contexto econômico e social de extrema desigualdade limita e redimensiona a qualidade da intervenção pública, segmenta a agenda política e dificulta a organização de movimentos políticos e a apresentação e negociação de demandas em favor da igualdade de tratamento e de direitos. A própria iniquidade funcionaria como uma lente deformadora, redirecionando objetivos e metas, sempre no sentido de reforçar o statu quo ou, ao menos, dificultar reformas.

Nesse sentido, a sociedade desigual, sempre realimentada pela ideologia racista, impõe pesadas restrições à organização das comunidades mais pobres, limitando sua participação política de dois modos. Em primeiro lugar, pelo não acolhimento, na esfera política, de suas reivindicações, desclassificando suas aspirações e deslocando-as para a arena jurídico-repressiva. É o caso das agendas de reforma agrária, bem como das demandas da comunidade quilombola.

Em segundo lugar, observa-se o abusivo cerceamento da participação política das comunidades de favelas e periferias em geral por parte dos grupos armados, milicianos e traficantes, que têm por norma interferir nas eleições e impor seus candidatos. Além disso, as igrejas neopentecostais, por vezes mancomunadas com o tráfico ou as milícias, por vezes em voo solo, estão buscando, cada vez mais, comprometer a comunidade com seus candidatos evangélicos, muitos dos quais identificados a posturas conservadoras e avessos a pautas redistributivas e de fortalecimento do Estado de direito. O importante trabalho comunitário dessas igrejas se traduz no reforço de um discurso individualista que desmobiliza as demandas sociais e comunitárias e inibe a constituição de uma agenda transformadora de maior peso.

Há, assim, obstáculos significativos para a construção de uma ação política abrangente que espelhe os diferentes anseios de igualdade e garantia de direitos. Pois, na sociedade desigual, as regularidades são historicamente construídas para preservar a iniquidade.

A síntese da desigualdade: uma sociedade medíocre, elitista, violenta e autoritária

A síntese trágica da sociedade desigual é ser e fazer-se uma sociedade elitista, violenta, autoritária, incapaz de grandes saltos porque tem como objetivo maior a consolidação de uma ordem social não inclusiva, hierárquica e preconceituosa, e na qual as oportunidades de ascensão estão fortemente determinadas pela raça. O projeto de um país inclusivo, pródigo e redistributivista não encontra eco na visão dos segmentos das camadas superiores. Com isso, abre-se mão da ambição de se tornar uma grande nação em prol do desejo das elites de não se misturar, de manter os nichos de apanágios. Assim, são preservados e fortalecidos os fatores de diferenciação e segregação que, juntamente com a heterogeneidade do mercado de trabalho e a cultura da violência, formatam a sociedade desigual.

Como o próprio subdesenvolvimento, a sociedade desigual é uma construção secular. Não no sentido de algo planejado, desenhado e orçado, mas na perspectiva de um aparato diuturnamente edificado, barrando as forças contrárias, moldando as estruturas e os interesses imediatos ou não. Tal qual uma grande barreira de corais cuja formação se dá nos embates diários das marés, dos ventos, das correntes, enfim, no duelo entre forças diversas e antagônicas e nos acúmulos deles resultantes, a sociedade desigual forma anteparos, precipícios e caminhos diferenciados, uns mais tortuosos, outros menos. Suas defesas vão se moldando pela presença do racismo e das respostas que ele dá para as situações cotidianas do mundo real.

É fato que, em qualquer sociedade, importantes elites econômicas, políticas e burocráticas não têm interesse ou motivação em alterar o quadro vigente. Mas, na sociedade desigual, as elites receiam mais fortemente a mudança e convergem na tendência à imobilidade. Esse imobilismo por parte das elites e da própria classe média brancas se dá em função de interesses concretos e dos custos associados à perda da condição privilegiada que a branquitude e o racismo lhes proporcionam, além da extrema concentração de poder. A sociedade desigual oferece grandes benefícios a esses grupos, e seu desmonte não se dará sem o fim dos seculares e indefensáveis favorecimentos.

Juntando as partes

Há de fato uma série de perdas para os grupos atualmente apaniguados, custos de ordens diversas.

Em primeiro lugar, há que se sublinhar que uma sociedade menos desigual implica diminuição das distâncias salariais e aumento relativo do custo dos serviços pessoais. Nela, as forças de mercado não mais serão capazes de manter as parcas remunerações de informais, subempregados, desempregados, lumpens. A extensão de mecanismos protetivos para esses segmentos mais pobres e mais negros contribuiria positivamente para o perfil redistributivo do país. Os serviços serão mais caros, o diferencial de rendimento entre os brasileiros será menor. Mas em uma sociedade mais igual, haveria também forte redução dos custos com a segurança privada, que hoje atinge cifras gigantescas (e movimenta milhões na economia e na preservação da desigualdade).

Um segundo conjunto de custos para os grupos hoje favorecidos tem a ver com o necessário redirecionamento de recursos públicos para a equalização de direitos e oportunidades. Na Marcha Zumbi +10, realizada em novembro de 2005, o movimento negro apresentou um documento com o cálculo do que foi então chamado de "o custo do racismo". Tomando por base três indicadores — saneamento, habitação e educação —, foram calculados os custos para a imediata equiparação da qualidade, ou superação da desigualdade, no acesso a esses bens públicos, chegando-se ao valor de 67,2 bilhões de reais em valores correntes. Os recursos financeiros envolvendo a efetiva equalização de tais serviços públicos para negros e brancos no Brasil seguramente ultrapassam, e muito, essa cifra. Mas uma agenda inclusiva precisa redirecionar importantes recursos para garantir a oferta aos segmentos que hoje são atendidos em quantidade e qualidade insuficientes pelas políticas públicas, ou nem atendidos são. De certo modo, o discurso conservador de que a Constituição Federal seria ingovernável, uma vez que incorreria em custos elevadíssimos, guarda relação direta com o tema da inclusão da população negra. De fato, sob a lente do racismo, a montagem de um Estado de bem-estar social para todos, universalizado, é cara. Em face das restrições orçamentárias sempre existentes, verbas redirecionadas para atender diretamente à população negra constituem uma perda real para os beneficiários da desigualdade.

Um terceiro tipo de custo para os segmentos brancos e mais abastados diz respeito ao acesso a espaços privilegiados e de alta visibilidade e a postos de trabalho de melhor qualificação e remuneração. Hoje esses lugares são quase que inteiramente brancos. Tanto no serviço público como no mercado privado, a empregabilidade dos brancos é sabidamente maior. As portas abertas pelo racismo e pela branquitude para uns significam fortes restrições para outros. A equalização acabará com essa zona de conforto indevida e iníqua da sociedade desigual. Em uma sociedade mais igual, a população branca passará a conviver em um ambiente de disputa com que nunca foi confrontada. As portas, ora escancaradas, passarão a ser abertas com mais paridade e simetria.

Um último prejuízo importante que a redução da desigualdade coloca para a população branca como um todo tem a ver com as perdas simbólicas advindas do fim do racismo e da branquitude. Tocqueville, ao estudar o Sul dos Estados Unidos, observou que a cor branca era sinônimo de nobreza, e essa é uma sensação que de algum modo perpassa a população branca brasileira, cujos privilégios da branquitude beneficiam mesmo os mais pobres. A desconstrução do ideário de normalidade associado ao biotipo branco, o reposicionamento dos padrões estéticos, culturais e mesmo éticos, mais aderentes ao todo social, incorporando o diverso, redesenhariam a própria noção de cidadania. O fim de tais privilégios poria ainda em questão a própria ideia de meritocracia, esta que hoje é utilizada para preservar e legitimar desigualdades.

Portanto, para a população branca, para as elites, haverá perdas significativas com o fim da branquitude e da sociedade desigual. Direta ou indiretamente percebidas, essas perdas podem incentivar e justificar sua inação e seu desinteresse na mudança. Há que se ter em mente, no entanto, que a existência da desigualdade subsidiada pelo racismo remete o tecido social a um ambiente de conflito. Um conflito velado, mitigado e historicamente escondido. Mas essa zona de conforto, naturalizada pelo racismo, só terá fim com a descaracterização do conjunto de valores que a sustentam e a naturalizam.

Contudo, é preciso relembrar que a resistência à mudança não tem necessariamente a ver com as transformações introduzidas pelo progresso ou pela modernidade. De fato, a sociedade desigual convive com ondas modernizantes, desde que pouco afetem as estruturas iníquas. É característica das elites brasileiras a aversão à mudança quando esta vem de qualquer projeto de modernização do qual elas não sejam as protagonistas. À luz da visão dominante, essas transformações são reinterpretadas, esvaziadas em seu conteúdo redistributivo e transmudadas em ratificação da hierarquia racial, ganhando características de reforço ao statu quo. Nessa gramática, a ideia de progresso se converte em um movimento não inclusivo e sim associado à recepção de inovações que remetem às conquistas derivadas do mérito de poucos; a modernidade sofre uma releitura que leva a uma convivência explícita e natural com a desigualdade — por exemplo a modernidade no circuito de reciclagem do alumínio que incorpora e reforça a situação dos miseráveis catadores de lixo. Na sociedade desigual, as mudanças, quando ocorrem, se dão predominantemente sob a égide e a batuta da manutenção da iniquidade.

A preservação secular da pobreza negra se realiza a partir de um exercício criativo de ressignificação e reinterpretação do discurso republicano e modernizador. Ocorre uma verdadeira reorganização do social com base na reversão de alguns valores estruturantes da democracia e da modernidade — que, sob o abrigo do racismo, convertem-se no contrário do que são. Valores como igualdade, diversidade e solidariedade, liberdade associada à garantia da lei, direitos individuais e sociais passam a ser deformados. Distinção, hierarquia e privilégios são princípios associados à assimetria frente à lei e aos direitos, bem como à subalternização, ao controle, à repressão e à violência, tanto física como simbólica.

Há, desse modo, uma espécie de lei maior, ligada a um conjunto de regularidades, normas, valores e práticas institucionais, que assegura a perpetuação da desigualdade. Por mais que o país cresça, os mecanismos em vigor, que respondem diretamente pela reprodução dessa desigualdade, impedem que o crescimento da riqueza se dissemine de maneira plena para todos. O mecanismo concentrador moldado a partir da sociedade escravista foi preservado em sua essência. Assim, mesmo em períodos de grande desempenho econômico, sempre houve uma grande parcela de pobres e miseráveis. Foi o que ocorreu durante todo o século XX, quando o Brasil, em diversos momentos, conseguiu estabelecer uma economia dinâmica, sem lograr reduzir a pobreza e a miséria. Bruno Lautier já chamava a atenção para a capacidade da economia brasileira de gerar pobres tanto na recessão como nos momentos de crescimento.[7] A sociedade desigual é, portanto, uma sociedade medíocre. Medíocre porque opta pela segurança e pelos privilégios da desigualdade, e se mantém avessa a mudanças, mesmo que isso signifique o não crescimento, o atraso e a penúria para amplos segmentos. Medíocre porque incapaz de aproveitar as potencialidades imanentes de sua imensa população. Uma sociedade cuja elite, ao lado de sua seguidora, a classe média branca, mantém privilégios ainda que para isso tenha que reforçar injustiças e desigualdades que enfraquecem o tecido social e minam seu potencial criativo e produtivo. O Brasil nunca produziu um prêmio Nobel, possui raras universidades de renome internacional e conta com pouquíssimos centros de pesquisa de referência. Além disso, não tem autonomia produtiva em setores-chave, como a indústria automobilística, e muito menos em áreas de ponta, como a informática. Seus gastos com ciência e tecnologia são praticamente inexistentes.

    Trata-se de uma sociedade elitista em que os interesses pouco republicanos e antinacionalistas das elites e da classe média branca estão sempre à frente dos interesses da coletividade. Uma elite muito habituada a imperar e dar as cartas de maneira unívoca e autoritária dentro do Brasil, e a ser servil fora dele. Uma elite que, de forma recorrente e perversa, renuncia a um possível e virtuoso projeto de construção de uma nação soberana, autônoma e independente, para se alinhar, subordinada e subserviente, às nações mais desenvolvidas, notadamente aos Estados Unidos, muitas vezes priorizando os proveitos estrangeiros em detrimento do próprio país.

Trata-se de uma sociedade violenta, em que as relações sociais são calcadas não na política, mas no emprego da violência e no seu monopólio. Um monopólio que, ao contrário do que preconiza Max Weber, não é do Estado, mas das classes política e economicamente dominantes. Esse sistema vige desde o período colonial, quando bandos armados se juntaram aos capitães do mato para garantir a ordem escravista e o patrimônio das elites. Esse processo está em curso ainda hoje, em detrimento da qualidade de vida de milhares de pessoas que não conseguem alcançar o status de cidadãos, vivendo uma espécie de semicidadania historicamente associada à pobreza, à miséria e à falta de serviços, exposta a práticas de violência, ao biopoder e à necropolítica.

Trata-se, enfim, de uma sociedade autoritária, com forte viés antidemocrático, em que as instituições decisórias e de participação política são dominadas por elites que minimizam, desqualificam ou reprimem demandas por reconhecimento, igualdade e redistribuição. Por meio do controle do aparato midiático, elas obtêm maioria no Parlamento e adaptam as políticas e ações do Estado em função de seus interesses — e, via de regra, em detrimento dos interesses da maioria. Em alguns momentos da história, quando o Executivo se afasta desses interesses reinantes, ocorrem iniciativas concertadas de emparedamento ou, no limite, de golpe, em suas formas mais diversas. Existe uma potente articulação de segmentos importantes do Estado e das elites em prol da preservação das iniquidades.

Juntando as partes

Violenta, autoritária, elitista e medíocre. Essa é a sociedade desigual. O salto qualitativo, a passagem para uma nova e virtuosa etapa, não é algo simples. As contradições estão presentes, porém há um forte descompasso na correlação das forças, influenciado pelo monopólio da violência e pela ausência de maior visibilidade e legitimação das demandas dos setores mais oprimidos. O grande potencial de transformação virá dos segmentos mais afetados pela desigualdade: populações negras periféricas, faveladas, sem-terra, sem-teto, quilombolas.

Epílogo: O papel do ativismo negro, um contraponto necessário

A RESISTÊNCIA DE NEGRAS E NEGROS ao racismo e seus desdobramentos foi não apenas importante mas permanente na história brasileira. A consolidação da sociedade desigual não se deu sem uma combativa oposição. Além das já relatadas experiências de formação de quilombos em todo o território desde o século XVI e das inúmeras revoltas de escravizados em áreas urbanas e nas fazendas e engenhos, houve outras ações não menos significativas. Na segunda metade do século XIX, Luiz Gama, ao lado de outros intelectuais abolicionistas negros, como Ferreira de Menezes, André Rebouças e José do Patrocínio, se destacou com seus artigos em jornais como *Diabo Coxo*, *Cabrião*, *Correio Paulistano*, *A Província de São Paulo*, *Radical Paulistano* e *A Gazeta da Corte*.[1] Foram mais de trezentos anos de luta e rebeldia até o advento da República. Ainda nos estertores do regime escravista, José do Patrocínio organizou uma guarda composta por mais de 1500 homens negros para servir à segurança da princesa Isabel, então ameaçada de morte por segmentos contrários à abolição.[2] O Brasil que adentra o século XX, o Brasil republicano, vai assistir à luta do povo negro, muitas vezes inglória, mas sempre na busca da igualdade e da justiça.

Assim, já no limiar do século XX começaram a surgir publicações de luta contra o racismo, encabeçadas pelos negros.

Periódicos como *O Baluarte* (fundado em 1903), *A Rua* (1916), *O Alfinete* (1918), *O Bandeirante* (1918), *A Liberdade* (1919), *A Sentinela* (1920), *O Clarim da Alvorada* (1924) e *Progresso* (1928) foram os predecessores de outras publicações da imprensa negra e até os anos 1960 vão estar presentes na vida da comunidade negra. Os mais longevos foram *O Clarim da Alvorada* (1924-32), *Progresso* (1928-30), *A Voz da Raça* (1933-7) e *Novo Horizonte* (1946-54).[3]

Também foi intensa a mobilização da comunidade negra, sobretudo paulista, em torno de associações de caráter clubístico. Naturalmente, os afrodescendentes não tinham acesso às agremiações das demais comunidades, o que os levou à organização de suas próprias entidades. Clubes como Kosmos, Pendão Brasileiro, 28 de Setembro, Cruzeiro do Norte, União da Mocidade, Estrela da Concórdia, Chuveiro de Prata, Brinco de Princesa, Bandeirante, Smart, Elite Flor da Liberdade e Colombo, entre outros, tiveram significativo papel na formação da população negra paulista e de sua consciência racial.[4]

A maioria dessas agremiações não tinha sede própria, e alugava de clubes não negros os locais para realizar seus eventos. E o exemplo dessas outras associações, sobretudo de imigrantes, inspirou vários grêmios negros a ampliar o escopo de sua atuação. As precárias condições da população negra suscitaram a adoção de uma linha mais beneficente e educativa. Foram criadas bibliotecas, além de cursos de formação em diversos ramos profissionais, como carpintaria, marcenaria, costura e bordado, entre outros.[5]

A exemplo de São Paulo, outras cidades também assistiram ao aparecimento de clubes negros no início do século XX. No Sul do país, por exemplo, Porto Alegre e Pelotas. No Rio de Janeiro, desenvolveram-se importantes agremiações, com destaque para a modalidade Grêmio Recreativo Escola de Samba, que, herdeiros dos grupos de jongo, das rodas de samba e das umbigadas do início do século XIX, em algumas décadas irão dominar os festejos de Carnaval. Do mesmo modo, houve o fenômeno dos maracatus no Recife, organizações que, como as escolas de samba, aliás, estavam originalmente ligadas às casas de santos. Presentes nas comunidades de descendentes da diáspora negra, essas instituições de cunho religioso tiveram um importante papel na preservação da cultura e da religiosidade de matriz africana.

Toda essa organização vai culminar na criação, em 1931, da Frente Negra Brasileira (FNB), a principal entidade da militância negra, com dimensão nacional. Sediada na cidade de São Paulo, a FNB logrou organizar-se em diferentes estados do país, mantendo escolas noturnas, cursos profissionalizantes, atividades de lazer, salões de baile. Contava ainda, em algumas cidades, com grupos de homens responsáveis pela proteção e pela segurança da população negra contra os frequentes abusos e agressões a que era exposta. As mulheres contribuíam com trabalhos educativos, assistencialistas e na organização de bailes, festas comunitárias e festivais artísticos. Os números são bastante divergentes, mas, segundo Florestan Fernandes, a FNB chegou a contar com cerca de 200 mil filiados em todo o país.[6]

O foco nas atividades educacionais e de formação profissional dava o norte da ação da FNB e espelhava a preocupação com a melhoria da qualidade de vida da população negra, o que também passava pela busca de melhores condições de emprego. Fato emblemático foi a ação da FNB de São Paulo junto ao então presidente da República Getúlio Vargas. Após inúmeras e infrutíferas tentativas de viabilizar a contratação de negros pela Força

Pública do estado, os frentenegrinos escreveram uma carta a Vargas denunciando a existência de um veto tácito à entrada de negros na instituição. O presidente enviou uma ordem expressa para que fossem admitidos duzentos negros na Força Pública paulista. Também em São Paulo, no mesmo período, houve algumas outras conquistas no campo do direito civil, como a interdição da política de admissão apenas de brancos nos ringues de patinação e em outros locais de lazer público.[7]

A FNB tornou-se um partido político em 1936, sendo até hoje considerada o marco maior de organização política da população negra, mas foi extinta em 1937, na esteira da proscrição dos partidos pelo Estado Novo. A resistência da população negra sofreu, assim, um duro golpe. Ainda que tenha havido iniciativas relevantes de criação e/ou manutenção de instituições ligadas à questão racial,[8] o cenário de pobreza e de baixíssima mobilidade social do negro já se esboçara como uma espécie de sentença à qual essa população estava fadada ao longo do século XX.

Nos anos 1940, o Teatro Experimental do Negro (TEN), iniciativa encabeçada por Abdias do Nascimento, trouxe para primeiro plano a discussão da questão racial, proporcionando o acesso de negros e negras ao universo artístico e debatendo a questão racial e a negritude na arte e na vida social brasileiras. O TEN contava com a participação de intelectuais como Guerreiro Ramos e Ironides Rodrigues, além do próprio Abdias. Jovens atores negros formados pelo TEN vieram a galgar espaços importantes na cena artística nacional, como Ruth de Souza, Aguinaldo de Oliveira, Léa Garcia e Haroldo Costa.[9]

Já nos anos 1950 o TEN inspirou outras iniciativas de cunho artístico e político, como o Teatro Popular Brasileiro, fundado

Epílogo

por Solano Trindade, e mesmo uma vertente paulista do Teatro Experimental do Negro organizada por Geraldo Campos de Oliveira. O teatro engajado incorporou assim a temática racial e participou da resistência ao racismo e às mazelas provocadas por ele. Houve censura e falta de apoio governamental. Em pelo menos duas ocasiões o governo brasileiro vetou a participação do TEN em festivais internacionais de cultura negra, denotando incômodo com a apresentação de uma visão crítica sobre a questão racial e temor de que o mito da democracia racial, vendido oficialmente no exterior como a imagem do país, sofresse abalos.

As escolas de samba, surgidas no Rio de Janeiro no final dos anos 1920, tornaram-se organização de resistência a partir dos anos 1930, sendo responsáveis pela descriminalização daquele que se tornou o ritmo símbolo do país, mas tido até então como uma música marginal, libidinosa e afrontadora dos bons costumes. A proliferação das escolas de samba pelos bairros populares da cidade, o regramento e a institucionalização dos sambistas e a disseminação do samba como produção musical de massa significaram o primeiro caso efetivo de reconhecimento da música negra como contribuição ao patrimônio cultural nacional.

Os anos de chumbo da ditadura civil-militar não pouparam a resistência negra, evidentemente. Escolas de samba estiveram sob vigilância, seus enredos sendo objeto de censura e controle, e experiências culturais com maior engajamento político, como as do TEN, foram ativamente perseguidas pelos órgãos de repressão. Abdias do Nascimento, Guerreiro Ramos e outros intelectuais e ativistas se exilaram. O movimento negro só seria retomado em 1978, com os ventos da abertura política.

A retomada suscitou uma nova etapa de mobilização e organização, iniciada com a formação, nesse ano, do Movimento Negro Unificado (MNU). Tendo por marco de criação um ato nas escadarias do Teatro Municipal de São Paulo, com a presença de militantes de todo o país, o MNU resgatou a temática racial e sua discussão no âmbito do processo de redemocratização. O grande desafio era impor o debate sobre o racismo, desqualificado como tema pelo conjunto dos atores relevantes no debate político do país. Militantes de partidos de esquerda, sindicalistas, intelectuais e políticos em geral tinham uma postura refratária com respeito ao debate racial. A luta pela reconstrução da democracia, do ponto de vista desses segmentos, prescindia da questão racial, considerada desimportante.

Esse cenário de isolamento não impediu que os negros e negras se engajassem na luta pela redemocratização. Os militantes afrodescendentes tiveram papel de destaque no processo de queda do regime militar. Além disso, conseguiram quebrar o paradigma da democracia racial, sobretudo pela atuação de intelectuais e militantes junto aos partidos políticos. Foi o caso por exemplo do Partido Democrático Trabalhista (PDT). Com a decisiva atuação de Abdias do Nascimento, a legenda comandada por Leonel Brizola assumiu certo protagonismo na questão racial, introduzindo-a em seu conteúdo programático e criando, em 1991, no Rio de Janeiro, a Secretaria de Defesa e Promoção das Populações Afro-Brasileiras.[10] Também era do PDT o deputado e constituinte Carlos Alberto Oliveira dos Santos, o Caó, importante militante antirracista e autor da lei nº 7716, de 1989.

Em São Paulo, o PMDB, no governo de Franco Montoro, começou a incorporar a temática racial com a criação do Conselho de Participação e Desenvolvimento da Comunidade Negra

Epílogo

(CPDCN), em 1984, destacando-se aqui o ativismo e o trabalho de mobilização de dois expoentes do movimento negro: Helio Santos e Ivair Augusto dos Santos.[11] Em pouco tempo Mato Grosso do Sul, Bahia e outros estados e municípios criaram também seus conselhos, fruto da pressão e do trabalho do ativismo negro.

Ao longo dos anos 1980, o movimento negro foi ganhando musculatura e diversificação, com a formação de grupos e coletivos para tratar de temas específicos como violência, misoginia, a condição das mulheres negras e a situação das comunidades quilombolas. Em um trabalho sobre a trajetória de organização do movimento negro brasileiro, Joselina da Silva chama a atenção para o fato de que o ativismo negro, multifacetado em suas lutas e reivindicações, encontra um revigoramento nas mobilizações comuns:

> O movimento negro brasileiro em suas diferentes fases tem como característica principal a mobilização, que tem se destacado através de manifestações na via pública. A literatura sobre movimentos sociais, quando se volta a analisar os movimentos negros, pontua inúmeras atividades de rua.[12]

Assim, a multiplicação das mobilizações e a comunhão de esforços de diversos núcleos vêm, ao longo dos anos, potencializando a força da luta negra, seja em ações menores ou em eventos centrais como a criação da Frente Negra e do MNU; as manifestações críticas do centenário da abolição no Rio e em São Paulo; a Marcha Zumbi contra o Racismo, pela Cidadania e a Vida, em 1995, que reuniu em Brasília cerca de 30 mil militantes de todo o país; e também sua reedição dez anos depois, quando foram realizadas duas marchas no intervalo de três dias (uma do movimento negro, outra organizada por partidos políticos e entidades sindicais ligadas ao governo). Mais recentemente, a Marcha das Mulheres Negras, em 2015, levou à Esplanada dos Ministérios cerca de 50 mil mulheres negras de todos os cantos do país, consolidando seu protagonismo na luta contra o racismo no Brasil.

De fato, a organização dessas mulheres tem sido um diferencial na última década. Contra a violência e a discriminação que atingem a mulher negra no mercado de trabalho e nos mais diversos espaços sociais, a luta potencializada por elas se mobiliza no combate à violência policial, à prática de assassinato de jovens e às más condições de vida da comunidade negra, bem como na celebração do legado de seus antepassados. Sua organização em entidades diversas por todo o país resultou em um ganho de qualidade para a luta política das comunidades afrodescendentes. Assim, nos últimos anos, a temática racial tem assumido sua versão mais forte nas lutas das mulheres negras, que aos poucos vão ganhando corpo e consistência e ocupando cada vez mais espaço no debate político nacional.

Com a tomada do poder pela direita radical a partir de 2019, o racismo hoje se traveste de combate ao politicamente correto, numa tentativa de reduzir a temática antirracista a mero discurso por liberdade de expressão, a uma espécie de bom-mocismo. Esses argumentos têm sido desenvolvidos nos últimos tempos por uma vertente fascista que tenta relativizar o racismo e suas consequências. Contudo, é necessário afirmar claramente: o racismo mata, prende, exclui, limita, enlouquece. Essa é uma perspectiva com que se depara a luta contra o racismo e, portanto, por uma sociedade mais igual.

Epílogo

Por ora, as esquerdas tradicionais ainda não entenderam a centralidade do tema. Mas aos poucos o debate sobre o futuro do país, a percepção da desigualdade historicamente associada à questão racial e a força e a intensidade do discurso antirracista encampado pela militância negra vêm ganhando espaço e protagonismo.

Na primeira década do século XXI, com o debate sobre a criação do sistema de cotas, a questão racial começou a sair do limbo e a se constituir em um tema de debate nacional. Enfrentou de fato a resistência dos que ainda insistiam em negar a existência do racismo e seus deletérios impactos sociais. Mas a discussão sobre a situação do negro no Brasil, protagonizada pelos militantes da temática racial, vem proporcionando um importante e necessário embate político e ideológico. Qualquer transformação da sociedade brasileira no sentido de superação das características que a definem como uma sociedade desigual deverá trilhar o caminho da crítica ao atual perfil de iniquidades raciais e às representações sociais que as sustentam. É preciso confrontar não só o racismo, o preconceito e a discriminação, mas a branquitude, o biopoder e a necropolítica que dão forma à sociedade desigual. Assim, a mudança qualitativa da nação brasileira deverá se dar com o protagonismo da população negra como segmento catalisador das transformações necessárias para que se chegue a uma sociedade mais justa e democrática.

É importante deixar claro que a bandeira do combate ao racismo é a bandeira da igualdade, do Estado de direito e da democracia. E, como tal, é uma bandeira republicana, que não deve se limitar a agendas partidárias. A maior virtude da causa racial incorporada à ação do movimento negro é a sua luta por igualdade. Não há anseios de supremacia ou busca pela submissão de outros grupos. Sua pauta é a dignidade da pessoa humana e a convivência entre todos em um patamar de igualdade. É o fim da sociedade desigual. Essa é a nobreza da luta que, por séculos, tem sido travada por negros e negras no Brasil.

Um comentário final

Ao longo deste livro procurou-se mostrar que iniquidades históricas e perenes dão forma à sociedade desigual, operam como fenômenos imbricados e têm raízes profundas no racismo e em seus desdobramentos. Verificou-se que a preservação da desigualdade racial, no caso brasileiro, não significa apenas a convivência com disparidades consistentes e permanentes em diversas áreas. O quadro socioeconômico historicamente construído molda a existência de diferenciais raciais que organizam a profunda desigualdade que caracteriza o país, permitindo que, lado a lado, convivam grupos de alta e média renda, sobretudo brancos, assistidos por políticas públicas e pelo chamado Estado de direito, e populações sem plenas condições de trabalho decente, negras em sua maioria, destituídas de uma renda minimamente capaz de lhes proporcionar qualidade de vida e privadas de garantias relacionadas à cidadania social ou civil.

A existência do racismo como ideologia dominante na sociedade brasileira moldou e molda um cenário de naturalização da desigualdade e, consequentemente, de imobilismo social e institucional, pois a desigualdade normalizada atua para legitimar sua perenidade e favorecer a ação dos mecanismos cotidianos que a reproduzem. Esse tem sido um estigma que o país carrega através dos tempos. O Brasil convive com uma realidade iníqua há séculos, e o faz com grande resiliência. A nação, que no século passado apresentou taxas de crescimento das mais expressivas, não logrou, como outros países, reverter o quadro de pobreza e desigualdade, e essa renitência da desigualdade e da pobreza em meio à abundância se deu pela influência direta do racismo e de seus desdobramentos. Na sociedade desigual, enquanto uns naturalmente podem muito, outros pouco ou nada podem.

Não é exagero afirmar, no entanto, que, na ausência de efetivas transformações sociais, o Brasil vive uma tensão constante e secular decorrente de suas contradições e de seus males não resolvidos. Ao longo de sua trajetória, o país vem reforçando a ferro e fogo os pilares dessa desigualdade e mantendo o protagonismo político nas mãos de um pequeno grupo. A Proclamação da República, um golpe militar que preservou o statu quo em favor do latifúndio paulista e de seus apoiadores, surge como solução às crises do Império; a Abolição, ainda não bem digerida pelas elites, foi o seu estertor. A República Velha, primeiro com a chamada "república dos marechais" e depois com a "república dos bacharéis", não fez mais do que empurrar com a barriga os problemas e as tensões que se acumulavam, reproduzindo e reforçando a correlação de forças do Império. A Revolução de 1930 foi o primeiro surto de modernidade e de mudança, ainda que maculado pela visão racista e eugênica, que via na presença do negro um problema a ser combatido. No pós-guerra, consolidou-se a ideia da democracia racial, que funcionou como uma pá de cal na luta dos negros, pois negava a existência do conflito de raça. Mais recentemente, a Constituição de 1988 trouxe uma série de mecanismos distributivos que, apesar de não direcionados especificamente para o combate ao racismo e a seus desdobramentos, conseguiu pôr o dedo na ferida e, em alguns aspectos, constranger a sociedade desigual. O desmonte de alguns dos mais importantes dispositivos constitucionais de cunho redistributivo e de proteção social é parte da contraofensiva conservadora, que não admite mudanças qualitativas.

Do lado mais afetado da sociedade nunca deixou de haver inconformismo e lutas expressando a contradição latente em torno da pauta da desigualdade. A população negra, nos momentos em que logrou se posicionar como ator político, sempre foi fortemente reprimida. O Estado funcionou constantemente como algoz da luta e da organização da população afrodescendente, seja na perseguição da cultura negra, na repressão às organizações representativas, ou no combate aos quilombos. Na redemocratização dos anos 1980, a ressurgência do movimento negro foi um marco, e de lá para cá a luta antirracista tem tido ganhos significativos — uma contenda que sói avançar ante um racismo que continua a viger como cerne das relações sociais.

As mulheres e a juventude negra, sempre o grupo mais insubmisso e enérgico, passaram nos últimos anos a liderar a crescente luta, denunciando o racismo em todas as suas facetas. O caminho é pedregoso e muitas vezes solitário. O negro encontrava-se só ao empunhar a bandeira da igualdade racial já nos anos da ditadura. Permaneceu só na luta pelas cotas e pelas ações afirmativas. A perspectiva de que grupos da militância de esquerda serão sensíveis e se engajarão como protagonistas na luta contra o racismo e as mazelas causadas por ele é ilusória:

esses grupos, no máximo, serão solidários. Nunca as sentirão, pois nunca as vivenciaram. Não poderão assumir o papel maior na luta contra o racismo. Esse protagonismo é negro. "O dia em que o morro descer e não for carnaval"... esse é um medo e uma pretensão, a depender do lugar de fala no espectro da sociedade desigual. Os negros são a maioria deste país e subsistem sob um racismo secular e virulento. As condições materiais para a criação de uma resistência, se ainda não estão plenamente postas, estão sem dúvida em formação. O papel da população branca como aliada nessa luta é muito importante, mas nunca será o elemento fundamental. A mudança, quando vier, terá que vir com a ação e o papel de destaque do povo negro. Só nesse momento o país poderá se libertar do limbo social a que foi relegado pela sociedade desigual.

Do ponto de vista governamental, observou-se, há cerca de uma década, a edição de uma inusitada série de políticas a favor da população negra. Algumas ações importantes de enfrentamento ao racismo foram implantadas no período de governo do Partido dos Trabalhadores, como a aprovação, em 2012, da lei nº 12 711, que estabeleceu o regime de cotas sociais e raciais nas universidades e escolas técnicas federais, o que proporcionou a abertura de milhares de vagas para estudantes negros.[13] Em 2014, o governo federal adotou o sistema de cotas nos concursos públicos, o que poderá ter efeitos importantes no futuro, sobretudo porque a iniciativa contou com a adesão de diversos estados e municípios. É de se lamentar, entretanto, a drástica redução dos concursos públicos pelo governo federal a partir de 2016, motivada pelas políticas de contenção de gastos, iniciativa à qual devem unir-se estados e municípios, o que reduzirá o ritmo de entrada dos negros no serviço público, pelo menos nos próximos anos.

A modernização sem mudança social é o sonho de consumo dos grupos que dominam a sociedade desigual. A grande mídia, a banca, a indústria poluente, o agronegócio sem preocupação ecológica e, mais recentemente, segmentos associados à extrema direita fascista se irmanam na luta pela preservação da desigualdade. Presa aos limites de uma visão tacanha, pois ainda centrada nos interesses de cunho oligárquico, que segue mantendo os pés na Casa-Grande e sobre a Senzala, a sociedade desigual negligencia a criação de mecanismos de desenvolvimento inclusivo, uma vez que desenvolver, no sentido de integrar e equalizar, significa renunciar às dessemelhanças que a caracterizam e a estruturam.

Esse é o caldo de cultura da sociedade desigual. Sua incapacidade de se organizar em benefício de todos, sua insistência em diferenciar, discriminar, perseguir, acaba por produzir uma tensão social crescente que é enfrentada e contida com a violência, a qual ganha então uma centralidade incomum, na esteira do racismo e de seus desdobramentos. O racismo resistiu a todas as mudanças modernizantes ocorridas no Brasil ao longo de sua história. E, com essas transformações, ele também foi se transformando, se adaptando aos novos tempos e às novas conformações de classe. Do racismo escravista passou ao racismo científico, ao mito da democracia racial, e hoje tenta se adaptar ao discurso liberal que desqualifica as demandas e os anseios de igualdade por parte dos segmentos mais duramente afetados, tendo como núcleo a população negra.

O fim do racismo como elemento estruturante é condição incontornável para a construção de uma sociedade mais igual

Epílogo

e para um desenvolvimento inclusivo. Enfrentar a desigualdade depende de reconstruir valores comuns e democráticos ligados à alteridade, à diversidade, à solidariedade e à garantia da lei e dos direitos individuais e sociais. Nesse sentido, o movimento negro é um ator político central na desconstrução da desigualdade baseada na distinção, na hierarquia e nos privilégios frente à lei e às oportunidades.

Brasília, novembro de 2021

Agradecimentos

Estes agradecimentos estão sendo escritos no dia 7 de maio de 2021, dia seguinte ao da invasão da polícia à favela do Jacarezinho, no Rio de Janeiro, que resultou na morte de 28 pessoas. Impossível não estar inoculado por essa triste realidade. A violência e o assassinato de jovens negros e sua reincidência diuturna fazem parte dessa tragédia sem fim que assola o país e que há de acabar. O Brasil não merece isso.

O estudo da sociedade desigual não foi um ato solitário. A reclusão da pandemia suscitou o resgate e a organização de reflexões amadurecidas e acumuladas ao longo de minha vida profissional. Devo muitas destas ideias aos debates instigantes de que tive a oportunidade de participar em várias instituições e diferentes espaços públicos. Os anos de trabalho como técnico do Ipea foram muito importantes. O diálogo qualificado sempre marcou essa instituição, tanto com os colegas com quem pude aprofundar e produzir sobre o tema do desenvolvimento e da questão racial, como com aqueles que, direta ou indiretamente, refutavam a relevância da temática racial no debate sobre o desenvolvimento nacional e como objeto de políticas públicas.

Anos mais tarde, com a instalação da Seppir e o avanço no esforço de proposição e de implementação de políticas de combate ao racismo e à desigualdade racial, o debate se ampliou. Devo muito ao diálogo com diversas organizações do movimento negro, e com gestores e técnicos que lidavam com as novas questões surgidas no esforço de ampliar a ação do Estado nos diferentes contextos setoriais e enfrentar o racismo institucional que perpassa as esferas da ação pública.

Ainda contribuíram para este livro muitas pessoas que, em conversas virtuais, grupos de conjuntura e de leitura no WhatsApp — formas novas de convívio nesses tempos —, povoaram minha agenda. Aqui vão meus agradecimentos pelas trocas de ideias e pela certeza de estarmos todos em um mesmo barco. Destaco assim, inicialmente, as viagens literárias e os debates de conjuntura do grupo do Ipea, também conhecido como a Turma da África: Luciana, Dudu, Júnia, Antônio Carlos, Rosane, Ronaldo Vasconcellos, Jonice, Ronaldo Garcia, Marthinha, Branca, Galinkin e Nair. Quantas conversas maravilhosas! E, no dia em que apresentei o projeto do livro, senti-me fortemente estimulado a seguir em frente.

Quero também agradecer aos colegas professores e professoras do Programa de Pós-Graduação em Direitos Humanos e Cidadania da UnB ao qual ora me filio, que me deram todo o apoio para a finalização do livro: Renísia Filice, Vanessa de Castro, Menelick de Carvalho, Nair Bicalho, José Geraldo e Fernanda Natacha. E na UnB, como professor visitante, destaco ainda o privilégio de ter convivido com um alunato vívido, atuante e engajado na defesa de questões fundamentais. Alunas e alunos, muitos dos quais advindos do sistema de cotas para estudantes negros, que ajudaram a recompor o debate qualificado sobre o país no âmbito da Academia.

Devo lembrar também o grupo de leitura sobre a conjuntura política, este com os amigos consultores do Senado Fernando Trindade e Ronaldo Jorge (quantas descobertas neste ano louco?). E a turma da música, pois sem música não há vida: Henrique, Kléber, José Bené, Luiz Carlos, Jorge Macarrão, Julica, Artur, Gabriel, Renatinho, Fernando Peixe, Armando, Mário Barão, Jonny... Amigos, vocês são DEZ... Logo voltaremos a tocar.

Tive ainda a meu lado um conjunto de diletos colegas especialistas, para muitos dos quais repassei excertos do livro e de quem sorvi valiosas contribuições, caso de Ana Flauzina, Carlos Alberto Santos de Paulo, Celso Prudente, Christiane Girard, Cida Bento, Deise Benedito, Diva Moreira, Eliane Barbosa, Ivair Augusto dos Santos, Joaze Bernardino, Jurema Werneck, Luana Ozemela, Luís Eduardo Montenegro Castelo, Luís Otávio Telles Assumpção, Marcelo Paixão, Marcia da Silva Gomes, Marco Morel, Michael França, Nélson Inocêncio, Nilma Lino, Petronilha Beatriz Gonçalves e Silva, Raquel de Souza e Sidarta Ribeiro. A todos, muito obrigado!

Beneficiei-me também, no período em que me debruçava sobre este livro, dos debates realizados no seio do grupo de eminentes especialis-

Agradecimentos

tas na produção de dados raciais, do qual imerecidamente faço parte. Ana Inoue, Wânia Sant'Anna, Helio Santos, Eduardo Nunes, Marcelo Tragtenberg remontam ao núcleo duro do Cedra — Centro de Estudos e Dados sobre Desigualdade Raciais, ora em construção. As estatísticas, em fase inicial de produção, em que pese não terem sido resgatadas diretamente aqui, permitiram que eu me confrontasse com as bases empíricas que sustentam muitas das teses aqui apresentadas.

Minha gratidão vai igualmente para os editores Mauro Gaspar, Ricardo Teperman e Clarice Zahar, cujo trabalho extraordinário foi fundamental para pôr de pé o projeto deste livro.

Houve ainda quem lesse a obra integral com a ingrata missão de fazer o pente-fino. Obrigado, meu irmão e amigo maior, Luiz Theodoro. Sua leitura foi decisiva.

E, por fim, Luciana Jaccoud, companheira de todas as horas, cujas leituras, sugestões e apoio foram fundamentais para que eu saísse dos meus momentos de imobilismo e desânimo.

Os méritos que porventura venha a ter o livro eu reputo principalmente a todas essas pessoas. Os defeitos e os pecados são todos meus.

Notas

Introdução [pp. 15-30]

1. Marcelo Medeiros, Pedro Ferreira de Souza e Fábio de Castro, "A estabilidade da desigualdade de renda no Brasil, 2006 a 2012", p. 976.
2. Ibid.
3. Rogério J. Barbosa, Pedro H. G. Ferreira de Souza e Sergei S. D. Soares, *Distribuição de renda nos anos 2010*.
4. Abdias do Nascimento, *O genocídio do negro brasileiro*.
5. O GTI (Grupo de Trabalho Interministerial) para a Valorização da População Negra era uma instância colegiada composta por membros da sociedade civil e técnicos dos ministérios para propor iniciativas de políticas de combate ao racismo no âmbito do governo federal.
6. Sobre o assunto, ver Ipea, *Boletim de Políticas Sociais*, n. 20, cap. 8.
7. Ver, entre outros, Wania Sant'Anna, "Novos marcos para as relações étnico/raciais no Brasil".
8. Marcio Pochman, *Nova classe média?*; Marcelo Neri, *A nova classe média*.
9. Jessé Souza, *A elite do atraso*.
10. Silvio Almeida, *Racismo estrutural*; Sueli Carneiro, *Racismo, sexismo e desigualdade no Brasil*; Maria Aparecida Silva Bento, "Racismo no trabalho"; Marcelo Paixão, *500 anos de solidão*; Djamila Ribeiro, *Pequeno manual antirracista*.

1. O desafio de se estudar o racismo como elemento organizador da sociedade desigual [pp. 31-89]

1. Gosta Esping-Andersen, "As três economias políticas do welfare state".
2. Jean Fourastié, *Les Trente Glorieuses, ou la révolution invisible de 1946 à 1975*.
3. "Para transformar dinheiro em capital tem o possuidor do dinheiro de encontrar o trabalhador livre no mercado de mercadorias, livre

nos dois sentidos, o de dispor como pessoa livre de sua força de trabalho como sua mercadoria, e o de estar livre, inteiramente despojado de todas as coisas necessárias à materialização de sua força de trabalho, não tendo além desta outra mercadoria para vender" (Karl Marx, *O capital*, Livro 1, v. 1, p. 189).

4. Ver John Stuart Mill, *O utilitarismo*, e o volume sobre Jeremy Bentham da coleção Os Pensadores. Sobre a visão utilitarista e sua ênfase no indivíduo padrão racional, base dessa corrente de pensamento, ver também as críticas de Louis Dumont em sua obra *Homo aequalis*, de Alain Caillé em *Critique de la raison utilitaire* e de Marcel Mauss em *Sociologia e antropologia*.

5. Gunnar Myrdal, *Aspectos políticos da teoria econômica*, p. 11.

6. Gunnar Myrdal, *An American Dilemma*.

7. Gary Becker, *The Economics of Discrimination*.

8. Kenneth Arrow, "The Theory of Discrimination".

9. Edmund Phelps, "The Statistical of Racism and Sexism".

10. Uma crítica interessante à visão sobre a teoria neoclássica da discriminação encontra-se em Pedro Chadarevian, "Elementos para uma crítica da teoria neoclássica e discriminação".

11. O modelo de Kuznets é inspirado na obra de Lewis, laureado com o prêmio Nobel de Economia em 1979 por sua obra sobre a trajetória de uma economia tradicional para um estágio mais avançado de desenvolvimento econômico. Ver William Arthur Lewis, "Economic Development with Unlimited Supply of Labor".

12. Branko Milanovic, *Global Inequality*.

13. Antony Atkinson, *Desigualdade*.

14. Ibid., p. 33.

15. Ibid., pp. 33-4.

16. Ibid., p. 380.

17. Joseph Stiglitz, *Le Prix de L'Inégalité*.

18. Ibid., p. 118.

19. Ibid., p. 119.

20. Thomas Piketty, *A economia da desigualdade*, p. 96.

21. Thomas Piketty, *Capital et Idéologie*.

22. Charles Mills, *The Racial Contract*.

23. Charles Mills, "O contrato de dominação".

24. Charles Tilly, *Durable Inequality*; Michèle Lamont e Paul Pierson, "Inequality Generation & Persistence as Multidimensional Processes".

25. Robert Castel, *La Discrimination négative*, p. 107.
26. Ver ainda Pierre Rosanvallon, *La Nouvelle question sociale*, e Pierre Rosanvallon e Jean-Paul Fitoussi, *Le Nouvel âge des inégalités*.
27. Pierre Rosanvallon, *La Société des égaux*, p. 11.
28. O paradoxo de Bossuet: "essa situação particular na qual os homens renegam no geral aquilo que aceitam no particular" (Pierre Rosanvallon, *La Société des égaux*, p. 17). Noventa por cento dos entrevistados em uma pesquisa de percepção da desigualdade realizada na França consideram como necessidade urgente a redução das desigualdades de renda, e uma porcentagem ainda maior acredita que, para ser justa, uma sociedade deveria garantir a cada um a satisfação das condições básicas de vida (habitação, alimentação, saúde e educação); mas 57% acham que as desigualdades de renda são inevitáveis para que uma economia seja dinâmica, e 85% creem que as diferenças de renda são aceitáveis porque remuneram os méritos individuais.
29. Pierre Rosanvallon, *La Société des égaux*, pp. 16-7.
30. Ibid.
31. Nesse ponto é indisputável a analogia das ideias de Rosanvallon com a visão de Dumont, notadamente no que tange à da passagem do *Homo hierarchicus* para o *Homo aequalis* (Louis Dumont, *Homo aequalis*, p. 37).
32. Pierre Rosanvallon, *La Société des égaux*, pp. 214-5.
33. Ibid., p. 215.
34. Tocqueville apud ibid, p. 215.
35. Ibid., p. 223.
36. Asad Haider, *A armadilha da identidade*.
37. Ibid. Sobre o tema ver ainda Antônio Flávio Pierucci, *Ciladas da diferença*.
38. Charles Tilly, *Durable Inequality*, p. 21.
39. Ibid.
40. Aldon Morris, "Building Blocks of Social Inequality".
41. Michèle Lamont, *La Dignité des travailleurs*.
42. Ibid.
43. Michèle Lamont e Paul Pierson, "Inequality Generation & Persistence as Multidimensional Processes".
44. Ibid.
45. O IBGE havia eliminado o quesito cor do censo demográfico de 1970. Ele foi reintroduzido no recenseamento de 1980 após a mobilização de cientistas sociais e do movimento negro.

46. Edward Telles, *Racismo à brasileira*; Rafael Osório, "Desigualdade racial e mobilidade social no Brasil".
47. Antonio Sérgio Alfredo Guimarães, "Preconceito de cor e racismo no Brasil".
48. Ibid., p. 33.
49. Edward Telles, *Racismo à brasileira*, p. 307.
50. Marcelo Paixão, *500 anos de solidão*.
51. Constituição Federal da República Federativa do Brasil, art. 3°, II.
52. Silvio Almeida, *Racismo estrutural*, p. 63.
53. Ibid.
54. Ibid., p. 74.
55. Ver João Feres Jr., "Guerreiro Ramos: Branquidade, pós-colonialismo e nação".
56. Mário Theodoro, *Dez anos de políticas de promoção da igualdade racial*.
57. Michèle Lamont e Paul Pierson, "Inequality Generation & Persistence as Multidimensional Processes".
58. Ibid., p. 11.
59. Cleber Lazaro Julião Costa, "Crimes de racismo analisados nos tribunais brasileiros", pp. 36-7.
60. Ibid. Ver também, sobre o assunto, Cleber Lazaro Julião Costa e Marcelo Carvano, "Resultados de julgamentos dos casos de racismo nos tribunais de justiça e nos tribunais do trabalho".
61. Djamila Ribeiro, *Pequeno manual antirracista*, p. 37.
62. Sobre o racismo institucional ver Silvio Almeida, *Racismo estrutural*; Helio Santos, *A busca de um caminho para o Brasil*; Jurema Werneck, "Racismo institucional e saúde da população negra"; e Mário Theodoro, "A implementação de uma agenda racial de políticas públicas".
63. "Nós e as desigualdades: Percepções sobre as desigualdades no Brasil". Pesquisa Oxfam Brasil/Datafolha, maio 2021. Disponível em: <https://d335luupugsy2.cloudfront.net/cms%2Ffiles%2F115321%2F16 22384863LO_relatorio_nos_e_as_desigualdade_datafolha_2020_ vs3.pdf>.
64. Maria Aparecida Silva Bento, "Branqueamento e branquitude no Brasil", p. 5.
65. Hédio Silva Jr., "Notas sobre o sistema jurídico e intolerância religiosa no Brasil".
66. Maria Aparecida Silva Bento, "Branqueamento e branquitude no Brasil".

67. Ibid., p. 14.
68. Frantz Fanon, *Os condenados da terra.*
69. Frantz Fanon, *Pele negra, máscaras brancas*, p. 181. A citação entre aspas é de Hegel, *A fenomenologia do espírito.*
70. Ver ainda Anibal Quijano, "Colonialidade do poder, eurocentrismo e América Latina".
71. Maria Aparecida Silva Bento, "Branqueamento e branquitude no Brasil", pp. 15-6.
72. Maria Aparecida Silva Bento, "Branqueamento e branquitude no Brasil", p. 26.
73. A primeira legislação de proteção social no Brasil, a Lei Elói Chaves, se destina justamente aos trabalhadores portuários e ferroviários. Ver Wanderley Guilherme dos Santos, *Cidadania e justiça.*
74. Michel Foucault, *Em defesa da sociedade*, pp. 295-6.
75. Sueli Carneiro, *A construção do outro como não-ser como fundamento do ser*, p. 74.
76. Ministério do Desenvolvimento Regional/SNS e SNIS, *Diagnóstico dos Serviços de Água e Esgotos, 2018.*
77. Achille Mbembe, "Necropolítica: Biopoder, soberania, estado de exceção, política da morte", pp. 123-4.
78. A Agência Lupa aponta que, "em 2006, o IBGE publicou o livro *Estatísticas do século XX*, uma compilação de dados sobre o Brasil [...]. De acordo com o estudo, entre 1900 e 1999, o PIB per capita do país cresceu quase doze vezes, atingindo uma média de 3,5% ao ano. Esse resultado, no entanto, foi superado por Japão, Taiwan, Finlândia, Noruega e Coreia. Ainda de acordo com o IBGE, o período de maior crescimento do PIB per capita ocorreu entre 1920 e 1980. Tanto antes como depois disso houve estagnação econômica no país". Ver: <https://piaui.folha.uol.com.br/lupa/2019/03/21/ernesto-araujo-crescimento-inovacao/>.

2. Mercado de trabalho, desigualdade e racismo [pp. 90-170]

1. Ver: <https://www.ipea.gov.br/portal/index.php?option=com_content&view=article&id=35255>.
2. Agência IBGE Notícias, 31 jan. 2019. Disponível em: <https://agenciadenoticias.ibge.gov.br/agencia-noticias/2012-agencia-de-noticias/noti-

cias/23652-desocupacao-cai-para-12-3-no-ano-com-recorde-de-pessoasna-informalidade>.
3. Sobre o assunto ver Mário Theodoro, *Atividades informais no Grande Recife*.
4. Ver: <repositorio.ipea.gov.br/bitstream/11058/4662/1/Comunicado_n2_Hierarquia.pdf>.
5. Ver: <www.educacao.cc/financeira/comparacao-de-salario-no-brasil-com-eua-alemanha-e-outros-paises.html>.
6. Juliano Vargas e Ednilson Silva Felipe, "Década de 1980: As crises da economia e do Estado brasileiro, suas ambiguidades institucionais e os movimentos de desconfiguração do mundo do trabalho no país".
7. Dieese, *Movimentação no mercado de trabalho*.
8. Ver: <economia.estadao.com.br/noticias/geral,brasileiro-fica-mais-tempo-no-emprego,185058e>.
9. Dieese, *Rotatividade no mercado de trabalho brasileiro*, p. 29.
10. Dieese, *Rotatividade no mercado de trabalho brasileiro*.
11. Ver: <site.cndl.org.br/tempo-medio-de-desemprego-no-pais-ja-dura-um-ano-e-dois-meses-revela-pesquisa-do-spc-brasil-e-cndl>.
12. Joana Mostafa e Mário Theodoro, "(Des)proteção social".
13. Ver Kátia Mattoso, *Ser escravo no Brasil*.
14. Kátia Mattoso, *Ser escravo no Brasil*.
15. A legislação de 1822 buscava incentivar o acesso à propriedade da terra ao lavrador não proprietário, combatendo o bloqueio exercido pelo latifúndio (Raymundo Faoro, *Os donos do poder*, pp. 407-8).
16. Jean Ledan Fils, *L'Histoire d'Haïti: La "petite histoire"*.
17. Clóvis Moura, *Trajetória da Abolição em São Paulo*, 1988.
18. Clóvis Moura, *Dicionário da escravidão negra*, p. 340.
19. Pierre Verger, *Fluxo e refluxo do tráfico de escravos entre o Golfo do Benin e a Bahia de Todos os Santos do século XVII ao XIX*, p. 331.
20. Clóvis Moura, *Rebeliões da senzala*, pp. 174-7. Sobre a *jihad* no século XIX na África Ocidental, ver Mohammed El Fasi e I. Hrbek (Orgs.). *História geral da África*, v. 3: *África do século VII ao XI*, pp. 712-40.
21. Representação da Assembleia Legislativa da Bahia enviada à Assembleia Geral Legislativa do Rio de Janeiro. Pierre Verger, *Fluxo e refluxo do tráfico de escravos entre o Golfo do Benin e a Bahia de Todos os Santos do século XVII ao XIX*, p. 360.
22. Ver Marianno Carneiro da Cunha, *Da senzala ao sobrado*, p. 17.
23. Com respeito às influências da Revolução Haitiana no Brasil do século XIX, o historiador Marco Morel traça um rico e instigante

cenário do medo causado sobre as elites políticas e econômicas brasileiras, em *A revolução do Haiti e o Brasil escravista*.
24. "As cidades brasileiras impressionavam o europeu recém-chegado pela multidão de negros, que enchia as ruas. Eram eles os encarregados de todos os serviços urbanos, sobretudo do transporte de mercadoria e passageiros. Constituíam a categoria especial dos negros de ganho [...]. Comumente, moravam na casa do senhor, mas faziam fora suas refeições. Às vezes, tinham licença para morar em domicílio por conta própria" (Jacob Gorender, *O escravismo colonial*, p. 455).
25. O bairro brasileiro em Lagos, na Nigéria, era majoritariamente originário de libertos vindos da Bahia, embora haja referência de uma parcela exclusivamente pernambucana (Marianno Carneiro da Cunha, *Da senzala ao sobrado*, p. 45).
26. Ibid., p. 17.
27. Pierre Verger, *Fluxo e refluxo do tráfico de escravos entre o Golfo do Benin e a Bahia de Todos os Santos do século XVII ao XIX*, pp. 599-632.
28. Marianno Carneiro da Cunha, *Da senzala ao sobrado*, p. 17.
29. Para uma discussão mais aprofundada, ver Ana Flávia Pinto, *Escritos de liberdade*.
30. Jacob Gorender, *O escravismo colonial*, p. 325.
31. Além da Lei de Terras, outra iniciativa de legislação que merece atenção é a Lei de Locação de Serviços, de 1879. Já antevendo o funcionamento da economia sem o trabalho escravizado, o governo promulga esse dispositivo como forma de estabelecer direitos e obrigações dos trabalhadores do campo e normatizar o processo imigratório. Sobre esse assunto ver Maria Lúcia Lamounier, *Da escravidão ao trabalho livre*.
32. Joaquim Nabuco, "O abolicionismo".
33. Sales Augusto dos Santos, *A formação do mercado de trabalho livre em São Paulo*.
34. Tavares Bastos, *Cartas do solitário*, apud Celia Maia Marinho de Azevedo, *Onda negra medo branco*, p. 56.
35. Jaguaribe Neto, *Reflexões sobre a colonização no Brasil*, apud Azevedo, 2008, p. 64.
36. João Batista Lacerda, apud Gustavo da Silva Kern, *Racialismo, eugenia e educação nas primeiras décadas do século XX*.
37. No período do Segundo Reinado, o decreto nº 3784, de 19 de janeiro de 1867, estabeleceu as normas para imigração. "Por meio deste de-

creto, o governo concedia aos colonos, entre outros favores, o pagamento das terras em cinco prestações, a contar do fim do segundo ano de seu estabelecimento (art. 6º); lotes para os filhos maiores de 18 anos, que quisessem se estabelecer separadamente dos pais (art. 7º); edifício especial para abrigar os colonos recém-chegados e um auxílio gratuito de 20$000 réis para seu estabelecimento (art. 30)" (Luiza Horn Iotti, A política imigratória brasileira e sua legislação, pp. 9-10).
38. Decreto nº 528, de 28 de junho de 1890. "Referido decreto foi parcialmente revogado pela Lei nº 97, de 5 de outubro de 1892, que autorizava a introdução de imigrantes provenientes da China e do Japão, e posteriormente revogada pelo Decreto nº 6455, de 19 de abril de 1907, que permitia a entrada de imigrantes aptos ao trabalho, sem distinção de raça ou nacionalidade. Mesmo após o decreto de 1907, a entrada do negro permaneceu sendo obstada pelas autoridades nacionais, notadamente pela via diplomática, como no caso, relatado por Skidmore [...], dos cidadãos norte-americanos que, no ano de 1921, manifestaram interesse nas concessões de terras oferecidas a estrangeiros pelo estado do Mato Grosso. Ao tomar conhecimento de que os postulantes eram negros, o então presidente do estado determinou o cancelamento das concessões, dando ciência do fato ao Ministério das Relações Exteriores, que negou vistos aos interessados e ordenou à embaixada e a vários consulados brasileiros nos Estados Unidos que recusassem vistos a quaisquer negros que os solicitassem" (Rafael Figueiredo Fulgêncio, "O paradigma racista da política de imigração brasileira e os debates sobre a 'questão chinesa' nos primeiros anos da República").
39. Celso Furtado, A formação econômica do Brasil, pp. 140-1.
40. Lúcio Kowarick, Trabalho e vadiagem.
41. Douglas Cole Libby, Transformação e trabalho em uma economia escravista.
42. Ibid., p. 451.
43. Daniel Cosentino, "A economia mineira no século xix e a transição do trabalho escravo para o trabalho livre".
44. Ibid.
45. Ibid., p. 47.
46. Paul Israel Singer, apud Mário Theodoro, "A formação do mercado de trabalho do Recife pré-Sudene", pp. 307-8.
47. Mário Theodoro, "A formação do mercado de trabalho do Recife pré-Sudene", p. 309.

48. Kátia Mattoso, *Bahia, século XIX*, p. 532.
49. Ibid., p. 535. Havia ainda restrições legais que impediam que escravizados e alforriados exercessem algumas funções administrativas, e mesmo de soldados e policiais. Houve ainda a interdição do exercício de alguns ofícios pelos escravizados, caso da tripulação de saveiros de cabotagem, bastante utilizados na Bahia, e mesmo nos trabalhos de construção de obras públicas. (Ibid., p. 531).
50. Ramatis Jacino, *O negro no mercado de trabalho de São Paulo pós-abolição*.
51. De acordo com dados apresentados por Fernando Henrique Cardoso em "Dos governos militares a Prudente-Campos Sales", o governo subvencionou quase 60% do total dos imigrantes que chegaram entre 1888 e 1915.
52. Ramatis Jacino, *O negro no mercado de trabalho de São Paulo pós-abolição*.
53. Ibid., pp. 75-103.
54. Ibid., p. 181.
55. Ibid., pp. 173-4.
56. Florestan Fernandes, apud Ramatis Jacino, *O negro no mercado de trabalho de São Paulo pós-abolição*, p. 118.
57. Alexandre de Freitas Barbosa, *A formação do mercado de trabalho no Brasil*, p. 151.
58. Ângela de Castro Gomes, *A invenção do trabalhismo*, p. 10.
59. Wanderley Guilherme dos Santos, *Cidadania e justiça*.
60. Robert Castel, *Les Métamorphoses de la question sociale*.
61. Sobre o tema, ver Mário Theodoro, "Mercado de trabalho, exclusão e ação do Estado".
62. Helga Hoffmann, *Desemprego e subemprego no Brasil*, p. 28. Sobre o tema, ver ainda Celso Furtado, *A formação econômica do Brasil*.
63. Observe-se, por exemplo, a política de compra e destruição do café no início dos anos 1930, com a qual o governo impediu a queda do preço desse produto, evitando que a crise do setor exportador atingisse outros setores; bem como a adoção de uma política de trocas e tarifária protecionista, o que permitiu o fortalecimento da produção industrial interna. Alguns anos mais tarde, na década de 1940, o Estado vai inaugurar a intervenção direta, da qual a construção da usina siderúrgica de Volta Redonda (1941) é um símbolo.
64. A consolidação da rede de grandes estradas inter-regionais se deu apenas nos anos 1950. Entretanto, desde 1930 o Estado brasileiro desenvolve

esforços de construção de ligação entre as regiões, seja por rodovias seja por estradas de ferro. Ver Clélio Campolina Diniz e Mauro Borges Lemos, "Dinâmica regional e suas perspectivas para o Brasil", p. 184.

65. Ver por exemplo Celso Furtado, *A formação econômica do Brasil*; Caio Prado Júnior, *História econômica do Brasil*, pp. 326-8, e Paul Israel Singer, *Desenvolvimento econômico e evolução urbana*.
66. Lúcio Kowarick, *Trabalho e vadiagem*, p. 115.
67. Conforme dados dos censos demográficos do IBGE.
68. IBGE, *Anuário Estatístico*, 1994.
69. Sônia Rocha, "Indicadores de pobreza para as regiões metropolitanas nos anos 1980", p. 454.
70. Ibid.
71. Wilson Cano, *Raízes da concentração industrial em São Paulo*.
72. George Martine e José Alberto M. Carvalho, "Cenários demográficos para o século 21 e algumas implicações sociais".
73. O conceito de taxa de subutilização da mão de obra utilizado pelo Dieese equivale à percentagem da força de trabalho que se encontra desempregada, trabalhando sem remuneração ou em certas situações de trabalho "por conta própria". Entre 1940 e 1980, a taxa de subutilização da mão de obra passou de 56,9% a 34,1%. Ver Dieese, *O desemprego e as políticas de emprego e renda*, p. 27.
74. Lúcio Kowarick, *Trabalho e vadiagem*, p. 115.
75. De acordo com os dados da PNAD/IBGE, no ano de 1990 a renda média mensal era de 5,3 salários mínimos para os brancos, enquanto para pretos e pardos era, respectivamente, de 2,2 e 2,5 salários mínimos.
76. Milton Santos, *A urbanização desigual*.
77. Ver: <ibge.gov.br/econômicas/contas-nacionais>.
78. Paulo Renato de Souza, *Emprego, salários e pobreza*.
79. Carlos Alfredo Hasenbalg, *Discriminação e desigualdades raciais no Brasil*, pp. 177-8.
80. Lania Stefanoni Ferreira, *Racismo na "Família Ferroviária"*, pp. 94-8.
81. Ibid., p. 179.
82. Um indicador da mobilidade social positiva da classe média branca está na própria composição dos discentes da Universidade de São Paulo. Em 1971, 40% dos alunos tinham pais sem o curso primário completo, sabendo-se que, à época, a participação da população negra no alunato era residual (Carlos Geraldo Langoni, "Distribuição de renda e desenvolvimento econômico no Brasil", p. 6, n1).

83. Secretaria de Políticas de Emprego e Salário do Ministério do Trabalho, apud Mário Theodoro, *Atividades informais no Grande Recife*. Foi utilizado como "proxy" do setor informal o conjunto dos empregados *sem carteira* somados aos *por conta própria* mais os *empregados sem renda*. Ver p. 94.
84. Luis Bértola et al. "Income Distribution in the Latin American Southern Cone During the First Globalization Boom and Beyond".
85. Os dados compilados por Bértola, Castelnovo, Rodríguez e Willdebald mostram ainda que o crescimento brasileiro entre 1920 e 1970, tanto em termos globais como per capita, superou o dos Estados Unidos, o que configura um resultado impressionante tendo em vista que esse período se configurou como aquele no qual os Estados Unidos se afirmam como a maior potência econômica do mundo.
86. Cepal, *La pobreza en America Latina: Dimensiones y políticas*.
87. Carlos Geraldo Langoni, "Distribuição de renda e desenvolvimento econômico no Brasil".
88. Pedro Malan e John Wells, "Resenha bibliográfica: Distribuição da renda e desenvolvimento econômico"; Fernando Henrique Cardoso, prefácio a *A controvérsia sobre distribuição de renda e desenvolvimento*.
89. Pedro Herculano Guimarães Ferreira de Souza, *A desigualdade vista do topo*.
90. Mário Theodoro, *Atividades informais no Grande Recife*.
91. Hamilton C. Tolosa, "Condicionantes da política urbana na década de 90", p. 471.
92. Sônia Rocha, "Pobreza no Brasil: O que mudou nos últimos 30 anos?", p. 454.
93. Ver P. Freitas et al., *Evolução das inserções ocupacionais na região metropolitana de São Paulo: 1988/96*.
94. Ver Mário Theodoro, "O sistema de emprego e o estudo do informal".
95. Nadya Guimarães, "Os desafios da equidade", p. 245.
96. Ibid., p. 248.
97. Microdados dos Censos Demográficos IBGE, 1980-2000; Tabulações Laeser-IE-UFRJ.
98. Sergei Soares, "A trajetória da desigualdade", pp. 119-20.
99. Pesquisa Nacional por Amostra de Domicílios/IBGE, 2002.
100. Ver: <www.geledes.org.br/mulher-negra-e-o-emprego-domestico-a-travessia-pelo-seculo-xx-e-as-novas-perspectivas-para-o-seculo-xxi>.

Notas 393

101. Dados da Pesquisa Nacional por Amostra de Domicílios (PNAD), IBGE, 2002.
102. Sônia Rocha, "Pobreza no Brasil: O que mudou nos últimos 30 anos?", p. 15.
103. Wilson Cano, "A desindustrialização no Brasil", e Ricardo Carneiro, *Desenvolvimento em crise*.
104. Paulo César Morceiro e Joaquim José Martins Guilhoto, "Desindustrialização setorial e estagnação de longo prazo da manufatura brasileira".
105. José Graziano da Silva e Mauro Eduardo Del Grossi, *Ocupações rurais não-agrícolas*.
106. Dados da Pesquisa Nacional por Amostra de Domicílios (PNAD), IBGE, 1992 e 2002.
107. Dados do Ipea.
108. Célia Kerstenetzky, "Redistribuição no Brasil no século XXI".
109. World Development Indicators: Distribution of Income or Consumption, 2015.
110. Ver: <https://agenciabrasil.ebc.com.br/geral/noticia/2016-12/ibge-negros-sao-17-dos-mais-ricos-e-tres-quartos-da-populacao-mais-pobre>.
111. Mário Theodoro, "A implementação de uma agenda racial de políticas públicas".
112. Mani Tebet Marins, "Estigma e repercussões do status de beneficiária"; Jaciane Milanezi e Graziella Silva, "Silêncio".
113. Sergei Soares, "A trajetória da desigualdade", pp. 127-8.
114. Ipea, "Igualdade racial". *Boletim Políticas Sociais: Acompanhamento e Análise*, Brasília, 2009, p. 318.
115. O professor Helio Santos, em estudo seminal sobre a discriminação racial no Brasil, atenta para o fato de que, até os anos 1980, o próprio Sistema Nacional de Emprego (Sine), instituição governamental ligada ao Ministério do Trabalho, lançava mão, em suas fichas de inscrição dos candidatos a emprego, do chamado Código 4, que identificava a cor do indivíduo, incentivando a discriminação no emprego. Ver Helio Santos, "Discriminação racial no Brasil", p. 90.
116. Nadya Guimarães et al., "Os pobres e o acesso ao trabalho", p. 99.
117. Ibid., p. 92.
118. IBGE, PNAD. *Síntese de indicadores sociais 2004-2014*.
119. IBGE, PNAD. *Síntese de indicadores sociais 2004-2014*.

120. BID, *Perfil social, racial e de gênero das 500 maiores empresas do Brasil*.
121. Febraban, *Censos da Diversidade Bancária 2009 e 2015*.
122. Cepal/ PNUD/OIT, *Emprego, desenvolvimento humano e trabalho decente*.
123. Luana Pinheiro et al., "Mulheres e trabalho: Breve análise do período 2004-2014", p. 15.
124. Márcia Lima e Ian Prates, "Emprego doméstico e mudança social".
125. Sobre o tema ver Ipea, "Mulheres e trabalho: Breve análise do período 2004-2014".
126. Emerson Rocha, *O negro no mundo dos ricos*.
127. José Dari Krein, "O desmonte dos direitos, as novas configurações do trabalho e o esvaziamento da ação coletiva", p. 98.
128. IBGE, "Desigualdades sociais por cor ou raça no Brasil".

3. O papel da educação e da saúde na construção da desigualdade [pp. 171-232]

1. No caso da saúde, parte significativa dos recursos era proveniente de uma fonte específica denominada CPMF (Contribuição Provisória sobre Movimentação Financeira), que vigorou de 1996 até 2007. A extinção da CPMF foi um duro golpe para a saúde, já que ocasionou uma redução de receita da ordem de 50 bilhões de reais/ano. Mais recentemente, a emenda constitucional nº 95, de 2017, congelou os gastos governamentais para os próximos vinte anos, o que deve resultar em uma perda significativa de recursos tanto para a saúde quanto para a educação.
2. Anderson Oramisio Santos et al., *A história da educação de negros no Brasil e o pensamento educacional de professores negros no século XIX*.
3. Maríléia dos Santos Cruz, "Uma abordagem sobre a história da educação dos negros".
4. Ibid., p. 29.
5. Anderson Oramisio Santos et al., *A história da educação de negros no Brasil e o pensamento educacional de professores negros no século XIX*.
6. Carlos Roberto Cury, José Silvério Horta e Osmar Fávero, "A relação educação-sociedade-Estado pela mediação jurídico-constitucional".
7. Cynthia Greive Veiga, "Escola pública para os negros e os pobres no Brasil", p. 504.

8. "Pesquisas recentes de história da educação vêm também confirmando a presença de crianças negras e mestiças na escola em outras províncias do país; tais estudos possibilitam ter maior clareza quanto à afirmação do médico José Ricardo Pires de Almeida, autor de um livro de história da educação, escrito em 1889. Diz ele: 'As crianças das classes razoavelmente abastadas não vão à escola pública porque seus pais têm, mais ou menos, o preconceito de cor ou porque temem, e com razão, pela moralidade de seus filhos, em contato com essa multidão de garotos cujos pais os enviam à escola apenas para se verem longe deles algumas horas. Deste modo, estas crianças aprendem melhor e mais depressa do que aqueles que frequentam a escola pública'." (Cynthia Greive Veiga, "Escola pública para os negros e os pobres no Brasil", p. 505.)
9. Ver ibid., pp. 507-8.
10. Apud Joana Célia dos Passos, "As desigualdades educacionais, a população negra e a Educação de Jovens e Adultos", p. 140.
11. Ibid.
12. Jaci Maria Ferraz de Menezes, "Educação e cor de pele na Bahia", p. 6.
13. Até então o voto era censitário, restrito a quem comprovasse renda mínima anual.
14. Carlos Roberto Cury, "A educação e a primeira constituinte republicana".
15. Ibid.
16. Nancy Stepan, "Eugenia no Brasil, 1917-1940", p. 339.
17. Ricardo Sousa, "A extinção dos brasileiros segundo o conde Gobineau", p. 21.
18. *O presidente negro* é um verdadeiro panegírico à eugenia e defende, entre outras ideias, a extinção da raça negra como forma de depuração da sociedade no que tange a seu caráter multirracial.
19. Lilia Moritz Schwarcz, *O espetáculo das raças*, pp. 141-88.
20. Revista Acadêmica da Faculdade de Direito do Recife, 1919, apud Lilia Moritz Schwarcz, *O espetáculo das raças*, p. 169.
21. Jerry Dávila, *Diploma de brancura*, p. 60.
22. Apud Simone Rocha, "A educação como projeto de melhoramento racial", p. 69.
23. Paulo Ricardo Bonfim, *Educar, higienizar e regenerar*.
24. Jerry Dávila, *Diploma de brancura*. Um importante trabalho sobre a implantação da escola pública em Pernambuco e a grande influência

do pensamento eugênico é "Discursos sobre eugenia, higienismo e racialização nas escolas primárias pernambucanas (1918-1938)", de Adlene Silva Arantes.
25. Regina Gualtieri, "Da regeneração social ao direito biológico".
26. Clarice Nunes, "As políticas públicas de educação de Gustavo Capanema no governo Vargas".
27. Em 1937, passou a se chamar Ministério da Educação e Saúde (MES), o que se manteve até 1953, quando as duas áreas foram separadas e foi criado o Ministério da Saúde, autônomo da pasta da Educação.
28. Jerry Dávila, *Diploma de brancura*, p. 70.
29. "A base de recursos utilizada pelos pesquisadores do IPE era as fichas reunidas a respeito dos escolares da cidade. Em alguns casos, esses registros eram confidenciais e coletados sem o conhecimento do aluno ou de seus pais" (Jerry Dávila, *Diploma de brancura*, p. 70).
30. Regina Gualtieri, "Educar para regenerar e selecionar", p. 103.
31. Leonardo Carvalho e Igor Correia, "Eugenia e educação no Brasil do século XX: Entrevista com Jerry Dávila", p. 230.
32. Clarice Nunes, "As políticas públicas de educação de Gustavo Capanema no governo Vargas".
33. Flauzina observa uma relação de complementaridade entre o tratamento dado ao jovem negro no sistema escolar e no sistema prisional; em ambos os casos, o negro é visto como perigoso e merecedor de um maior controle e repressão (Ana Luiza Pinheiro Flauzina, *Corpo negro caído no chão*, p. 125).
34. Thales Azevedo, *As elites de cor*.
35. Ricardo Henriques, *Raça e gênero no sistema de ensino*, p. 40.
36. Maria Lúcia Rodrigues Muller, "Professoras negras no Rio de Janeiro".
37. Ibid., p. 96.
38. Jerry Dávila, *Diploma de brancura*.
39. Ibid., p. 160.
40. Ibid., p. 190.
41. Petrônio Domingues, "Um 'templo de luz': Frente Negra Brasileira (1931-1937) e a questão da educação".
42. Ibid., p. 521.
43. Ibid., pp. 519-21.
44. Sobre esse assunto ver Jerry Dávila, *Diploma de brancura*, capítulo 3: "O que aconteceu com os professores de cor do Rio?", pp. 147-97.

45. Gilberto Hochman, *A era do saneamento*, p. 71.
46. Nancy Stepan, "Eugenia no Brasil, 1917-1940", p. 342.
47. Gilberto Hochman, *A era do saneamento*, pp. 59-89.
48. Segundo Nancy Stepan, em "Eugenia no Brasil, 1917-1940", a maioria dos eugenistas era formada por médicos com relevante presença na produção acadêmica, além de forte influência na configuração da psiquiatria no Brasil.
49. Nancy Stepan, "Eugenia no Brasil, 1917-1940", p. 342.
50. Daniela Arbex, *Holocausto brasileiro*, e Diva Moreira, *Psiquiatria, controle e repressão social*.
51. Diva Moreira, *Psiquiatria, controle e repressão social*, p. 190.
52. Kênia Sousa Rios, *Isolamento e poder: Fortaleza e os campos de concentração na seca de 1932*.
53. Nancy Stepan, "Eugenia no Brasil, 1917-1940".
54. Carlos Alfredo Hasenbalg, *Discriminação e desigualdades raciais no Brasil*, pp. 185-6.
55. Ver Cláudio Bertolli Filho, *História da saúde pública no Brasil*, e Amélia Cohn e Paulo Elias, *Saúde no Brasil: Políticas e organização de serviços*.
56. IBGE, Censo demográfico de 1970.
57. Otaíza de Oliveira Romanelli, *História da educação no Brasil: 1930--1973*, pp. 145-87.
58. José Carlos Melchior, "A vinculação constitucional de recursos financeiros para a educação: A esfera federal".
59. IPEA, "Educação". *Boletim Políticas Sociais: Acompanhamento e Análise*, Brasília, n. 17, 2010, p. 20.
60. Ibid., p. 19.
61. Janaina Menezes, "A vinculação constitucional de recursos para a educação", p. 153.
62. Anísio Teixeira, "Plano de construções escolares de Brasília" e "Uma experiência de educação primária integral no Brasil".
63. Sobre o tema ver Ivani Catarina Arantes Fazenda, *Educação no Brasil, anos 60*, e também a resenha de Arlete Zanetti Soares, "A quietude da educação brasileira no silenciar dos sujeitos".
64. Patricia Flavia Mota, Arthur Vianna Ferreira e Marcio Bernardino Sirino, "Ciep como espaço de educação social".
65. Jerry Dávila, *Diploma de brancura*, p. 367.
66. Diva Moreira, *Psiquiatria, controle e repressão social*.

67. Wanderley Guilherme dos Santos, *Cidadania e justiça*; James Malloy, *Política de previdência social no Brasil*.
68. IPEA, "Igualdade racial". *Boletim Políticas Sociais: Acompanhamento e Análise*, Brasília, n. 17, 2010, p. 105.
69. Telma Menicucci, *Público e privado na política de assistência à saúde no Brasil*, p. 67.
70. Jaime Antonio de Oliveira e Sonia Maria Fleury Teixeira, *Imprevidência social*, p. 219.
71. Telma Menicucci, *Público e privado na política de assistência à saúde no Brasil*, p. 69.
72. Ver a respeito Paulo Corbucci, *Sobre a redução das matrículas no ensino médio regular*.
73. Ver a respeito Sérgio Francisco Piola et al., *Financiamento público da saúde*, e Fabiola Sulpino Vieira e Rodrigo Pucci de Sá Benevides, *Os impactos do Novo Regime Fiscal para o financiamento do Sistema Único de Saúde e para a efetivação do direito à saúde no Brasil*.
74. Telma Menicucci, *Público e privado na política de assistência à saúde no Brasil*, p. 167.
75. Ver: <https://brasil.un.org/pt-br/78576-quase-80-da-populacao-brasileira-que-depende-do-sus-se-autodeclara-negra>.
76. Telma Menicucci, *Público e privado na política de assistência à saúde no Brasil*.
77. "Segundo o IBGE, os negros representam 52% da população brasileira, considerando o somatório daqueles que se declararam pretos e pardos, no último Censo. Além disso, a população negra brasileira representa 74% dos usuários do SUS, segundo estudo do Instituto de Pesquisas Econômicas Aplicadas (Ipea)." Ver: <www.cremeb.org.br/index.php/noticias/usuarios-do-sus-terao-que-informar-raca-e-cor-em-formularios-de-saude>.
78. Jurema Werneck, "Racismo institucional e saúde da população negra".
79. Millani Almeida, *Cuidado pré-natal a mulheres negras e brancas no Brasil*, p. 9.
80. Sobre o assunto ver Emanuelle Goes e Enilda Nascimento, "Mulheres negras e brancas e os níveis de acesso aos serviços preventivos de saúde", e Jarid Arraes, "Mulher negra e saúde: 'A invisibilidade adoece e mata!'".
81. Sobre o PCRI ver PNUD, *Relatório de Desenvolvimento Humano — Brasil 2005*; Luciana de Barros Jaccoud, "O combate ao racismo e

à desigualdade"; Ipea, "Igualdade racial", *Boletim Políticas Sociais: Acompanhamento e Análise*, n. 12 e n. 17.
82. Jaciane Milanezi e Graziella Silva, "Silêncio", p. 455.
83. Ibid., p. 456.
84. Jurema Werneck, "Racismo institucional e saúde da população negra", p. 535.
85. Portaria nº 992, de 13 de maio de 2009, que institui a Política Nacional de Saúde Integral da População Negra.
86. Segundo Jorge Castro, entre 1995 e 2005 o gasto público em educação passou de 4,01% para 4,05% do PIB ("Financiamento da educação pública no Brasil: Evolução dos gastos", p. 185).
87. Theresa Adrião, "Dimensões e formas da privatização da educação no Brasil".
88. Ibid., pp. 8-9.
89. IBGE, PNAD Contínua, segundo semestre de 2018.
90. Em 2016, "apenas 57% das escolas privadas que atendem à educação básica tinham biblioteca e apenas 21% laboratório de ciências, mais de 55% não tinham quadra esportiva e 26% não tinham tratamento de esgoto" (Theresa Adrião, "Dimensões e formas da privatização da educação no Brasil", p. 9). Ver também: <portal.mec.gov.br/component/content/article?id=50471>.
91. Theresa Adrião, "Dimensões e formas da privatização da educação no Brasil", pp. 9-10.
92. Evelline Soares Correia, "Colégio de Aplicação Pedagógica: sua história e seu papel no contexto educacional brasileiro".
93. Ver: <inep.gov.br/artigo/-/asset_publisher/B4AQV9zFY7Bv/content/piora-na-qualidade-do-ensino-afeta-mais-estudantes-negros/21206>.
94. Ipea, "Igualdade racial", *Boletim Políticas Sociais: Acompanhamento e Análise*, n. 13, p. 283.
95. Ibid., p. 284.
96. Carlos Henrique Araújo e Ubiratan Araújo, *Desigualdade racial e desempenho escolar*.
97. Kabengele Munanga, *Superando o racismo na escola*; Fúlvia Rosemberg, *Literatura infantil e ideologia*; Amauri Mendes Pereira, "Escola: Espaço privilegiado para a construção da cultura de consciência negra"; Nilma Lino Gomes, "Limites e possibilidades da implantação da lei 10.639/03 no contexto das políticas públicas em edu-

cação"; Petronilha Beatriz Gonçalves e Silva, "Educação das relações étnico-raciais nas instituições escolares".
98. Eliane dos Santos Cavalleiro, *Do silêncio do lar ao silêncio escolar*.
99. Fabiana de Oliveira, "Um estudo sobre a creche".
100. PNUD, *Relatório de Desenvolvimento Humano — Brasil 2005*, p. 69.
101. Fernando Botelho, Ricardo Madeira e Marcos A. Rangel, "Racial Discrimination in Grading: Evidence from Brazil", p. 49.
102. PNUD, *Relatório de Desenvolvimento Humano — Brasil 2005*, p. 71.
103. Eliane dos Santos Cavalleiro, *Do silêncio do lar ao silêncio escolar*, p. 100.
104. Ver Nilma Lino Gomes, "Limites e possibilidades da implantação da lei 10.639/03 no contexto das políticas públicas em educação", e Viviane Rodrigues Santos Angelo, *O educador como intelectual orgânico na luta antirracista*.
105. Sobre o tema ver também Miriam Abramovay e Mary Garcia Castro (Orgs.), *Relações raciais na escola*, e PNUD, *Relatório de Desenvolvimento Humano — Brasil 2005*.
106. Sergei Soares e Natália Sátyro, *O impacto da infraestrutura escolar na taxa de distorção idade-série das escolas brasileiras de ensino fundamental — 1998 a 2005*.
107. Mário Theodoro, "A implementação de uma agenda racial de políticas públicas".
108. Disponível em: <https://congressoemfoco.uol.com.br/projeto-bula/reportagem/a-integra-do-manifesto-contra-as-cotas-raciais/>.
109. Ainda que não houvesse à época uma política ou legislação nacional de ação afirmativa para ingresso discente no ensino superior, cerca de cinquenta universidades públicas já haviam adotado cotas com recorte racial para ingresso (Ipea, "Igualdade racial", *Boletim Políticas Sociais: Acompanhamento e Análise*, n. 23).
110. Assim como o primeiro, também o segundo manifesto foi respondido por documento assinado por centenas de ativistas em favor das ações afirmativas.
111. Ipea, "Igualdade racial", *Boletim Políticas Sociais: Acompanhamento e Análise*, n. 23.
112. Ibid.
113. Unicef, "Cenário da exclusão escolar no Brasil: Um alerta sobre os impactos da pandemia de Covid-19 na educação", p. 27.
114. Isabela Santos, Maria Angélica Santos, Danielle Borges, "Mix público-privado no sistema de saúde brasileiro", p. 82.

4. Quilombos, favelas, alagados, mocambos, palafitas e a periferia [pp. 233-76]

1. Sobre o tema, ver Décio Freitas, *Palmares: A guerra dos escravos*, e Edison Carneiro, *Quilombo dos Palmares*.
2. Ver: <conaq.org.br/quem-somos>.
3. Ver: <agenciabrasil.ebc.com.br/direitos-humanos/noticia/2018-05/menos-de-7-das-areas-quilombolas-no-brasil-foram-tituladas>.
4. De fato, não existe um dado oficial sobre o número de remanescentes de quilombos. Estava previsto para 2020 o primeiro Censo Quilombola a ser realizado pelo IBGE, mas este foi adiado pela pandemia. Uma estimativa preliminar não oficial, mas admitida por alguns dirigentes quilombolas vinculados à Conaq, trabalha com uma média de quinhentos habitantes por comunidade.
5. Ver Clóvis Moura, *Rebeliões da senzala*, cujo importante trabalho faz uma compilação da história dos quilombos brasileiros no campo e nas cidades.
6. Maria Sylvia Carvalho Franco, *Homens livres na ordem escravocrata*.
7. Oliveira Viana, *Populações meridionais do Brasil*, pp. 168-9.
8. Ibid., p. 161.
9. Tatiana Emília Dias Gomes, *Racismo fundiário*.
10. Guilherme Delgado, "Setor de subsistência na economia brasileira".
11. Sobre esse tema ver Ynaê Lopes dos Santos, *Além da senzala*.
12. O termo Pequena África foi cunhado pelo poeta, compositor e pintor Heitor do Prazeres, na virada do século XX, e homenageava a presença do negro naquela região central da cidade.
13. Raquel Rolnik, "Territórios negros nas cidades brasileiras", p. 6. Sobre o tema ver ainda, da mesma autora, *Territórios em conflito*, p. 22.
14. Raquel Rolnik, "Territórios negros nas cidades brasileiras", p. 8.
15. Fabiola López-Duran, *Eugenics in the Garden*.
16. Ibid., p. 67.
17. Luiz de Aguiar Costa Pinto, *O negro no Rio de Janeiro: Relações de raça numa sociedade em mudança*, p. 134.
18. Marcelo Baumann Burgos, "Dos parques proletários ao favela-bairro", p. 27.
19. Ibid., p. 28.
20. Alba Zaluar e Marcos Alvito, *Um século de favela*, p. 14.
21. Ibid.

22. Raquel Rolnik, "Territórios negros nas cidades brasileiras", p. 12.
23. Marcelo Baumann Burgos, "Dos parques proletários ao favela-bairro", p. 39.
24. Janice Perlman, O mito da marginalidade, p. 245.
25. Mário Theodoro, "Entrevista com o professor Celso Furtado", p. 45.
26. Orlando Vinicius Rangel Nunes, O programa Cidades de Porte Médio; e Gilda Collet Bruna (Coord.), Avaliação do Programa Nacional de Cidades de Porte Médio e revisão de critérios de seleção das referidas cidades.
27. Lucas Ferreira Mation, Vanessa Gapriotti Nadalin e Cleandro Henrique Krause, Favelização no Brasil entre 2000 e 2010: Resultados de uma classificação comparável.
28. "De acordo com o Censo de 2000, o Rio de Janeiro possuía 811 assentamentos favelados, e São Paulo, 1548. Além disso, dados de 1999 do Perfil dos municípios brasileiros, publicado pelo Instituto Brasileiro de Geografia e Estatística — IBGE, apontavam a existência de favelas em outros 1540 municípios brasileiros — o correspondente a quase 30% do total destes" (Marcelo Baumann Burgos, "Cidade, territórios e cidadania", p. 216, n. 3).
29. Raquel Rolnik, "Territórios negros nas cidades brasileiras", p. 4.
30. Ibid., p. 6.
31. Ramatis Jacino, O negro no mercado de trabalho de São Paulo pós-abolição, p. 25.
32. Raquel Rolnik, "Territórios negros nas cidades brasileiras", p. 7.
33. Ramatis Jacino, O negro no mercado de trabalho de São Paulo pós-abolição, p. 23.
34. Ibid., p. 66.
35. Ibid., p. 67.
36. Ibid., p. 145.
37. Raquel Rolnik, "Territórios negros nas cidades brasileiras", p. 14.
38. James Holston, Cidadania insurgente, p. 219.
39. Lúcio Kowarick, Viver em risco.
40. Ermínia Maricato, Política habitacional no regime militar.
41. James Holston, Cidadania insurgente.
42. Ermínia Maricato, O impasse da política urbana no Brasil; Raquel Rolnik, Guerra dos lugares.
43. A abordagem de James Holston, em Cidade insurgente, sobre a constituição das periferias "autoconstruídas", a partir dos anos 1960, privilegia o potencial político e insurgente das comunidades que,

segundo o autor, vão se constituir como efetivos atores políticos. Essa visão positiva da periferia começa a arrefecer com a violência trazida pela entrada do crime organizado, mas também pelo crescimento do neopentecostalismo. Sobre o tema, ver Moisés Kopper e Matthew Richmond, "Situando o sujeito das periferias urbanas", e Francesca Pilo, "Consumo de energia elétrica nas favelas e a transformação de 'consumidores em clientes'".
44. Lúcio Kowarick, *Trabalho e vadiagem*, pp. 290-1. Ver também Raquel Rolnik, "Exclusão territorial e violência", p. 15.
45. Lucas Ferreira Mation, Vanessa Gapriotti Nadalin e Cleandro Henrique Krause, *Favelização no Brasil entre 2000 e 2010*, e <https://www.ipea.gov.br/portal/images/stories/PDFs/TDs/td_2009.pdf>.
46. Raquel Rolnik, "Exclusão territorial e violência".
47. Paul Israel Singer, *Desenvolvimento econômico e evolução urbana*, p. 335.
48. José Tavares Correia Lira, "A construção discursiva da casa popular no Recife (década de 30)", p. 774.
49. Ibid., p. 744.
50. Ibid., p. 748.
51. Ibid.
52. Ibid., p. 751.
53. Gadiel Perruci e Denis Bernardes, *Recife: O caranguejo e o viaduto*, p. 32.
54. Lucas Ferreira Mation, Vanessa Gapriotti Nadalin e Cleandro Henrique Krause, *Favelização no Brasil entre 2000 e 2010*.
55. Kátia Mattoso, *Bahia, século XIX*, p. 440.
56. Milton Santos, *O centro da cidade de Salvador*.
57. Lucas Ferreira Mation, Vanessa Gapriotti Nadalin e Cleandro Henrique Krause, *Favelização no Brasil entre 2000 e 2010*.
58. Aldo Paviani, "A construção injusta do espaço urbano". Sobre a questão da ocupação do espaço urbano em Brasília, ver também os artigos de Luciana de Barros Jaccoud, "Lutas sociais, populismo e democracia: 1960-1964", e Nair Heloisa Bicalho de Sousa, "O movimento pró-fixação e urbanização do Núcleo Bandeirante: a outra face do populismo janista".
59. Ermínia Maricato, *O impasse da política urbana no Brasil*, p. 136.
60. Lucas Ferreira Mation, Vanessa Gapriotti Nadalin e Cleandro Henrique Krause, *Favelização no Brasil entre 2000 e 2010*.
61. Carolina Requena, Samuel Godoy e Betina Sarue, "Condições urbanas: Desigualdade e heterogeneidade", p. 221.

62. Ermínia Maricato, *O impasse da política urbana no Brasil*, p. 110.
63. Ipea e Unifem, *Retrato das desigualdades de gênero e raça*, 2017.
64. Renato Meirelles e Celso Athayde, *Um país chamado favela*.
65. Danilo França, "Desigualdades e segregação residencial por raça e classe".
66. Idem.
67. Ibid.
68. Vilma Reis, "Na mira do racismo institucional", pp. 10-1.
69. Janice Perlman, *O mito da marginalidade*.
70. Ver: <epocanegocios.globo.com/Brasil/noticia/2019/07/pesquisadora-americana-alerta-sobre-futuro-de-comunidades-perifericas.html>.
71. Luiz Antônio Machado da Silva e Palloma Valle Menezes, "(Des)Continuidades na experiência de 'vida sob cerco' e na 'sociabilidade violenta'", p. 531.
72. Alba Zaluar e Christovam Barcellos, "Mortes prematuras e conflito armado pelo domínio das favelas no Rio de Janeiro".
73. Luiz Antônio Machado da Silva e Palloma Valle Menezes, "(Des)Continuidades na experiência de 'vida sob cerco' e na 'sociabilidade violenta'", p. 545.
74. Disponível em: <https://vimeo.com/176723512>. Mariana Cavalcanti, "'Tiroteios, legibilidade e espaço urbano", Luiz Antônio Machado da Silva, "'Violência urbana', segurança pública e favelas: O caso do Rio de Janeiro atual", e Luiz Antônio Machado da Silva e Palloma Valle Menezes, "(Des)Continuidades na experiência de 'vida sob cerco' e na 'sociabilidade violenta'".
75. Alba Zaluar e Christovam Barcellos, "Mortes prematuras e conflito armado pelo domínio das favelas no Rio de Janeiro", p. 22.
76. Ibid., p. 23.
77. Alba Zaluar e Isabel Conceição, "Favelas sob o controle das milícias no Rio de Janeiro".
78. "A relação das milícias com a polícia é ainda pouco conhecida. Muitos milicianos presos foram identificados como policiais ou ex-policiais, militares ou ex-militares — inclusive alguns bombeiros —, que emprestam sua perícia obtida na antiga carreira para a ação da milícia no confronto com o tráfico. [...] É certo que muitas milícias passaram a controlar o tráfico após a destituição das facções de traficantes" (Senado Federal, *Relatório final das CPI do Assassinato de Jovens*, p. 68).

79. Alba Zaluar e Isabel Conceição, "Favelas sob o controle das milícias no Rio de Janeiro".
80. Ver: <aventurasnahistoria.uol.com.br/noticias/almanaque/historia-prestacao-de-servicos-e-seguranca-origem-das-milicias-no-rio-de-janeiro.phtml>.
81. Geni e Observatório das Metrópoles, *Expansão das milícias no Rio de Janeiro*.
82. Gabriel Feltran, *Irmãos: Uma história do PCC*.
83. Sobre o PCC, ver Gabriel Feltran, *Irmãos: Uma história do PCC*.
84. Raquel Rolnik utiliza o conceito de exclusão territorial para explicar a situação da população de favelas e periferias nos seguintes termos: "Este conceito — que relaciona a acumulação de deficiências de várias ordens à vulnerabilidade — tem sido progressivamente utilizado em políticas públicas e pode ser entendido como a negação (ou o desrespeito) dos direitos que garantem ao cidadão um padrão mínimo de vida, assim como a participação em redes de instituições sociais e profissionais [...]. A exclusão social é vista como uma forma de analisar como e por que indivíduos e grupos não conseguem ter acesso ou beneficiar-se das possibilidades oferecidas pelas sociedades e economias" ("Exclusão territorial e violência", p. 101).
85. Ipea, "Igualdade racial". *Boletim Políticas Sociais: Acompanhamento e Análise*, 2018.
86. Luiz Antônio Machado da Silva, "'Violência urbana', segurança pública e favelas", pp. 288-94.
87. É importante observar que a violência urbana que atinge essas comunidades se reflete também na atual conformação da vida dos estratos superiores. As classes médias, assustadas com assaltos e mortes, enclausuraram-se nos prédios, de entradas com grades intransponíveis. Há também os condomínios residenciais, onde os moradores se alojam em verdadeiros bunkers, fortificados com altos muros, cercas elétricas, guaritas com vigias 24 horas por dia. A indústria da segurança é uma das mais prósperas do país. Policiais em suas horas de descanso ganham a vida como vigilantes e guarda-costas particulares. Empresas especializadas em blindagem de carros, em instalação de grades e de cercas elétricas, entre outros, veem seus negócios progredirem de vento em popa.
88. Zuenir Ventura, *Cidade partida*.

89. Milton Santos, *O centro da cidade de Salvador*.
90. Raquel Rolnik traz o exemplo de cidades da rica região de produção de açúcar e de álcool no interior de São Paulo, para onde são atraídos na época da colheita milhares de trabalhadores pobres, os chamados boias-frias. Visando a impedir que esses trabalhadores lá se assentem de forma definitiva, as prefeituras desenvolveram um protocolo específico de ação, com a criação de postos de controle nas estradas, estações rodoviárias e ferroviárias e mesmo barreiras policiais nas vias de acesso às cidades. Ver Raquel Rolnik, "Exclusão territorial e violência", p. 106.
91. Luiz Antônio Simas, *O corpo encantado das ruas*, p. 52.
92. Marcelo Baumann Burgos, "Cidade, territórios e cidadania".
93. Ver: <www.ipea.gov.br/desafios/index.php?option=com_content&id=2941:catid=28>.
94. A experiência de fechamento de lixões não foi das melhores para os catadores. Segundo Valéria Pereira Bastos e Fábio Fonseca Figueiredo, "após o encerramento do lixão, os rendimentos dos catadores diminuíram substancialmente e o trabalho da coleta dos materiais se tornou ainda mais perverso, tendo em vista que os municípios que destinavam seus resíduos para o antigo lixão não investiram na coleta seletiva. Houve o descumprimento de inúmeras recomendações da política nacional, que defendem e garantem apoio aos catadores" ("Los desafíos de ejecutar la Política de Residuos Sólidos brasileña", p. 53). Ver ainda Armindo S. S. Teodósio, Sylmara F. L. G. Dias e Maria Cecília Loschiavo dos Santos, "Procrastinação da política nacional de resíduos sólidos", e Antonella Maiello, Ana Lucia Nogueira de Paiva Britto e Tatiana Freitas Valle, "Implementación de la Política Nacional Brasileña de Gestión de Residuos".
95. Marco Antonio Carvalho Natalino, *Estimativa da população em situação de rua no Brasil*.
96. Ver: <www.prefeitura.sp.gov.br/cidade/secretarias/upload/comunicacao/poprua-resumido.pdf>.
97. Luiz Antônio Machado da Silva e Márcia Pereira Leite, "Circulação e fronteiras no Rio de Janeiro".

5. Violência e ausência de justiça: a consolidação da sociedade desigual [pp. 277-322]

1. Fórum Brasileiro de Segurança Pública, *Anuário brasileiro de segurança pública 2020*.
2. Ver: <g1.globo.com/rj/rio-de-janeiro/noticia/2020/02/08/80percent-dos-mortos-por-policiais-no-rj-no-1-semestre-de-2019-eram-negros-e-pardos-aponta-levantamento.ghtml> e <www.nexojornal.com.br/expresso/2020/10/19/A-alta-da-letalidade-policial-em-2019.-E-a-sequencia-em-2020>.
3. Marcus Rediker, *O navio negreiro*.
4. *Fluxo e refluxo do tráfico de escravos entre o Golfo do Benin e a Bahia de Todos os Santos do século XVII ao XIX*, de Pierre Verger, traz preciosas informações sobre a transumância africana para a Bahia.
5. Marcus Rediker, *O navio negreiro*, p. 13.
6. Ibid.
7. Luiz Felipe de Alencastro, "O pecado original da sociedade e da ordem jurídica brasileira".
8. Ibid., p. 7.
9. Ibid., p. 6.
10. Myrian Santos, "O encontro da militância com a vadiagem nas prisões da Ilha Grande", p. 362.
11. Ana Luiza Pinheiro Flauzina, *Corpo negro caído no chão*.
12. Monica Dantas, "Dos statutes ao código brasileiro de 1830".
13. Boris Fausto, *A história do Brasil*.
14. Guilherme Delgado, "Setor de subsistência na economia brasileira", p. 33.
15. Myrian Santos, "Os porões da República: A Colônia Correcional de Dois Rios entre 1908 e 1930", p. 454.
16. Myrian Santos, "A prisão dos ébrios, capoeiras e vagabundos no início da Era Republicana".
17. Myrian Santos, "Os porões da República: A Colônia Correcional de Dois Rios entre 1908 e 1930", p. 446.
18. Ibid., p. 451.
19. Graciliano Ramos, *Memórias do cárcere*, p. 142.
20. Ibid.
21. Ibid., pp. 141-2.
22. Lira Neto, *Castello: A marcha para ditadura*.

23. Clóvis Moura, *Rebeliões da senzala*.
24. CNVEN-DF, *A verdade sobre a escravidão negra no Distrito Federal e entorno*, p. 43.
25. Ipea, "Desenvolvimento rural", p. XVI.
26. Boris Fausto, "Controle social e criminalidade em São Paulo", p. 197.
27. Ibid., p. 199.
28. Thomas H. Holloway, *Policing Rio de Janeiro*, p. 9.
29. Ana Luiza Pinheiro Flauzina, *Corpo negro caído no chão*.
30. Olívia Maria Gomes da Cunha, "Sua alma em sua palma".
31. Decreto-lei nº 3688, de 3 de outubro de 1941.
32. Ver Maria Isaura Pereira de Queiroz, *O mandonismo na vida política brasileira e outros ensaios*, pp. 38-9; Victor Nunes Leal, *Coronelismo, enxada e voto*, pp. 21-39; e Marcos Vinicios Vilaça e Roberto Cavalcanti de Albuquerque. *Coronel, coronéis*, pp. 17-37.
33. Victor Nunes Leal, *Coronelismo, enxada e voto*.
34. Gabriel Feltran, "Formas elementares da vida política", p. 1.
35. José Cláudio Souza Alves, *Dos barões ao extermínio*, pp. 83-113.
36. Daniel Hirata e Carolina Grillo, "Crime, guerra e paz", p. 556.
37. Senado Federal, *Relatório final da CPI do Assassinato de Jovens*, p. 72.
38. No que tange às chacinas em presídios, a mais emblemática foi a do Carandiru, em São Paulo, ocorrida em 2 de outubro de 1992. Chamada para conter uma rebelião de presos, a tropa de choque da Polícia Militar de São Paulo, então comandada pelo coronel Ubiratan Guimarães, invadiu o presídio em uma ação de extrema violência, executando sumariamente 111 presos. O mais irônico, ou trágico, é que pouco tempo depois o mesmo coronel Ubiratan concorreu ao cargo de deputado estadual com a bandeira da repressão e tendo como número de candidatura o cabalístico 111, e foi eleito pela população paulista com grande votação. As chacinas do Compaj e de Alcaçuz resultaram em 56 e 26 mortos, respectivamente.
39. Uvanderson Silva, Jaqueline dos Santos e Paulo César Ramos, *Chacinas e politização das mortes no Brasil*, p. 15. O estudo considera como chacina os casos reportados pela imprensa com três ou mais vítimas fatais.
40. Ver: <https://fpabramo.org.br/publicacoes/wp-content/uploads/sites/5/2019/04/Chacina-final4-pdf.pdf> e <https://www.brasildefato.com.br/2019/08/20/policiais-sao-suspeitos-de-participar-de-uma-a-cada-cinco-chacinas-no-brasil/>.

41. Gabriel Feltran, "Formas elementares da vida política".
42. Daniel Hirata e Carolina Grillo, "Crime, guerra e paz".
43. Juliana Borges, *Encarceramento em massa*.
44. Sílvia Ramos e Leonarda Musumeci, *Elemento suspeito*.
45. Gabriel Feltran, "Formas elementares da vida política".
46. O refluxo da influência da Igreja católica nas comunidades pobres é associado por Gabriel Feltran também ao fim do paradigma do assalariamento como projeto de ascensão social pelo trabalho, bem como da família duoparental tradicional como modelo — ou seja, com o surgimento de uma nova realidade em que as atividades informais, mescladas com o ilegal e o ilícito, forjavam a base do trabalho e da sobrevivência, e com o crescimento das famílias monoparentais e de novos arranjos familiares, fragilizando as tradicionais solidariedades familiares. Ver ainda Vera da Silva Telles e Daniel Hirata, "Cidade e práticas urbanas".
47. Gabriel Feltran, "Formas elementares da vida política".
48. Denise Pini Rosalem da Fonseca e Sonia Maria Giacomini (Orgs.), *Presença do Axé*.
49. Sobre o tema, ver Sidnei Nogueira, *Intolerância religiosa*, e também Christina Vital da Cunha, *Oração de traficante*. Note-se também que o fenômeno do crescimento das igrejas evangélicas se reflete na política. Na bancada eleita para a Constituinte e para o Congresso Nacional, em 1986, havia 31 parlamentares evangélicos, e hoje, em 2020, são 203. Sobre a participação das milícias na disputa política, ver Bruno Paes Manso, *A república das milícias*.
50. Hédio Silva Jr, "A intolerância religiosa e os meandros da lei", p. 315.
51. Tarsila Flores, "'Branco sai, preto fica': Cenas sobre punição e genocídio negro no Distrito Federal". Esse episódio inspirou o excelente filme de Adirley Queirós, *Branco sai, preto fica*, de 2014.
52. Ipea e FBSP, *Atlas da violência 2018*, p. 40, e *Atlas da violência 2019*, p. 49.
53. Ver: <ponte.org/chance-de-negro-ser-morto-no-brasil-e-2,5-vezes-maior-do-que-um-branco>.
54. Senado Federal, *Relatório final da CPI do Assassinato de Jovens*, pp. 33-4.
55. Ver: <www1.folha.uol.com.br/fsp/cotidian/ff1308201011.htm>.
56. "Cerca de trinta homens, a maioria praticante de lutas marciais, realizaram 'blitz' em ônibus que ligam o subúrbio aos bairros de Copacabana e Ipanema, na zona sul [...] Buscavam 'moleques de chi-

nelo, com cara de quem não tem R$ 1 no bolso', nas palavras de um deles". Disponível em: <www.pragmatismopolitico.com.br/2015/09/lutadores-de-academia-realizam-blitz-para-atacar-suspeitos-de-assalto.html>.
57. Sérgio Adorno, "Discriminação racial e justiça criminal em São Paulo".
58. Ver Michel Misse, Carolina Grillo e Natasha Neri, "Letalidade policial e indiferença legal", p. 47.
59. Ibid.
60. Senado Federal, *Relatório final da CPI do Assassinato de Jovens*, p. 71.
61. Luiz Eduardo Soares e Miriam Guindani, "A violência do Estado e da sociedade no Brasil contemporâneo", p. 208.
62. Helder Rogério Sant'Ana Ferreira, Marco Antonio Carvalho Natalino e Maria Paula dos Santos, "Produção e reprodução de desigualdades pela política criminal", p. 579, citando dados de Silvia Ramos e Leonarda Musumeci, *Elemento suspeito*.
63. Jaqueline Muniz e Washington da Silva, "Mandato policial na prática", pp. 466-7.
64. Sérgio Adorno, "Discriminação racial e justiça criminal em São Paulo".
65. Helder Rogério Sant'Ana Ferreira, Marco Antonio Carvalho Natalino e Maria Paula dos Santos, "Produção e reprodução de desigualdades pela política criminal", pp. 588-9.
66. Myrian Santos, "A prisão dos ébrios, capoeiras e vagabundos no início da Era Republicana", p. 140.
67. Antonio Teixeira Lima Junior, "A discriminação sentenciada: Racismo de Estado e desigualdade no Brasil".
68. Ibid., p. 435.
69. As significativas entrada e permanência de pessoas acusadas de tráfico de drogas no sistema prisional também podem ser atribuídas à prática abusiva da prisão provisória dos suspeitos de tráfico pelas autoridades brasileiras. Segundo Julita Lemgruber e Marcia Fernandes, 72,5% dos acusados de tráfico no estado do Rio de Janeiro respondiam ao processo em prisão provisória em 2013 — mesmo já estando em vigor a chamada Lei das Cautelares. As mesmas autoras apontam que, em estudo sobre processos de 2011, "99% dos réus indiciados por tráfico, presos em flagrante delito, receberam

privação de liberdade como primeira medida cautelar" ("Tráfico de drogas na cidade do Rio de Janeiro", p. 272). Entretanto, muitos réus encarcerados — 55% deles, em 2013 — acabam por ser absolvidos ou receber penas restritivas de direitos ao final do processo, após terem permanecido presos preventivamente por vários meses — cerca de seis meses em média (ibid., p. 273).
70. Marcio Pochman, "A indústria do medo e o crescimento do partido da insegurança", Rede Brasil Atual, 27 abr. 2020. Disponível em: <www.redebrasilatual.com.br/blogs/blog-na-rede/2020/04/a-industria-do-medo-e-o-crescimento-do-partido-da-seguranca>. No que tange às prisões provisórias, elas chegaram a quase 35% do total em meados de 2019. Ver: <www.gazetadopovo.com.br/republica/populacao-carceraria-triplica-brasil-2019>.
71. IDDD, Mães livres: A maternidade invisível no sistema de justiça.
72. Ver: <observatorio3setor.org.br/noticias/racismo-no-brasil-quase-70-dos-processos-foram-vencidos-pelos-reus>.
73. Ver: <www.conjur.com.br/2018-mar-22/seguranca-pgr-favoravel-ordem-busca-apreensao-coletiva>.
74. Ver: <www.brasildefato.com.br/2020/08/12/exclusivojuiza-diz-em-sentenca-que-homem-negro-e-criminoso-em-razao-da-sua-raca?fbclid=IwAR3GwfUag0Xaq6MLZ1GCRMd0Mfj9GhlvUSfF6AS72zQouSl-ugYhycWFkwI>.
75. Andreia Souza de Jesus, "A política de prevenção à criminalidade como perpetuação do racismo de Estado", p. 269.

6. Juntando as partes [pp. 323-61]

1. Ver: <g1.globo.com/rj/rio-de-janeiro/noticia/2020/06/06/pretos-e-pardos-sao-78percent-dos-mortos-em-acoes-policiais-no-rj-em-2019-e-o-negro-que-sofre-essa-inseguranca-diz-mae-de-agatha.ghtml>.
2. Ver: <https://www.investe.sp.gov.br/noticia/sao-paulo-tem-a-maior-frota-de-helicopteros-do-mundo/>.
3. Ver: <perfilnautico.com.br/fabricante-de-iates-de-luxo-do-brasil-registra-crescimento>.
4. Wanderley Guilherme dos Santos, Cidadania e justiça.
5. Mário Theodoro, "Questão do desenvolvimento".

6. Ver: <extra.globo.com/casos-de-policia/policial-ameaca-bater-em-estudante-com-pedaco-de-madeira-durante-ato-por-morte-de-jovem-na-mare-22807143.html>.
7. Bruno Lautier, "Les travailleurs n'ont pas la forme".

Epílogo [pp. 363-77]

1. "O *Radical Paulistano* era o órgão de comunicação do Partido Liberal Radical, abolicionista e republicano. Nesse jornal, Luiz Gama denunciava violações das leis por parte dos representantes dos senhores. Denunciava sentenças e apontava os erros cometidos por juízes e advogados." Disponível em: <www.bn.gov.br/acontece/noticias/2020/05/luiz-gama-ativista-abolicionista>. A *Província de São Paulo* é hoje o jornal *O Estado de S. Paulo*.
2. Lilia Moritz Schwarcz, *As barbas do imperador*, pp. 447, 450.
3. Ver: <biton.uspnet.usp.br/imprensanegra>.
4. Em sua tese de doutorado, *O movimento negro em São Paulo: Luta e identidade*, Regina Pahim Pinto identificou 123 associações negras em São Paulo entre 1907 e 1937.
5. Marina Pereira de Almeida Mello, "O lugar da mulher na imprensa negra paulista (1915-1924)", p. 136.
6. Renato Jardim Moreira e José Correia Leite, apud Florestan Fernandes, *A integração do negro na sociedade de classes*, p. 59.
7. George Reid Andrews, *Negros e brancos em São Paulo (1888-1988)*, pp. 232-4.
8. A professora e estudiosa da temática racial Joselina da Silva chama atenção para o surgimento de grupos de discussão e ação contra a discriminação racial e o racismo a partir de 1945. "Lutavam também pelo 'alevantamento moral da gente negra' [sic] que pode ser traduzido como medidas que objetivavam à ascensão social e à destruição do mito de inferioridade racial (fruto das teorias racistas do século anterior e que continuavam a permear o imaginário nacional)" ("A União dos Homens de Cor", p. 2). Sobre o tema, ver ainda o trabalho de Fátima Aparecida Silva sobre a Frente Negra Pernambucana em Amílcar Araújo Pereira e Jefferson Pereira da Silva (Orgs.), *O movimento negro brasileiro*.
9. Sobre o tema ver Joel Rufino dos Santos, *A história do negro no teatro brasileiro*, e Miriam Garcia Mendes, *O negro e o teatro brasileiro*.

10. Ver: <ipeafro.org.br/personalidades/abdias-nascimento>.
11. Ivair Augusto dos Santos, *O movimento negro e o Estado (1983-1987)*.
12. Joselina da Silva, "A mobilização do movimento negro brasileiro", p. 4. Ainda sobre a temática da organização do ativismo negro, ver George Reid Andrews, "Black Political Protest in São Paulo, 1888--1988", Iraneide da Silva Soares, "Caminhos, pegadas e memórias", e Carlos Alberto Santos de Paulo, *Movimento negro, participação e institucionalidade*.
13. Segundo dados da Seppir, entre 2013 e 2015 foram criadas 150 mil vagas para negros cotistas nas Universidades Federais. Ver: <https://ppghc.historia.ufrj.br/index.php?option=com_content&view=article&id=84:em-3-anos-150-mil-negros-ingressaram-em-universidades-por-meio-de-cotas>.

Bibliografia

ABRAMOVAY, Miriam; CASTRO, Mary Garcia (Orgs.). *Relações raciais na escola: Reprodução de desigualdades em nome da igualdade*. Brasília: Unesco; Inep; Observatório de Violências nas Escolas, 2006.

ABREU, Mauricio de Almeida. "Reconstruindo uma história esquecida: Origem e expansão inicial das favelas do Rio de Janeiro". In: FRIDMAN, Fania; HAESBAERT, Rogério. *Escritos sobre espaço e história*. Rio de Janeiro: Garamond, 2014. pp. 421-50.

ADORNO, Sérgio. "Discriminação racial e justiça criminal em São Paulo". *Novos Estudos Cebrap*, v. 43, pp. 45-63, 1995.

ADRIÃO, Theresa. "Dimensões e formas da privatização da educação no Brasil: Caracterização a partir de mapeamento de produções nacionais e internacionais". *Currículo sem Fronteiras*, v. 18, n. 1, jun. 2018.

ALENCASTRO, Luiz Felipe de. "O pecado original da sociedade e da ordem jurídica brasileira". *Novos Estudos Cebrap*, São Paulo, n. 87, jul. 2010.

ALMEIDA, Millani Souza. *Cuidado pré-natal a mulheres negras e brancas no Brasil: indicador de adequação e fatores associados*. Salvador: Universidade Federal da Bahia, 2017. Dissertação (Mestrado em Enfermagem).

ALMEIDA, Ronaldo de. "Dez anos do 'chute na santa': A intolerância com a diferença". In: SILVA, Vagner Gonçalves da (Org.). *Intolerância religiosa: Impactos do neopentecostalismo no campo religioso afro-brasileiro*. São Paulo: Edusp, 2015.

ALMEIDA, Silvio. *Racismo estrutural*. São Paulo: Pólen, 2019.

ALVES, José Cláudio Souza. *Dos barões ao extermínio: Uma história da violência na Baixada Fluminense*. 2. ed. Rio de Janeiro: Consequência, 2020.

AMARAL, Azevedo. *Estado autoritário e realidade nacional*. Brasília: Ed. UnB, 1981. (Coleção Pensamento Político Republicano, v. 11).

ANDREWS, George Reid. "Black Political Protest in São Paulo, 1888-1988". *Journal of Latin American Studies*, v. 24, parte 1, pp. 147-71, fev. 1992.

_____. *Negros e brancos em São Paulo (1888-1988)*. Trad. de Magda Lopes. Bauru: Edusc, 1998.

ANDREWS, George Reid. *América afro-latina, 1800-2000*. São Carlos: EdUFSCar, 2014.
ANGELO, Viviane Rodrigues Santos. *O educador como intelectual orgânico na luta antirracista: estudo de caso sobre a discursividade a respeito da lei 10.639/2003*. Rio de Janeiro: Cefet, 2017. Dissertação (Mestrado em Relações Étnico-Raciais).
ARANTES, Adlene Silva. "Discursos sobre eugenia, higienismo e racialização nas escolas primárias pernambucanas (1918-1938)". In: FONSECA, Marcus Vinícius; BARROS, Surya Aaronovich Pombo de (Orgs.). *História da educação dos negros no Brasil*. Niterói: Eduff, 2016.
ARAÚJO, Carlos Henrique; ARAÚJO, Ubiratan. *Desigualdade racial e desempenho escolar*. Brasília: Inep, 2003.
ARBEX, Daniela. *Holocausto brasileiro*. 1. ed. São Paulo: Geração Editorial, 2013.
ARRAES, Jarid. "Mulher negra e saúde: 'A invisibilidade adoece e mata!'". *Revista Fórum Semanal*, dez. 2014. Disponível em: <https://www.geledes.org.br/mulher-negra-e-saude-invisibilidade-adoece-e-mata/>. Acesso em: 12 nov. 2021.
ARRETCHE, Marta. "Democracia e redução da desigualdade econômica no Brasil: A inclusão dos outsiders". *Revista Brasileira de Ciências Sociais*, v. 33, n. 96, São Paulo, Rio de Janeiro, Anpocs, Iesp-Uerj, 2018.
ARROW, Kenneth. "The Theory of Discrimination". In: ASHENFELTER, Orley; REES, Albert (Orgs.). *Discrimination on Labor Market*. Princeton: Princeton University Press, 1983.
ATKINSON, Anthony B. *Desigualdade: O que pode ser feito?* São Paulo: Leya, 2015.
AZEVEDO, Celia Maia Marinho de. *Onda negra medo branco: O negro no imaginário das elites, século XIX*. 3. ed. São Paulo: Annablume, 2008.
AZEVEDO, Thales de. *As elites de cor: Um estudo de ascensão social*. São Paulo: Companhia Editora Nacional, 1955.
BARBOSA, Alexandre de Freitas. *A formação do mercado de trabalho no Brasil*. São Paulo: Alameda, 2008.
BARBOSA, Rogério J.; FERREIRA DE SOUZA, Pedro H. G.; SOARES, Sergei S. D. "Desigualdade de renda no Brasil de 2012 a 2019". *Blog DADOS*, 16 jul. 2020. Disponível em: <http://dados.iesp.uerj.br/desigualdade-brasil/>. Acesso em: 9 dez. 2021.
_____. *Distribuição de renda nos anos 2010: Uma década perdida para desigualdade e pobreza*. Brasília: Ipea, 2020.

BARROS, Ricardo P. de; MENDONÇA, Rosane. *Os determinantes da desigualdade no Brasil*. Rio de Janeiro, Ipea, texto para discussão n. 377, 1995.

BASTOS, Valéria Pereira; FIGUEIREDO, Fábio Fonseca. "Los desafíos de ejecutar la Política de Residuos Sólidos brasileña: El caso del vertedero incontrolado de Jardim Gramacho". *Revista de Estudios Brasileños*, v. 5, n. 10, pp. 53-69, 2018. Recuperado a partir de <www.periodicos.usp.br/reb/article/view/154315>. Acesso em: 30 set. 2021.

BECKER, Gary. *The Economics of Discrimination*. Chicago: University of Chicago Press, 1957.

BENTHAM, Jeremy. *Jeremy Bentham*. São Paulo: Abril Cultural, 1979. (Coleção Os Pensadores).

BENTO, Maria Aparecida Silva. *Resgatando a minha bisavó: Discriminação racial e resistência nas vozes de trabalhadores negros*. São Paulo: Ceert, 1992. Mimeo.

_____. "Racismo no trabalho: O movimento sindical e o Estado". In: GUIMARÃES, Antonio Sérgio Alfredo; HUNTLEY, Lynn. *Tirando a máscara: Ensaios sobre o racismo no Brasil*. São Paulo: Paz e Terra, 2000.

_____. "Racismo no trabalho: o movimento sindical e o Estado". In: HUNTLEY, Lynn; GUIMARÃES, Antonio Sérgio Alfredo (Orgs.). *Tirando a máscara: Ensaios sobre o racismo no Brasil*. São Paulo: Paz e Terra, 2000. pp. 325-42.

_____. "Branqueamento e branquitude no Brasil". In: CARONE, Iray; BENTO, Maria Aparecida Silva (Orgs.). *Psicologia social do racismo*. Petrópolis: Vozes, 2002.

_____. *Branqueamento e branquitude no Brasil*. São Paulo: Ceert, 2001.

BERNARDINO-COSTA, Joaze; GROSFOGUEL, Ramón. "Decolonialidade e perspectiva negra". *Sociedade e Estado*, Brasília, v. 31, n. 1, jan./abr. 2016.

BERNARDO, Teresinha. *Memória em branco e negro: Olhares sobre São Paulo*. São Paulo: Educ, Editora Unesp, 1998.

BÉRTOLA, Luis et al. "Income Distribution in the Latin American Southern Cone During the First Globalization Boom and Beyond". *International Journal of Comparative Sociology*, v. 50, n. 5-6, pp. 452-85, 2009.

BERTOLLI FILHO, Cláudio. *História da saúde pública no Brasil*. São Paulo: Ática, 1996.

BERTÚLIO, Dora Lúcia de Lima. *Racismo, violência e direitos humanos: Considerações sobre a discriminação de raça e gênero na sociedade brasileira*. 2001.

BEVERIDGE, Sir William. *O Plano Beveridge: Relatório sobre o seguro social e serviços afins*. Rio de Janeiro: José Olympio, 1943.

BEZERRA, Daniel Uchôa Cavalcanti. *Alagados, mocambos e mocambeiros*. Recife: Instituto Joaquim Nabuco de Pesquisas Sociais, MEC, Imprensa Universitária, 1965.

BID. *Perfil social, racial e de gênero das 500 maiores empresas do Brasil*. São Paulo: Instituto Ethos de Empresas e Responsabilidade Social, 2016. Disponível em: <https://www.ethos.org.br/cedoc/perfil-social-racial-e-de-genero-das-500-maiores-empresas-do-brasil-e-suas-acoes-afirmativas/>. Acesso em: 12 nov. 2021.

BLUMER, Herbert. "Industrialization and Race Relations". In: HUNTER, Guy (Org.). *Industrialization and Race Relations: A Symposium*. Nova York: Oxford University Press, 1965. pp. 228-9.

BONFIM, Paulo Ricardo. *Educar, higienizar e regenerar: Uma história da eugenia no Brasil*. Jundiaí: Paco Editorial, 2017.

BORGES, Edson; MEDEIROS, Carlos Alberto; D'ADESKY, Jacques. *Racismo, preconceito e intolerância*. 7. ed. São Paulo: Atual, 2009. (Coleção Espaço e Debate).

BORGES, Juliana. *Encarceramento em massa*. São Paulo: Jandaíra, 2020.

BOSCHETTI, Ivanete. *Assistência social no Brasil: Um direito entre originalidade e conservadorismo*. 2. ed. rev. ampl. Brasília: GESST, SER, UnB, 2003 [2001].

BOTELHO, Fernando; MADEIRA, Ricardo; RANGEL, Marcos A. "Racial Discrimination in Grading: Evidence from Brazil". *American Economic Journal*, v. 7, n. 4, out. 2015.

BOYER, Robert. *La Théorie de la régulation: Une Analyse critique*. Paris: La Découverte, 1986.

BRUNA, Gilda Collet (Coord.). *Avaliação do Programa Nacional de Cidades de Porte Médio e revisão de critérios de seleção das referidas cidades: Revisão de critérios de seleção de cidades e subsídio para uma nova política de desenvolvimento urbano nacional*. São Paulo: FAU-USP, 1984.

BURGOS, Marcelo Baumann. "Dos parques proletários ao favela-bairro: As políticas públicas nas favelas do Rio de Janeiro". In: ZALUAR, Alba; ALVITO, Marcos (Orgs.). *Um século de favela*. 2. ed. Rio de Janeiro: FGV, 1999.

_____. "Cidade, territórios e cidadania". *DADOS — Revista de Ciências Sociais*, Rio de Janeiro, v. 48, n. 1, pp. 189-222, 2005.

CABRAL, Muniz Sodré de Araújo. *O social irradiado: Violência urbana, neogrotesco e mídia*. Rio de Janeiro: Cortez, 1992.

CACCIAMALI, Maria Cristina. "Proceso de informalidad y sector informal. Reexamen de una discusión". *Revista Venezolana de Economía y Ciencias Sociales*, Caracas, v. 6, n. 3, pp. 95-110, 2000.

CAILLÉ, Alain. *Critique de la raison utilitaire*. Paris: La Découverte, 1989.

CANO, Wilson. *Raízes da concentração industrial em São Paulo*. Campinas: Unicamp, 1977.

_____. "A desindustrialização no Brasil". *Economia e Sociedade*, v. 21, n. 4, pp. 831-51, 2012.

CARDOSO, Fernando Henrique. "Dos governos militares a Prudente--Campos Sales". In: FAUSTO, Boris (Org.). *O Brasil Republicano*. São Paulo: Difel, 1975. Tomo III, v. 1.

_____. "Prefácio". In: TOLIPAN, Ricardo; TINELLI, Arthur Carlos (Orgs.). *A controvérsia sobre distribuição de renda e desenvolvimento*. Rio de Janeiro: Zahar Editores, 1975.

CARDOSO, Fernando Henrique; PINTO, Aníbal; SUNKEL, Osvaldo. *El pensamiento de la CEPAL*. Santiago: Editorial Universitaria, 1969. (Coleção Tiempo Latinoamericano).

CARDOSO, Miriam Limoeiro. *Ideologia do desenvolvimento — Brasil: JK-JQ*. Rio de Janeiro: Paz e Terra, 1987.

CARNEIRO, Edison. *Quilombo dos Palmares*. São Paulo: Companhia Editora Nacional, 1958.

CARNEIRO, Ricardo. *Desenvolvimento em crise: A economia brasileira no último quarto do século XX*. São Paulo: Editora Unesp, IE-Unicamp, 2002.

CARNEIRO, Sueli. *A construção do outro como não-ser como fundamento do ser*. São Paulo: Universidade de São Paulo, 2005. Tese (Doutorado em Educação).

_____. *Racismo, sexismo e desigualdade no Brasil*. São Paulo: Selo Negro, 2011.

CARONE, Iray; BENTO, Maria Aparecida Silva (Orgs.). *Psicologia social do racismo: Estudos sobre branquitude e branqueamento no Brasil*. Petrópolis: Vozes, 2009.

CARVALHO, Camila; FRIDMAN, Fania; STRAUCH, Júlia. "Desigualdade, escala e políticas públicas: Uma análise espacial dos equipamentos públicos nas favelas cariocas". *Revista Brasileira de Gestão Urbana*, v. 11, pp. 1-12, 2019.

CARVALHO, Inaiá Maria Moreira de; PASTERNAK, Suzana; BÓGUS, Lúcia Machado. "Transformações metropolitanas: São Paulo e Salvador". *Cadernos CRH*, Salvador, v. 23, n. 59, maio-ago. 2010.

CARVALHO, José Jorge. *A política de cotas no ensino superior: Ensaio descritivo e analítico do mapa das ações afirmativas no Brasil.* 1. ed. Brasília: Ministério da Educação, Instituto de Inclusão no Ensino Superior e na Pesquisa, 2016.

CARVALHO, José Murilo de. *Os bestializados: O Rio de Janeiro e a República que não foi.* São Paulo: Companhia das Letras, 1996.

CARVALHO, Leonardo; CORRÊA, Igor. "Eugenia e educação no Brasil do século XX: Entrevista com Jerry Dávila". *História, Ciências, Saúde*, Manguinhos, Rio de Janeiro, v. 23, supl. 1, pp. 227-33, dez. 2016.

CARVALHO, Marina Vieira de. "Os vadios na resistência ao disciplinamento social da Belle Époque carioca". XIII Encontro de História ANPUH, Rio de Janeiro, Identidades, 2008.

CASTEL, Robert. *Les Métamorphoses de la question sociale: Une Chronique du salariat.* Paris: Fayard, 1995. (Coleção L'Espace du politique).

_____. *As metamorfoses da questão social: Uma crônica do salário.* Petrópolis: Vozes, 1998.

_____. *La Discrimination négative: Citoyens ou indigènes?* Paris: Seuil; La République des Idées, 2007.

CASTRO, Jorge. "Financiamento da educação pública no Brasil: Evolução dos gastos". In: OLIVEIRA, Romualdo Portela de; SANTANA, Wagner. *Educação e federalismo no Brasil: Combater as desigualdades, garantir a diversidade.* Brasília: Unesco, 2010. pp. 169-90.

CASTRO, Josué de. *Homens e caranguejos.* São Paulo: Brasiliense, 1967.

CAVALCANTI, Mariana. "Tiroteios, legibilidade e espaço urbano: Notas etnográficas de uma favela consolidada". *Dilemas: Revista de Estudos de Conflito de Controle Social*, v. 1, n. 1, pp. 35-59, 2008.

CAVALLEIRO, Eliane dos Santos. *Do silêncio do lar ao silêncio escolar: Racismo, preconceito e discriminação na educação infantil.* São Paulo: Contexto, 2003.

CEBELA — Centro Brasileiro de Estudos Latino-americanos; FLACSO — Faculdade Latino-americana de Ciências Sociais. *O mapa da violência.* Rio de Janeiro: 2012 e 2013.

CEPAL — Comissão Econômica para a América Latina e o Caribe. *La Pobreza en America Latina: Dimensiones y políticas.* Santiago de Chile: Naciones Unidas, 1985. (Coleção Estudios y Informes de la Cepal).

_____; PNUD — Programa das Nações Unidas para o Desenvolvimento; OIT — Organização Internacional do Trabalho. *Emprego, desenvolvimento humano e trabalho decente: a experiência brasileira recente*, 2008.

CHADAREVIAN, Pedro C. "Elementos para uma crítica da teoria neoclássica e discriminação". *Revista Sociedade Brasileira de Economia Política*, n. 25, pp. 104-32, 2009.

CHALHOUB, Sidney. *Visões da liberdade: Uma história das últimas décadas da escravidão na Corte*. São Paulo: Companhia das Letras, 2011.

_____. *A força da escravidão: Ilegalidade e costume no Brasil oitocentista*. São Paulo: Companhia das Letras, 2012.

CHAMOISEAU, Patrick. *Écrire en Pays Dominé*. Paris: Éditions Gallimard, 1997.

CHESNAIS, François. *La mondialisation du capital*. Paris: Syros, 1994. (Coleção Alternatives Économiques).

CNVEN-DF — Comissão da Verdade sobre a Escravidão Negra no DF e Entorno. *A verdade sobre a escravidão negra no Distrito Federal e entorno*. Brasília: Sindicato dos Bancários de Brasília, 2017.

COHN, Amélia; ELIAS, Paulo. *Saúde no Brasil: Políticas e organização de serviços*. São Paulo: Cortez, Cedec, 2003.

CORBUCCI, Paulo. *Sobre a redução das matrículas no ensino médio regular*. Rio de Janeiro, Ipea, texto para discussão, 2009.

CORREIA, Evelline Soares. "Colégio de Aplicação Pedagógica: sua história e seu papel no contexto educacional brasileiro". *Revista Eletrônica Pesquiseduca*, v. 9, n. 17, pp. 116-29, jan./abr. 2017. ISSN: 2177-1626.

COSENTINO, Daniel. "A economia mineira no século XIX e a transição do trabalho escravo para o trabalho livre". *Revista Debate Econômico*, v. 1, n. 2, pp. 28-53, jul./dez. 2013.

COSTA, Cleber Lazaro Julião. "Crimes de racismo analisados nos tribunais brasileiros: O que as características das partes e os interesses corporativos da magistratura podem dizer sobre o resultado desses processos". *Revista de Estudos Empíricos em Direito — Brazilian Journal of Empirical Legal Studies*, v. 6, n. 3, p. 7-33, dez. 2019.

COSTA, Cleber Lázaro Julião; CARVANO, Marcelo. "Resultados de julgamentos dos casos de racismo nos tribunais de justiça e nos tribunais do trabalho". In: PAIXÃO, Marcelo et al. (Orgs.). *Relatório anual das desigualdades raciais*. Rio de Janeiro: Garamond, 2012. pp. 260-6.

COSTA, Emília Viotti da. "Urbanización en el Brasil del siglo XIX". In: SOLANO, Francisco (Coord.). *Estudios sobre la ciudad ibero-americana*. 2. ed. Madri: CSIC, 1983.

_____. *Da monarquia à República: Momentos decisivos*. 5. ed. São Paulo: Brasiliense, 1985.

CRENSHAW, Kimberlé. "Demarginalizing the Intersection of Race and Sex: A Black Feminist Critique of Antidiscrimination Doctrine, Feminist Theory and Antiracist Politics". *The University of Chicago Legal Forum*, v. 140, pp. 139-67, 1989.

CRUZ, Mariléia dos Santos. "Uma abordagem sobre a história da educação dos negros". In: ROMÃO, Jeruse (Org.). *História da educação do negro e outras histórias*. Brasília: Ministério da Educação, Secretaria de Educação Continuada, Alfabetização e Diversidade, 2005.

CUNHA, Marianno Carneiro da. *Da senzala ao sobrado: Arquitetura brasileira na Nigéria e na República Popular do Benin*. Introdução de Manuela Carneiro da Cunha. Fotos de Pierre Verger. São Paulo: Nobel, Edusp, 1985.

CUNHA, Olívia Maria Gomes da. "Sua alma em sua palma: Identificando a 'raça' e inventando a nação". In: PANDOLFI, Dulce (Org.). *Repensando o Estado Novo*. Rio de Janeiro: Fundação Getulio Vargas, 1999. pp. 257-88.

CURY, Carlos Roberto. "A educação e a primeira constituinte republicana". In: FÁVERO, Osmar (Org.). *A educação nas constituintes brasileiras: 1823-1988*. Campinas: Autores Associados, 2014.

_____. "A educação na revisão constitucional de 1926". In: FÁVERO, Osmar (Org.). *A educação nas constituintes brasileiras: 1823-1988*. Campinas: Autores Associados, 2014.

CURY, Carlos Roberto; HORTA, José Silvério; FÁVERO, Osmar. "A relação educação-sociedade-Estado pela mediação jurídico-constitucional". In: FÁVERO, Osmar (Org.). *A educação nas constituintes brasileiras: 1823--1988*. Campinas: Autores Associados, 2014.

D'ADESKY, Jacques. *Pluralismo étnico e multiculturalismo: Racismos e antirracismos no Brasil*. Rio de Janeiro: Pallas, 2001.

_____. *Antirracismo, liberdade e reconhecimento*. Rio de Janeiro: Daudt, 2006.

DAMASCENO, Caetana Maria. *"Cor" e "boa aparência" no mundo do trabalho doméstico: Problemas de pesquisa da curta à longa duração*. XXVII Simpósio Nacional de História da ANPUH, Natal, jul. 2013.

DANTAS, Monica. "Dos statutes ao código brasileiro de 1830: O levante de escravos como crime de insurreição". *Revista IHGB*, Rio de Janeiro, v. 172, n. 452, pp. 273-309, jul./set. 2011.

DÁVILA, Jerry. *Diploma de brancura: Política social e racial no Brasil — 1917--1945*. São Paulo: Editora Unesp, 2006.

DELGADO, Guilherme. "Setor de subsistência na economia brasileira: Gênese histórica e formas de reprodução". In: JACCOUD, Luciana (Org.). *Questão social e políticas sociais no Brasil contemporâneo*. 1. ed. Brasília: Ipea, 2005. v. 1.

DEMO, Pedro. *Cidadania menor: Algumas indicações quantitativas de nossa pobreza política*. Petrópolis: Vozes, 1992.

DIEESE — Departamento Intersindical de Estatística e Estudos Socioeconômicos. *O desemprego e as políticas de emprego e renda*. Pesquisa Dieese n. 10. São Paulo: Dieese, 1994.

_____. *Rotatividade no mercado de trabalho brasileiro*. São Paulo: Dieese/FAT/Ministério do Trabalho e Previdência Social, 2016.

_____. *Movimentação no mercado de trabalho: Rotatividade, intermediação e proteção ao emprego*. São Paulo: Dieese/FAT/Ministério do Trabalho, 2017.

DINIZ, Clélio Campolina; LEMOS, Mauro Borges. "Dinâmica regional e suas perspectivas para o Brasil". In: *Para a década de 90: Perspectivas e prioridade de políticas públicas*. Brasília: Ipea/Plan, v. 3, 1990.

DOMINGUES, Petrônio. "Movimento negro brasileiro: Alguns apontamentos históricos". *Tempo*, v. 12, n. 23, pp. 100-22, 2007.

_____. "Um 'templo de luz': Frente Negra Brasileira (1931-1937) e a questão da educação". *Revista Brasileira de Educação*, v. 13, n. 39, set./dez. 2008.

DRAIBE, Sônia. *Rumos e metamorfose: Um estudo sobre a Constituição do Estado e as alternativas de industrialização no Brasil: 1930-1960*. Rio de Janeiro: Paz e Terra, 1985. (Coleção Estudos Brasileiros).

_____. "O Welfare State no Brasil". *Núcleo de Estudos de Políticas Públicas*, caderno de pesquisa n. 80, 1993.

DUARTE, Eduardo de Assis. "Joel Rufino e o negro em cena". *Literafro*, [s.d.]. Disponível em: <www.letras.ufmg.br/literafro/resenhas/ensaio/19-joel-rufino-historia-do-teatro-negro>. Acesso em: 30 set. 2021.

DUMONT, Louis. *Homo aequalis: Genèse et épanouissement de l'idéologie économique*. Paris: Gallimard, 1977.

ECRI — The European Commission against Racism and Intolerance. "Annual Report on ECRI's Activities Covering the Period from 1 January to 31 December 2019". Conselho da Europa, Estrasburgo, mar. 2020.

EISENBERG, Peter L. *Modernização sem mudança: A indústria açucareira em Pernambuco, 1840-1910*. Rio de Janeiro: Paz e Terra; Campinas: Unicamp, 1977.

EL FASI, Mohammed; HRBEK, I. (Orgs.). *História geral da África*, v. 3: *África do século VII ao XI*. Brasília: Unesco/Ministério da Educação; São Carlos: Universidade Federal de São Carlos, 2010.

ESPING-ANDERSEN, Gosta. "As três economias políticas do welfare state". *Revista Lua Nova*, v. 24, set. 1991.

FANON, Frantz. *Os condenados da terra*. Rio de Janeiro: Civilização Brasileira, 1968.

_____. *Pele negra, máscaras brancas*. Salvador: UFBA, 2008.

FAORO, Raymundo. *Os donos do poder: Formação do patronato político brasileiro*. 4. ed. Porto Alegre: Globo, 1977. 2 v.

FAUSTO, Boris. "Controle social e criminalidade em São Paulo: Um apanhado geral (1890-1924)". In: PINHEIRO, Paulo Sérgio (Org.). *Crime, violência e poder*. São Paulo: Brasiliense, 1983. pp. 193-210.

_____. *A história do Brasil*. 12. ed. São Paulo: Edusp, 2013.

FAZENDA, Ivani Catarina Arantes. *Educação no Brasil, anos 60: O pacto do silêncio*. São Paulo: Loyola, 1988.

FEBRABAN. *Censo da diversidade*. São Paulo: Febraban, 2009.

_____. *Censo da diversidade*. São Paulo: Febraban, 2015.

FELTRAN, Gabriel. *Irmãos: Uma história do PCC*. São Paulo: Companhia das Letras, 2018.

_____. "Formas elementares da vida política: Sobre o movimento totalitário no Brasil (2013-)". *Novos Estudos Cebrap*, blog, 2020. Disponível em: <novosestudos.com.br/formas-elementares-da-vida-politica-sobre-o-movimento-totalitario-no-brasil-2013>. Acesso em: 21 set. 2021.

FERES JR., João. "Guerreiro Ramos: Branquidade, pós-colonialismo e nação". In: D'ADESKY, Jacques; SOUZA, Marcos Teixeira de (Orgs.). *Afro-Brasil: Debates e pensamentos*. Rio de Janeiro: Cassará, 2015.

FERNANDES, Florestan. *The Negro in Brazilian Society*. Nova York: Columbia University Press, 1969.

_____. *A integração do negro na sociedade de classes*. 3. ed. São Paulo: Ática, 1978.

FERNANDES, Florestan (Org.). *Relações raciais entre negros e brancos em São Paulo*. São Paulo: Unesco-Anhembi, 1955.

FERRARA, Miriam Nicolau. *A imprensa negra paulista (1915-1963)*. São Paulo: FFLCH-USP, 1986.

FERREIRA, Helder Rogério Sant'Ana; NATALINO, Marco Antonio Carvalho; SANTOS, Maria Paula dos. "Produção e reprodução de desigualdades pela política criminal". In: PIRES, Roberto Rocha C.

(Org.). *Implementando desigualdades: Reprodução de desigualdades na implementação de políticas públicas*. Rio de Janeiro: Ipea, 2019.

FERREIRA, Lania Stefanoni. *Racismo na "Família Ferroviária": Brancos e negros na Companhia Paulista em São Carlos*. São Carlos: UFSCar, 2004. Dissertação (Mestrado em Ciências Sociais).

FLAUZINA, Ana Luiza Pinheiro. *Corpo negro caído no chão: O sistema penal e o projeto genocida do Estado brasileiro*. Rio de Janeiro: Contraponto, 2008.

FLAUZINA, Ana; PIRES, Thula. "Supremo Tribunal Federal e a naturalização da barbárie". *Revista Direito e Práxis*, Rio de Janeiro, v. 11, n. 2, pp. 1211-37, 2020.

FLORES, Tarsila. "'Branco sai, preto fica': Cenas sobre punição e genocídio negro no Distrito Federal". *Revista InSURgência*, Brasília, ano 3, v. 3, n. 2, 2017.

FONSECA, Denise Pini Rosalem da; GIACOMINI, Sonia Maria (Orgs.). *Presença do Axé: Mapeando terreiros no Rio de Janeiro*. Rio de Janeiro: Editora PUC-Rio, Pallas, 2013.

FOUCAULT, Michel. *Em defesa da sociedade: Curso no Collège de France (1975-1976)*. São Paulo: Martins Fontes, 1999.

FOURASTIÉ, Jean. *Les Trente Glorieuses, ou la révolution invisible de 1946 à 1975*. Paris: Fayard, 1979. (Reed Hachette Pluriel n. 8363).

FRANÇA, Danilo. "Desigualdades e segregação residencial por raça e classe". In: MARQUES, Eduardo (Org.). *A metrópole de São Paulo no século XXI: Espaços, heterogeneidades e desigualdades*. São Paulo: Editora Unesp, 2015.

FRANCO, Maria Sylvia Carvalho. *Homens livres na ordem escravocrata*. São Paulo: Editora Unesp, 1997.

FRANCO, Marielle. *A redução da favela a três letras: Uma análise da política de segurança pública do Estado do Rio de Janeiro*. Niterói: Universidade Federal Fluminense, 2014. Dissertação (Mestrado em Administração).

FREITAS, Décio. *Palmares: A guerra dos escravos*. Rio de Janeiro: Graal, 1978.

FREYRE, Gilberto. *Casa-grande e senzala: Formação da família brasileira sob o regime da economia patriarcal*. 51. ed. São Paulo: Global, 2006.

FULGÊNCIO, Rafael Figueiredo. "O paradigma racista da política de imigração brasileira e os debates sobre a 'questão chinesa' nos primeiros anos da República". *Revista de Informação Legislativa*, v. 51, n. 202, pp. 203-21, abr./jun. 2014.

FURTADO, Celso. *Subdesenvolvimento e estagnação na América Latina*. Rio de Janeiro: Civilização Brasileira, 1968.

_____. *A formação econômica do Brasil*. 10. ed. São Paulo: Editora Nacional, 1970. (Coleção Biblioteca Universitária, Série 2ª, Ciências Sociais, v. 23).

_____. *A fantasia organizada*. Rio de Janeiro: Paz e Terra, 1985.

GENI — Grupo de Estudos dos Novos Ilegalismos (UFF); Observatório das Metrópoles (Ippur-UFRJ). *Expansão das milícias no Rio de Janeiro: Uso da força estatal, mercado imobiliário e grupos armados.* Relatório final. Rio de Janeiro: Fundação Heinrich Böll, 2021.

GOES, Emanuelle; NASCIMENTO, Enilda. "Mulheres negras e brancas e os níveis de acesso aos serviços preventivos de saúde: Uma análise sobre as desigualdades". *Saúde em Debate*, Rio de Janeiro, v. 37, n. 99, 2013.

GOES, Luciano. *A tradução de Lombroso na obra de Nina Rodrigues: O racismo como base estruturante da criminologia brasileira*. Rio de Janeiro: Revan, 2016.

GOMES, Ângela de Castro. *A invenção do trabalhismo*. Rio de Janeiro: Relume Dumará, 1994.

GOMES, Nilma Lino. "Limites e possibilidades da implantação da lei 10.639/03 no contexto das políticas públicas em educação". In: PAULA, Marilene de; HERINGER, Rosana. *Caminhos convergentes: Estado e sociedade na superação das desigualdades raciais no Brasil*. Rio de Janeiro: Fundação Heinrich Böll, ActionAid, 2009. pp. 39-74.

GOMES, Tatiana Emília Dias. *Racismo fundiário: A elevadíssima concentração de terras no Brasil tem cor*. Ensaio publicado na Coluna Vozes das Mulheres, da Comissão Pastoral da Terra, Bahia, 2019. Disponível em: <cptba.org.br/racismo-fundiario-a-elevadissima-concentracao-de-terras-no-brasil-tem-cor>. Acesso em: 26 set. 2020.

GONZÁLEZ, Lélia. "Racismo e sexismo na cultura brasileira". In: SILVA, Luiz Antônio Machado et al. *Movimentos sociais urbanos, minorias étnicas e outros estudos*. Brasília: Anpocs, 1983. pp. 223-44. (Ciências Sociais Hoje, 2).

_____. "A categoria político-cultural de amefricanidade". *Revista Tempo Brasileiro*, Rio de Janeiro, v. 92, n. 93, pp. 69-82, jan./jun. 1988.

GORENDER, Jacob. *O escravismo colonial*. 2. ed. São Paulo: Ática, 1978. (Coleção Ensaios, n. 29).

_____. *A escravidão reabilitada*. São Paulo: Ática, 1990. (Série Temas, 23).

GUALTIERI, Regina. "Educar para regenerar e selecionar: convergências entre os ideários eugênico e educacional no Brasil". *Estudos de Sociologia*, v. 13, n. 25, pp. 91-110, 2008.

_____. "Da regeneração social ao direito biológico: Um ponto de inflexão nas propostas educacionais de Fernando de Azevedo". *Revista Eletrônica de Educação*, v. 12, n. 2, pp. 483-500, maio/ago. 2018.

GUHA, Ranajit (Org.). *A Subaltern Studies Reader (1986-1996)*. Minneapolis: University of Minnesota Press, 1997.

GUIMARÃES, Antonio Sérgio Alfredo. "Manoel Querino e a formação do 'pensamento negro' no Brasil entre 1890 e 1920". Comunicação preparada para o painel "Nação, antirracismo e processos de etnicização no mundo lusófono" do VIII Congresso Luso-Afro-Brasileiro, Coimbra, set. 2004.

_____. "Preconceito de cor e racismo no Brasil". *Revista de Antropologia*, v. 47, n. 1, pp. 9-43, 2004.

GUIMARÃES, Nadya. "Os desafios da equidade: Reestruturação e desigualdades de gênero e raça no Brasil". *Cadernos Pagu*, n. 17-18, pp. 237-66, 2002.

GUIMARÃES, Nadya et al. "Os pobres e o acesso ao trabalho: Entre a ação pública e o interesse privado". *Novos Estudos Cebrap*, São Paulo, v. 36, n. 2, pp. 83-105, out. 2017.

HAIDER, Asad. *A armadilha da identidade: Raça e classe nos dias de hoje*. São Paulo: Veneta, 2019. (Coleção Baderna).

HALL, Stuart. "Quando foi o pós-colonial? Pensando no limite". In: _____. *Da diáspora: Identidades e mediações culturais*. Belo Horizonte: Editora UFMG, 2003. pp. 101-31.

HARAWAY, Donna. *Simians, Cyborgs, and Women: The Reinvention of Nature*. Nova York: Routledge, 1991.

HASENBALG, Carlos Alfredo. *Discriminação e desigualdades raciais no Brasil*. Rio de Janeiro: Graal, Biblioteca de Ciências Sociais, 1979. (Série Sociologia, 10).

HENRIQUES, Ricardo. *Raça e gênero no sistema de ensino: Os limites das políticas universalistas na educação*. Brasília: Unesco, 2002.

HIRATA, Daniel. "O governo dos ambulantes: Mercado de coerção em São Paulo e no Rio de Janeiro". In: MISSE, Michel; ADORNO, Sérgio. *Mercados ilegais, violência e criminalização*. São Paulo: Alameda, 2018.

HIRATA, Daniel; GRILLO, Carolina. "Crime, guerra e paz: Dissenso político-cognitivo em tempos de extermínio". *Novos Estudos Cebrap*, v. 38, n. 3, pp. 553-71, 2019.

HOCHMAN, Gilberto. *A era do saneamento: As bases da política de saúde pública no Brasil*. São Paulo: Hucitec-Anpocs, 1998.

HOFBAUER, Andreas. *Uma história de branqueamento ou o negro em questão*. São Paulo: Editora Unesp, 2006.

HOFFMANN, Helga. *Desemprego e subemprego no Brasil*. 2. ed. São Paulo: Ática, 1980. (Coleção Ensaios, n. 24).

HOFFMANN, Rodolfo. "Desigualdade e pobreza no Brasil no período 1979-90". *Revista Brasileira de Economia*, Rio de Janeiro, v. 49, n. 2, pp. 277-94, abr./jun. 1995.

HOLLANDA, Sérgio Buarque de. *Raízes do Brasil*. 4. ed. Brasília: Editora da UnB, 1963.

HOLLOWAY, Thomas H. *Policing Rio de Janeiro: Repression and Resistance in a Nineteenth-Century City*. Stanford: Stanford University Press, 1993.

HOLSTON, James. *Cidadania insurgente: Disjunções da democracia e da modernidade no Brasil*. São Paulo: Companhia das Letras, 2013.

HOOKS, bell. *Black Looks: Race and Representation*. Boston, MA: South End Press, 1992.

_____. "Intelectuais negras". *Estudos Feministas*, v. 3, n. 2, p. 464-9, 1995.

IBGE — Instituto Brasileiro de Geografia e Estatística. *Estatísticas do século XX*, 2003.

_____. "Desigualdades sociais por cor ou raça no Brasil". *Estudos e Pesquisas — Informação Demográfica e Socioeconômica*, Rio de Janeiro, n. 41, 2019.

_____. *Base de informações geográficas e estatísticas sobre os indígenas e quilombolas*. Rio de Janeiro, 2020.

IDDD — Instituto de Defesa do Direito de Defesa. *Mães livres: A maternidade invisível no sistema de justiça*. Disponível em: <www.conjur.com.br/dl/relatorio-iddd-maes-livres.pdf>. Acesso em: 4 nov. 2021.

IOTTI, Luiza Horn. *A política imigratória brasileira e sua legislação: 1822--1914*. Anais do X Encontro Estadual de História, Santa Maria, RS, 26 a 30 jun. 2010.

IPEA — Instituto de Pesquisa Econômica Aplicada. "Igualdade racial". *Boletim Políticas Sociais: Acompanhamento e Análise*, Brasília, n. 12, 2006.

_____. "Igualdade racial". *Boletim Políticas Sociais: Acompanhamento e Análise*, n. 13, 2007.

_____. "Igualdade racial". *Boletim de Políticas Sociais: Acompanhamento e Análise*, n. 16, 2008.

_____. "Igualdade racial". *Boletim Políticas Sociais: Acompanhamento e Análise*, Brasília, n. 17, 2009.

IPEA — Instituto de Pesquisa Econômica Aplicada. "Igualdade racial". *Boletim Políticas Sociais: Acompanhamento e Análise*, Brasília, n. 20, 2012.

_____. "Duas décadas de desigualdade e pobreza no Brasil medidas pela PNAD/IBGE". Comunicado n. 159, Brasília, out. 2013.

_____. "Igualdade racial". *Boletim Políticas Sociais: Acompanhamento e Análise*, Brasília, n. 23, 2015.

_____. "Igualdade racial". *Boletim Políticas Sociais: Acompanhamento e Análise*, Brasília, n. 25, 2018.

IPEA E FÓRUM BRASILEIRO DE SEGURANÇA PÚBLICA (Orgs.). *Atlas da violência 2018*. Disponível em: <https://www.ipea.gov.br/atlasviolencia/publicacoes/49/atlas-da-violencia-2018>. Acesso em: 4 nov. 2021.

_____. *Atlas da violência 2019*. Disponível em: <https://www.ipea.gov.br/atlasviolencia/arquivos/artigos/6363-atlasdaviolencia2019completo.pdf>. Acesso em: 4 nov. 2021.

IPEA e UNIFEM. *Retrato das desigualdades de gênero e raça*. Brasília: Unifem, 2005.

_____. *Retrato das desigualdades de gênero e raça*. Brasília: Unifem, 2017.

JACCOUD, Luciana de Barros. "Lutas sociais, populismo e democracia: 1960-1964". In: PAVIANI, Aldo (Org.). *A conquista da cidade: Movimentos populares em Brasília*. Brasília: Editora UnB, 1991.

_____. *Pauvreté, démocratie et protection sociale au Brésil*. Paris: École des Hautes Études en Sciences Sociales, 2002. Tese (Doutorado em Sociologia).

_____. "O combate ao racismo e à desigualdade: O desafio das políticas públicas de promoção da igualdade racial". In: THEODORO, Mário (Org.). *As políticas públicas e a desigualdade racial no Brasil: 120 anos após a abolição*. Brasília: Ipea, 2008.

JACCOUD, Luciana de Barros (Org.). *A construção de uma política de promoção da igualdade racial: Uma análise dos últimos 20 anos*. Brasília: Ipea, 2009.

JACCOUD, Luciana de Barros; BEGHIN, Nathalie. *Desigualdades raciais no Brasil: Um balanço da intervenção governamental*. Brasília: Ipea, 2002.

JACINO, Ramatis. *O negro no mercado de trabalho de São Paulo pós-abolição: 1912-1920*. São Paulo: USP, 2012. Tese (Doutorado em História Econômica).

JANNUZZI, Paulo. "Pobreza, desigualdade e mudança social: Trajetória no Brasil recente (1992 a 2014)". *Revista de Estudos e Pesquisas sobre as Américas*, v. 10, n. 3, 2016.

JESUS, Andreia Souza de. "A política de prevenção à criminalidade como perpetuação do racismo de Estado". In: PIRES, Roberto Rocha C. (Org.). Implementando desigualdades: Reprodução de desigualdades na implementação de políticas públicas. Rio de Janeiro: Ipea, 2019.

KERN, Gustavo da Silva. Racialismo, eugenia e educação nas primeiras décadas do século XX. Anais da 36ª Reunião Nacional da ANPED, Goiânia, 29 set. a 2 out. 2013.

KERSTENETZKY, Célia. "Redistribuição no Brasil no século XXI". In: ARRETCHE, Marta; MARQUES, Eduardo; FARIA, Carlos Aurélio Pimenta de. As políticas da política: Desigualdade e inclusão nos governos do PSDB e PT. São Paulo: Editora Unesp, 2019. pp. 49-73.

KOPPER, Moisés; RICHMOND, Matthew. "Situando o sujeito das periferias urbanas". Novos Estudos Cebrap, São Paulo, v. 39, n. 1, pp. 9-17, jan./abr. 2020.

KOWARICK, Lúcio. Trabalho e vadiagem: A origem do trabalho livre no Brasil. Rio de Janeiro: Paz e Terra, 1994.

_____. Viver em risco: Sobre a vulnerabilidade socioeconômica e civil. São Paulo: Ed. 34, 2009.

KREIN, José Dari. "O desmonte dos direitos, as novas configurações do trabalho e o esvaziamento da ação coletiva: Consequências da reforma trabalhista". Tempo Social, São Paulo, v. 30, n. 1, p. 77-104, 2018.

KUZNETS, Simon. "Economic Growth and Income Inequality". American Economic Review, v. 45, n. 1, pp. 1-28, mar. 1955.

LAMONT, Michèle. La Dignité des travailleurs. Paris: Presses de Sciences Po, 2002.

LAMONT, Michèle; PIERSON, Paul. "Inequality Generation & Persistence as Multidimensional Processes: An Interdisciplinary Agenda". Dædalus, the Journal of the American Academy of Arts & Sciences, v. 148, n. 3, verão 2019.

LAMOUNIER, Maria Lúcia. Da escravidão ao trabalho livre: A lei de alocação de serviços de 1879. Campinas: Papirus, 1988.

LANGONI, Carlos Geraldo. "Distribuição de renda e desenvolvimento econômico no Brasil: Uma reafirmação". Ensaios Econômicos da EPGE, Rio de Janeiro, FGV, n. 8, 1973.

LARKIN, Elisa. O sortilégio da cor: Identidade, raça e gênero no Brasil. São Paulo: Summus, 2003.

LAUTIER, Bruno. "Les travailleurs n'ont pas la forme: Informalité des relations de travail et citoyenneté en Amérique latine". In: LAU-

TIER, Bruno; MORICE, Alain; MIRAS, Claude. *L'État et l'informel*. Paris: L'Harmattan, 1991.

_____. *L'économie informelle dans le tiers monde*. Paris: La Découverte, 1994. (Coleção Repères, n. 155).

LAUTIER, Bruno; MORICE, Alain; MIRAS, Claude. *L'État et l'informel*. Paris: L'Harmattan, 1991.

LEAL, Victor Nunes. *Coronelismo, enxada e voto: O município e o regime representativo no Brasil*. 3. ed. Rio de Janeiro: Nova Fronteira, 1997.

LEDAN fils, Jean. *L'Histoire d'Haïti: La "petite histoire"*. Porto Príncipe: Fokal, 2010.

LEMGRUBER, Julita; FERNANDES, Marcia. "Tráfico de drogas na cidade do Rio de Janeiro: prisão provisória e direito de defesa". In: MOURÃO, Barbara et al. *Polícia, justiça e drogas: como anda nossa democracia?* Rio de Janeiro: CESeC, 2016.

LEWIS, William Arthur. "Economic Development with Unlimited Supply of Labor". *Manchester School of Economic and Social Studies*, n. 22, maio 1954.

LIBBY, Douglas Cole. *Transformação e trabalho em uma economia escravista: Minas Gerais no século XIX*. São Paulo: Brasiliense, 1988.

_____. "Sociedade e cultura escravistas como obstáculos ao desenvolvimento econômico". *Estudos Econômicos*, São Paulo, v. 23, n. 3, pp. 445-76, 1993.

LIMA JÚNIOR, Antônio Teixeira. "A discriminação sentenciada: Racismo de Estado e desigualdade no Brasil". In: PIRES, Roberto Rocha C. (Org.). *Implementando desigualdades: Reprodução de desigualdades na implementação de políticas públicas*. Rio de Janeiro: Ipea, 2019.

LIMA, Márcia; PRATES, Ian. "Emprego doméstico e mudança social: Reprodução e heterogeneidade na base da estrutura ocupacional brasileira". *Tempo Social, Revista de Sociologia da USP*, v. 31, n. 2, pp. 149-71, 2019.

LIRA, José Tavares Correia. "A construção discursiva da casa popular no Recife (década de 30)". *Análise social*, v. XXIX, pp. 733-53, 1994.

LOBATO, Monteiro. *A barca de Gleyre*. Rio de Janeiro: Globo, 2008.

_____. *O presidente negro: O choque das raças*. São Paulo: Globo, 2008.

LÓPEZ-DURAN, Fabiola. *Eugenics in the Garden: Architecture, Medicine, and Landscape from France to Latin America in the Early Twentieth Century*. Departamento de Arquitetura do Instituto de Tecnologia de Massachusetts, 2009. Tese.

LOURY, Glenn C. "Racial Stigma: Toward a New Paradigm for Discrimination Theory". *American Economic Review*, v. 93, n. 2, pp. 334-7, maio 2003.

LOURY, Glenn C. *The Anatomy of Racial Inequality*. Cambridge, MA: Harvard University Press, 2009.

MAIELLO, Antonella; BRITTO, Ana Lucia Nogueira de Paiva; VALLE, Tatiana Freitas. "Implementación de la política nacional brasileña de gestión de residuos". *Revista de Administração Pública*, Rio de Janeiro, v. 52, n. 1, jan./fev. 2018.

MAIO, Marcos. "O Projeto Unesco: Ciências Sociais e o 'credo racial brasileiro'". *Revista USP*, São Paulo, n. 46, jun./ago. 2000.

_____. "As elites de cor: Thales de Azevedo e o Projeto Unesco de relações raciais no Brasil". *Revista Brasileira de Sociologia*, v. 5, n. 10, maio/ago. 2017.

MALAN, Pedro; WELLS, John. "Resenha bibliográfica: Distribuição da renda e desenvolvimento econômico". *Pesquisa e Planejamento Econômico*, v. 3, n. 4, pp. 1103-24, 1973.

MALLOY, James. *Política de previdência social no Brasil*. Rio de Janeiro: Graal, 1986.

MANSO, Bruno Paes. *A república das milícias: Dos esquadrões da morte à era Bolsonaro*. São Paulo: Todavia, 2020.

MARCHA ZUMBI + 10. *Manifesto à nação: Documento à nação contra o racismo e pelo direito à vida*. Brasília, 16 nov. 2005.

MARIANO, Ricardo. "Pentecostais e ação: A demonização dos cultos afro-brasileiros". In: SILVA, Vagner Gonçalves da (Org.). *Intolerância religiosa: Impactos do neopentecostalismo no campo religioso afro-brasileiro*. São Paulo: Edusp, 2015.

MARICATO, Ermínia. *Política habitacional no regime militar: Do milagre brasileiro à crise econômica*. Petrópolis: Vozes, 1987.

_____. *O impasse da política urbana no Brasil*. Petrópolis: Vozes, 2014.

MARINS, Mani Tebet. "Estigma e repercussões do status de beneficiária". In: PIRES, Roberto Rocha C. (Org.). *Implementando desigualdades: Reprodução de desigualdades na implementação de políticas públicas*. Brasília: Ipea, 2019.

MARQUES, Eduardo. *Redes sociais, segregação e pobreza em São Paulo*. São Paulo: Editora Unesp; CEM, 2010.

_____. "Os espaços sociais da metrópole nos 2000". In: _____(Org.). *A metrópole de São Paulo no século XXI: Espaços, heterogeneidades e desigualdades*. São Paulo: Editora Unesp, 2015. pp. 173-98.

MARQUES-PEREIRA, Jaime. "Marché du travail, protection sociale et développement à l'heure de la globalisation: Un jeu de miroirs Europe/ Amérique latine". In: BIZBERG, Ilán; MARQUES-PEREIRA, Bérengère. (Orgs.). *La Citoyenneté sociale en Amérique latine*. Paris: L'Harmattan, 1995. pp. 53-79.

_____. *Travail et développement*. Paris: Greitd, 1996. Mimeo.

MARTINE, George; CARVALHO, José Alberto M. "Cenários demográficos para o século 21 e algumas implicações sociais". *Planejamento e Políticas Públicas*, v. 1, n. 2, pp. 61-91, 1989.

MARTINS, Paulo Henrique. "A sociologia de Marcel Mauss: Dádiva, simbolismo e associação". *Revista Crítica de Ciências Sociais*, n. 73, 2005.

MARX, Karl. *O capital*. Rio de Janeiro: Civilização Brasileira, 1980. Livro I, v. 1. (Coleção Perspectiva do Homem, 38, Série Economia).

MATION, Lucas Ferreira; NADALIN, Vanessa Gapriotti; KRAUSE, Cleandro Henrique. *Favelização no Brasil entre 2000 e 2010: Resultados de uma classificação comparável*. Brasília: Ipea, texto para discussão n. 2009, 2014.

MATTOSO, Kátia. *Ser escravo no Brasil*. São Paulo: Brasiliense, 1990.

_____. *Bahia, século XIX: Uma província no Império*. Rio de Janeiro: Nova Fronteira, 1992.

MAUSS, Marcel. *Sociologia e antropologia*. São Paulo: Cosac & Naify, 2003.

MBEMBE, Achille. *Crítica da razão negra*. Lisboa: Antígona, 2014.

_____. "Necropolítica: Biopoder, soberania, estado de exceção, política da morte". *Arte e Ensaio, Revista do PPGAV/EBA*, Rio de Janeiro, UFRJ, n. 32, dez. 2016.

MEDEIROS, Marcelo; FERREIRA DE SOUZA, Pedro H. G.; CASTRO, Fábio Ávila de. "A estabilidade da desigualdade de renda no Brasil, 2006 a 2012: Estimativa com dados do imposto de renda e pesquisas domiciliares". *Ciência & Saúde Coletiva*, v. 20, n. 4, pp. 971-86, 2015.

MEIRELLES, Renato; ATHAYDE, Celso. *Um país chamado favela: A maior pesquisa já feita sobre a favela brasileira*. São Paulo: Gente, 2014.

MELCHIOR, José Carlos. "A vinculação constitucional de recursos financeiros para a educação: A esfera federal". *Cadernos de Pesquisa*, v. 50, pp. 15-21, ago. 1984.

MELLO, Marina Pereira de Almeida. "O lugar da mulher na imprensa negra paulista (1915-1924)". *Revista Cultura Histórica & Patrimônio*, v. 1, n. 2, 2013.

MENDES, Miriam Garcia. *O negro e o teatro brasileiro*. São Paulo: Hucitec, 1993. (Coleção Teatro, v. 25).

MENEZES, Jaci Maria Ferraz de. "Educação e cor de pele na Bahia: O acesso à educação de negros e mestiços", *Cadernos NEPRE*, v. 4, pp. 7-34, 2006.
MENEZES, Janaina. "A vinculação constitucional de recursos para a educação: Os (des)caminhos do ordenamento constitucional". *Revista HISTEDBR On-line*, Campinas, n. 30, pp. 149-63, 2008.
MENICUCCI, Telma. *Público e privado na política de assistência à saúde no Brasil*. Rio de Janeiro: Fiocruz, 2007.
MESQUITA, Gustavo. "Dois países, o mesmo dilema? Reflexões sobre a democracia e o racismo nos Estados Unidos e no Brasil". *Estudos Históricos*, Rio de Janeiro, v. 32, n. 67, pp. 429-49, 2019.
MIGNOLO, Walter. *Histórias locais/projetos globais: Colonialidade, saberes subalternos e pensamento liminar*. Belo Horizonte: Editora UFMG, 2003.
MILANEZI, Jaciane; SILVA, Graziella. "Silêncio: Reagindo à saúde da população negra em burocracias do SUS". In: PIRES, Roberto Rocha C. (Org.). *Implementando desigualdades: Reprodução de desigualdades na implementação de políticas públicas*. Brasília: Ipea, 2019.
MILANOVIC, Branko. *Global Inequality: A New Approach for the Age of Globalization*. Cambridge, MA: Harvard University Press, 2016.
MILL, John Stuart. *O utilitarismo*. São Paulo: Iluminuras, 2000.
MILLS, Charles W. "O contrato de dominação". *Revista Meritum*, Belo Horizonte, v. 8, n. 2, pp. 15-70, jul./dez. 2013.
MILLS, Charles W. *The Racial Contract*. Ithaca, NY: Cornell University Press, 1997.
MINISTÉRIO DO DESENVOLVIMENTO REGIONAL/SNS; SISTEMA NACIONAL DE INFORMAÇÕES SOBRE SANEAMENTO. *Diagnóstico dos Serviços de Água e Esgotos, 2018*. Brasília: SNS/MDR, 2019.
MIR, Luís. *Guerra civil: Estado e trauma*. São Paulo: Geração Editorial, 2004.
MIRAS, Claude de. "L'informel: Un mode d'emploi". In: LAUTIER, Bruno; MORICE, Alain; MIRAS, Claude. *L'État et l'informel*. Paris: L'Harmattan, 1991.
MISSE, Michel; GRILLO, Carolina; NERI, Natasha. "Letalidade policial e indiferença legal: a apuração judiciária dos 'autos de resistência' no Rio de Janeiro (2001-2011)". *Dilemas: Revista de Estudos de Conflito e Controle Social*, ed. especial n. 1, pp. 43-71, 2015.

MORAÑA, Mabel; DUSSEL, Enrique; JÁUREGUI, Carlos (Orgs.). *Coloniality at Large: Latin American and the Postcolonial Debate*. Durham: Duke University Press, 2008.
MORCEIRO, Paulo César; GUILHOTO, Joaquim José Martins. "Desindustrialização setorial e estagnação de longo prazo da manufatura brasileira". *TD Nereus*, São Paulo, jan. 2019.
MOREIRA, Diva. *Psiquiatria, controle e repressão social*. Petrópolis: Vozes; Fundação João Pinheiro, 1983.
MOREL, Marco. *A revolução do Haiti e o Brasil escravista: O que não deve ser dito*. Rio de Janeiro: Paco Editorial, 2017.
MORICE, Alain. "Les maîtres de l'informel". In: LAUTIER, Bruno; MORICE, Alain; MIRAS, Claude. *L'État et l'informel*. Paris: L'Harmattan, 1991.
MORRIS, Aldon. "Building Blocks of Social Inequality: A Critique of Durable Inequality". *Comparative Studies in Society and History*, v. 42, n. 2, pp. 482-6, 2000.
MOSTAFA, Joana; THEODORO, Mário. "(Des)proteção social: impactos da reforma da previdência no contexto urbano". *Boletim Legislativo*, Brasília, n. 65, 2017.
MOTA, Patricia Flavia; FERREIRA, Arthur Vianna; SIRINO, Marcio Bernardino. "Ciep como espaço de educação social: Apontamentos sobre o Programa Especial de Educação (PEE)". *Revista Interinstitucional Artes de Educar*, Rio de Janeiro, v. 3, n. 2, pp. 113-29, jul./out. 2017. "Número Especial Darcy Ribeiro".
MOURA, Clóvis. *Rebeliões da senzala*. Porto Alegre: Mercado Aberto, 1988.
_____. *Trajetória da Abolição em São Paulo: Do quilombismo radical à conciliação*, Acervo *Revista Arquivo Nacional*, v. 3, n. 1, pp. 109-19, jan.-jun. 1988.
_____. *Dicionário da escravidão negra no Brasil*. São Paulo: Edusp, 2013.
MULLER, Maria Lúcia Rodrigues. "Professoras negras no Rio de Janeiro: História de um branqueamento". In: OLIVEIRA, Iolanda (Org.). *Relações raciais e educação: Novos desafios*. Rio de Janeiro: LPP-Uerj; DP&A, 2003.
MUNANGA, Kabengele (Org.). *Superando o racismo na escola*. 2. ed. revisada. Brasília: Ministério da Educação, Secretaria de Educação Continuada, Alfabetização e Diversidade, 2005.
MUNIZ, Jaqueline de Oliveira; SILVA, Washington França da. "Mandato policial na prática: Tomando decisões nas ruas de João Pessoa". *Caderno CRH*, v. 23, n. 60, pp. 449-73, 2010.
MYRDAL, Gunnar. *An American Dilemma: The Negro Problem and Modern Democracy*. Nova York: Harper & Brothers, 1944.

MYRDAL, Gunnar. *Aspectos políticos da teoria econômica*. São Paulo: Abril Cultural, 1984. (Coleção Os Economistas).

NABUCO, Joaquim. "O abolicionismo". In: SANTIAGO, Silviano (Org.). *Intérpretes do Brasil*. Rio de Janeiro: Nova Aguilar, 2000.

NASCIMENTO, Abdias do. *O quilombismo*. Petrópolis: Vozes, 1980.

_____. *O genocídio do negro brasileiro: Processo de um racismo mascarado*. 3. ed. São Paulo: Perspectiva, 2016.

NASCIMENTO, Elisa Larkin (Org.). *Afrocentricidade: Uma abordagem inovadora*. São Paulo: Selo Negro, 2009.

NATALINO, Marco Antonio Carvalho. *Estimativa da população em situação de rua no Brasil*. Brasília: Ipea, texto para discussão n. 2246, 2016.

NEGREIROS, Dalila. *Educação das relações étnico-raciais: Análise da formação de docentes por meio dos Programas Uniafro e Africanidades*. Rio de Janeiro: Escola Nacional de Saúde Pública Sergio Arouca, 2013. Tese (Mestrado em Saúde Pública).

NERI, Marcelo. *A nova classe média: O lado brilhante da base da pirâmide*. São Paulo: Saraiva, 2011.

NETO, Lira. *Castello: A marcha para ditadura*. São Paulo: Companhia das Letras, 2019.

NOGUEIRA, Oracy. *Tanto preto quanto branco: Estudos de relações raciais*. São Paulo: T. A. Queiroz, 1985.

NOGUEIRA, Sidnei. *Intolerância religiosa*. São Paulo: Sueli Carneiro; Jandaíra, 2020.

NUN, José. "Superpopulação relativa, exército industrial de reserva e massa marginal". In: PEREIRA, Luiz. *Populações marginais*. São Paulo: Duas Cidades, 1978.

NUNES, Christiane. *Cidadania e cultura: O universo das empregadas domésticas em Brasília — 1970-1990*. Brasília: Universidade de Brasília, 1993. Tese (Doutorado em Sociologia).

NUNES, Clarice. "A instrução pública e a primeira história sistematizada da educação brasileira". *Cadernos de Pesquisa*, n. 93, pp. 51-9, maio 1995.

_____. "As políticas públicas de educação de Gustavo Capanema no governo Vargas". In: BOMENY, Helena (Org.). *Constelação Capanema: Intelectuais e políticas*. Rio de Janeiro: Fundação Getulio Vargas, 2001. pp. 103-25.

NUNES, Orlando Vinicius Rangel. *O programa Cidades de Porte Médio: Planejamento e política urbano-regional no Brasil (1976-1986)*. Brasília: Universidade de Brasília, 2020. Tese (Doutorado em Arquitetura e Urbanismo).

OLIVEIRA, Fabiana de. "Um estudo sobre a creche: o que as práticas educativas produzem e revelam sobre a questão racial?". Dissertação (Mestrado em Ciências Humanas). Universidade Federal de São Carlos, São Carlos, 2004.

OLIVEIRA, Jaime Antonio de; TEIXEIRA, Sonia Maria Fleury. *Imprevidência social: 60 anos de história da previdência no Brasil*. 2. ed. Petrópolis: Vozes, 1989.

OLIVEIRA, Lucia Elena Garcia de; PORCARO, Rosa Maria; ARAÚJO, Tereza Cristina N. *O lugar do negro na força de trabalho*. Rio de Janeiro: IBGE, 1981.

OLIVEIRA JR., Almir de; LIMA, Verônica Couto de Araújo. "Violência letal no Brasil e vitimização da população negra: Qual tem sido o papel das polícias e do Estado?". In: SILVA, Tatiana Dias; GOES, Fernanda Lira (Orgs.). *Igualdade racial no Brasil: Reflexões no Ano Internacional dos Afrodescendentes*. Brasília: Ipea, 2013.

ONU. *Relatório sobre Estado da Insegurança Alimentar no Mundo — 2012*, divulgado no dia 9 out. 2013 em Roma, na Itália.

OSÓRIO, Rafael Guerreiro. "Desigualdade racial e mobilidade social no Brasil: Um balanço das teorias". In: THEODORO, Mário (Org.). *As políticas públicas e a desigualdade racial no Brasil: 120 anos após a abolição*. Brasília: Ipea, 2008.

OSÓRIO, Rafael Guerreiro et al. "Perfil da pobreza no Brasil e sua evolução no período 2004-2009". Brasília: Ipea, texto para discussão n. 1647, 2011.

OST, Sabrina; FLEURY, Sônia. "O mercado sobe o morro. A cidadania desce? Efeitos socioeconômicos da pacificação no Santa Marta". *Brasil DADOS — Revista de Ciências Sociais*, Rio de Janeiro, v. 56, n. 3, pp. 635-71, 2013.

OXFAM. *Nós e as desigualdades: Percepções sobre desigualdades no Brasil*. São Paulo: Oxfam Brasil/Datafolha, 2019.

PAIXÃO, Marcelo. *Crítica da razão culturalista: Relações raciais e a construção das desigualdades sociais no Brasil*. Rio de Janeiro: Iuperj, 2005. Tese (Doutorado em Sociologia).

_____. *500 anos de solidão: Estudos sobre desigualdades raciais no Brasil*. Curitiba: Appris, 2013.

_____. *A lenda da modernidade encantada: Por uma crítica ao pensamento social brasileiro sobre relações raciais e projeto de Estado-Nação*. Curitiba: CRV, 2013.

PALACIN, Luís. *O século do ouro em Goiás*. 4. ed. Goiânia: UCG, 1994.
PASSOS, Joana Célia dos. "As desigualdades educacionais, a população negra e a Educação de Jovens e Adultos". *EJA em Debate*, Florianópolis, v. 1, n. 1, nov. 2012.
PATEMAN, Carole. *The Sexual Contract*. Stanford, CA: Stanford University Press, 1988.
PAULO, Carlos Alberto Santos de. *Movimento negro, participação e institucionalidade: Desafios para uma agenda pública*. Brasília: Universidade de Brasília, 2002. Dissertação (Mestrado em Política Social).
PAVIANI, Aldo. "A construção injusta do espaço urbano". In: PAVIANI, Aldo (Org.). *A conquista da cidade: Movimentos populares em Brasília*. Brasília: UnB, 1991.
PEREIRA, Amauri Mendes. "Escola: Espaço privilegiado para a construção da cultura de consciência negra". In: ROMÃO, Jeruse (Org.). *História da educação do negro e outras histórias*. Brasília: Ministério da Educação, Secretaria de Educação Continuada, Alfabetização e Diversidade, 2005.
PEREIRA, Amílcar Araújo; SILVA, Jefferson Pereira da (Orgs.). *O movimento negro brasileiro: Escritos sobre os sentidos de democracia e justiça social no Brasil*. Belo Horizonte: Nandyala, 2009.
PEREIRA, Cláudio; SANSONE, Lívio (Orgs.). *Projeto UNESCO no Brasil: Textos críticos*. Salvador: EDUFBA, 2007.
PERLMAN, Janice. *O mito da marginalidade*. Rio de Janeiro: Paz e Terra, 1977.
PERRUCI, Gadiel; BERNARDES, Denis. *Recife: O caranguejo e o viaduto*. Recife: 1979. Mimeo.
PHELPS, Edmund S. "The Statistical Theory of Racism and Sexism". *American Economic Review*, v. 62, n. 4, 1972.
PIERUCCI, Antônio Flávio. *Ciladas da diferença*. São Paulo: Ed. 34, 2013.
PIKETTY, Thomas. *O capital no século XXI*. Rio de Janeiro: Intrínseca, 2014.
_____. *A economia da desigualdade*. Rio de Janeiro: Intrínseca, 2015.
_____. *Capital et Idéologie*. Paris: Seuil, 2019.
PILO, Francesca. "Consumo de energia elétrica nas favelas e a transformação de 'consumidores em clientes'". *Revista GEOgraphia*, Rio de Janeiro, ano 18, n. 38, 2016.
PINHEIRO, Luana et al. "Mulheres e trabalho: Breve análise do período 2004-2014". Brasília: Ipea, nota técnica n. 24, mar. 2016.
PINTO, Ana Flávia Magalhães. *Escritos de liberdade: Literatos negros, racismo e cidadania no Brasil oitocentista*. Campinas: Unicamp, 2018.

PINTO, Luiz de Aguiar Costa. *O negro no Rio de Janeiro: Relações de raça numa sociedade em mudança*. São Paulo: Editora Nacional, 1953.

PINTO, Regina Pahim. *O movimento negro em São Paulo: Luta e identidade*. São Paulo: FFLCH-USP, 1993. Tese (Doutorado).

PIOLA, Sérgio Francisco et al. *Financiamento público da saúde: Uma história à procura de rumo*. Rio de Janeiro: Ipea, texto para discussão, 2013.

PNAD/IBGE. *Síntese de indicadores sociais 2004-2014*. Rio de Janeiro, 2015.

PNUD — Programa das Nações Unidas para o Desenvolvimento. *Relatório de Desenvolvimento Humano — Brasil 2005*. Brasília: PNUD, 2005.

_____. *Relatório de revisão anual: Programa de Combate ao Racismo Institucional, componente saúde*. Brasília: PNUD, out./nov. 2005.

POCHMAN, Marcio. *Nova classe média? O trabalho na base da pirâmide social brasileira*. São Paulo: Boitempo, 2012.

_____. *A vez dos intocáveis no Brasil*. São Paulo: Fundação Perseu Abramo, 2014.

QUEIRÓS, Maurício Vinhas de. *Messianismo e conflito social: A guerra sertaneja do Contestado — 1912-1916*. 2. ed. Rio de Janeiro: Civilização Brasileira, 1977 [1966].

QUEIROZ, Maria Isaura Pereira de. *O mandonismo na vida política brasileira e outros ensaios*. São Paulo: Alfa-Ômega, 1976.

QUERINO, Manuel. "O colono preto como fator da civilização brasileira". *Imprensa Oficial do Estado*, Bahia, 1918. Republicado em *Afro-Ásia*, n. 13, pp. 143-58, 1980.

QUIJANO, Anibal. "Colonialidade do poder, eurocentrismo e América Latina". In: LANDER, Edgardo (Org.). *A colonialidade do saber: Eurocentrismo e ciências sociais. Perspectivas latino-americanas*. Buenos Aires: Clacso, 2005. pp. 227-78.

RAMALHO, Jether Pereira; ARROCHELLAS, Maria Helena (Orgs.). *Desenvolvimento, subsistência e trabalho informal no Brasil*. São Paulo: Cortez; Petrópolis/CAALL, 2004.

RAMOS, Graciliano. *Memórias do cárcere*. Rio de Janeiro: Record, 1985.

RAMOS, Guerreiro. *A redução sociológica: Introdução ao estudo da razão sociológica*. Rio de Janeiro: Editora MEC/ISEB, 1958.

_____. *O problema nacional do Brasil*. Rio de Janeiro: Saga, 1960.

RAMOS, Sílvia; MUSUMECI, Leonarda. *Elemento suspeito: Abordagem policial e discriminação na cidade do Rio de Janeiro*. Rio de Janeiro: Civilização Brasileira, 2005.

REDIKER, Marcus. *O navio negreiro: Uma história humana*. São Paulo: Companhia das Letras, 2011.

REIS, Vilma. "Na mira do racismo institucional: Quebrando o silêncio diante da matança em Salvador". *Irohin*, Brasília, ano x, n. 11, jun./jul. 2005.

REQUENA, Carolina; GODOY, Samuel; SARUE, Betina. "Condições urbanas: Desigualdade e heterogeneidade". In: MARQUES, Eduardo (Org.). *A metrópole de São Paulo no século XXI: Espaços, heterogeneidades e desigualdades*. São Paulo: Editora Unesp, 2015. pp. 199-222.

RIBEIRO, Djamila. *Pequeno manual antirracista*. São Paulo: Companhia das Letras, 2019.

_____. *Lugar de fala*. São Paulo: Pólen Livros, 2019.

RIOS, Flávia Mateus. "Movimento negro brasileiro nas Ciências Sociais (1950-2000)". *Sociedade e Cultura*, Goiânia, v. 12, n. 2, pp. 263-74, jul./dez. 2009.

RIOS, Kênia Sousa. *Isolamento e poder: Fortaleza e os campos de concentração na seca de 1932*. Coleção de Estudos da Pós-Graduação. Fortaleza: Edições UFC, 2014.

ROCHA, Emerson Ferreira. *O negro no mundo dos ricos: Um estudo sobre a disparidade racial de riqueza com os dados do Censo 2010*. Brasília: Editora UnB, 2019.

ROCHA, Simone. "A educação como projeto de melhoramento racial: Uma análise do art. 138 da constituição de 1934". *Revista Eletrônica de Educação*, v. 12, n. 1, pp. 61-73, jan./abr. 2018.

ROCHA, Sônia. "Indicadores de pobreza para as regiões metropolitanas nos anos 1980". *Estudos Econômicos*, v. 20, n. 3, pp. 439-60, 1990.

_____. "Pobreza no Brasil: O que mudou nos últimos 30 anos?". *Anais do Seminário Especial Minifórum em homenagem aos 40 anos do Ipea*, Rio de Janeiro, Ipea, set. 2004.

RODRIGUES, Cristiane. *A construção social do vadio e o crime de vadiagem (1886-1906)*. Rio de Janeiro: UFRJ/IFCS, 2006.

ROLAND, Edna. "Violência racial: A história precisa ser contada". *Diálogos*, ano 2, n. 2, mar. 2005.

ROLNIK, Raquel. "Territórios negros nas cidades brasileiras: Etnicidade e cidade em São Paulo e Rio de Janeiro". *Revista de Estudos Afro-Asiáticos*, v. 17, pp. 1-17, 1989.

_____. "Exclusão territorial e violência". *São Paulo em Perspectiva*, v. 13, n. 4, pp. 100-11, 1999.

ROLNIK, Raquel. *Territórios em conflito: São Paulo: espaço, história e política.* São Paulo: Três Estrelas, 2017.

_____. *Guerra dos lugares: A colonização da terra e da moradia na era das finanças.* São Paulo: Boitempo, 2017.

ROMANELLI, Otaíza de Oliveira. *História da educação no Brasil: 1930-1973.* Petrópolis: Vozes, 1987.

ROSANVALLON, Pierre. *La Nouvelle question sociale.* Points: Essais, 1995.

_____. *La Société des égaux.* Paris: Seuil, 2011.

ROSANVALLON, Pierre; FITOUSSI, Jean-Paul. *Le Nouvel âge des inégalités.* Paris: Seuil, 1996.

ROSEMBERG, Fúlvia. *Literatura infantil e ideologia.* São Paulo: Global, 1985.

_____. "A criança pequena e o direito à creche no contexto dos debates sobre infância e relações raciais". In: BENTO, Maria Aparecida Silva. (Org.). *Educação infantil, igualdade racial e diversidade: Aspectos políticos, jurídicos, conceituais.* 1. ed. São Paulo: Ceert, 2011. pp. 11-41.

ROSENBAUM, Alan S. *Is the Holocaust Unique? Perspective on Comparative Genocide.* 3. ed. Londres: Routledge, 2009.

ROSFOGUEL, Ramón. "Para descolonizar os estudos de economia política e os estudos pós-coloniais: Transmodernidade, pensamento de fronteira e colonialidade global". In: SANTOS, Boaventura de Sousa; MENEZES, Maria Paula (Orgs.). *Epistemologias do Sul.* Coimbra: Edições Almedina, 2009.

_____. "Decolonizing Werstern Uni-Versalisms: Decolonial Pluri--Versalism from Aimé Césaire to the Zapatistas". *Transmodernity: Journal of Peripheral Cultural Production of the Luso-Hispanic World,* Merced, v. 1, n. 3, pp. 88-104, set./dez. 2012.

ROSTOW, W. W. *Etapas do desenvolvimento econômico: Um manifesto não comunista.* 6. ed. Rio de Janeiro: Zahar, 1978.

SANT'ANNA, Wania. "Novos marcos para as relações étnico/raciais no Brasil: uma responsabilidade coletiva". In: GUIMARÃES, Samuel Pinheiro; SABOIA, Gilberto Vergne (Orgs.). *Anais de Seminários Regionais Preparatórios para a Conferência Mundial contra Racismo, Discriminação Racial, Xenofobia e Intolerância Correlata.* Brasília: Ministério da Justiça, Secretaria de Estado de Direitos Humanos, 2001. v. 1. pp. 361-77.

SANTOS, Anderson Oramisio et al. *A história da educação de negros no Brasil e o pensamento educacional de professores negros no século XIX.* XXI Congresso Nacional de Educação, Curitiba, 2013.

SANTOS, Boaventura de Sousa. "Para além do pensamento abissal: das linhas globais a uma ecologia de saberes". In: SANTOS, Boaventura de Sousa; MENEZES, Maria Paula (Orgs.). *Epistemologias do Sul*. Coimbra: Edições Almedina, 2009. pp. 23-72.

SANTOS, Carlos José Ferreira dos. *Nem tudo era italiano: São Paulo e pobreza — 1890-1915*. São Paulo: Annablume, 1998.

SANTOS, Helio. *A busca de um caminho para o Brasil: A trilha do círculo vicioso*. São Paulo: Senac, 2001.

_____. "Discriminação racial no Brasil". In: SABOIA, Gilberto Vergne (Org.). *Anais de Seminários Regionais Preparatórios para a Conferência Mundial contra Racismo, Discriminação Racial, Xenofobia e Intolerância Correlata*. Brasília: Ministério da Justiça, Secretaria de Estado de Direitos Humanos, 2001. pp. 81-102.

SANTOS, Isabela S.; SANTOS, Maria Angélica B.; BORGES, Danielle C. L. "Mix público-privado no sistema de saúde brasileiro: Realidade e futuro do SUS". In: FUNDAÇÃO OSWALDO CRUZ. *A saúde no Brasil em 2030: prospecção estratégica do sistema de saúde brasileiro: estrutura do financiamento e do gasto setorial*. Rio de Janeiro: Fiocruz/Ipea/Ministério da Saúde/Secretaria de Assuntos Estratégicos da Presidência da República, 2013, v. 4, pp. 73-131.

SANTOS, Ivair Augusto. *O movimento negro e o Estado (1983-1987)*. 2. ed. São Paulo: Cone, 2010.

SANTOS, Joel Rufino dos. *A história do negro no teatro brasileiro*. Rio de Janeiro: Novas Direções, 2014.

SANTOS, Milton. *A cidade nos países subdesenvolvidos*. Rio de Janeiro: Civilização Brasileira, 1965.

_____. *Pobreza urbana*. 2. ed. São Paulo: Hucitec, 1979. (Coleção Estudos Urbanos).

_____. *A urbanização desigual: A especificidade do fenômeno urbano em países subdesenvolvidos*. Petrópolis: Vozes, 1982.

_____. *O centro da cidade de Salvador: Estudo de geografia urbana*. 2. ed. São Paulo: Edusp; Salvador: Edufba, 2008.

SANTOS, Myrian. "A prisão dos ébrios, capoeiras e vagabundos no início da Era Republicana". *Topoi*, v. 5, n. 8, pp. 138-69, jan./jun. 2004.

_____. "Os porões da República: A Colônia Correcional de Dois Rios entre 1908 e 1930". *Topoi*, v. 7, n. 13, pp. 445-76, jul./dez. 2006.

_____. "O encontro da militância com a vadiagem nas prisões da Ilha Grande". *Topoi*, Rio de Janeiro, v. 18, n. 35, pp. 356-80, maio/ago. 2017.

SANTOS, Ricardo Ventura. "Os debates sobre mestiçagem no início do século XX: Os Sertões e a medicina-antropologia do Museu Nacional". In: LIMA, Nísia Trindade; SÁ, Dominichi Miranda de (Orgs.). *Antropologia brasiliana: Ciência e educação na obra de Edgard Roquette-Pinto*. Belo Horizonte: UFMG; Rio de Janeiro: Fiocruz, 2008. pp. 271-94.

SANTOS, Sales Augusto dos. *A formação do mercado de trabalho livre em São Paulo: Tensões raciais e marginalização social*. Brasília: UnB, 1997. Dissertação (Mestrado em Sociologia). Mimeo.

SANTOS, Wanderley Guilherme dos. *Cidadania e justiça: A política social na ordem brasileira*. 2. ed. Rio de Janeiro: Campus, 1987.

SANTOS, Ynaê Lopes dos. *Além da senzala: Arranjos escravos de moradia no Rio de Janeiro (1808-1850)*. São Paulo: Hucitec; Fapesp, 2010.

SCHWARCZ, Lilia Moritz. *Retrato em branco e negro: Jornais, escravos e cidadãos em São Paulo no final do século XIX*. São Paulo: Companhia das Letras, 1987.

_____. *O espetáculo das raças: Cientistas, instituições e questão racial no Brasil — 1870-1930*. São Paulo: Companhia das Letras, 1993.

_____. *As barbas do imperador: D. Pedro II, um monarca dos trópicos*. São Paulo: Companhia das Letras, 1998.

SENADO FEDERAL. *Relatório final da CPI do Assassinato de Jovens*. Brasília: Senado Federal, 2016.

SILVA JR., Hédio. "Notas sobre o sistema jurídico e intolerância religiosa no Brasil". In: NASCIMENTO, Elisa Larkin (Org.). *Guerreiras da natureza: Mulher negra, religiosidade e ambiente*. São Paulo: Selo Negro, 2008.

_____. "A intolerância religiosa e os meandros da lei". In: SILVA, Vagner Gonçalves da (Org.). *Intolerância religiosa: Impactos do neopentecostalismo no campo religioso afro-brasileiro*. São Paulo: Edusp, 2015.

SILVA JÚNIOR, Carlos Alberto de Souza e. *Mulheres negras e near miss materno no Brasil: Uma análise descritiva a partir do Sistema de Informações Hospitalares do SUS, entre 2016 e 2019*. Brasília: Fiocruz, 2020. Dissertação (Mestrado em Políticas Públicas em Saúde).

SILVA, José Graziano da; DEL GROSSI, Mauro Eduardo. *Ocupações rurais não-agrícolas: O novo rural brasileiro*. Oficina de atualização temática. Curitiba: IDR, 1999.

SILVA, Joselina da. "A União dos Homens de Cor: Aspectos do movimento negro nos anos 40 e 50". *Estudos Afro-Asiáticos*, Rio de Janeiro, v. 25, n. 2, 2003.

SILVA, Joselina da. "A mobilização do movimento negro brasileiro". In: SILVA, José et al. *Zumbi + 10: O perfil dos participantes*. Uerj/SEPPIR, 2006. (Série Ensaios e Pesquisas, 6).

SILVA, Luiz Antônio Machado da. "'Violência urbana', segurança pública e favelas: O caso do Rio de Janeiro atual". *Caderno CRH*, Salvador, v. 23, n. 59, pp. 283-300, maio/ago. 2010.

SILVA, Luiz Antônio Machado da; LEITE, Márcia Pereira. "Circulação e fronteiras no Rio de Janeiro: A experiência urbana de jovens moradores de favelas em contexto de 'pacificação'". In: CUNHA, Neiva Vieira da; FELTRAN, Gabriel de Santis (Orgs.). *Sobre periferias: Novos conflitos no Brasil contemporâneo*. Rio de Janeiro: Lamparina; Faperj, 2013. pp. 146-58.

SILVA, Luiz Antônio Machado da; MENEZES, Palloma Valle. "(Des)Continuidades na experiência de 'vida sob cerco' e na 'sociabilidade violenta'". *Novos Estudos Cebrap*, v. 38, n. 3, pp. 529-51, 2019.

SILVA, Martiniano José da. *Quilombos do Brasil Central: Séculos XVIII e XIX (1719-1888). Introdução ao estudo da escravidão*. Goiânia: UFG, 1998. Dissertação (Mestrado em História). Mimeo.

SILVA, Petronilha Beatriz Gonçalves e. "Educação das relações étnico--raciais nas instituições escolares". *Educar em Revista*, Curitiba, v. 34, n. 69, pp. 123-50, maio/jun. 2018.

SILVA, Rubem Alves da. "Chico Rei Congo do Brasil". In: SILVA, Vagner G. da et al. *Imaginário, cotidiano e poder: Memória afro-brasileira*. São Paulo: Selo Negro, 2007. pp. 43-86.

SILVA, Silvio José Albuquerque e. *Combate ao racismo*. Brasília: Fundação Alexandre de Gusmão, 2008.

SILVA, Uvanderson Vitor da; SANTOS, Jaqueline Lima; RAMOS, Paulo César. *Chacinas e a politização das mortes no Brasil*. São Paulo: Fundação Perseu Abramo, 2019.

SILVEIRA, Fernando Gaiger. *Tributação, previdência e assistência sociais: Impactos distributivos*. Campinas: Instituto de Economia da Unicamp, 2008. Tese (Doutorado).

SILVÉRIO, Valter Roberto. *Relações raciais no Brasil: Pesquisas contemporâneas*. São Paulo: Contexto, 2011.

SIMAS, Luiz Antônio. *O corpo encantado das ruas*. Rio de Janeiro: Civilização Brasileira, 2019.

SINGER, Paul Israel. *Desenvolvimento econômico e evolução urbana: Análise da evolução econômica de São Paulo, Blumenau, Porto Alegre, Belo Horizonte e Recife*. São Paulo: Editora Nacional; Edusp, 1968.

SKIDMORE, Thomas E. *Preto no branco: Raça e nacionalidade no pensamento brasileiro (1870-1930)*. São Paulo: Companhia das Letras, 2012.

SOARES, Arlete Zanetti. "A quietude da educação brasileira no silenciar dos sujeitos". São Paulo: Geni/PUC-SP, s/d. Disponível em: <https://www5.pucsp.br/gepi/downloads/pdf_resenhas_profa_ivani/educacao_no_brasil_anos_60.pdf>. Acesso em: 11 dez. 2021.

SOARES, Iraneide da Silva. "Caminhos, pegadas e memórias: Uma história social do movimento negro brasileiro". *Universitas Relações Internacionais*, Brasília, v. 14, n. 1, pp. 71-87, jan./jun. 2016.

SOARES, Luiz Carlos. *O "Povo de Cam" na capital do Brasil: A escravidão urbana no Rio de Janeiro do século XIX*. Rio de Janeiro: Faperj; 7Letras, 2007.

SOARES, Luiz Eduardo; GUINDANI, Miriam. "A violência do Estado e da sociedade no Brasil contemporâneo". *Nueva Sociedad*, n. 208, mar./abr. 2007.

SOARES, Sergei. "A trajetória da desigualdade: Evolução da renda relativa dos negros no Brasil". In: THEODORO, Mário (Org.). *As políticas públicas e a desigualdade racial no Brasil: 120 anos após a abolição*. Brasília: Ipea, 2008. pp. 119-29.

SOARES, Sergei; SÁTYRO, Natália. *O impacto da infraestrutura escolar na taxa de distorção idade-série das escolas brasileiras de ensino fundamental — 1998 a 2005*. Brasília: Instituto Nacional de Estudos e Pesquisas Educacionais Anísio Teixeira, texto para discussão n. 29, 2008.

SOUSA, Nair Heloisa Bicalho de. "O movimento pró-fixação e urbanização do Núcleo Bandeirante: a outra face do populismo janista". In: PAVIANI, Aldo (Org.). *A conquista da cidade: Movimentos populares em Brasília*. Brasília: UnB, 1991.

SOUSA, Ricardo Alexandre Santos de. "A extinção dos brasileiros segundo o conde Gobineau". *Revista Brasileira de História da Ciência*, Rio de Janeiro, v. 6, n. 1, pp. 21-34, jan.-jun. 2013.

SOUZA, Jessé. *Os batalhadores brasileiros: Nova classe média ou nova classe trabalhadora?* Belo Horizonte: UFMG, 2010.

_____. *A construção social da subcidadania: Para uma sociologia política da modernidade periférica*. Belo Horizonte: UFMG, 2012.

_____. *A elite do atraso: Da escravidão à Lava Jato*. Rio de Janeiro: Leya, 2017.

SOUZA, Paulo Renato de. *Emprego, salários e pobreza*. Campinas: Hucitec, 1980. (Série Teses e Pesquisas).

SOUZA, Pedro Herculano Guimarães Ferreira de. *A desigualdade vista do topo: A concentração de renda entre os ricos no Brasil, 1926-2013*. Brasília: UnB, 2016. Tese (Doutorado em Sociologia).

STEPAN, Nancy. "Eugenia no Brasil, 1917-1940". In: HOCHMAN, Gilberto; ARMUS, Diego (Orgs.). *Cuidar, controlar, curar: Ensaios históricos sobre saúde e doença na América Latina e Caribe*. Rio de Janeiro: Fiocruz, 2004. pp. 330-91.

STIGLITZ, Joseph. E. *Le Prix de L'Inégalité*. Paris: Babel, 2012.

SUGRUE, Thomas. *The Origins of the Urban Crisis: Race and Inequality in Postwar Detroit*. 2. ed. Princeton: Princeton University Press, 2005.

TEIXEIRA, Anísio. "Plano de construções escolares de Brasília". *Revista Brasileira de Estudos Pedagógicos*, Rio de Janeiro, v. 35, n. 81, pp. 195-9, jan./mar. 1961.

_____. "Uma experiência de educação primária integral no Brasil". *Revista Brasileira de Estudos Pedagógicos*, Rio de Janeiro, v. 38, n. 87, pp. 21-33, jul./set. 1962.

TELLES, Edward. *Racismo à brasileira: Uma nova perspectiva sociológica*. Rio de Janeiro: Relume Dumará, 2003.

TELLES, Vera da Silva; HIRATA, Daniel Veloso. "Cidade e práticas urbanas: Nas fronteiras incertas entre o ilegal, o informal e o ilícito". *Revista Estudos Avançados*, São Paulo, v. 21, n. 61, set./dez. 2007.

TEODÓSIO, Armindo S. S.; DIAS, Sylmara F. L. G.; SANTOS, Maria Cecília Loschiavo dos. "Procrastinação da política nacional de resíduos sólidos: Catadores, governos e empresas na governança urbana". *Ciência e Cultura*, São Paulo, v. 68, n. 4, out./dez. 2016.

THEODORO, Mário. *Atividades informais no Grande Recife: O caso dos profissionais autônomos de reparação e/ou reforma na construção civil*. Recife: UFPE, 1987. Dissertação (Mestrado em Economia).

_____. "A formação do mercado de trabalho do Recife pré-Sudene: Alguns aspectos históricos". *Cadernos de Estudos Sociais*, Fundaj, Recife, v. 6, n. 2, jul./dez. 1990.

_____. "Mercado de trabalho, exclusão e ação do Estado: Os limites do sistema público de emprego no Brasil". *Ser Social (UnB)*, Brasília, v. 3, pp. 67-82, 1998.

_____. *Participação social em políticas públicas: Os Conselhos Federais de Política Social — o caso do Codefat*. Brasília: Ipea, texto para discussão n. 931, 2002.

_____. *O Estado e os diferentes enfoques sobre o informal*. Brasília: Ipea, texto para discussão n. 919, 2002.

THEODORO, Mário. "A questão do desenvolvimento: Uma releitura". In: RAMALHO, Jether Pereira; ARROCHELLAS, Maria Helena (Orgs.). *Desenvolvimento, subsistência e trabalho informal no Brasil*. São Paulo: Cortez; Petrópolis: Caall, 2004.

_____. "As características do mercado de trabalho e as origens do informal no Brasil". In: JACCOUD, Luciana (Org.). *Questão social e políticas sociais no Brasil contemporâneo*. Brasília: IPEA, 2005. pp. 91-126.

_____. "Dez anos de políticas de promoção da igualdade racial: Um breve balanço à luz dos dados do IBGE". In: *Diversidade nas empresas & equidade racial*. São Paulo: Ceert/Ford Foundation, 2017.

_____. "A implementação de uma agenda racial de políticas públicas: A experiência brasileira". In: ARRETCHE, Marta; MARQUES, Eduardo; FARIA, Carlos Aurélio Pimenta de. *As políticas da política: Desigualdade e inclusão nos governos do PSDB e PT*. São Paulo: Editora Unesp, 2019. pp. 345-69.

_____. "Entrevista com o professor Celso Furtado". In: QUINTELA, Antonio Carlos F. Galvão et al. *Celso Furtado: Os combates de um economista*. São Paulo: Fundação Perseu Abramo; Expressão Popular, 2020.

THEODORO, Mário (Org.). *As políticas públicas e a desigualdade racial no Brasil: 120 anos após a abolição*. Brasília: Ipea, 2008.

TILLY, Charles. *Durable Inequality*. Berkeley: University of California Press, 1999.

_____. *La desigualdad persistente*. Buenos Aires: Manantial, 2016.

TOKMAN, Victor. *Más allá de la regulación: El sector informal en América Latina*. Santiago: Prealc, 1990.

TOLOSA, Hamilton C. "Condicionantes da política urbana na década de 90". *Perspectivas da Economia Brasileira*. Rio de Janeiro: Ipea, 1991.

UNESCO. *História geral da África, v. 6: África do século XIX à década de 1880*. Org. de J. F. Ade Ajayi. Brasília: Unesco, 2020.

UNICEF. "Cenário da exclusão escolar no Brasil: Um alerta sobre os impactos da pandemia de Covid-19 na educação". Unicef/Cenpec, 2021.

VALLADARES, Lícia do Prado. *A invenção da favela: Do mito de origem à favela.com*. Rio de Janeiro: FGV, 2005.

VARGAS, Juliano; FELIPE, Ednilson Silva. "Década de 1980: As crises da economia e do Estado brasileiro, suas ambiguidades institucionais e os movimentos de desconfiguração do mundo do trabalho no país". *Revista de Economia*, ano 39, v. 41, n. 3, pp. 127-48, set./dez. 2015.

VEIGA, Cynthia Greive. "Escola pública para os negros e os pobres no Brasil: Uma invenção imperial". *Revista Brasileira de Educação* [online], v. 13, n. 39, pp. 502-16, 2008.

VENTURA, Zuenir. *Cidade partida*. São Paulo: Companhia das Letras, 1994.

VERGER, Pierre. *Fluxo e refluxo do tráfico de escravos entre o Golfo do Benim e a Bahia de Todos os Santos do século XVII ao XIX*. 3. ed. São Paulo: Corrupio, 1987.

VIANA, Oliveira. *Populações meridionais do Brasil*. Brasília: Senado Federal, 2005. (Coleção Edições do Senado Federal, 27).

VIEIRA, Fabiola Sulpino; BENEVIDES, Rodrigo Pucci de Sá e. *Os impactos do Novo Regime Fiscal para o financiamento do Sistema Único de Saúde e para a efetivação do direito à saúde no Brasil*. Nota técnica n. 28. Brasília: Ipea, 2016.

VIEIRA JÚNIOR, Ronaldo Jorge. *Responsabilização objetiva do Estado: Segregação institucional do negro e adoção de ações afirmativas como reparação aos danos causados*. Curitiba: Juruá, 2005.

VILAÇA, Marcos Vinicios; ALBUQUERQUE, Roberto Cavalcanti de. *Coronel, coronéis*. Rio de Janeiro: Tempo Brasileiro, 1965.

VITAL DA CUNHA, Christina. *Oração de traficante: Uma etnografia*. Rio de Janeiro: Garamond, 2015.

WERNECK, Jurema. "Racismo institucional e saúde da população negra". *Saúde e Sociedade*, São Paulo, v. 25, n. 3, pp. 535-49, 2016.

WIEVIORKA, Michel. *O racismo: Uma introdução*. São Paulo: Perspectiva, 2007.

XIMENES, Luciana Alencar; JAENISCH, Samuel Thomas. "As favelas do Rio de Janeiro e suas camadas de urbanização: Vinte anos de políticas de intervenção sobre espaços populares da cidade". Anais do XVIII Encontro Nacional da Associação Nacional de Pós-Graduação e Pesquisa em Planejamento Urbano e Regional. Natal: UFRN, 2019.

ZALUAR, Alba. "Crime, medo e política". In: ZALUAR, Alba; ALVITO, Marcos (Orgs.). *Um século de favela*. 2. ed. Rio de Janeiro: FGV, 1999.

ZALUAR, Alba; ALVITO, Marcos (Orgs.). *Um século de favela*. 2. ed. Rio de Janeiro: FGV, 1999.

ZALUAR, Alba; BARCELLOS, Christovam. "Mortes prematuras e conflito armado pelo domínio das favelas no Rio de Janeiro". *Revista Brasileira de Ciências Sociais*, v. 28, n. 81, pp. 17-31, 2013.

ZALUAR, Alba; CONCEIÇÃO, Isabel. "Favelas sob o controle das milícias no Rio de Janeiro". *São Paulo em Perspectiva*, v. 21, n. 2, pp. 89-101, 2007.

ZANIN, Cristiano; MARTINS, Valeska Teixeira; VALIM, Rafael. *Lawfare: Uma introdução*. São Paulo: Contracorrente, 2019.

ESTA OBRA FOI COMPOSTA POR MARI TABOADA EM DANTE PRO E IMPRESSA EM OFSETE PELA GRÁFICA PAYM SOBRE PAPEL PÓLEN SOFT DA SUZANO S.A. PARA A EDITORA SCHWARCZ EM MARÇO DE 2022

A marca FSC® é a garantia de que a madeira utilizada na fabricação do papel deste livro provém de florestas que foram gerenciadas de maneira ambientalmente correta, socialmente justa e economicamente viável, além de outras fontes de origem controlada.